親鸞改名の研究

龍　弘信著

法藏館

親鸞改名の研究＊目次

凡例

一、引用文献および本文の漢字は、常用体のあるものは、常用体を使用した。

二、読者の読みやすさを考慮し、引用文献が漢文の場合、すべて書き下し文にした。

三、和文の引用文献中にある漢文表記の部分も、すべて書き下し文にし、〈 〉で括って原文が漢文であることを示した。

四、漢文文献、和文文献中の漢文表記部分のいずれの場合も、筆者が特に必要と感じた場合には、書き下し文の後に（ ）で括った原文を載せて補った。

五、引用文献は、以下のように略記した。

『大正新脩大蔵経』（大正新脩大蔵経刊行会、大蔵出版、一九六〇―一九七九再版）……『大正蔵』

『日本大蔵経』（日本大蔵経編纂会編、同編纂会、一九一四―一九二二年）……『日本蔵』

『大日本仏教全書』（仏書刊行会編、一九一二―一九二二年）……『日仏全』

『浄土宗全書』（浄土宗典刊行会編、一九七二年復刻）……『浄宗全』

『昭和新修法然上人全集』（石川教道編、平楽寺書店、一九五五年）……『昭法全』

『法然上人伝全集』（井川定慶編、法然上人伝全集刊行会、一九六七年増補再版）……『法伝全』

『明義進行集　影印・翻刻』（大谷大学文学史研究会編、法藏館、二〇〇一年）……『明進集』

『定本親鸞聖人全集』（親鸞聖人全集刊行会編、法藏館、一九六九―一九七〇年）……『定親全』

『親鸞聖人真蹟集成』（赤松俊秀・藤島達郎・宮崎圓遵・平松令三編、法藏館、一九七三年）…『親真集』

『真宗聖教全書』（真宗聖教全書編纂所編、大八木興文堂、一九八〇―一九八五年復刻）……『真聖全』
『浄土真宗聖典全書』（浄土真宗本願寺派総合研究所編、本願寺出版、
二〇一一―二〇一八年）……『浄聖全』
『真宗史料集成』（石田充之・柏原祐泉・千葉乗隆・森龍吉他編、同朋舎、
一九七四―一九八二年）……『真史集』
『影印高田古典』（真宗高田教学院編、真宗高田派宗務院、一九九六―二〇〇八年）……『影高古』
『日本国語大辞典』（日本大辞典刊行会編、小学館、一九七二―一九七六年……『日国辞』
『曾我量深選集』（曾我量深選集刊行会編、弥生書房、一九七一年）……『曾我選』
『安田理深選集』（安田理深選集編纂委員会編、文栄堂、一九八三―一九九四年）……『安田選』
『寺川俊昭選集』（寺川俊昭選集刊行会編、文栄堂、二〇〇八―二〇一三年）……『寺川選』

親鸞改名の研究

はじめに

浄土真宗の開祖と仰がれる親鸞の生涯は、「謎」に満ちている。

数多い著作の奥書に記された年時と年齢、その主著『顕浄土真実教行証文類』（以下、『教行信証』）の写本である「専修寺本」「西本願寺本」の識語等から、承安三年（一一七三年）に生まれ、弘長二年（一二六二年）旧暦十一月二十八日に亡くなったことが知られているが、親鸞自身は自らの生涯についてほとんど語っていない。

わずかに『教行信証』「化身土巻（末）」の掉尾の跋文、いわゆる「後序」に、建仁元年（一二〇一年、親鸞二十九歳）に法然（一一三三～一二一二）に入門し、四年後の元久二年（一二〇五年、三十三歳）、法然の主著『選択本願念仏集』（以下、『選択集』）の書写とその真影（肖像画）の模写を許され、建永二年（一二〇七年、十月に改元して承元元年、三十五歳）に執行された「専修念仏停止《ちょうじ》」、いわゆる「承元の法難」に連座して還俗・遠流となり、建暦元年（一二一一年、三十九歳）十一月十七日に赦免されたことを記した以外は、自らの出自も経歴も書き残していない。

妻恵信尼（一一八二～一二六八？）が記した消息（『恵信尼書簡』）等の史料から、赦免後の建保二年（一二一四年、四十二歳）に関東に移住し、文暦元年（一二三四年、六十二歳）頃に帰洛して以後は専ら著述に従事し、『教行信証』を始めとする著作と東国の門弟に送った法語・消息を遺したことが知られているが、移住や帰洛の理由も不明である。

一時期、その実在が疑われたこと（親鸞抹殺論・架空人物説〔1〕）すらあったが、鷲尾教導氏による西本願寺宝庫よ

りの『恵信尼書簡』の発見等によってその実在が再確認され、現在に至っている。(2)

親鸞は数多くの著作の撰号や奥書、および書簡への署名に「親鸞」「釈親鸞」「愚禿親鸞」「愚禿釈親鸞」といった名を記しているが、親鸞はいったいいつの時点から「親鸞」と名のったのであろうか。

親鸞は「親鸞」と名のり始めた時期や理由について、どこにも記していないかのように見える。

しかし、果たしてそうであろうか。親鸞は自らが「親鸞」と名のった時期や経緯について、本当に何も書き残していないのだろうか。

これが今回、筆者が本書において解明を試みる「謎」である。

『歎異抄』蓮如書写本（西本願寺蔵）末尾のいわゆる「流罪記録」、

　親鸞、僧儀を改めて俗名を賜う、仍《よ》って僧に非ず俗に非ず、然る間禿の字を以て姓として奏聞を経られ了《おわ》りぬ。彼の御申し状、今に外記庁に納まると云々。流罪以後、愚禿親鸞と書かしめ給うなり。

（『定親全』四、言行篇(1)、四二頁）

を信頼するならば、親鸞は「流罪以後」、すなわち承元元年春の流罪執行以後、もしくは建暦元年十一月十七日の赦免以後、罪人名の「藤井善信」を止めて「愚禿親鸞」と自ら署名し始めたことになる。

現存する真蹟著作において確認できる「愚禿親鸞」「愚禿釈親鸞」の最初期の使用例は、三重県専修寺所蔵親鸞真蹟書写本（以下、「信証本」(3)）の聖覚（一一七六～一二三五）『唯信鈔』の奥書、

　草本に云わく、

　承久三歳仲秋中旬第四日、安居院《あぐ》の法印聖覚の作。

　寛喜二歳仲夏下旬第五日、彼の草本真筆を以て、

愚禿釈親鸞、之《これ》を書写す。　　（『定親全』六、写伝篇(2)、七一頁）

に伝わる寛喜二年（一二三〇年、親鸞五十八歳）五月二十五日付の「愚禿釈親鸞」の記名であり、寛喜二年書写本を文暦二年（一二三五年、六十三歳）、ひらがなで転写した際の奥書（専修寺蔵『見聞集』『涅槃経』の紙背に現存）、本に云わく、「承久三歳仲秋中旬第四日　以安居院法印聖覚　寛喜二歳仲夏下旬第五日以彼草本真筆書写之」。

文暦二歳乙未六月十九日

愚禿親鸞、之を書す。

【上欄頭注】御年五十五なり。文暦二年乙未三月五日、御入滅なり。

（『親真集』八、二二八頁）

の「愚禿親鸞」などである。

また、真蹟坂東本『教行信証』の最も古い執筆部分――親鸞五十八歳から六十歳頃の成立と考えられる[4]一頁八行書き部分――には、撰号「愚禿釈親鸞集」（「証巻」[5]、「真仏土巻」[6]、「化身土巻（本）」[7]）、「愚禿釈の鸞」（「化身土巻（本）」三願転入の文[8]、「化身土巻（末）」「後序」[9]）の記述がある。[10]

「禿」については「後序」に、

茲《こ》れに因《よ》って、真宗興隆の大祖源空法師、並びに門徒数輩、罪科を考えず、猥《みだ》りがわしく死罪に坐《つみ》す。或いは僧儀を改めて姓名を賜うて、遠流《おんる》に処す。予は其の一なり。爾《しか》れば已に僧に非ず俗に非ず。是の故に「禿」の字を以て姓とす。　　（『定親全』一、三八〇～三八一頁）

として、「承元の法難」による強制的な還俗とその後の流人生活を経て獲得した「非僧非俗」の自覚に基づいて主体的に選び取った「姓」であることが親鸞自らの筆で記されている。

今回筆者が注目するのは、同じく「後序」が伝える、法然の許可のもとで『選択集』を書写しその肖像画を模写

したとする、いわゆる選択付嘱《ふぞく》・真影図画《ずえ》の記事、

元久乙の丑の歳、恩恕を蒙《かぶ》りて『選択』を書しき。同じき年の初夏中旬第四日に、「選択本願念仏集」の内題の字、並びに「南無阿弥陀仏　往生之業　念仏為本」と、「釈の綽空」の字と、空の真筆を以て、之を書かしめたまいき。同じき日、空の真影申し預かりて、図画《ずえ》し奉る。同じき二年閏七月下旬第九日、真影の銘に、真筆を以て「南無阿弥陀仏」と「若我成仏十方衆生　称我名号下至十声　若不生者不取正覚　彼仏今現在成仏当知本誓重願不虚　衆生称念必得往生」の真文とを書かしめたまう。又夢の告に依って、綽空の字を改めて、同じき日、御筆を以て名の字を書かしめたまい畢りぬ。本師聖人、今年は七旬三の御歳なり。……爾るに既に製作を書写し、真影を図画せり。是専念正業の徳なり、是決定往生の徴《しるし》なり。仍《よ》って悲喜の涙を抑えて由来の縁を註《しる》す。
（傍点筆者、『定親全』一、三八一～三八三頁）

に記される元久二年（一二〇五年、親鸞三十三歳）閏七月二十九日の改名の記録である。

この出来事を、たとえば『真宗新辞典』（法藏館、一九八三年）の「しんらん　親鸞」の項は、

翌年［筆者注・元久二年］選択集の附属をうけ、法然真影の図画を許された。このころ善信と改名。

と記しているし、『真宗人名事典』（法藏館、一九九九年）の「しんらん　親鸞」の項にも、

〇五年［筆者注・一二〇五年］には法然より『選択集』を付属され、またその肖像の図画を許されるなど、吉水教団で認知されていった。この頃さらに善信と改名している。

と記されている。（以下、本書においては便宜上これを「善信」改名説と呼ぶ）

これらの記述が示すように、この元久二年の改名は「綽空」から「善信」への改名であり、それに対して「親鸞」は、越後流罪中のいつの時期からか自ら名のり始めた名である、と一般的に考えられており、『真宗大辞典』

（永田文昌堂、一九三六年）巻二の「しんらん　親鸞」の項には、

［筆者注・配流中は］朝廷に対して只管謹慎の意を表し、鬢髪を剃除することなく、禿の字を姓となし愚禿と号し、而も地方の人民に対して教義を宣伝しつゝ、五年の歳月を送り、此の間に名を親鸞と改めた。

と記されている。(11)

この「善信」改名説は、親鸞の曾孫覚如（一二七〇～一三五一）が、正安三年（一三〇一年）に著した『拾遺古徳伝』巻六において、「後序」の改名の記事を、

またゆめのつげあるによりて、綽空の字をあらためて、おなじき日これも聖人真筆をもて名の字をかきさづけしめたまふ。それよりこのかた善信と号すと。云々

（『真聖全』三、七三一頁）

と解説したのがその嚆矢と考えられる。

覚如の息男存覚（一二九〇～一三七三）も父の説を継承し、延文五年／正平十五年（一三六〇年）制作の『六要鈔』巻六において、

「又依」と等は、太子の告げに依りて改名の子細、即ち初巻の撰号の解に載せ訖《おわ》りぬ。「令書名之字畢」と言うは、善信是なり。

（『真聖全』二、四四〇頁）

と記し、以後諸師のほとんどがこれに順じている。

また、「親鸞」への改名を覚如は、永仁二年（一二九四年）制作の『報恩講式』において、

いはんやみづからなのりて親鸞とのたまふ、

（蓮如延書『報恩講私記』『定親全』四、言行篇(2)、一七〇頁）

として「親鸞」は自ら名のった名であるとしている。ただし、「親鸞」への改名時期について覚如は明記していない。

しかし、筆者は、この元久二年の改名こそが「綽空」から「親鸞」への改名であり、親鸞はこの時をもって、師法然の承認のもと、「親鸞」と名のり始めたと考えるのである。（以下、これを「親鸞」改名説と呼ぶ）

確かに「後序」はこの改名が「親鸞」へのそれであると明記してはいない。しかしまた「善信」とも明記していない。それどころか『教行信証』のどこにも「善信」の名は登場しない。

「夢告」に依って「綽空」の名を捨て、法然の真筆をもって讃文とともに記されたこの「名の字」が通説の通り「善信」だとするならば、なぜそれが明記されていないのであろうか。このことは筆者が初めて「後序」を熟読した際に抱いた疑問であった。

また、「名の字」が「善信」であるならば、「愚禿釈親鸞集」との撰号をもつ『教行信証』の、しかもその撰述の「事由」（歴史的成立事情）を語ったとされる「後序」に、「親鸞」と名のった時期やその経緯が一切記されていないことになる。これはきわめて不自然なことと言わなければならない。

「後序」は『教行信証』撰述の「理由」を語る「総序」に対して、「事由」を語るものと了解されてきた。諸師はこれを「縁起」[12]の語で抑えている。

しかもそれは、多くの先学が指摘する通り、歴史的経緯を年代順に記録したのではなく、まず建永二年（十月に改元して承元元年）の「承元の法難」の発端とその経過を述べて自身の還俗と流罪生活を語り、建暦元年の赦免と翌建暦二年（一二一二年）一月二十五日の法然の入滅を述べた後、あたかも自らの原点を再確認するかのように、吉水入室と選択付嘱・真影図画の記録を、往時の感動を甦らせつつ述べていく。

そして、そのように「悲喜の涙を抑えて由来の縁を註す」ことを通して、

慶ばしいかな、心を弘誓の仏地に樹て、念を難思の法海に流す。深く如来の矜哀を知りて、良《まこと》に師教の恩厚を

仰ぐ。慶喜いよいよ至り、至孝いよいよ重し。茲れに因って、真宗の詮を鈔し、浄土の要を摭《ひろ》う。唯仏恩の深きことを念じて、人倫の嘲《あざけり》を恥じず。

（『定親全』一、三八三頁）

と撰述の動機・志願を明確にした後、

若《も》し斯の書を見聞せん者、信順を因とし疑謗を縁として、信楽を願力に彰し、妙果を安養に顕さんと。『安楽集』に云わく。真言を採り集めて、往益を助修せしむ。何となれば、前に生まれん者《もの》は後を導き、後に生まれん者《ひと》は前を訪え、連続無窮にして、願わくは休止《くし》せざらしめんと欲す。無辺の生死海を尽くさんが為の故なり、と。已上

爾れば末代の道俗、仰いで信敬す可《べ》きなり。知る可し。

『華厳経』の偈に云うが如し。若し菩薩、種種の行を修行するを見て、善・不善の心を起こすこと有りとも、菩薩皆摂取せん、と。已上

（『定親全』一、三八三頁）

と後代への「流通《るづう》」を願って論述を終っていくのである。

この「後序」の記述から知られるように、『教行信証』の撰述は、建仁元年の回心（吉水入室）において、法然と同一の「如来よりたまはりたる信心」[13]（『歎異抄』）を獲得し、元久二年の選択付嘱・真影図画によって師法然その人によってその信心を証誠され、結果、法然と同じく流罪を被った門弟として、自らの責任において、法難によって傷つけられた先師法然の「真宗興隆」の仏事を復興しようとした営為であると言える。

赦免以後の親鸞の後半生は、この法然の仏事の復興に捧げられたと言っても過言ではない。

東国での教化活動が、法難によって瓦解した吉水教団の東国における再興であるのに対して、『教行信証』の撰述に始まり帰洛後に展開される旺盛な著述活動は、種々の論難によって傷つけられた法然の主著『選択集』の真実

義を開顕しようとした思想的営為であったと考えられる。

そして、そのような課題をもった『教行信証』の執筆は、他でもない「愚禿釈親鸞集」の撰号をもってなされているのである。

筆者には、親鸞が「愚禿釈親鸞」を名のり、その名のもとで『教行信証』を著すに至る歴史的経緯と思想的必然性を「後序」の文自体が語っており、なかんずく「釈の親鸞」と名のる経緯についてこの、

又夢の告に依って、綽空の字を改めて、同じき日、御筆を以て名の字を書かしめたまい畢りぬ。

（『定親全』一、三八二頁）

の一文が語っているように思われてならない。

つまり、冒頭の「竊《ひそか》かに以《おもん》みれば聖道の諸教は行証久しく廃れ、浄土の真宗は証道今盛なり」から「承元の法難」の顛末を経て、法然の入滅を伝える「奇瑞称計す可からず。別伝に見えたり」までが「禿」の姓の由来であり、吉水入室を伝える「然るに愚禿釈の鸞、建仁辛の酉の暦、雑行を棄てて本願に帰す」の文から選択付嘱・真影図画、そして改名を伝える「仍って悲喜の涙を抑えて由来の縁を註す」までが「釈の親鸞」の名の由来である、と筆者は考えるのである。

また、筆者が初めて「後序」を熟読した当時、親鸞に「綽空」から「善信」への改名を促した「夢の告」として、真仏（一二〇九～一二五八）の『経釈文聞書』、覚如の『親鸞聖人伝絵』等が伝える、建仁元年（一二〇一年、親鸞二十九歳）、親鸞を法然のもとへ誘《いざな》った六角堂での「夢告」と考えられる――ただし、覚如はこれを建仁三年（一二〇三年、三十一歳）四月五日の「夢告」としている――いわゆる「女犯偈」（以下、本書では「行者宿報偈」とする）[14]、

親鸞夢記に云わく

六角堂の救世大菩薩、顔容端政の僧形を示現して、白き衲の御袈裟を服著せしめて、広大の白蓮に端座して、善信に告命して言わく。

行者宿報にて設《たと》い女犯すとも
我玉女の身と成りて犯せられん
一生の間能く荘厳して
臨終に引導して極楽に生ぜしめん　文

救世菩薩此の文を誦して言わく。此の文は吾が誓願なり。一切群生に説き聞かす可しと告命したまえり。斯の告命に因て、数千万の有情に之を聞かしむと覚えて夢悟《さ》め了りぬ。

（傍点筆者、『定親全』四、言行篇(2)、二〇一〜二〇二頁）

あるいは、伝存覚作『親鸞聖人正明伝』（以下、『正明伝』）、五天良空作『高田開山親鸞聖人正統伝』（以下、『正統伝』）等が伝える建久二年（一一九一年、十九歳）の磯長《しなが》の聖徳太子廟での「夢告」、

〈我が三尊は塵沙界を化す
日域は大乗相応の地なり
諦らかに聴け　諦らかに聴け　我が教令を
汝の命根　応《まさ》に十余歳なるべし
命終して速やかに清浄土に入らん
善く信ぜよ　善く信ぜよ　真菩薩を（もしくは「真菩薩よ」）〉

（傍点筆者、『真史集』七、一〇〇頁上段、三一九頁上段）

が挙げられていたが、なぜ、「夢告」から四年ないしは十四年も後に改名したのか、という点にも疑問を覚えたことを記憶している。

もし、この時の改名が「善信」へのそれではなく「親鸞」への改名であり、「親鸞」という名が自分で名のった名ではなく法然から授けられた名であったとすれば、この改名こそがその後の親鸞の生涯を具体的に方向づけた決定的な出来事であったと言えるのではないだろうか。そして現在流布している親鸞伝に関しても、この観点から新たに見直すことが必要となるのではないか、とも考えるのである。

かつて筆者が抱いた素朴な疑問はまさしくその発端となるべきものであったが、当時の筆者は、「親鸞は元久二年に『善信』と改名した」という通説の「権威」によって、これらの疑問を深く追求することなく通り過ぎてしまったのである。

繰り返しになるが、現在筆者は、元久二年閏七月二十九日、法然によってその真影に名号と『往生礼讃』本願加減の文とともに記された「名の字」、夢告によって「綽空」から改めた新しい名とは、従来了解されてきた「善信」ではなく「親鸞」である、つまりこの時の改名は「綽空」から「善信」へではなく、「親鸞」への改名であり、親鸞は流罪以後ではなく法然門下にあったこの時点から「親鸞」と名のっており、従来実名とされてきた「善信」は吉水期以来終生用い続けた房号であると考えている。

筆者は、旧稿「『善信』と『親鸞』――元久二年の改名について――（上・下）」（『親鸞教学』七五・七六、大谷大学真宗学会、いずれも二〇〇〇年）において初めて「親鸞」改名説を世に問うた。

当時、「親鸞」改名説を採っておられた先学には、平松令三氏（『歴史文化ライブラリー　親鸞』吉川弘文館、一九九八年）、佐藤正英氏（『親鸞入門』ちくま新書、筑摩書房、一九九八年、他）があり、筆者とほぼ時を同じくして本多弘之氏（『新講　教行信証――総序の巻――』草光舎、二〇〇三年、『親鸞思想の原点――目覚めの原理としての回向――』法藏館、二〇〇八年）によって「親鸞」改名説の発表とそれに伴う「歴史的親鸞像の見直し」が提唱された。

筆者は本多氏の教示によって目幸黙僊氏（「『禿人』親鸞――『物語り』的内面史として――」『親鸞教学』三六、一九八〇年）、真木由香子氏（『親鸞とパウロ――異質の信――』教文館、一九八八年）らの論考を知り、その後、星野元豊氏（『講解　教行信証・化身土の巻（末）』法藏館、一九八三年）、安良岡康作氏（『歎異抄全講読』大蔵出版、一九九〇年）も同様の見解を採っておられることを知った。

管見の及ぶ限りでは、近年では、幡谷明氏（「委託と応答」『真宗教学研究』三一、真宗教学学会、二〇一〇年）、寺川俊昭氏（「親鸞の名をめぐって」『真宗』二〇一〇年十一月号）、延塚知道氏（「親鸞の改名について」『大谷大学研究年報』六四、大谷大学大谷学会、二〇一二年、他）、松岡剛次氏（『親鸞再考』ＮＨＫ出版、二〇一〇年）、平雅行氏（『歴史のなかに見る親鸞』法藏館、二〇一一年）らも「親鸞」改名説を採られている。

また、「親鸞」改名説に抗して、井上円氏（「『名之字』考」『新潟親鸞学会紀要』四、二〇〇七年、他）、鶴見晃氏（「親鸞の名のり――『善信』房号説をめぐって――」『教化研究』一四四、真宗大谷派教学研究所、二〇〇九年、他）らによって「善信」改名説が再提示され、大谷大学真宗総合研究所においてもこのテーマのもと公開学習会が持たれる（『親鸞像の再構築（三）』二〇〇九年、参照）などしている。

筆者は本書において、「善信」改名説の孕む種々の矛盾点や諸史料の検証、改名の契機となった「夢告」の検討等を通して「親鸞」改名説の妥当性を論証していく。

その過程、殊に「善信」改名説の問題点を検証する過程においては、必然的に前掲の井上・鶴見両氏の論考、および両氏が依拠する古田武彦氏、佐々木瑞雲氏の論考等に対して忌憚のない批判の筆を振るわせていただくことをあらかじめ付言しておく。

註

（1）村田勤『史的批評　親鸞真伝』（敬文館、一八九六年）、一一六～一二六頁参照。

（2）赤松俊秀『人物叢書　親鸞』（吉川弘文館、一九六一年）、重見一行『教行信証の研究――その成立過程の文献学的考察――』（法藏館、一九八一年）等参照。

（3）平松令三氏は、「信証本」は、寛喜二年書写本が康元二年（一二五七年、親鸞八十五歳）一月の『唯信鈔文意』（真蹟・専修寺蔵）書写と同時期に書写され、二冊が信証に授与されたものと推定されている。『親鸞真蹟の研究』（法藏館、一九八八年）、一四五～一四七頁参照。

（4）重見一行『教行信証の研究――その成立過程の文献学的考察――』（法藏館、一九八一年）、二九六頁他参照。

（5）『親真集』一、三三九頁。

（6）『親真集』二、三九九頁。

（7）『親真集』二、四七三頁。

（8）『親真集』二、五四九頁。

（9）『親真集』二、六七三頁。

（10）現行の坂東本『教行信証』は、建長七年（一二五五年、親鸞八十三歳）六月に専信房専海が書写して以後、かなりの改訂が親鸞自身によって加えられており、「別序」の「愚禿釈の親鸞」（『親真集』一、一五七頁）、「信巻」・「愚禿悲歎述懐」の「愚禿鸞」（『親真集』一、二五八頁）は専信書写時点まではそれぞれ「愚禿釈の鸞」（『専修寺本　顕浄土真実教行証文類』上、法藏館、一九七五年、一六九頁）、「愚禿」（『専修寺本　顕浄土真実教行証文類』上、法藏館、二九〇頁）であったことが「専修寺本」（専信臨写本を真仏が再写）から知られる。

（11）これらに対して『岩波　仏教辞典』（岩波書店、一九八九年）、「親鸞　しんらん」の項には「翌年［筆者注・一二〇五年（元久二年）］法然から『選択本願念仏集』を授かり、法然真影の図画を許された。このころ、親鸞と改名か」（傍点筆者）とあり、注目に値する。

(12) 鳳嶺『教行信証報恩記』（一八〇四年）、法海『本典指授鈔』（一八二九年）、堯誓『教行信証講義』（一八四九年）、他。（『大谷大学真宗総合研究所紀要』四・別冊一、一九八七年）参照。

(13) 『定親全』四、言行篇(1)、三五頁。

(14) 「女犯偈」の呼称はこの偈が親鸞の女犯（妻帯）を容認したものとする了解の伝統が色濃いため、本書では極力使用せず、筆者が必要と感じた場合にのみこの呼称を用いる。この偈文に関する筆者の見解は第三章第三節を参照のこと。

第一章　「善信」改名説の検討

第一節　房号「善信」と実名「親鸞」──実名敬避俗──

既に述べたように、本書執筆の目的は、元久二年（一二〇五年）閏七月二十九日、法然によってその真影に記された「名の字」が「善信」ではなく「（釈の）親鸞」であり、親鸞は法然門下にあったこの時点から「親鸞」と名のっていたこと、従来実名とされてきた「善信」は吉水期以来終生用い続けた房号であることの論証にある。

筆者がこのように考えるに到った理由の一つは、改名後の名を「善信」と見た場合、多くの疑問と矛盾とが生じるからである。

「はじめに」でも触れた通り、「善信」改名説からは、

（1）『教行信証』「後序」において親鸞は、新しい名をなぜ「（釈の）善信」と書かないで「名の字」としたのか。

（2）なぜ「後序」に「親鸞」と名のった時期や経緯の記述がないのか。

といった疑問がまず浮かんでくる。

次に、

（3）後に親鸞は「善信」を「親鸞」に改めたにもかかわらず、なぜその後も「善信」と「親鸞」という二つの名を、終生にわたって併用したのか。しかも親鸞はこれらの名を全く同時期に、あるいは同じ文書の中で

さえ併用している。

といった疑問も生まれてくる。

まず、「善信」であるが、専修寺所蔵の真仏『経釈文聞書』には、

親鸞夢記に云わく

六角堂の救世大菩薩、顔容端政の僧形を示現して、白き衲の御袈裟を服著せしめて、広大の白蓮に端座して、善信に告命して言わく。

行者宿報にて設い女犯すとも

我玉女の身と成りて犯せられん

一生の間能く荘厳して

臨終に引導して極楽に生ぜしめん　文

救世菩薩此の文を誦して言わく。此の文は吾が誓願なり。一切群生に説き聞かす可しと告命したまえり。斯の告命に因て、数千万の有情に之を聞かしむと覚えて夢悟め了りぬ。（『定親全』四、言行篇(2)、二〇一～二〇二頁）

として、親鸞が六角堂の救世観音菩薩（以下、救世観音）から「行者宿報偈」を授けられたとする記事がある。夢告の時期は記されていないものの「六角堂の救世大菩薩」とあるところから見て、筆者はこれを建仁元年（一二〇一年）、親鸞を法然のもとに導いた六角堂参籠九十五日目の暁の夢告であると考えている。

ここで親鸞は救世観音から既に「善信」と呼び掛けられている。

『歎異抄』「後序」が伝える吉水時代のいわゆる「信心一異の諍論」の記事によって、

善信が信心も聖人の御信心もひとつなり、

（『定親全』四、言行篇(1)、三四～三五頁）

と、彼が「善信」と自称し、師法然を始め、勢観房・念仏房ら吉水の門侶もまた、

いかでか聖人の御信心に善信房の信心ひとつにはあるべきぞ、　（『定親全』四、言行篇(1)、一三五頁）

源空が信心も、如来よりたまはりたる信心なり、善信房の信心も如来よりたまはらせたまひたる信心なり、さればたゞひとつなり、別の信心にておはしまさんひとは、源空がまひらんずる浄土へは、よもまひらせたまひさふらはじと、　（『定親全』四、言行篇(1)、一三五～一三六頁）

と、彼を「善信房」と呼んでいたことが知られる。ここで当然論争の時期――元久二年の改名前か後か――が問題となるが、筆者は改名前だと考えている。この点は最終章第二節で詳述する。

また、妻恵信尼が親鸞の死の直後、末娘覚信尼に宛てて関東時代の親鸞の行実を書き送った際に、常陸下妻で見た堂供養の夢を語る一段、

さて、ひたち（常陸）のしもつま（下妻）と申候ところに、さかい（境）のがう（郷）と申ところに候しとき、ゆめ（夢）をみて候しやうは、だうくやう（堂供養）かとおぼ（覚）へて、ひんがしむき（東向）に御だう（堂）はた（建）ちて候に、しんかくとおぼ（覚）えて、御だう（堂）のまへ（前）にはたてあかし（立燭）しろく候に、たてあかし（立燭）のにし（西）に御だう（堂）のまへ（前）にとりゐ（鳥居）のやうなるに、よこ（横）さまにわたりたるものに、ほとけ（仏）をかけまいらせて候が、一たい（体）はたゞほとけ（仏）の御かほ（顔）にてはわたらせ給はで、たゞひかり（光）のま中ほとけ（仏）のづくわう（頭光）のやうにて、まさしき御かたち（形）はみ（見）へさせ給はず、たゞひかり（光）ばかりにてわたらせ給、いま一たい（体）はまさしき仏の御かほ（顔）にてわたらせ給候しかば、これはなにほとけ（何仏）にてわたらせ給ぞと申候へば、中人はなに（何）人ともおぼ（覚）えず、あのひかり（光）ばかりにてわたらせ給は、あれこそほ

うねん（法然）上人にてわたらせ給へ、せいしぼさつ（勢至菩薩）にてわたらせ給ぞかしと申せば、さて又いま一たい（体）はと申せば、あれはくわんのん（観音）にてわたらせ給ぞかし、あれこそぜんしん（善信）の御房よ、と申とおぼ（覚）えて、うちおどろ（驚）きて候しにこそ、ゆめ（夢）にて候けりとは思て候しか。

（傍点筆者、『恵信尼書簡』第三通、『定親全』三、書簡篇、一八八〜一八九頁）

において、夢の中の登場人物が「善信の御房」という呼称を用いているし、いわゆる「寛喜の内省」を語る一段においては、

ぜんしん（善信）の御房、くわんき（寛喜）三年四月十四日むま（午）の時ばかりより、かざ（風邪）心ち（地）すこしおぼえて、……

（傍点筆者、『恵信尼書簡』第五通、『定親全』三、書簡篇、一九四頁）

として恵信尼自身が同じ呼称を用いている。

また、帰洛後、親鸞が関東に送った消息の中でもしばしば自身を「善信」と呼んでいる。

建長四年（一二五二年、親鸞八十歳）と推定される「書簡」の中で、東国の「造悪無碍」の風潮を戒める文脈において親鸞は、

されば北の郡にさぶらふし善乗房は親をのり、善信をやう〳〵にそしりさふらひしかば、ちかづきむつまじくおもひさふらはで、ちかづけずそうらいき。

（『末灯鈔』第十九通、『定親全』三、書簡篇、一一二頁）

として「善信」と自称している。

この記述は北の郡での善乗房（『親鸞聖人御消息集』（以下、『消息集』）（広本）第四通では「善証坊」）の行状の報告を受けてのものであることから、善乗房が「善信房は……」と親鸞を名指しで誹謗中傷していたことが察せられる。ちなみにこの「書簡」の末尾の署名は「親鸞」である。

文応元年（一二六〇年）の乗信房宛の「書簡」（『末灯鈔』第六通）では、文中で、

まづ善信が身には、臨終の善悪をばまふさず……

（『定親全』三、書簡篇、七五頁）

と名のり、末尾に、

文応元年十一月十三日

善信八十八歳

乗信御房

（『定親全』三、書簡篇、七六頁）

と署名している。

そして、正確な年時は不明ながら、最晩年の遺言状とも想定される常陸の門弟宛に「いまごぜん（今御前）のはゝ（母）」と「そくしやうばう（即生房）」の扶養を依頼した十一月十二日付の「書簡」においても、

このいまごぜんのはゝの、たのむかたもなく、……このそくしやうばうも、すぐべきやうもなきものにて候へば、……ひたちの人々ばかりぞ、このものどもをも、御あはれみ、あはれ候べからん。いとをしう、人々あはれみおぼしめすべし。このふみ（文）にて、人々おなじ御こゝろに候うべし。あなかしこ〳〵。

十一月十二日　　　　ぜんしん（花押）

ひたち　人々の御中へ

（『定親全』三、書簡篇、三三～三四頁）

と署名している。

このように親鸞は、吉水期から最晩年にわたって「善信」の名を用いているが、それと並行して「親鸞」の名も用いている。

「はじめに」で挙げた六十歳前後の『唯信鈔』真蹟書写本の「奥書」における使用に始まり、帰洛後の教化の具体的言説を伝える『歎異抄』が、

親鸞においては、たゞ念仏して弥陀にたすけられまひらすべしと、よきひとのおほせをかふりて信ずるほかに、別の子細なきなり。（第二章）　（『定親全』四、言行篇(1)、五頁）

親鸞は、父母の孝養のためとて、一返にても念仏まふしたることいまださふらはず。（第五章）
（『定親全』四、言行篇(1)、八頁）

親鸞は弟子一人ももたずさふらう。（第六章）　（『定親全』四、言行篇(1)、九頁）

弥陀の五劫思惟の願をよく〳〵案ずれば、ひとへに親鸞一人がためなりけり。さればそれほどの業をもちける身にてありけるを、たすけんとおぼしめしたちける本願のかたじけなさよ、（後序）
（『定親全』四、言行篇(1)、三七頁）

と、口頭の会話（法談）において用いられた「親鸞」の名のり（自称）を伝えているし、[1]帰洛後の著作・消息等にも撰号・奥書・署名を問わず「親鸞」の名が用いられている。

そして、最後の著作とされる『弥陀如来名号徳』にいたるまでそれは継続する。

長野県正行寺蔵本の『弥陀如来名号徳』の奥書、

草本に云わく。

文応元年庚申十二月二日、之を書写す。

愚禿親鸞八十八歳、書し了りぬ。

（『定親全』三、和文篇、二三三頁）

に拠れば、この『弥陀如来名号徳』は、前に挙げた乗信房宛書簡（文応元年十一月十三日の日付・「善信」と署名）とほぼ同時期に記されている。

また、この他にも、前掲の建長四年（推定）の書簡（『御消息集』（広本）第四通）にも文中に「善信」、末尾の署名に「親鸞」、康元元年（一二五六年）十月書写の『西方指南抄』中巻末の本文中に「善信」、奥書に「愚禿親鸞」といった「善信」「親鸞」同時併記の実例が見られる。

これらの記述から見て、親鸞は「親鸞」を名のった後も「善信」を捨てたわけではなく、二つを併用していたことが知られる。

もし「善信」「親鸞」のいずれもが実名であるとすると、親鸞は二つの実名を同時に用いていることになり、きわめて不自然であると言わねばならない。

しかしこれらの事実は、「善信」を房号と考えれば、何の矛盾も問題も生じないのである。

つまり、

（4）「善信」とは実名ではなく房号ではないか。

と考えられ、

（5）「善信」改名説とは、改名が実名「綽空」を房号「善信」へと改めたものだとする矛盾極まりない説なのではないか。

と考えられるのである。

この矛盾を整合すべく登場したのが、元久二年以後親鸞は「善信」を実名（房号を兼ねる）として用い、「親鸞」への改名後は「善信」を房号として用いたとする「善信」改名説であるが、これについても後程詳述する。

以上のように、筆者は「実名」「房号」の語を用いて「善信」改名説を批判しているが、これは、親鸞在世当時（日本中世）の人名に関する慣習である「実名敬避俗」に基づいてのことである。

当時、人名には実名《じつみょう》（諱《いみな》）と仮名《けみょう》（字《あざな》）があり、僧においては房号が字として通用していた。

日常の会話の場において他者がその人を呼ぶ際には字《あざな》で呼び、自らが自分を表す際には諱・字両方を用いたが、諱は自らが名のる時のみに限られていた。

諱《いみな》とは元来「忌み名」であり、死者を生前の本名・実名で呼ぶ際に用いた名であり、それゆえ生存中の相手を他人が口頭でその諱で呼ぶことは重大な禁忌《タブー》であった。（2） これを実名敬避の習俗（実名敬避俗）と言う。

なぜこのような慣習が生じたかと言えば、当時人名に関して、人の名はその人の本性を表し、その人の存在自体と分かちがたく結びついてほとんど一体であるとする「名詮自性」の観念があった。言い換えれば名とは単なる記号ではなく、何か神秘的で霊的なものが含まれていると信じられていたのである。

この「名詮自性」の観念を示す代表的な例が、『万葉集』巻一冒頭の大泊瀬《おほはつせ》稚武天皇《わかたけのすめらみこと》（雄略天皇）の歌、

籠《こ》もよ　み籠《こ》持ち　ふくしもよ　みぶくし持ち　この岡《をか》に　菜《な》摘《つ》ます児《こ》　家《いへ》告らな　名告《の》らさね　そらみつ
大和《やまと》の国は　おしなべて　我《われ》こそ居《を》れ　しきなべて　我こそいませ　我こそば　告らめ　家をも名をも

【現代語訳】かごも良いかごを持ち、へらも良いへらを持って、この岡で若菜を摘んでおられる乙女よ、家をお告げなさいな、名を名乗りなさいな。（そらみつ）大和の国は、ことごとく私が治めているのだ、全部私が支配して居られるのだ。私こそ名乗ろう、家も名前も。

（『新日本古典文学大系1　萬葉集一』岩波書店、一九九九年、一三～一四頁）

である。

雄略天皇が若菜を摘む乙女を見初めてその名を尋ねたのであるが、当時名を尋ねることは求婚を意味し、乙女が自分の名を教えれば結婚を承諾したことを意味したのである。

つまり名を他人に知らせることは名の持っている霊的なものを他人に委ねるという意味があり、反対にその人の

名を知ることがその人の存在そのもの、運命や生命をも自由にし得る、文字通り「生殺与奪の権を握る」――時には呪詛の対象とする――ことすら意味したのである。

この結果、名を他人に知らせることを避け、日常生活において人の名を憚って呼ばない慣習――「実名敬避俗」が生じた。

諱《いみな》とは、また、他人に知られることを「忌む名」でもあり、『万葉集』巻四には、笠女郎《かさのいらつめ》が大伴家持に贈った歌の中に、

あらたまの年の経《へ》ぬれば今しはとゆめよわが背子《せこ》わが名告《の》らすな

（『新日本古典文学大系1　萬葉集一』三六八頁）

【現代語訳】（あらたまの）年が経ってしまったので、今はいいだろうと、絶対に私の名を人に言わないで下さい。

あるいは「古今相聞往来歌類」の二首、

玉かぎる磐垣淵《いはかきふち》の隠《こも》りには伏して死ぬとも汝《な》が名は告《の》らじ（『万葉集』巻十一）

【現代語訳】（玉かぎる）岩垣淵のように、誰にも知られず、倒れ伏して死んでも、あなたの名は決して人に言わない。

（『新日本古典文学大系3　萬葉集三』岩波書店、二〇〇二年、八六頁）

思ひにし余りにしかばすべをなみ我は言ひてき忌《い》むべきものを（『万葉集』巻十二）

【現代語訳】思い余ってどうにもならず、私は口に出してしまった。恐れ慎むべきことなのに。

（『新日本古典文学大系3　萬葉集三』一五二頁）

越前国に流罪となった中臣宅守《なかとみのやかもり》が配流地に向かう旅路で妻の狭野弟上《さののおとがみの》娘子《をとめ》を想って詠った歌（『万葉集』巻十五）

恐《かしこ》みと告《の》らずありしをみ越路《こしぢ》の手向《たむけ》に立ちて妹《いも》が名告《の》りつ

【現代語訳】恐れ多いと口にしないでいたのに、越路の手向けの神の前に立って、あなたの名を告げてしまった。勅勘の身ゆえに、恐れ慎むべきこととして、これまで口に出さずにいたのに、越路の峠に立つと、もはや恋情押さえがたく、思い切ってあなたの名を呼んだという意。（『新日本古典文学大系3　萬葉集三』四五二頁）

といったように、自分の名、恋人の名を口に出すこと、つまりその名を他人に知られることを禁忌《タブー》とした歌が数多く見られる。

また、懲罰の一環として名を改悪したり剝奪したりすることが行われたのもこの「名詮自性」の観念に基づいてのことである。

そして日常生活においては、名（実名）を呼ばない代わりに、他人に知られても危険のない名、あるいは霊性の籠っていない名として通称や仮名（字）が用いられた(3)。

僧侶を例にとれば、「官僧」である場合、通称として住持する寺院名や官職名（「僧正・僧都・律師」といった僧官、「法印・法眼・法橋」といった僧位）、あるいは公卿の職名で呼ぶ公名《きみな》（君名または卿名《きょうな》）などが用いられた。

【例】安居院の法印・宰相法印（諱・聖覚）、長楽寺の律師（隆寛）、大納言律師（公全、後に正信〈または聖信〉房湛空）、善法院僧都（尋有）……

ちなみに公名は、堂上公家の子息が幼少で入寺し、未得度の稚児だった折、父の職名で呼んだことに起因するという。聖覚は安居院の澄憲法印の真弟（実子）であったが、伯父の宰相（参議の唐名）藤原俊憲の猶子――名義上は子であるが、姓も変わらず、財産相続も行われないため「養子」とは区別される――となったため、その職名である「宰相」を公名としたという(4)。

覚如の『御伝鈔』第一段の記述「範宴少納言公と号す(5)」に拠れば、親鸞の比叡山時代の実名は「範宴」、通称が

「少納言の公」であったとされるが、親鸞の父日野有範の職名は「皇太后宮大進」であり、誰かの猶子となって呼ばれた公名の可能性もある。

また当時、幼少より仏門に入り受戒した「官僧」以外にも、官僧から遁世した「聖《ひじり》」、あるいは俗世間で活動した後に剃髪して僧形をとったものの妻帯し公的に活動するなどの在家生活を行った「沙弥《しゃみ》」があり、彼らは房号、あるいは阿弥陀仏号（阿号）などを字とした。なお、阿弥陀仏号は東大寺大勧進俊乗房重源（号・南無阿弥陀仏）が「大原談義」の際に発案創始したとも伝えられている。[6]

【例】法然房（源空）、聖光房・弁阿弥陀仏（弁長）、念仏房・念阿弥陀仏（良鎮）、空阿弥陀仏、阿弥陀丸（教信沙弥）……

「聖」に対しては尊称として「上人」「聖人」号が用いられ、「沙弥」に対しては「入道」号が用いられた。また、居住した地名や遁世・出家以前の官職名も盛んに用いられた。

【例】笠置の解脱上人（貞慶）、栂尾の明恵上人（高弁）、法然上人・黒谷聖人（源空）、善信聖人・本願寺聖人（親鸞）、高野山僧都・蓮華谷の僧都（明遍）、白河上人（法蓮房信空）、宇都宮入道（実信房蓮生、俗名・弥三郎頼綱）、熊谷入道（法力房蓮生、俗名・次郎直実）、三室戸大進入道（俗名・日野有範）、栗沢信蓮房（明信）、益方大夫入道（道性、俗名・有房）……

ただ、当時は仮名も実名と同様公的に用いられ、仮名である房号・阿号の記載された公文書も見ることができる。三善長兼の日記『三長記』の元久三年（一二〇六年）二月十四日条は、

新宰相、御教書院宣なりを送りて曰わく。法々・安楽両人を召し出だす可し。

（傍点筆者、『増補史料大成』三一、臨川書店、一九六五年、一七二頁上段～下段）

として、法本房行空・安楽房遵西両名を召し出すように、との院（後鳥羽上皇）の意向を伝える新任の宰相（参議）――前年十一月に権中納言に任じられた従二位中宮権大夫藤原師経か？[7]――の「御教書」にそれぞれの房号が記されていることを伝えている。

また、『停止《ちょうじ》一向専修記』には、貞応三年（一二二四年）五月十七日、比叡山が提出した『奏状』に続いて、嘉禄三年（一二二七年）六月二十九日付の専修念仏停止の「宣旨」と天台座主によって比叡山全体に出された「通達」、同じく七月五日付の「宣旨」と「通達」が載せられているが、七月五日付「宣旨」には、

> 其の上、且く仏法の綾夷を禁じ、且く衆徒の鬱訴を優すに依りて、根本と謂うを以て、隆寛・成覚・空阿弥陀仏等、其の身を遠流に処せしむ可きの由、不日に宣下せらるる所なり。余党の者に於ては、其の在所を尋ねられ永く帝土を追却せらる可きなり。
>
> （傍点筆者、伊藤徹英「停止一向専修記の研究・付編」『佛教大学研究紀要』三九、仏教大学学会、一九六一年、二一〇～二一一頁）

として、遠流に処すべき専修念仏興行の根本（中心的人物）の三名――隆寛（実名）・成覚房幸西（房号）・空阿弥陀仏（阿号）が記されている。

以上の例から知られるように、公文書には実名しか記載されないわけではなく、「公文書に記載されているから実名である」と早計に判断することはできない。

また、このような仮名・通称は同時代ないしは当事者周辺では自在に用いられたものの、その結果、実名が伝わらなくなったり、誰を指したか不明になったりする例が少なくなかった。

当時の文書には「実名を知らざる兵衛入道の事」[8]（『停止一向専修記』）、「善綽房西意摂津のくにゝにして誅す。佐々木判官（実名しらず）が沙汰と云云」[9]

（『拾遺古徳伝』巻七）、「武藤左衛門入道実名をしらず、ならびに屋戸やの入道実名をしらず両大名に」[10]（『口伝鈔』）といった実名不詳を伝える表記をいくつも見ることができるし、『恵信尼書簡』第十通は恵信尼の息子信蓮房明信が「五でうどの（条殿）」のために「のづみ（野積）」の山寺で不断念仏を始めたとの記事[11]を載せているが、この「五条殿」が誰であるか不明である。これを五条西洞院に住んだことのある親鸞を指すとする説もある。

舜昌（一二五五～一三三五）の『法然上人行状絵図』（以下、『行状絵図』）巻十一は、

> ある時上人月輪殿へ参じ給へるに、殿下御はだしにておりむかはせ給へば、聖覚法印、三井の大納言僧都覚心、おなじくおりむかひ恐々せられけり。上人僧都をあやしげに見たまふ、聖覚あれは大納言僧都御房候と申さるれば、僧都とりあへず、覚心となのり申されき。意は大納言も僧都も世におほければ、実名にてそれとしられたてまつらむとなり、（『法伝全』、四九頁）

と、法然が九条兼実邸を訪れた際、同席した「三井の大納言僧都覚心」を不審げに見たので、聖覚が「大納言僧都御房」と紹介し、僧都自らが「覚心」と実名で名のった、というエピソードを紹介している。

文中、大納言も僧都も世間に多くあり、「大納言僧都」という通称（公名・僧官名）では初対面の法然に通じなかったため実名をもって自己紹介したと解説されているが、この時聖覚がなぜ「覚心」と伝えなかったかといえば、まさしく実名を憚ったからに他ならない。

また、『古今著聞集』巻第十六には「聖覚法印の力者法師築地つきを罵《の》る事」というエピソードがある。

> 持明院になつめだうといふ堂あり。淡路入道長蓮が堂なり。築地のくづれたりけるをつかせけるに、つくものども、をのがどち物語すとて、聖覚法印の説経の事などをかたりけり。其の折しも聖覚輿にかゝれて其の前をとをりけるに、これらが物語に、「聖覚の」といふを、ともなる力者法師きゝとがめて、「おやまきの聖覚や。

は、まきの聖覚や」など、ねめつ、見かえり〳〵にらみけり。築地つきをのるにてはあれども、当座には主をのるとぞ聞えける。「かゝる不祥こそありしか」と、彼の法印、人にかたりてわらひけり。

（『日本古典文学大系84　古今著聞集』岩波書店、一九六六年、四二七頁）

持明院の「なつめ堂」の築地塀を修繕する者たちが雑談中「聖覚の」と呼んだのをたまたま聖覚の輿を担いで通りがかった力者法師（従者）が聞きとがめ、彼らを睨みつけ「おやまき」「ははまき」と激しく罵ったが、その罵りが主人である自分を罵っているようにも聞こえた、と後に聖覚が苦笑しながら人に語ったというのである。

従者の発言「おやまきの聖覚や。ははまきの聖覚や」は、格助詞「の」を「動作・作用・状態の主格を表す」とれば、「おやまき（ははまき）が聖覚などと呼びおって」と塀の修理人を罵った言葉になるが、「連体修飾格として性質・状態を表す」格助詞ととれば、「おやまき（ははまき）の〈状態の〉聖覚であることよ」と聖覚を罵った言葉になる。

しかし従者はなぜ「聖覚の」と呼んだ者たちを「おやまき（ははまき）」と罵ったのであろうか。ちなみに「おやまき」も「ははまき」もいずれも人を罵って言う言葉であり、語義未詳ながら「母親と通じる」という意味ではないかとされている（12）。

現代の感覚からすれば「聖覚の」と敬称抜きで呼び捨てにしたことを従者が怒ったと理解しがちであるが、「安居院の法印」等の通称で呼ぶべきところを「聖覚の」と実名で呼んだことに従者は激しい怒りを覚えた、と理解すべきである、と筆者は考える。

このエピソードは「実名敬避」という禁忌《タブー》を犯した者に対して「おやまき（ははまき）」（母子相姦）というこれも禁忌を破った許しがたい者という激しい罵倒をもって応じたという、いわば「実名敬避」の禁忌の厳しさを物語る事例ではないだろうか。ただ、憤りの余りとはいえ、従者も「聖覚」と実名を挙げてしまったという点にも「主をの（罵）る」と聖覚は苦笑したわけであるが。

「善信」を房号とする見解に対して、「親鸞聖人自身が『善信房』と使った用例が提示されていない(13)」との批判があるが、房号とは自らが用いるよりもむしろ会話の中で他者からどう呼ばれているかによって知られる性格のものなのである。

たとえば、親鸞は師法然房源空をその没後、「真宗興隆の大祖源空法師(14)」（『後序』）、「本師源空(15)」（『高僧和讃』）と記し、口頭では「法然聖人(16)」（『歎異抄』）、あるいは「本師聖人(17)」（『尊号真像銘文』）、「大師聖人(18)」（『消息』等）と呼んでいたが、生前の法然その人に向かって「源空聖人」と呼び掛けることはなかったはずである。

そして、法然は「沙門源空(19)」（二尊院蔵『七箇条制誡』）と署名し、「十悪の法然房」「愚痴の法然房(20)」（以上、『和語灯録』）もしくは「源空(21)」（『歎異抄』）と自らを称していたのである。

さて「善信」であるが、親鸞が生前、他者から「善信」と呼ばれていたことが確認できれば、それは「善信」が実名（忌み名）ではなく、房号であることの重大な証左となる。

前掲の真仏『経釈文聞書』によれば、親鸞は夢中において六角堂の救世観音から「善信」と呼び掛けられているし、『歎異抄』「後序」によれば、吉水時代の「信心一異の諍論」の際に法然、勢観房、念仏房らから「善信房」と呼ばれている。また、『恵信尼書簡』によれば、恵信尼が常陸国下妻の境の郷で見た堂供養の夢の登場人物が親鸞を「善信の御房」と呼び、寛喜三年（一二三一年）四月のいわゆる「寛喜の内省」を伝える書簡では恵信尼自身が親鸞を「善信の御房」と呼んでいる。

これらの記述から見て、「善信」は明らかに房号であり、親鸞が「善信」と号し始めた時期は元久二年以降ではなく、もっと早い時期、少なくとも官僧から遁世して吉水に入室した時からと考えるべきではないだろうか。

吉水入室以来、親鸞は、専修念仏の行者の妻となって終生同伴すると誓い、自らを法然のもとへ誘った聖徳太子の「護持養育」(22)（文明版『正像末和讃』「皇太子聖徳奉讃」）の恩徳と、妻帯（破戒）によって妨げられることのない仏道（＝法然の専修念仏）を「一切群生に説き聞かす可し」との「告命」とを憶念して、「善信」の号を終生用い続けたのではなかろうか。

「綽空」は、伝説によれば法然から与えられた名であると言われている。平安・鎌倉期は、父子・兄弟が名前に一字を共有する通字・系字の慣習が僧侶間でも一般的であり、(23)「綽空」の「空」は、当然「源空」のそれから採られたものと考えられる。

親鸞は太子・法然という、まさしく観音・勢至二菩薩の化身の引導によって、吉水入室を機に「善信房綽空」と名のったことが想像できるのである。

そして元久二年の改名後は終生「善信房親鸞」を――流罪中は「藤井善信」の俗名を用い、流罪赦免後は「愚禿釈親鸞」と併用して――名のったと考えるのである。

ただ、「親鸞夢記」には「善信に告命して言わく」とあるから、「六角堂夢告」以前に既に「善信」の房号を用いていた可能性も充分に考えられる。

親鸞は、後年制作した『高僧和讃』「源空讃」で師法然の恩徳をたたえる中に、

善導源信すゝむとも　本師源空ひろめずば
片州濁世のともがらは　いかでか真宗をさとらまし
（『定親全』二、和讃篇、一二八頁）

という一首を載せている。

この和讃を法然との値遇以前、比叡山時代の親鸞の思想的遍歴を暗示しているものと取れば、「善信」とはまさしく善導・源信の教学、つまりは叡山浄土教の修学を志したその時から名のった房号であると考えることも可能である（その場合は「善信房範宴」か?）。

しかし、親鸞は吉水入室以前のことを何も書き残していないため[24]、今回その判断は留保することとする。

註

（1）ただし、『歎異抄』の成立は親鸞没後二十七年（正応元年・一二八八年）頃とされており、実際の唯円との対話の場では「親鸞」ではなく、「善信」の名が用いられていた可能性も完全には否定できない。

（2）『日国辞』二、「いみ‐な（諱・謚・諡）」の項参照。

（3）奥富敬之『名字の歴史学』（角川書店、二〇〇四年）、一七四～一七五頁。『日本史大事典』（平凡社、一九九三年）、「な‐名」の項等参照。

（4）『浄土惣系図（西谷本）』、「聖覚法印」の項、野村恒道・福田行慈編『法然教団系譜選』（青史出版、二〇〇四年）、六一頁参照。

（5）『定親全』四、言行篇(2)、四頁他。

（6）『法然上人伝記』（醍醐本）、『法伝全』、七七五頁上段。『黒谷法然上人伝（十六門記）』『法伝全』、八〇二頁下段、他参照。

（7）『公卿補任』建仁四年（一二〇四年）～元久三年（一二〇六年）の条、『国史大系』九（経済雑誌社、一八九九年）、五六九～五八〇頁参照。

（8）『佛教大学研究紀要』三九（仏教大学学会、一九六一年）、二一〇頁。

（9）『真聖全』三、七三七～七三八頁。

（10）『定親全』四、言行篇(1)、八〇頁。

(11)『定親全』三、書簡篇、二一二頁参照。
(12)『日国辞』四、「おやまき」の項、『日国辞』一六、「ははまき」の項参照。
(13)井上円「『名之字』考」『新潟親鸞学会紀要』四、二〇〇七年、九一頁参照。
(14)『定親全』一、三八〇頁。
(15)『定親全』二、和讃篇、一二七頁他。
(16)『定親全』四、言行篇、五頁。
(17)『定親全』三、和文篇、一二〇頁。
(18)『定親全』三、書簡篇、二六頁他。
(19)『昭法全』、七九〇頁。
(20)『真聖全』四、六七七〜六七八頁。
(21)『定親全』四、言行篇、三五頁。
(22)『定親全』二、和讃篇、二〇七頁。
(23)『日本史大事典』、「名　な」の項参照。
(24)専修寺には建長二年（一二五〇年）に親鸞が覚信尼に宛てたとされる「建長二年文書」（古田武彦氏の用語）の写し、通称「三夢記」が現存するが、筆者はこれを後代の偽作と考えている。偽作と判断した理由については、本書第三章第二節で詳述する。

第二節　覚如説の検討

第一項　「善信」房号説の嚆矢としての覚如

前述したように「善信」改名説は、親鸞の曾孫覚如が正安三年（一三〇一年）に著した『拾遺古徳伝』（以下、『古徳伝』）巻六において「後序」の元久二年の改名記事を、

またゆめのつげあるによりて、綽空の字をあらためて、おなじき日これも聖人真筆をもて名の字をかきさづけしめたまふ。それよりこのかた善信と号すと。云々（『真聖全』三、七三一頁）

と解説したことをその嚆矢とする。

筆者はここまで便宜上、自らの主張を「親鸞」改名説と呼び、従来の説を「善信」改名説と呼んできた。

しかしこれらの呼称は厳密には正確でなく、前者は、

（1）「善信」は房号である。（「善信」房号説）

（2）元久二年の改名は「親鸞」への改名である。（「親鸞」改名説）

という二つの主張を同時に含むものであった。

しかし、これに対して井上・鶴見氏らが提示した「善信」改名説とは、

（1）「善信」は実名である。（「善信」実名説）

（2） 元久二年の改名は「善信」への改名である。（「善信」改名説）

というものであった。

しかし、「善信」改名説の嚆矢である覚如におけるそれは、「善信」を実名としてではなく、あくまで房号と位置づけている。つまり「善信」改名説の論者によって批判されている「善信」房号説の嚆矢もまた覚如なのである。既に挙げた『古徳伝』の文に覚如は、

またゆめのつげあるによりて、……それよりこのかた善信と号すと。云々（傍点筆者、『真聖全』三、七三一頁）

と記しており、「号す」の記述から「善信」が房号として扱われていることが知られる。

これに比して覚如は、『報恩講式』（永仁二年・一二九四年著）においては、

いはんやみづからなのりて親鸞とのたまふ、（傍点筆者、蓮如延書『報恩講私記』『定親全』四、言行篇(2)、一七〇頁）

として、実名「親鸞」に対してはあくまで「な（名）のりて」と記している。

また、『古徳伝』巻七の「承元の法難」の記事、

聖人の罪名藤井の元彦おとこ、配所土佐のくに幡多春秋七十五。このほか門徒あるひは死罪、あるいは流罪。流罪のひと〴〵、浄聞房備後のくに・禅光房澄西伯耆のくに・好覚房伊豆のくに・法本房佐渡のくに・成覚房幸西阿波のくに俗姓物部云云・善信房親鸞越後のくに国府罪名藤井の善信・善慧房たゞし無動寺前大僧正これをまふしあづかる已上流罪、師弟ともに八人。善綽房西意摂津のくににして誅す佐々木判官（実名しらず）が沙汰と云云・性願房・住蓮房・安楽房已上近江のくにむまぶちにて誅す二位法印尊長が沙汰と云云已上死罪、四人。（傍点筆者、『真聖全』三、七三七～七三八頁）

においても「善信房親鸞」と、「善信」を房号、「親鸞」を実名として記している。この『古徳伝』の記事からは、覚如が用いた原史料――承元元年（一二〇七年）の法難当時のもの――に「善信房親鸞」と記されていた可能性す

ら窺うことができる。つまり覚如が流罪以降の「親鸞」への改名を踏まえて訂正して記載したのではなく、流罪執行以前に既に「善信房親鸞」の名のりがあり、覚如もまたそう認識していたという可能性が見受けられるのである。また後述するが、「親鸞」への改名を流罪以降であるとした良空（一六六九～一七三三）の『正統伝』の刊行（享保二年・一七一七年）以前には、「親鸞」への改名を吉水期の出来事とする見解も存在していた。

覚如の『口伝鈔』上巻・第六条には、常陸の信楽房が親鸞の門下を離れた際に蓮位が「門下を離れた以上、彼に与えた本尊・聖教を取り戻すべきでは」と進言したのに対して、

本尊・聖教をとりかへすこと、はなはだしかるべからざることなり。そのゆへは親鸞は弟子一人ももたず、なにごとををしへて弟子といふべきぞや。みな如来の御弟子なれば、みなともに同行なり。念仏往生の信心をうることは、釈迦弥陀二尊の御方便として発起すとみえたれば、またく親鸞がさづけたるにあらず。

（『定親全』四、言行篇(1)、七六頁）

と親鸞が戒めたエピソードが伝えられている。

この時親鸞はさらに続けて、

当世たがひに違逆のとき、本尊・聖教をとりかへし、つくるところの房号をとりかへし、信心をとりかへすなむどいふこと、国中に繁昌と云々、返々しかるべからず。

（傍点筆者、『定親全』四、言行篇(1)、七六頁）

と発言した、と覚如は記している。

この記事は親鸞在世当時、師弟間に確かな契りが結ばれた際に師は弟子に本尊・聖教、そして房号を与え、破門の際にはそれらを剝奪するいわゆる「悔返《くいかえし》」の慣習があった、もしくは覚如がそう認識していたことを示している。

この記事から推するに、覚如は元久二年の出来事を、親鸞が法然から本尊（法然の真影）・聖教（『選択集』）、そ

して房号（「善信」）を与えられた出来事であったと認識していたと思われる。

また覚如はその著作において親鸞が「善信」（『親鸞聖人伝絵』上巻本・三段）[1]、「善信房」（『親鸞聖人伝絵』上巻末・七段）[2]、『口伝鈔』第十四条）[3]、「善信（の）御房」（『親鸞聖人伝絵』上巻末・六段）[4]、『口伝鈔』第一条[5]、第八条[6]、第十二条[7]、第十四条）[8]と呼ばれる場面を描いている。これらの記述からも、覚如が「善信」を房号、それも吉水期以来のものと考えていたことが知られるのである。

覚如は永仁三年（一二九五年、二十六歳）、初めて『親鸞聖人伝絵』（以下、『伝絵』）を制作しているが、同年十月十二日制作の奥書をもつ西本願寺所蔵本（以下、「西本願寺本」）の題号は『善信聖人絵』、同年十二月十三日に初稿本を書写したとの奥書をもつ専修寺所蔵本（以下、「専修寺本」）の題号は『善信聖人親鸞伝絵』である。それに対して康永二年（一三四三年、七十四歳）十一月制作の東本願寺蔵康永本（以下、「東本願寺本」）の題号は『本願寺聖人伝絵』となっている。

また、正安三年（一三〇一年、三十二歳）制作の『古徳伝』では、親鸞の呼称が「善信聖人」[9]で統一されているが、元弘元年（一三三一年、六十二歳）制作の『口伝鈔』においては「本願寺の鸞聖人」[10]となっている。「善信聖人」から「本願寺の聖人」へという呼称の変化はいずれも、大谷廟堂の寺院化によって、親鸞の位置付けが一念仏聖から「本願寺」の開基・開山へと変化したことに伴うものである。

つまり覚如説に従えば、元久二年の改名は、「綽空」（実名）から「善信」（房号）に改めたことになるのである。また、覚如は『伝絵』に親鸞の吉水入門を「隠遁のこゝろざしにひかれて」[11]（上巻本）のこと、つまりは官僧からの遁世であると記し、入門以後の親鸞を「黒衣」――遁世の念仏聖の姿で描かせている。

このことからすれば、入門から元久二年閏七月までの間親鸞が「善信」以外の仮号・通称を用いていたという認識が覚如にはあったことになる。覚如自身、十七歳で得度受戒して実名を「宗昭」と名のり、後に遁世して「覚如」と号しており、『日野氏系図』（専修寺本）には「僧宗昭」に「遁世して覚如」[12]、実悟撰『日野一流系図』の「宗昭」には「籠居して覚如と改む」[13]との注記がある。

しかしその仮号・通称について覚如は何も書き残してはいない。

覚如の息男存覚は、

「令書名之字畢」と言うは、善信是なり。（『六要鈔』『真聖全』二、四四〇頁）

と父の説を継承してはいるものの、これらの矛盾点の整合に苦心した跡が見受けられ、この点については次節で詳述する。

第二項　覚如説の成立背景――建仁三年「夢告」説――

覚如によって提示された「善信」改名説は、それが親鸞の血族によってなされたものであったがために、血族ならではの伝承があったものと想像され、それゆえに権威あるものと見做されてきた。この点は存覚説も同様であるが、既に検討した通り、それ自体がかなりの問題と矛盾を孕んだ説であった。

しかし、何より筆者が疑問に感じざるを得ないのは、覚如が『古徳伝』で「善信」説を提示した正安三年（一三〇一年）は、親鸞の入滅から既に三十九年が経過し、親鸞が実際に改名した元久二年（一二〇五年）から見て、実に九十六年後に当たるということである。仮に何らかの伝承が伝わっていたとしてもそれが果たして正確な事実を伝えていたと断言できるのであろうか。

覚如による親鸞伝承は、覚如本人の資質と、廟堂の寺院化・本山化を目指したその課題意識もあって、今日その史実性が疑われているものが少なくない。

『伝絵』第一段の親鸞の出家の記事中には、伯父日野範綱の官位が「阿伯従三位範綱卿〈時に従四位の上、前の若狭守、後白河上皇の近臣、聖人の養父〉」(14)と記されている。

この記述について平雅行氏は、覚如は範綱の最終官位を従三位（公卿）としているが、『公卿補任』に彼の名は見られないこと、『山槐記』には親鸞が出家したとされる治承五年（一一八一年、親鸞九歳）の七年後の文治四年（一一八八年）正月に範綱が正五位下に叙されたとの記録があり、この時点で従四位上のはずはないこと、また『山丞記』には同年十二月、完成した六条院に後白河法皇が移徙する際の準備に範綱が若狭守として従事したとの記録があるが、治承五年当時は安元三年（一一七七年）に起きたいわゆる「鹿ヶ谷事件」（後白河法皇近臣による平家討伐の謀議、未然に発覚）の影響で謹慎状態にあり、治承五年以前に既に若狭守に任じられていたとは考えられないこと、などから覚如が親鸞の子孫である自分を権威づけるために範綱の官位を「かさ上げ」「水増し」したとしている。(15)

平氏は、同じ段の慈円への入門に関しても、治承五年当時の慈円（道快法眼）の地位や立場、その精神状態、あるいは「承元の法難」時に成覚房幸西と善恵房証空の身柄を預かったのに対して親鸞には何らの手も差し伸べていないことなどから見て、両者は師弟関係にはなかった、つまり慈円入室は覚如の創作である、と断じている。(16)

また、覚如は『口伝鈔』中巻・第九条において、浄土宗鎮西義の祖である聖光房弁長（一一六二〜一二三八）が親鸞の「御引導」(17)によって法然に入門したという逸話を挙げている。

しかし、弁長は親鸞より十一歳の年長であり、建久八年（一一九七年、弁長三十六歳）に親鸞より四年早く法然門下に加わっているし、親鸞の入門以前に『選択集』の付嘱をも受けている。

弁長が親鸞に導かれて吉水に入門した後輩であり、しかも九州に帰郷後、法然の教えをさしおいて「口伝をそむきたる諸行往生の自義を骨張して自障障他[18]」したと貶める覚如の記述に対して、梶村昇氏は「弁長に対し親鸞を優位にたたせようとする」「造りごと」であると批難している[19]。

覚如はまた、『改邪鈔』第一、二条において仏光寺の名帳・絵系図、殊に名帳に対して「そこに名を記せばその場で往生が約束される」ものと説いた「祖師一流の魔障[20]」「付仏法の外道[21]」「祖師の御悪名[22]」「師伝にあらざる謬説[23]」（つまりは異端説）であると批難したが、これに対して藤谷信道氏は、「かの名帳と号する書にをいて序題をかき、あまさへ意解［筆者注・「名を記せば往生が約束される」の異端説］をのぶと云々[24]」と覚如が述べた絵系図序文や念仏名帳序文にはそのような記述はなく[25]、覚如は「展転［筆者注・伝聞］の説[26]」としながら巧妙に仏光寺を異端と批難しており[27]、

> 覚如は『改邪鈔』を、仏光寺憎しの思いから書いたのか、それとも、このままでは親鸞の教えが歪んでしまうと思って書いたのかはわからないが、ともかく、覚如の名帳批判は伝聞をもとに書かれた形になっている。推測するに、覚如は実際に名帳を見たが、そこに真宗安心に反するようなことは何も書かれていなかったから、このような伝聞の形にしたのではなかろうか。
>
> （「仏光寺の名帳・絵系図について――特に物取り信心説を中心に――」
> 『真宗研究』四六、真宗連合学会、二〇〇二年、一七七頁）

と、他宗他派に対するいわば手段を択ばぬ覚如の攻撃的姿勢を逆に批判しておられる。

これらの記事は、本願寺の本山化を目指して親鸞の血族として自らを権威付けようとした覚如の創作・改変であ

る疑いが濃いが、覚如個人の資質や課題感とは別に、時代的制約による史料収集の限界もあったのではないか、と筆者には思われる。

それを如実に示しているのが『伝絵』の第二段「吉水入室」、第三段「六角夢想」の記事ではないだろうか。覚如が初めて「善信」改名説を提唱した『古徳伝』は正安三年（一三〇一年、覚如三十二歳）に制作されているが、その六年前の永仁三年（一二九五年、二十六歳）の十月中旬、覚如は初めて『伝絵』を制作している。

覚如は、『伝絵』の制作に先立ち、正応三年（一二九〇年、二十一歳）三月頃から同五年（一二九二年）の春半ば頃に帰洛するまでの二年間、父覚恵と共に関東に赴き親鸞旧跡を巡拝し、存命の親鸞門弟と対面している[28]。また、それ以前にも、弘安十年（一二八七年、十八歳）十一月十九日夜に上洛中の如信（一二三五～一三〇〇）、翌正応元年（一二八八年）冬頃にこれも上洛中の唯円（一二二二～一二八九）とそれぞれ対面し法義等を学んでいる[29]。それらの折に蒐集した史料や親鸞伝承を元に覚如は『伝絵』を制作し、その後『伝絵』は覚如自身の手によって改訂が繰り返されていくが、覚如自筆の詞書を持つものとして現在「専修寺本」「西本願寺本」「東本願寺本」の三本が伝わっている。

これらは、親鸞の吉水入室をそれぞれ、

建仁第三の暦春のころ聖人廿九歳隠遁のこゝろざしにひかれて源空聖人の吉水の禅房に尋ね参りたまひき、

（「専修寺本」『定親全』四、言行篇(2)、五五～五六頁）

建仁第一乃暦春の比《ころ》上人二十九歳隠遁のこゝろざしにひかれて源空聖人の吉水の禅房に尋ね参り給き、

（「西本願寺本」『定親全』四、言行篇(2)、一〇二～一〇三頁）

建仁第三の暦春のころ聖人二十九歳隠遁のこゝろざしにひかれて源空聖人の吉水の禅房に尋参たまひき、

（「東本願寺本」『定親全』四、言行篇⑵、五頁。以上、傍点筆者）

と記しており、「専修寺本」「東本願寺本」は吉水入室の年を誤っている。

また、六角堂夢告については、

建仁三年の辛酉四月五日の夜寅の時　聖人夢想の告《つげ》ましく〳〵き

（「専修寺本」『定親全』四、言行篇⑵、五七頁）

建仁三年癸亥四月五日夜寅の時、聖人夢想の告《つげ》ましく〳〵き、

（「西本願寺本」『定親全』四、言行篇⑵、一〇四頁）

建仁三年辛酉四月五日夜寅時、聖人夢想の告ましく〳〵き、

（「東本願寺本」『定親全』四、言行篇⑵、六頁。以上、傍点筆者）

として、いずれも建仁三年（一二〇三年）の出来事としている。ただし建仁三年の干支は「癸亥」であり、「専修寺本」「東本願寺本」の「辛酉」は誤りで「西本願寺本」のみが正しい。

赤松俊秀氏は、覚如が『恵信尼書簡』を初めて目にしたのは、父覚恵が没した徳治二年（一三〇七年）四月十二日以降、すなわち『伝絵』制作の十二年後、三十八歳の時のことであり、初稿本制作当時の覚如には、『恵信尼書簡』が伝える、親鸞が六角堂の夢告に促されて法然を尋ねたという歴史的事実の認識がなかったことが、『恵信尼書簡』第五通末尾の覚如自筆の書き入れ、

徳治二年丁未四月十六日

この御うはがきはこ（故）上の御て也　覚如しるす

（『定親全』三、書簡篇、一九七頁）

から知られる、とされている。[30]

そのゆえであろうか、覚如は吉水入室の動機について『伝絵』上巻本には、

隠遁のこゝろざしにひかれて源空聖人の吉水の禅房に尋参たまひき、是則世くだり人つたなくして、難行の小

路まよひやすきによりて、易行の大道におもむかんとなり、

（『定親全』四、言行篇(2)、五～六頁）

と記し、正安三年（一三〇一年、覚如三十二歳）制作の『古徳伝』巻六においても、

叡岳の交衆をやめ、天台の本宗をさしをきて、かの門下にいりてその口決をうく。……ときに建仁元年辛酉春のころなり。今年聖人六十九歳、善信聖人二十九歳。

（『真聖全』三、七二四～七二五頁）

と、きわめて具体性を欠いた記述に終始している。（ただし『古徳伝』は吉水への入室を「建仁元年辛酉春」と正確な干支を記している）

覚如は、覚信尼から『恵信尼書簡』を相続していた父覚恵、京都で対面した如信や唯円、関東で対面した親鸞面授の門弟たちのいずれからも親鸞の吉水入門に関する詳しい事情を聞かされることがなかったものと思われる。

「専修寺本」「西本願寺本」「東本願寺本」の詞書はいずれも覚如の直筆であって、これらの年時の混乱の原因について、「専修寺本」「西本願寺本」の成立の前後も併せて種々議論されてきた[31]が、現在ではほぼ次のように考えられている。

覚如が永仁三年（一二九五年）十月中旬に『伝絵』初稿本を制作した際、覚如は何らかの理由で、「後序」に「建仁辛の酉の暦」とある「辛酉」の年を「建仁元年」ではなく「三年」と誤解した。そして、この誤認から生じたものが「専修寺本」「東本願寺本」の「建仁第三の暦春のころ」（「吉水入室」）・「建仁三年辛酉」（「六角夢想」）の記述である。

覚如は永仁三年（一二九五年）十月中旬に『伝絵』初稿本を制作し、それを底本として十二月に「専修寺本」を制作した。

そして、唯善（一二五三～一三一七）によって親鸞影像が略奪され、御影堂内に石柱笠型塔婆のみが存在してい

た延慶二年（一三〇九年）から応長元年（一三一一年）の間に初稿本を底本として「西本願寺本」を制作――この折「入西観察」の段を挿入――したが、その折に、「建仁辛酉暦」は「三年」ではなく「元年」であると気付いた覚如は、「吉水入室」の年時を「建仁第一乃暦」とし、「六角夢想」も建仁三年の正しい干支である「癸亥」に訂正した。「東本願寺本」奥書（下巻末）[32]によれば、その後覚如が所持していた初稿本は「世上の騒乱」[33]（南北朝の争乱）による火災のために焼失し行方不明となった。建武三年（一三三六年）、覚如は戦火を避けて近江瓜生津に避難し、その地で越年しているが、その間に大谷の堂舎は焼失している。

暦応二年（一三三九年）に初稿本の記述を伝えた写本（「或る本」[34]）を入手した覚如はそれを書写し、その写本に康永二年（一三四三年、七十四歳）十一月に上巻本に「蓮位夢想」の段を付加する等の増訂を行った。これが「東本願寺本」であり、このため、初稿本の誤った記述が決定稿である「東本願寺本」に残る結果となった[35]。問題は覚如がなぜ「東本願寺本」制作時に初稿本の誤りを訂正しなかったかであるが、この点について筆者は次のように考える。

唯善事件が終結した延慶二年（一三〇九年）に先立つ正安三年（一三〇一年）十二月に高田門徒長井道信の懇望によって覚如は『古徳伝』を制作しているが、そこでは「建仁元年辛酉」という正確な吉水入門の年時を記している。したがって覚如が「建仁三年辛酉」のミスに気づいたのは正安三年以前ということになる。

この正確な入門年時を記した『古徳伝』は、完成後に長井道信に授与されている。

また、同じく正確な入門年時を記した「西本願寺本」には上巻内題下[36]と下巻末尾[37]に「向福寺琳阿弥陀仏」の署名があり、一時期琳阿が「西本願寺本」を所有していたことが知られる。この記述から、「西本願寺本」もいったんは外部に流出し、その後再び本願寺に所蔵されことが窺われる。

『古徳伝』が完成直後に道信に渡されたように「西本願寺本」も当時覚如の手元になかったとしたら、そして正確な入門年時を記した『古徳伝』の「原本」、あるいはメモ書きも戦乱等の理由で、『伝絵』初稿本のように失われ、「東本願寺本」制作時に参照されることがなかったとしたら、覚如が当時既に七十四歳の高齢であったことも併せて、吉水入室・六角夢想の年時が初稿本の誤りをそのまま伝えたとしても無理からぬことであった、と筆者は考えるのであるが。

　ではなぜ覚如は初稿本制作当時、建仁年間の「辛酉」の年を元年ではなく、三年と誤解していたのであろうか。また、覚如は「西本願寺本」において、「吉水入室」の年を「建仁元年」に訂正しながら、「六角夢想」に関しては干支の方を「辛酉」から「癸亥」に訂正してまでも「建仁三年」の年時に固執している。「専修寺本」「東本願寺本」の干支の誤りこそあれ、「六角夢想」を建仁三年四月の出来事とすることは三本に共通している。

　つまり覚如は、「夢告」はあくまで建仁三年の出来事であると見ていたことになる。覚如はいかなる根拠によってか、初稿本制作時に記した「建仁三年辛酉」は干支の方が誤りであって、「建仁三年」の年時の方は間違っていないと判断したのである。

　覚如は『伝絵』「六角夢想」の段に、

　　建仁三年辛酉四月五日夜寅時、聖人夢想の告まし〱き、

（『定親全』四、言行篇(2)、六頁）

として、「夢告」を建仁三年四月五日夜の出来事と記した後、以下の文を紹介している。

　彼記にいはく、六角堂の救世菩薩、顔容端厳の聖僧の形を示現して白衲の袈裟を着服せしめ、広大の白蓮華に端坐して、善信に告命してのたまわく〈行者宿報にて設い女犯すとも、我玉女の身と成りて犯せられん、一生

の間能く荘厳して、臨終に引導して極楽に生ぜしめん〉文　救世菩薩善信にのたまはく、〈此は是我が誓願也〉、善信この誓願の旨趣を宣説して、一切群生にきかしむべしと云々　爾時、夢中にありながら、御堂の正面にして、東方をみれば峨々たる岳山あり、その高山に、数千万億の有情群集せりとみゆ、そのとき告命のごとく、此文のこゝろを、かの山にあつまれる有情に対して、説ききかしめをはるとおぼえて、夢悟をはりぬと云々

（『定親全』四、言行篇(2)、六～八頁）

この「彼の記」とは、専修寺蔵真仏『経釈文聞書』所収の「親鸞夢記」（以下、「夢記」）であり、覚如は関東滞在の折、おそらくはそれを真仏の娘婿と伝わる顕智から見せてもらったものと考えられる。

今その全文を挙げると、

親鸞夢記に云わく

六角堂の救世大菩薩、顔容端政の僧形を示現して、白き衲の御袈裟を服著せしめて、広大の白蓮に端座して、善信に告命して言わく。

行者宿報にて設い女犯すとも

我玉女の身と成りて犯せられん

一生の間能く荘厳して

臨終に引導して極楽に生ぜしめん　文

救世菩薩此の文を誦して言わく。此の文は吾が誓願なり。一切群生に説き聞かす可しと告命したまえり。斯の告命に因て、数千万の有情に之を聞かしむと覚えて夢悟め了りぬ。（『定親全』四、言行篇(2)、二〇一～二〇二頁）

とあり、「夢記」には夢告の年時が記されていない。

また、「夢記」では「告命によりて数千万の有情にこれを聞かしむ」と記述された箇所が、『伝絵』では東方の「峨々たる岳山」に群集する数千万億の有情に偈文の趣旨を説く、と具体的視覚的な描写になっている。「彼の記」と「夢記」の記述の違いについては、親鸞の手元に「六角堂夢告」以外の夢も記載された『親鸞夢記』が「原本」としてあり、覚如は「原本」の記述に拠って『伝絵』の記事を作り、真仏書写の「夢記」は「原本」の中から六角堂夢告の記事のみを、それも年時や東方の高山の群衆への説法を割愛して抜粋した「原本の所謂聞書き・抄出」であるとする推定もなされてはいる(38)。

しかし、肝心の「原本」自体が発見されておらず、推定の根拠の一つと見られる専修寺蔵「三夢記」――「親鸞夢記に云わく」として三つの夢告を引いている――も偽作の疑いが濃厚である（本書第三章第二節参照）。真仏が「夢記」を書写する際に当該部分を独断で割愛したとは考え難く、筆者は、『経釈文聞書』所収の「夢記」は、真仏が顕智・専信らと上洛して親鸞のもとで『西方指南抄』『如来二種回向文』等を書写していた康元元年（一二五六年）十月下旬から翌正嘉元年閏三月下旬頃までの間に親鸞の許可のもと、書写されたと考えている。また前述の東方の高山の群衆に説法する部分を除けば、表現に若干の差異はあっても、『伝絵』は真仏の「夢記」と同一の内容を示している(39)。

覚如はやはり関東でみた真仏の「夢記」に拠って『伝絵』の記事を書いたと考えられ、真仏の「夢記」には見られない『伝絵』の記述は、覚如による潤色か、あるいは当時関東に「夢告」が「建仁三年辛酉の四月五日の夜寅の時」の出来事であり、しかもそれは後年の東国伝道の予言であったとする史料（文書もしくは口頭伝承）――真仏の「夢記」書写以降に成立したもの――が既に存在し、覚如はそれを関東滞在の折に入手したのではないだろうか。

建仁三年辛酉四月五日夜寅時、聖人夢想の告ましくき、彼記にいはく、……（『定親全』四、言行篇(2)、六頁）

という『伝絵』の記述——夢告の年時を「彼の記（「夢記」）」の文の中に含まないこと——から見て、「夢告」の年時を記した史料（文書・口碑）は「夢記」に付随してはいたものの、「夢記」とは別物であったと思われる。

この推定をさらに進めれば、当時東国に存在していた文書が、覚如入手以前の写伝の過程で既に「建仁元年辛酉」が「三年」と誤記されていた、あるいは覚如が「元年」を「三年」と誤読したといった可能性も考えられるのではないだろうか。毛筆草書体で書いた「元」の字は同じ書体の「三」の字と酷似している。

「夢記」が伝える「行者宿報偈」は現在、『恵信尼書簡』が伝える建仁元年（一二〇一年）、二十九歳の親鸞を法然のもとへと誘《いざな》った六角堂参籠九十五日目の暁（午前二～四時頃）の「夢告」の文であると考えられている。

親鸞はここで太子の本地である救世観音によって「善信」と呼び掛けられ、宿世の業報によって「女犯」（妻帯）等の罪を犯す専修念仏の「行者」に妻として一生同伴し、よく往生浄土の仏道を歩ましめようとする救世観音の「誓願」を伝えられている。

『恵信尼書簡』に拠れば、聖徳太子の示現にあずかった親鸞はその足で法然を訪ね、百日間の聞法の後、法然を生涯の師と思い定める。

その法然は、

　現世をすぐべき様は、念仏の申されん様にすぐべし。念仏のさまたげになりぬべくば、なになりとよろづをいとひすてゝ、これをとゞむべし。いはく、ひじりで申されずば、め（妻）をまうけて申すべし。……これすなはわち自身安穏にして念仏往生をとげんがためには、何事もみな念仏の助業也。

（『和語灯録』巻五、『真聖全』四、六八三～六八四頁）

と、妻帯（女犯）等の一切が、念仏往生の妨げとはならないことを説いていた。

そしてそれは、法然自身が、

　およそ仏教おほしといへども、詮ずるところ戒・定・慧の三学をばすぎず、……こゝにわがごときは、すでに戒・定・慧の三学のうつは物にあらず、この三学のほかにわが心に相応する法門ありや。わが身にたへたる修行やあると、よろづの智者にもとめ、もろ〳〵の学者にとぶらふしに、おしふる人もなく、しめすともがらもなし。しかるあひだ、なげき〳〵経蔵にいり、かなしみ〳〵聖教にむかひて、てづから身ずからひらきて見しに、善導和尚の『観経の疏』にいはく、「〈一心に専ら弥陀の名号を念じて、行住坐臥時節の久近を問わず、念念に捨てざる者、是を正定の業と名づく。彼の仏の願に順ずるが故に〉」といふ文を見えてのち、われらがごとくの無智の身は、ひとへにこの文をあふぎ、もはらこのことはりをたのみて、念念不捨の称名を修して、決定往生の業因にそなふべし。たゞ善導の遺教を信ずるのみにあらず、又あつく弥陀の弘願に順ぜり。「順彼仏願故」の文ふかくたましゐにそみ、心にとゞめたる也。（『和語灯録』巻五、『真聖全』四、六七九〜六八一頁）

と語った、長い精神的彷徨、模索の末に獲得された信念であった。

　やま（山）をいで（出）ゝ、六かくだう（角堂）に百日こも（籠）らせ給て、ごせ（後世）をいの（祈）らせ給けるに、（『定親全』三、書簡篇、一八七頁）

と伝える『恵信尼書簡』によれば、親鸞は二十年間に及ぶ比叡山での修学に破れ、「いづれの行もおよびがたき身[40]」、「いづれの行にても生死をはなるゝことあるべからざる[41]」（以上、『歎異抄』）という自身への深い絶望感の中で「後世を祈」り続けたという。

　それはかつて法然が、「三学」以外の自身の機根に相応する「法門・修行」を求めてひたすら一切経を披閲したのと同様の、新しい人生（仏道修行）の指針を求めての模索であったと言える。

そしてその「祈り」は、九十五日に及ぶ参籠の中で最終的には、親鸞自身に法然のもとを尋ねるべきか否かという具体的決断を迫るものへと変化していったと思われる。

法然は安元元年（一一七五年、法然四十三歳・親鸞三歳）より既に二十年以上も吉水において専修念仏の伝道を続けており、その間、大原談義（文治二年・一一八六年）、東大寺三部経講説（建久元年・一一九〇年）等も行われている。その風評は当然叡山修学中の親鸞の耳にも届いていたはずである。

比叡山での修行に躓いてなお、「戒・定・慧の三学」による「断惑証理」という基本理念に囚われ、「破戒（女犯）は往生の妨げとはならない」と説く法然を尋ねるか否かの逡巡の中にあった親鸞を最終的に発遣したものが「行者宿報偈」の文ではなかったか、と筆者は考えるのである。

しかし、これに対して覚如は、「六角夢想」はあくまで建仁三年の出来事であり、それも「吉水入室」の契機ではなく、

倩《つらつら》此記録を披《ひらい》て彼夢想を案ずるに、ひとへに真宗繁昌の奇瑞、念仏弘興の表示也。

（『定親全』四、言行篇(2)、八頁）

と、後年の東国伝道の予言であるとしており、さらには、下巻本第二段「稲田興法」では、

聖人越後国より常陸国に越て、笠間郡稲田郷といふ所に隠居したまふ、幽栖を占といへども道俗跡をたづね、蓬戸を閉といへども貴賤衢《ちまた》に溢《あふ》る、仏法弘通の本懐こゝに成就し、衆生利益の宿念たちまちに満足す、〈此の時、聖人仰せられて云わく〉、救世菩薩の告命を受し往《いにしへ》の夢、既に今と符合せり

（『定親全』四、言行篇(2)、三三頁）

として、親鸞自身がそう解していたとも伝えている。

覚如は、正応三年（一二九〇年、二十一歳）から二年間滞在した関東において、「夢告」を建仁三年（辛酉）の出来事であり、「『東国伝道の予言』であると親鸞自身が語った」とする伝承を入手したのではないだろうか。

そして、それに基づいて永仁三年（一二九五年、二十六歳）、覚如は「後序」に「建仁辛の酉の暦……」と記された吉水入室を建仁三年辛酉春の出来事であるとした『伝絵』初稿本を制作した。

六年後の正安三年（一三〇一年、三十二歳）に覚如は「善信」改名説を明記した『古徳伝』を制作したが、入門を「建仁元年辛酉春のころ」としているから、この頃以前に覚如は入門年時に関する誤りに気付いていたと思われる。

ただし「六角堂夢告」の時期とその意味については、徳治二年（一三〇七年、三十八歳）の父覚恵の死去に伴い『恵信尼書簡』を相続した後も見解を改めることはしなかった。

その理由について平松令三氏は、覚如が『恵信尼書簡』を相続した時点で「九十五日のあかつき（暁）の御じげん（示現）のもん（文）」が既に欠失していた可能性を指摘している[43]。

そして、延慶二年（一三〇九年、四十歳）から応長元年（一三一一年、四十二歳）の間の「西本願寺本」制作の際に入門を「建仁元年」（辛酉）と改めたにもかかわらず、「夢告」は東国伝道の予言とする伝承に基づき、その年時を「建仁三年」のまま残し、干支だけ改めたのではないだろうか。

ちなみに、『伝絵』より成立が古いと見られる荒木門徒系の『親鸞聖人御因縁』（以下、『御因縁』）には、親鸞が吉水に入門する以前、六角堂に参籠してみた夢としてこの「行者宿報偈」が示され、親鸞はこの夢に導かれて法然に入門し、やがてその勧めによって「玉日」と結婚するといういわゆる坊守縁起が伝えられているが、覚如はそれを採用してはいない。

ただし、『御因縁』は玉日との結婚を建仁元年十月、親鸞二十八歳のことと、「夢告」はそれより九年前の親鸞二十九歳の出来事。六角堂への参籠期間は七日間としており、必ずしも正確な史実を伝えてはいない。『伝絵』『御因縁』のこれらの記述から見て、東国においてもこの当時、既に吉水入室の正確な経緯等が伝わらなくなっていたことが窺われる。あるいは行実の正確な年時等に対して当時はさほど関心が払われなかったのかもしれない。

覚如は初稿本制作時に載せた「熊野霊告」の段、「西本願寺本」制作時に付加した「入西観察」の段、「東本願寺本」制作時に付加した「蓮位夢想」の段といった夢にまつわるエピソードを『伝絵』に記載しているが、親鸞自身が見た夢としては「六角夢想」以外載せてはいない。また上記の夢もいずれも関東行化以降のものであり、元久二年の改名以前の夢の記述はない。

これらのことから見て、覚如は、親鸞が建仁三年四月五日の六角堂での夢告によって二年後の元久二年閏七月に「善信」と改名した、と考えていた、と筆者は推測するのである。

覚如は、真仏の「親鸞夢記」に「六角堂の救世大菩薩……善信に告命して言わく」として登場する「善信」の呼称に基づいて、元久二年の改名を房号「善信」へのそれと理解したのではないだろうか。

そして、『恵信尼書簡』を相続して以降も、親鸞が六角堂で何らかの夢告を授かり、それを契機として法然門下に加わったという認識こそあったかもしれないが、それが「行者宿報偈」であったという認識は終生覚如にはなかったのではないだろうか。

それを物語るのが、覚如死去の翌文和元年／正平七年（一三五二年）十月に乗専（一二九五?～一三五三）によって編纂された『最須敬重絵詞』（以下、『敬重絵詞』）巻一の記述である。

乗専は親鸞の吉水入室とその後の改名、選択付嘱・真影図画の経緯を次のように記している。

六角堂へ百日の参詣をいたしたまひて、ねがはくは有縁の要法をしめし、真の知識にあふことをえしめたまへと、丹誠を抽《ぬき》んで祈り給ふに、九十九日に満ずる夜の夢に、末代出離の要路念仏にはしかず、法然聖人いま苦海を度す、かの所に到りて要津を問ふべきよし慥《たしか》に示現あり。すなはち感涙をのごひ、霊告に任せて吉水の禅室にのぞみ、事の子細を啓し給ひければ、……〈時に〉建仁元年辛酉聖人二十九歳、聖道を捨て浄土に帰し、雑行を閣《さしおき》て念仏を専らにし給ひける始《はじめ》なり。すなはち所望によりて名字をあたへたまふ。その時は綽空とつけ給ひけるを、後に夢想の告ありける程に、聖人に申されて善信とあらため、又実名を親鸞と号し給ひき。しかありしよりのち、或ひは製作の『選択集』をさづけられ、或ひは真影の図画をゆるされて、殊に慇懃の恩誨にあづかり、あくまで巨細の指授をかうぶり給ひけり。

（傍点筆者、『真聖全』三、八二二頁）

『敬重絵詞』には、吉水入室の契機となった建仁元年の六角堂百日参籠での「九十九日に満ずる夜の夢」と、「綽空」から「善信」への改名を促した吉水入室後の「夢想の告」の二度の「夢告」が記されている。

『敬重絵詞』のこの二度の「夢告」の記述は、おそらく『恵信尼書簡』の記述と覚如の「建仁三年夢告」説の双方を尊重した結果であると思われる。

乗専は文中で、「後に夢想の告ありける程に、聖人に申されて善信とあらため、又実名を親鸞と号し給き」と記しているが、これは吉水入室後にあった再度の「夢告」、すなわち建仁三年四月五日の「夢告」によって、法然の承諾のもと、親鸞は房号を「善信」とし、その時同時に実名を「親鸞」と改めた、と読むべきであろうか。あるいは、二度目の「夢告」の折に「名字」（実名）を「綽空」から「善信」に、さらに「親鸞」と改めた、と読むべきであろうか。

いずれにしても、親鸞は流罪以前の吉水時代に既に「善信房親鸞」と名のっていたことになり、おそらくは覚如の『古徳伝』巻七の流罪記録の「善信房親鸞越後のくに国府罪名藤井の善信」(44)の記述に基づいたものと考えられる。

このことから知られるのは、覚如死去の当時は、親鸞は吉水入室前と後の二度にわたって「夢告」を受けたと考えられており、「親鸞」への改名時期も必ずしも流罪後のことではなく、吉水期の出来事とする見方が存在していたことである。

ただし、『敬重絵詞』では、「しかありしよりのち、或は製作の『選択集』をさづけられ、或は真影の図画をゆるされて……」として、法然の受諾のもとで親鸞が改名した後に選択付嘱・真影図画があったとしている。

また、六角堂での「夢告」を「九十五日のあか月」(45)(『恵信尼書簡』)ではなく「九十九日に満ずる夜」とした点も誤りと言わなければならない。

また、乗専は具体的な六角堂での「夢告」の文を記してはおらず、「末代出離の要路念仏にはしかず、法然聖人いま苦海を度す、かの所に到りて要津を問うべきよし慥に示現あり」と記した六角堂での「示現」の趣旨も、「示現」の文そのものというよりも、親鸞がその直後に法然に入門したという歴史的事実と、『伝絵』の、

隠遁のこゝろざしにひかれて源空聖人の吉水の禅房に尋参たまひき。是則世くだり人つたなくして、難行の小路まよひやすきによりて、易行の大道におもむかんとなり、真宗紹隆の大祖聖人　ことに宗の淵源をつくし、教の理致をきわめて、これをのべ給ふに、たちどころに、他力摂生の旨趣を受得し、飽《あく》まで、凡夫直入の真心を決定しまし〳〵けり、　(『定親全』四、言行篇(2)、五〜六頁)

といった描写から導き出された記述という感が強い。おそらくは乗専も六角堂での「夢告」の文自体は知らなかったであろうし、『恵信尼書簡』も目にしていなかったのではなかろうか。

これらの記述から、当時既に、吉水期の親鸞の行実に関しての正確な事実経過が伝わっていなかったことが窺わ

れるのであるが、覚如命終直後の文和元年／正平七年（一三五二年）の時期に上記のような見解がなされていたこと、しかもそれが、

「令書名之字畢」と言うは、善信是なり。（『真聖全』二、四四〇頁）

と記した存覚『六要鈔』の成立（延文五年／正平十五年・一三六〇年）以前になされたものであることには注意しておかなければならないであろう。

また、乗専がこのように記した結果、室町末期から江戸期にかけて、親鸞が受けた「夢告」は一度であったか、二度であったかを巡って激しい論争が展開されることとなった。その点については第三章第一節で詳しく紹介、論究していきたい。

註

(1)『定親全』四、言行篇(2)、七頁他。
(2)『定親全』四、言行篇(2)、二一頁他。
(3)『定親全』四、言行篇(1)、九九頁。
(4)『定親全』四、言行篇(2)、一九頁他。
(5)『定親全』四、言行篇(1)、六二～六三頁。
(6)『定親全』四、言行篇(1)、八一頁。
(7)『定親全』四、言行篇(1)、九五頁。
(8)『定親全』四、言行篇(1)、九九頁。
(9)『真聖全』三、七二五頁、七三一頁、七四一頁。
(10)『定親全』四、言行篇(1)、六一頁。

(11)『定親全』四、言行篇(2)、五頁他。
(12)『真史集』七、五〇三頁。
(13)『真史集』七、五二一頁。
(14)『定親全』四、言行篇(2)、四頁他。
(15)平雅行『歴史のなかに見る親鸞』(法藏館、二〇一一年)、一六〜一七頁表1、二八〜三〇頁参照。
(16)平雅行『歴史のなかに見る親鸞』三〇〜三七頁参照。
(17)『定親全』四、言行篇(1)、九〇頁。
(18)『定親全』四、言行篇(1)、八九頁。
(19)梶村昇・福原隆善『浄土仏教の思想一〇　弁長・隆寛』(講談社、一九九二年)、三九〜四二頁参照。
(20)『定親全』四、言行篇(1)、一二八頁。
(21)『定親全』四、言行篇(1)、一二九頁。
(22)『定親全』四、言行篇(1)、一二九頁。
(23)『定親全』四、言行篇(1)、一三〇頁。
(24)『定親全』四、言行篇(1)、一三〇頁。
(25)藤谷信道「弘光寺の名帳・絵系図について」(『真宗研究』四六、真宗連合学会、二〇〇二年)、一七五〜一七七頁参照。
(26)『定親全』四、言行篇(1)、一二八〜一二九頁。
(27)藤谷信道「弘光寺の名帳・絵系図について」(『真宗研究』四六、真宗連合学会、二〇〇二年)、一七三頁参照。
(28)『慕帰絵詞』巻四、『真聖全』三、七八一〜七八三頁参照。
(29)『慕帰絵詞』巻三、『真聖全』三、七七九〜七八〇頁参照。
(30)赤松俊秀『人物叢書　親鸞』(吉川弘文館、一九六一年)、四一〜四二頁参照。
(31)論争の経過については平松令三『歴史人物ライブラリー　親鸞』(吉川弘文館、一九九八年)、七五〜九七頁参照。
(32)『定親全』四、言行篇(2)、五〇頁参照。

(33) 東本願寺本『親鸞伝絵』奥書、『定親全』四、言行篇(2)、五〇頁。
(34) 東本願寺本『親鸞伝絵』奥書、『定親全』四、言行篇(2)、五〇頁。
(35) 草野顕之『シリーズ親鸞六　親鸞の伝記――『御伝鈔』の世界――』(筑摩書房、二〇一〇年)、一四～三四頁参照。
(36) 『定親全』四、言行篇(2)、一〇一頁。
(37) 『定親全』四、言行篇(2)、一四〇頁。
(38) 『定親全』四、言行篇(2)「解説」、二四七～二五〇頁参照。
(39) 鶴見晃「親鸞の名のり(続)――『善信』への改名と『名の字』――」『教化研究』一四八(真宗大谷派教学研究所、二〇一〇年)、註(2)、四二頁参照。
(40) 『定親全』四、言行篇(1)、六頁。
(41) 『定親全』四、言行篇(1)、七頁。
(42) 『定親全』三、書簡篇、一八六頁。
(43) 平松令三『歴史文化ライブラリー　親鸞』(吉川弘文館、一九九八年)、九四～九五頁参照。
(44) 『真聖全』三、七三七頁。
(45) 『定親全』三、書簡篇、一八七頁。

第三節　存覚説の検討――鶴見晃氏の「善信」実名説に関連して――

覚如の長男存覚は、延文五年／正平十五年(一三六〇年)に著した『六要鈔』巻一において、親鸞の出自・履歴とその名の変遷について次のように記している。

「親鸞」と言うは、是は其の諱なり。俗姓は藤原。勘解の相の公、有国の卿の後、皇太后宮の大進有範の息男なり。昔、山門青蓮の門跡に於て、其の名、範宴少納言の公。後に真門黒谷の門下に入りて、其の名、綽空。仮実相兼ぬ。而《しか》るに聖徳太子の告命に依りて、改めて善信と曰《のたま》う。厳師諾有り。之《これ》を仮号と為《な》して後に実名を称す。其の実名とは今載する所是なり。

（『真聖全』二、二〇六頁）

存覚がその前年の延文四年／正平十四年（一三五九年）に著した『歎徳文』に登場する吉水入室の記述、

〈特に歩みを六角の精舎に運びて、百日の懇念を底《いた》すの処、親《まのあた》りに告げを五更の孤枕に得て、数行の感涙に咽《むせ》ぶの間、幸いに黒谷聖人吉水の禅室に臻《いた》りて、始めて弥陀覚王浄土の秘扃《ひけい》に入りたまいしより爾降《このかた》、……〉

（傍点筆者、『定親全』四、言行篇(2)、一七六頁）

から見て、当時の存覚には親鸞が吉水入室に先立って六角堂への百日参籠を試み、「夢告」を得て法然の門下となったという認識があったことが知られるが、その「夢告」の内容については『歎徳文』にも記されていない。

また、『六要鈔』には「聖徳太子の告命」に依って名を改めて「善信」としたとあるものの、この「聖徳太子の告命」がいつの、いかなる内容のものであるかも明らかではない。存覚が覚如と同様、改名の契機である「聖徳太子の告命」を建仁三年四月五日のそれと考えていた可能性も否定できない。

『六要鈔』のこの、

後に真門黒谷の門下に入りて、其の名、綽空。仮実相兼ぬ。而るに聖徳太子の告命に依りて、改めて善信と曰う。厳師諾有り。之を仮号と為して後に実名を称す。

の記述であるが、筆者はこれを以下のように解釈した。

親鸞が吉水入室を契機として名のった「綽空」とは「仮実相兼ぬ」——仮号かつ実名——であったが、聖徳太子の夢告によって法然の承諾のもと、親鸞はこれを「善信」と改めて「之（善信）を仮号と為し」た。つまり仮号としての「綽空」を「善信」と改めた。これが元久二年（一二〇五年）閏七月二十九日の出来事であり、「後に実名（親鸞）を称す」との記述は、その後、いつの時にか実名としての「綽空」を「親鸞」と改めた。

つまり筆者は、存覚はこの文で、親鸞は元久二年閏七月二十九日の改名以前は「綽空（房）」と名のっており、改名以後は「善信房綽空」と名のったと述べる文章と理解したのである。前述したように存覚の父覚如は「善信」をあくまで房号と扱っている。

この点、『真宗大辞典』巻二「しんらん　親鸞」の項にも、

［筆者注・元久二年］閏七月二十九日に至つて恩師はその図画に南無阿弥陀仏の六字並に若我成仏十方衆生等の十句の銘文を書き下され、又善信の号をも書き加えられた、此に於て善信房綽空と称することゝなつた。

とあり、筆者と同様の理解である。

ただし、平松令三氏は、この「仮実相兼ぬ」るような例は当時なく、『六要鈔』の記事は信頼できないとされている。[1]

また、「名詮自性」の観念――ある人物の存在と強く結びついた実名（諱）を呼ぶことでその人の霊的人格をも支配するという「実名敬避俗」の起源から鑑みても、この「綽空、仮実相兼ぬ」説には疑念を抱かざるを得ない。

筆者は、「綽空」を「仮実相兼」ねた名とした存覚の説は、父の説を遵守しながら、それが抱えるいくつかの矛盾を整合しようとした苦肉の策であったと理解するのである。

後年のことになるが、江戸中期の親鸞伝である『正統伝』巻二において良空（一六六九～一七三三）は、吉水入室に際して法然より「綽空」との実名を授けられた折、それまでの実名「範宴」を仮号としたと記し、[2]存覚説を否定している。

しかし、これに対して鶴見晃氏は、「親鸞の名のり――『善信』房号説をめぐって――」(『教化研究』一四四、真宗大谷派教学研究所、二〇〇九年)において、「実名敬避俗」にも例外があり、存覚説は信頼するに足る伝承であるとして次のような論を展開した。

鶴見氏は『六要鈔』のこの、

後に真門黒谷の門下に入りて、其の名、綽空。仮実相兼ぬ。而るに聖徳太子の告命に依りて、改めて善信と曰う。厳師諾有り。之を仮号と為して後に実名を称す。

という箇所を、

《親鸞は、まず吉水に入って「綽空」という「仮実相兼」ねるただ一つの名を用い、後に夢告によって、その名を「善信」と改め、「仮実相兼」ねるただ一つの名とした。そしてこの「善信」を仮名すなわち房号として後に実名を新たに名のった、それが「親鸞」である、その時「善信房親鸞」となったのだ》

(傍点筆者、鶴見晃「親鸞の名のり――『善信』房号説をめぐって――」『教化研究』一四四、一二頁)

と読んでいる。

つまり鶴見氏は、存覚は「綽空」のみならず「善信」もまた仮号かつ実名であったと書いていると了解し、元久二年以降、「親鸞」と改める――この時期は不明であると鶴見氏は言う――までの間、親鸞の実名は「善信」であり、改名以後、関東行化・帰洛期を通じて「善信」は房号として用いられた、とする「善信」実名説を主張されたのである。

筆者は本章第一節において、真仏『経釈文聞書』の「親鸞夢記」の「六角堂の救世大菩薩……善信に告命して言わく」の記述、『歎異抄』のいわゆる「信心一異の諍論」の記事において勢観房、念仏房、そして法然が「善信房」

と呼び、『恵信尼書簡』第三通の常陸下妻での堂供養の夢の記事、第五通の「寛喜の内省」の記事において夢中の人物、そして恵信尼が「善信の御房」と語ったことを採り上げて、「善信」が吉水期以来、終生用いられた房号であると述べたのであるが、鶴見氏は『六要鈔』の記事を前述のように読むことによって、『歎異抄』が伝える「善信房」の呼称が必ずしも「善信」改名説を否定する証左とはならない、とされたのである。ちなみに「親鸞夢記」の「善信」について氏は言及されていない。

しかし、筆者はこの『六要鈔』の文は、「之を仮号と為して後に実名を称す」という文の展開から見て、あくまで「善信」を仮号として一旦「善信房綽空」と名のり、後に実名を「親鸞」と称した、と読むべきであると考える。もし鶴見氏のように解釈するのであれば、「後に之を仮号と為して実名を称す」——一旦仮号も実名も「善信」と名のって、後に「善信」を仮号として実名を「親鸞」と称す——という文の展開でなくてはならないのではないだろうか。

ただ、存覚は、『六要鈔』巻六に、「後序」改名の記事を釈して、

「令書名之字畢」と言うは、善信是なり。

（傍点筆者、『真聖全』二、四四〇頁）

としているから、善信を「名」（実名）、つまりは「仮実相兼」ねた名と見做していた可能性も一概には否定し得ない。

また、本章第五節で詳述するが、

しかればすなはち、元祖［筆者注・親鸞］の御諱ははじめは綽空、のちにあらためられて善信聖人とはまふされけるなり。

（傍点筆者、『真史集』七、五九頁下段）

として善信を「御諱」とした、南北朝末期から室町初期に成立した『親鸞聖人御因縁秘伝鈔』や、

又夢のつげにより綽空の字をあらため善信とあそばしける。又みづから親鸞と名乗り給ふ。是また空師の御はからひとして、善信をば仮号とさだめ給ふ。此の時法然聖人七旬三、鸞聖人三十三歳にておはします。

（傍点筆者、『真聖全』三、九五三頁）

と、これも「善信」が当初は「仮実相兼」ねた名であり、自らの意志で「親鸞」と改めた際に法然の「御はからい」によって「善信」を仮号としたとする顕誓（一四九九～一五七〇）の『反古裏書』（永禄十一年・一五六八年成立）などもある。

鶴見氏は、『六要鈔』の記述は「『厳師』の『諾』と『これを仮号と為』したこととの関連が不明瞭であ」[3]って「四通りに理解できる」[4]として、

①の承諾が「綽空」の改名についてであれば、それぞれただ一つの名である「綽空」から「善信」への改名への「諾」である。そして、師の承諾が「善信」を「仮号と為」したことについてであるならば、②「綽空」からの改名時点で師の承諾を得て「善信」の仮名を名のって「善信房綽空」とし、後の時点で「善信房親鸞」とした、③改名時点で師の承諾を得てとりあえず「善信」という仮号だけを名のって後に「親鸞」という実名を名のった、④「綽空」から「善信」へと共にただ一つの名を改名し、後の時点で師の許しを得てその「善信」を仮名とし「善信房親鸞」と名のった、というものである。

（鶴見晃「親鸞の名のり――『善信』房号説をめぐって――」『教化研究』一四四、二六頁上段）

と一応は分析しながら、その直後に、

しかし「後序」の記述を考え合わせると、法然の承諾は、やはり実名の位置にある名の変更についてと考えるべきであろう。したがって、存覚の指摘は、①か④のいずれかとして理解すべきであろう。そのどちらである

かは決しがたいが、この存覚の記述は、まず仮実相兼である「綽空」から仮実相兼である「善信」への改名があり、後に（それがいつであるかは明記されていないが）その「善信」を仮名として「親鸞」という実名を名のったという経過として理解すべきものと考える。

（鶴見晃「親鸞の名のり――『善信』房号説をめぐって――」『教化研究』一四四、二六頁）

と断定されている。

しかしながら筆者にはこの氏の結論に何らの根拠も、また何らの説得力も感じることができない。ちなみに『六要鈔』のこの文に対する筆者の見解は、①～④の内では②に該当するが、そもそも筆者は存覚説そのものに賛同していない。

『後序』の記述を考え合わせると」と鶴見氏は言うものの、「後序」に「綽空」「親鸞」の名はあっても「善信」は登場すらしていないし、「綽空」「善信」が「仮実相兼」ねた「ただ一つの名」であるという自身の推論をまるで自明の前提であるかのごとく論を進める鶴見氏の論述も、筆者には所詮、実名「綽空」から房号「善信」への改名という「善信」改名説の根本的な矛盾を糊塗するための詭弁にしか見えない。

親鸞以外の後代の人物による解説への妄信から出発する氏の姿勢・方法論自体が筆者には疑問であり、また無意味であるとすら考えざるを得ない。

また、鶴見氏は、改名の経過について覚如も存覚と同じ見解を持っていた、つまりは覚如も「綽空」「善信」ともに「仮実相兼」ねた名であると考えていた、としている。

鶴見氏はその根拠として、覚如の『古徳伝』『報恩講式』等の文を挙げており、これらについては既に筆者も何度か引用しているが、これらの覚如の所伝のいったいどこからこのような見解が導かれるのか、これにも筆者は理解に苦しまざるを得ないのである。

もし覚如が「善信」を「仮実相兼」ねた名であると了解していたのならば、『古徳伝』の記述も「善信と号す」ではなく「善信と名のる」でなければならないはずである。存覚が「仮実相兼ぬ」とした「綽空」も「後序」本文では「綽空の字を改めて……名の字を書かしめたまい畢りぬ」と、あくまで「名」（実名）として扱われている。

鶴見氏はさらに、房号がなく、仮号と実名が同一である人物が当時存在したとする例を挙げて、この『六要鈔』の記述の信憑性を強調されている。

たとえば聖覚には房号がなく、存覚（実名「光玄」）も、徳治二年（一三〇七年）、十八歳の折、「たとえ遁世していなくとも将来大谷廟堂の跡を継ぐ身である以上、房号を持つべき」とした祖父覚恵の遺言によって「尊覚」の号を授けられ、後に「存覚」と改めた(5)が、それ以前には房号がなかったと述べている。

しかし、終生官僧であった聖覚に房号は必ずしも必要ではなく、「安居院の法印」「宰相法印」の通称で事足りるし、存覚に房号がない時代があったとしても、当時彼は官僧であり、当然官僧としての呼称――「大納言」という公名、後年であれば「法印権大僧都」という位官(6)をもって呼ばれていたはずである。

仮名である房号がないことが即実名と仮名が一つであることを意味するわけではない。鶴見氏の論理にはこのような看過しがたい飛躍が数多くあると言わざるを得ない。

また、「承元の法難」において安楽房遵西、善綽房西意、性願房とともに死罪に処せられた住蓮房について鶴見氏は、『三長記』元久三年（一二〇六年）二月二十一日条の、興福寺側の使者（五師）が法然および四名の弟子の処罰を求めた、

源空は仏法の怨敵なり。子細、度々言上し了んぬ。其の身、並びに弟子安楽・成覚此の弟子未だ名字を知らず・住蓮・法本等、

罪科に行わる可し。

（『増補史料大成』三一、一七四頁下段）

という記述を挙げ、

安楽（実名・遵西）・成覚（同・幸西）・法本（同・行空）はすべて房号である。しかも成覚の実名が不明と記されていることからすると、興福寺側の使者は「住蓮」を房号と見ており、実名も判っていると考えられる。

（鶴見晃「親鸞の名のり――『善信』房号説をめぐって――」『教化研究』一四四、一六頁）

としながら、元久元年（一二〇四年）の『七箇条制誡（七箇条起請文）』の第十六番目にある「住蓮」の署名を採り上げて、

住蓮には「住蓮」以外の名があったという記録はない。ならば房号を署名した可能性よりも、むしろ「住蓮」という名は、証文に書くべき名でもあり、また、人が呼ぶ名でもある可能性が高いように思われる。そこに住蓮は、名は「住蓮」一つであるという可能性が窺われるのである。

（鶴見晃「親鸞の名のり――『善信』房号説をめぐって――」『教化研究』一四四、一六頁）

としている。

しかし、「住蓮」が房号であることを窺わせる史料は『三長記』だけではなく、慈円の『愚管抄』（承久二年・一二二〇年頃成立）巻六には、

その中に安楽房とて、泰経入道がもとにありける侍、入道して専修の行人とて、又住蓮とつがいて、六時礼讃は善導和上の行也とて、これをたてゝ尼どもに帰依渇仰せらるゝ者出きにけり。それらがあまりさへ云はやりて、「この行者に成ぬれば、女犯をこのむも魚鳥を食《くらふ》も、阿弥陀仏はすこしもとがめ玉はず。一向専修にいりて念仏ばかりを信じつれば、一定最後にむかへ玉ふぞ」と云て、京田舎さながらこのやうになりける程に、

……終に安楽・住蓮頸きられにけり。法然上人ながして京の中にあるまじにてをはれにけり。

（『日本古典文学大系86　愚管抄』岩波書店、一九六七年、二九四～二九五頁）


という記述もある。

ここでも「住蓮」は、「遵西・住蓮」ではなく、「安楽・住蓮」として遵西の房号「安楽」と並べて記されている。この「京田舎さながらこのようになりける程に」との記述からは、当時専修念仏が都鄙を問わず大流行し、その流行に乗って「安楽」という房号とともに「住蓮」という呼称（房号）が広く人口に膾炙していた事実が窺われるのである。

鶴見氏は『七箇条制誡』の署名の多くが実名でなされているから「住蓮」も実名であると主張されている。署名の多くが実名でなされていることは否定しないが、すべて実名というわけではない。何より鶴見氏自身が百九十名の署名の中に十五名の阿弥陀仏号（阿号）による署名があることを指摘し列挙しているのである。

(22) 生阿弥陀仏、(34) 証阿弥陀仏、(73) 好阿弥陀仏、(90) 度阿弥陀仏、(94) 自阿弥陀仏、(110) 観阿弥陀仏、(112) 浄阿弥陀仏、(132) 定阿弥陀仏、(134) 観阿弥陀仏、(137) 徳阿弥陀仏、(138) 自阿弥陀仏、(139) 持阿弥陀仏、(141) 空阿弥陀仏、(174) 法阿弥陀仏、(188) 唯阿弥陀仏
（括弧内は署名の順番。鶴見晃「親鸞の名のり――『善信』房号説をめぐって――」『教化研究』一四四、二六頁）

また鶴見氏は論文中、井上円氏の「『名之字』考」（『新潟親鸞学会紀要』四、二〇〇七年）における「『七箇条制誡』の署名は実名である」という主張を高く評価しているが、井上氏は「署名はすべて実名である」と断定しており、井上氏の主張は鶴見氏自身の手によって既に否定されているのである。ちなみに「住蓮」を実名とする井上氏の主張も「処刑された者の実名が最後までわからないというのは、少々不審に思う」(7)から、とあるだけで明確な論

拠は何も示されていない。「承元の法難」に連座した性願房（死罪）、浄聞房、好覚房（以上、流罪）の実名もまた伝わっていないのである。

京都市二尊院蔵『七箇条制誡』の門弟百九十名の署名の内、「源蓮」（十九番目）、「実蓮」（百番目）、「正観」（百二十九番目）、「有西」（百三十番目）の裏面にはそれぞれ「信願房」、「大夫属入道本名定綱」、「正観房北野」、「伊与国喜多郡蓮観房」との注記があり(8)、これに拠れば百二十九番目の「正観」は北野に住し、署名に際しては自らの房号「正観房」を記したことが知られる。

また、百三十三番目に見られる「念仏」であるが、この署名は、天台宗の人でありながら隠遁して専修念仏の門に入り、火災にあった嵯峨清涼寺の再建に尽力してその西隣に往生院を創建(9)、文治二年（一一八六年）の「大原談義」、『歎異抄』の「信心一異の諍論」にもその名を列ねた念仏房のものと思われる(10)。署名百九十名の中には「良鎮」という念仏房の実名も「念阿弥陀仏」という阿号も見受けられず、念仏房は、ここで房号である「念仏」で署名しているのである。

この念仏房が文暦二年（一二三五年）二月、多宝塔を建立して仏舎利を奉安しようとした際の「願文」に、

〈右の弟子は、念仏を以て名と為し、念仏を以て字と為し、修する所は念仏三昧、入る所は念仏の一門なり、……〉
（『竹内理三編『鎌倉遺文　古文書編』七、東京堂出版、一九七四年、一七二頁下段～一七三頁下段）

と、自らを「念仏」を名・字とし、念仏三昧を修し、念仏の一門に入る者であると規定している。

この文から推するに、おそらく念仏房は署名の折、専修念仏者としての主体性のもと、実名「良鎮」ではなく、字（房号）である「念仏」を自らの真の「名」として記したのではなかろうか。

『七箇条制誡』とは、法然が「普く予が門人と号する念仏の上人等に告ぐ(11)」と門下の念仏聖・沙弥たちに対して

七箇条の禁止条項を挙げ、「此上猶制法を背く輩は、是予が門人に非ず、魔の眷属也。更に草庵に来たる可からず[12]」と宣言したものである。

「制誡」に違背した者を法然は断固として破門し門弟は甘んじてその処分を受ける、という師弟間の「起請」（誓約）を示すものが「元久元年十一月七日　沙門源空」以下、門弟百九十名の署名である。陳弁書（『送山門起請文』）に添えて比叡山に提出されることが前提にあったとしても、門弟からすれば署名は第一に法然に対しての誓約という意味があったはずである。

それゆえ門弟は法然門下の念仏聖・沙弥の自覚のもと、ある者は実名を、ある者は阿号を、そしてある者は房号をもって署名したのではなかろうか。

覚如が『口伝鈔』に記したように、入門の際に師から房号を授かるのが当時の慣習だったとすれば、法然から房号を授かった者は当然それを書いたのではないだろうか。親鸞は法然から授かった実名「綽空」を書いた。

また、署名を見ると、「行西」が五名、「安西」が三名、「西縁」「幸西」「仏心」「念西」「蓮恵」「忍西」「向西」「実蓮」「実念」「蓮慶」「観尊」「進西」「西仏」「信西」「西念」「自阿弥陀仏」「観阿弥陀仏」がそれぞれ二名というように同一の名が計十九例もある。

この他、百四十一番目に署名した「空阿弥陀仏」も二人いる。高野山の明遍僧都が遁世の後「空阿弥陀仏」と号しているし、もう一人は嘉禄の法難に連座した空阿弥陀仏（実名不詳）である。前者は「有智の空阿弥陀仏」、後者は「無智の空阿弥陀仏」と呼ばれたという[13]。

八十九番目に署名した熊谷直実の法名である「蓮生《れんせい》」も読みこそ違え二人いる。元久の法難の翌元久二年、畠山重忠の乱の際に共謀を疑われて出家した鎌倉幕府御家人宇都宮頼綱の法名もやはり「蓮生《れんじょう》」である。前者は「法力房」と号し、後者は「実信房」と号した。

これらの例から当時法然の門下に同じ名を持つ者が珍しくなかったことが知られる(14)。

それゆえ、たとえここに署名された「住蓮」が実名であったとしても、それが「承元の法難」で処刑された「住蓮房」その人であるとは断定できないのである。

いずれにせよ、『七箇条制誡』の署名は、「住蓮房」の実名が「住蓮」であり、房号も実名も「住蓮」一つであったとする主張の決定的証拠とはなり得ないと思われる。

また、この他にも鶴見氏は真仏、顕智ら親鸞の門弟の名を挙げている。

真仏には『経釈文聞書』表紙の「真仏(15)」、『皇太子聖徳奉讃』表紙の「釈真仏(16)」といった自書署名があるが、反面親鸞の真蹟書簡には「真仏御房へ(17)」（専修寺蔵、十二月十五日付「書簡」）との宛名が記されている。顕智も同様に「顕智(18)」（専修寺蔵「獲得名号自然法爾御書」）、「釈顕智(19)」（専修寺蔵顕智書写本『唯信抄文意』表紙他）との自書署名があり、他人から「顕智御房(20)」と呼ばれている。

これらの事例と、自書署名には法名（実名）を、消息等の宛名には房号を書くという「実名敬避俗」に基づいた当時の礼儀に照らして、平松令三氏は真仏・顕智は「法名も房号も共通する名だけしかなかった」としている。

ただし、その理由について平松氏は、「真仏も顕智も正規の得度を受けていなかった――真仏は『入道僧』、顕智はその娘婿――ことによる(21)」としており、彼らが「入道僧」、つまり沙弥であれば他の沙弥と同様、日常生活においては実名の呼称を憚って口頭で「〇〇（地名・元の官職）入道」と呼ばれていたとも考えられる。

また、親鸞門弟の名については、鶴見氏自身が指摘するように、信憑性が疑われているとはいえ、「真仏」を房号、「顕性」を実名、「性信」を房号、「普済」を実名と伝える西念寺本『親鸞聖人門侶交名牒』――親鸞在世中の寛元三年（一二四五年）提出の奥書あり——等の史料もあり、覚如が『口伝鈔』で伝えたように親鸞が彼らに本尊（六字・八字・十字名号、安城の御影）・聖教（『教行信証』他）、そして房号を授けていたとしたら、覚如の認識が正応三年（一二九〇年）から同五年まで関東に滞在した際に見聞した当時の東国教団の慣習に基づいたものだとしたら、親鸞から授けられた聖教類に親鸞から与えられた房号を記した可能性も充分考えられるのではないだろうか。

ちなみに、正嘉元年（一二五七年）と推定される十一月二十六日付の「書簡」における、

　この御ふみぬしの御名は随信房とおほせられさふらはゞ、めでたふさふらふべし。この御ふみのかきやうめでたくさふらふ。（『末灯鈔』第十八通、『定親全』三、書簡篇、一〇五～一〇六頁）

との記述から、親鸞が常陸の慈善に「随信房」という房号を授与した事実が窺えるし、「真仏」「顕智」の署名に冠せられた「釈」の字についても、真仏（一二〇九～一二五八）、顕智（一二二六～一三一〇）よりやや時代は下るが、覚如（一二七〇～一三五一）にも、実名である「宗昭」にではなく、遁世後の号である「覚如」に「釈」を冠した「釈覚如」（西本願寺蔵『上宮太子御記』奥書[22]、茨城県常福寺蔵『古徳伝』奥書[23]）等の用例がある。

これらのことから見て、「釈」の字を冠しているから「真仏」「顕智」が実名であるとは即断できないと思われる。いずれにせよ、当時の史料で確認できないとしても、伝わらなかった可能性の方が高く、その人に実名以外の通称がなかったと断定するわけにはいかないのである。

なぜなら「名詮自性」の観念が人々を拘束し「実名敬避俗」という慣習が厳に機能していた時代には、通称がなければ日常生活そのものが成立しないからである。

筆者は『歎異抄』『恵信尼書簡』の記述に基づき「善信」は吉水期以降に親鸞が用いた房号であると述べた。確かに鶴見氏が指摘するように『歎異抄』が当時の論争の実態そのままを伝えているとは限らない。実際の場に

おいては議論が錯綜し、感情的な発言すら入り混じった混沌としたものであったかもしれない。

おそらく親鸞にしても整理した形で弟子たちに語ったであろうし、唯円の記述も親鸞が語ったそのままというわけでもないであろう。

しかし、あらゆる文章表現は「読者」の存在を意識することなしには成立しない。

つまり著者と読者、話者と聴者の間にある共通理解、親鸞が生前他者から「善信房」と呼ばれていたという共通認識がなければ、あのような呼称の表現は取り得ない。前述のように実名が伝わりにくい時代状況の下、実名としての「善信」を書けば誰を指すのかがわからない場合があるし、実名だと知る者に対しては要らざる違和感、不快感を与えることにもなりかねないのである。

正応元年（一二八八年、親鸞没後二十六年）頃に「偏《ひとへ》に同心行者の不審を散ぜんが為」[24]に「一室の行者のなかに信心ことなることなからんために、なく〳〵ふでをそめて」[25]書かれた『歎異抄』の場合にも、唯円と同じ面授の弟子が少なからず存命している。

覚如は永仁三年（一二九五年）に初めて『伝絵』を制作しているが、これも正応三年（一二九〇年）から二年間関東に赴き、親鸞の聖跡を巡拝、存命の弟子たちと対面して収集した史料や伝承を元にしてのことである。

『恵信尼書簡』の「善信の御房」という記述も、常陸国下妻で見た夢の内容そのままが書かれているという保証はない。

また、井上氏は「自ら［筆者注・恵信尼］が見た夢告に影響された言い方」[26]――夢中の人物が実名で呼んだという意か？――とされている。

しかし、受取人の覚信尼に「父親鸞は『善信の御房』と呼ばれた人物である」という認識がなければ、恵信尼も

「善信の御房」という表現は採り得ないはずである。おそらく覚信尼は父と面談した人物の口からそう発せられ、父宛ての書簡の宛名にそう書かれているのを見聞きしていたのであろう。

もし「善信」が実名であるならば、日常生活での「善信」以外の呼称が何であったかが新たに問題となってくる。しかし親鸞に「善信房」「善信（の）御房」以外の呼称――弟子からの「聖人」[27]、妻からの「殿」[28]は除く――は伝わっていない。

また、もし「善信」と実名で呼ばれていたとすれば、「実名敬避俗」が常識であった時代に、親鸞は一方では「聖人」と呼ばれて大変な尊崇を受けながら、一方では常に実名で呼ばれるという無礼に晒され続けていたことになる。しかもその無礼を犯すのは、夫を観音菩薩の化身と信じた妻であり、「おなじくばみもと（御許）にてこそおはり候はゞ、おわり候はめ[29]（同じ死ぬのであれば師のもとで死にたい）」（覚信）とまで語った門弟たちである。「善信」実名説を唱える論者は「実名敬避俗」という慣習を無視軽視するあまり、このように複雑かつ不可解な親鸞像および東国教団像を提示しているのである。

この点、「善信」が元久二年から「親鸞」と改名するまでの間は房号兼実名であり、それ以降は房号であったとする鶴見氏説においても同様のことが言える。

「信心一異の諍論」の際の論敵であったとされる勢観房源智（一一八三～一二三八）は寿永二年（一一八三年）生まれであり、承安三年（一一七三年）生まれの親鸞より十歳年少である。吉水においては源智が先輩であり、法然常随の弟子として門下で重要な位置にあったとしても、十歳もの年長者である親鸞を実名で呼ぶことが果たしてあり得たであろうか。鶴見氏もまた不可解な吉水教団像を提示していると言えるのである。

さらに付け加えれば、『歎異抄』の「信心一異の諍論」の記述は、鶴見氏の言う「善信」イコール房号兼実名説を必ずしも証明するものではない。

鶴見氏は論争の場で親鸞が法然その他から「善信房」と呼ばれることで「善信」に房号の意味を、親鸞が「善信」と自称していることに実名としての意味を強く見出しておられるようであるが、『歎異抄』が必ずしも当時の論争の現場そのままを描写しているとは限らない。親鸞が実際の論争の場では「善信の信心も」ではなく「綽空の信心も」と語った可能性も考えられるからである。

この論争が行われた時期は元久二年の改名の前・後、どちらであっただろうか。

「善信」改名説を採れば論争は当然改名以降の出来事となる。

覚如は『伝絵』において吉水時代の親鸞行実を上巻に第五段「選択付嘱」、第六段「信行両座」、第七段「信心諍論」の順で記しており、「選択付嘱」の段に、建仁元年の入門から元久二年の真影図画、改名までを含んだ「後序」の一段を引いている。この結果、その後の親鸞伝（『伝絵』解説書を含む）ではいずれも「信心諍論」の時期を「選択付嘱」、つまりは改名以降の出来事と位置づけている。(30)

しかし、実際の論争が改名以前であったとしたらどうであろうか。(31)

法然から見れば、専修念仏の原理をよく咀嚼し、しかも同僚先輩、さらには師の前で一歩も引かないその純粋さと強靭さに、親鸞を『選択集』を付嘱するに足る弟子の一人と認めたのではないだろうか。

また、親鸞からすれば、師に認められ、「如来よりたまはりたる信心」の教言によって「回向」の推究、すなわち天親・曇鸞の教説への直参へと導かれた忘れ難い出来事として、唯円らに常に語り聞かせていたのではないだろうか。

「綽空」という名は吉水時代の一時期にのみ名のられたものであり、東国門弟にとっては必ずしも馴染み深いものではなかったと思われる。吉水時代の忘れ難い出来事を語る際、親鸞は聞き手である門弟たちへの配慮として、当時の実名「綽空」ではなく、当時から既に用いていた「善信」の房号を用いたのではないか、と筆者は推測するのである。

註

(1) 平松令三『歴史文化ライブラリー　親鸞』、一二五頁参照。
(2) 『真史集』七、三二六頁下段。
(3) 鶴見晃「親鸞の名のり――『善信』房号説をめぐって――」『教化研究』一四四、真宗大谷派教学研究所、二〇〇九年、註(3)、二五頁。
(4) 鶴見晃「親鸞の名のり――『善信』房号説をめぐって――」『教化研究』一四四、註(3)、二五頁。
(5) 『常楽台主老衲一期記』(存覚一期記)』『真史集』一、八六八頁参照。
(6) 『尊卑分脈』『真史集』七、四九四頁。実悟撰『日野一流系図』『真史集』七、五二一頁参照。
(7) 井上円「『名之字』考」『新潟親鸞学会紀要』四、九七頁。
(8) 『法然上人八百回忌特別展図録　法然――生涯と美術――』(京都国立博物館、二〇一一年)「作品解説」、二三七頁参照。
(9) 『浄土惣系図』(西谷本)「念仏上人」の項、野村恒道・福田行慈編『法然教団系譜選』(青史出版、二〇〇四年)、六〇頁参照。
(10) 中野正明『増補改訂　法然遺文の基礎的研究』(法藏館、二〇一〇年)、四三二～四三三頁参照。
(11) 二尊院蔵『七箇条制誡』『昭法全』、七八七頁。
(12) 二尊院蔵『七箇条制誡』『昭法全』、七八九頁。
(13) 『明義進行集』巻二、『明進集』、一三四頁参照。

(14)『七箇条制誡』署名者の同名に関しては、藤島達郎氏・香月乗光氏は同名異人であるとされているが、中野正明氏は、「安西」(五九番目と六十二番目)、「西念」(百七十一番目と百七十七番目)、「西仏」(百四十番目と百四十三番目)、「蓮恵」(五十六番目と五十八番目)、「蓮慶」(百十一番目と百十五番目)が大変近い箇所に認められることから、多少の重複署名もあり得るとされている。しかし中野氏はまた、同時代の奈良県興善寺蔵の法然自筆書状等の紙背にある念仏結縁交名状、滋賀県玉桂寺蔵の「源智造立願文」とともに納入されていた念仏結縁交名類等の名を挙げ、当時の僧名にかなり同じものが用いられていたことの例証とされている。中野正明『増補改訂　法然遺文の基礎的研究』、四〇一頁参照。

(15)『影高古』一、一〇一頁。

(16)『影高古』一、九頁。

(17)『真蹟書簡』第三通、『定親全』三、書簡篇、一一頁。

(18)『影高古』三、三頁。

(19)『親真集』八、二五一頁。

(20)「けんち(顕智)の御房の御しやり(舎利)」『影高古』四、五三一～五三三頁。

(21)『親鸞の生涯と思想』(吉川弘文館、二〇〇五年)、一六一～一六二頁参照。

(22)『定親全』五、転録篇、三九六頁。

(23)『真聖全』三、七六九頁。

(24)『定親全』四、言行篇(1)、三頁。

(25)『定親全』四、言行篇(1)、四〇頁。

(26)井上円「『名之字』考」『新潟親鸞学会紀要』四、九七頁。

(27)『真蹟書簡』第四通・慶信上書、『定親全』三、書簡篇、一六頁他。

(28)『恵信尼書簡』第三通、『定親全』三、書簡篇、一八六頁・一八七頁。

(29)『真蹟書簡』第四通・蓮位添状、『定親全』三、書簡篇、二〇頁。

(30)良空『正統伝』巻三は「信心諍論」を建永元年(一二〇六年、親鸞三十四歳)八月十六日、伝存覚『正明伝』巻

二下は同年秋の出来事としている。『真史集』七、三三六頁上段~下段、一〇七頁下段~一〇八頁上段参照。

(31)　春木憲文氏は、法然門下内での議論は『七箇条制誡』が出された元久元年(一二〇四年)十一月を境として内外を問わず避けられる傾向にあり、「諍論」が行われたのはそれ以前(つまり元久二年の改名以前の「綽空」の時期)であろうとしている。「信心諍論の一考察――法然門下の議論と関連して――」『真宗研究』五〇、(真宗連合学会、二〇〇六年)参照。

第四節　「名之字」(「後序」)について――井上円氏説の批判的検証(1)――

第一項　「善信」は隠さねばならない名か?

第二節において筆者は、覚如が「善信」房号説の嚆矢であることを述べた。論述の意図は、「善信」実名説が覚如説を母胎としながらその出自を否定し、中世当時の人名に関する慣習を無視した上で成り立つ、覚如説のいわば変異型とも言えるものであることを言わんとすることにあった。覚如説の前提を抜きにして「後序」の「名の字」が「善信」(実名)であるという理解が果たして成り立つであろうか。

覚如説の前提を外して「後序」を読んだ時、筆者はそこに「善信」の名が登場していないことに愕然とした。親鸞はどこにも「元久二年に自分は『善信』と名のった」「自分の実名は『善信』であった」と書いてはいないのである。

「藤井善信」という罪人名もまた登場してはいない。親鸞は自らの罪人名をどこにも記していない。我々がその名を知り得るのは、あくまで『歎異抄』後跋の、

　後鳥羽院の御宇、法然聖人他力本願念仏宗を興行す。〈時に〉興福寺僧侶敵奏の上、御弟子中狼籍子細あるよし、無実風聞によりて罪科に処せらるゝ人数の事。

一。法然聖人幷びに御弟子七人流罪、又御弟子四人死罪におこなはるゝなり。聖人は土佐国番多という所へ流罪、罪名藤井元彦男云々、生年七十六歳なり。

　親鸞は越後国、罪名藤井善信云々、生年三十五歳なり。

（『定親全』四、言行篇(1)、四〇～四一頁）

『親鸞聖人血脈文集』（以下、『血脈文集』）第四通の、

一　法然聖人は　流罪土佐国　幡多
　　　　　　　　俗称藤井元彦　御名
　　善信は　流罪越後国　国府
　　　　　　　俗称藤井善信
〈罪科に坐《つみ》するの時の勅宣に偁《い》わく〉
　　善信は　俗姓《ぞくしょう》藤井《ふじい》
　　　　　　俗名《ぞくみょう》善信《よしざね》

（『定親全』三、書簡篇、一七六頁）

等の、いわゆる「二次史料」に拠ってである。

「後序」にはただ、「愚禿釈の鸞」の名のりがあるのみである。

「名の字」が「善信」であれば、なぜ親鸞は「名の字」と、あえてそれを秘するような言辞を用いたのかという疑問が生じてくる。

筆者はこの「名の字」の記述を、実名「親鸞」の重複頻出を避けるための「省略」であると考えている。つまり、この名は「総序」「別序」、そして各巻の撰号「愚禿釈親鸞集」――当然それは「後序」を含む「化身土巻（末）」にも存在する――として、また本文中に自らの名として、既に幾度となく記載された法諱「親鸞」であり、「後序」の、

> 然るに愚禿釈の鸞、建仁辛の酉の暦、雑行を棄てて本願に帰す。元久乙の丑の歳、恩恕を蒙りて『選択』を書しき。……空の真影申し預かりて、図画し奉る。……又夢の告に依って、綽空の字を改めて、同じき日、御筆を以て名の字を書かしめたまい畢りぬ。　（『定親全』一、三八一～三八二頁）

といった文章の流れからすれば、「名の字」とは、吉水入室と選択付嘱・真影図画の体験を語る主体的名のりである「（愚禿）釈の親鸞」に他ならないからである。(1)

覚如説の先入見を廃して読めば、親鸞は初めから「名の字」とは「釈の親鸞」であると読めるように書いていたのではなかろうか。

「後序」は『教行信証』撰述の「事由」（具体的成立事情）を語る箇所であり、当然その撰述の主体である「愚禿釈の親鸞」の名のりの「事由」もまた語っていると理解できる。

親鸞は「後序」執筆当初から、自分は元久二年に「親鸞」と名のったと記していたのであり、『教行信証』を撰述した親鸞の課題感や「後序」の役割を考えれば、当然そのことは想起できたはずである。

にもかかわらず、覚如の立てた「善信」説が通念、あるいは教権として我々の思考を支配し、不可侵の聖域とし

て機能していた。いやむしろ今なお強烈に機能しているとさえ言えるのである。

もしこの「名の字」が「善信」であるとすれば、「愚禿釈親鸞集」との撰号を持つ著作において親鸞はそのどこにもその名のりの時期や経緯を記していないことになるのである。

「善信」説を採る諸先学はこの「名の字」についてどう語っておられるのであろうか。

古田武彦氏は、『親鸞思想――その史料批判――』（冨山房、一九七五年）において、「本師聖人、今年は七旬三の御歳なり」等の記述から、「後序」の該当部分にはその原になった文書――元久二年（一二〇五年）当時に書かれた選択付嘱・真影図画の記録文書があり、文末に「釈善信」と署名された原文書の「名の字」の記述を『教行信証』（「坂東本」）に書写する際にそのまま残したことによって「釈善信」が消えた結果となった、と推定されている。(2)

「後序」は、その一頁八行書きの形式や筆跡等から親鸞が六十歳頃に書かれたことが知られているが、親鸞はその後も『教行信証』全体の推敲・改訂を続けており、「後序」においても、「太上天皇諱尊成」に「後の鳥羽の院と号す」、「今上諱為仁」に「土御門院と号す」、「皇帝諱守成」に「佐土院」との注記が書き入れられている。(3)「後鳥羽院」の諡号は、仁治三年（一二四二年、親鸞七十歳）七月に、崩御直後に贈られた「顕徳院」から改められており、崩御後「佐渡の院」と呼ばれていた順徳天皇に対しては建長元年（一二四九年、七十七歳）に「順徳院」の諡号が追贈されているので、書き入れはこの仁治三年から建長元年の間であると思われる。

元久二年に原文書が書かれた可能性は否定できないものの、「後序」や『教行信証』本文に「善信」という名が頻出しているのならともかく、どこにも登場していない状態で、曖昧な箇所をそのまま残し続けたとは考えにくいのではないだろうか。

この「名の字」について近年、井上円氏が「『名之字』考」（『新潟親鸞学会紀要』四、二〇〇七年）等において次のような説を発表された。

井上氏は、親鸞が「後序」に「名の字《ミョウ》」と書いたのはあくまで「善信」の「名前を伏せている」のであり、その理由は「承元の弾圧によって遠流に処せられる時（一二〇七年）、還俗の罪名である『姓名《ショウミョウ》』にそのまま利用されてしまったから」であり、「罪名とされた事自体が、『善信』が房号でないことを反証している」とされている。(4)

井上氏は「名」は「ナ」ではなく「ミョウ」と読むべきであり、「後序」の法難の記述、

> 斯《ここ》を以て興福寺の学徒、太上天皇諱尊成、今上諱為仁、聖暦・承元丁の卯の歳、仲春上旬の候に奏達す。主上臣下、法に背き義に違し、忿《いかり》を成し怨《うらみ》を結ぶ。茲《こ》れに因《よ》って、真宗興隆の大祖源空法師、並びに門徒数輩、罪科を考えず、猥《みだ》りがわしく死罪に坐《つみ》す。或いは僧儀を改めて姓名を賜うて、遠流《おんる》に処す。予は其の一なり。爾《しか》れば已に僧に非ず俗に非ず。是の故に「禿」の字を以て姓とす。空師並びに弟子等、諸方の辺州に坐して五年の居諸《きょしょ》を経たりき。
>
> （傍点筆者、『定親全』一、三八〇～三八一頁）

にある流罪に際し与えられた「姓名《ショウミョウ》」――親鸞においては「藤井善信《よしざね》」――との連関からこの「名の字《ミョウ》」が「善信」であることが読み取れるとされている。

井上氏自身の語に拠れば「後序」は「暗号」文書であり、親鸞が「後序」を「暗号」文書化しなければならなかった理由は、「藤井善信」の「よしざね」という読みに込められた侮蔑性にある、と井上氏は言われるのである。

僧侶の名は音読み、俗人の名は訓読みという慣習に従って「善信」の読み「ぜんしん」が「よしざね」と改められたわけであるが、これが「よしのぶ」ではなく「よしざね」――「信」を人名に用いる際には「ノブ、トキ、サネ、トシ、タダ、アキ、コト、サダ、チカ、ミチ、アキラ、マコト」(5)といった読み方があるが――と、あえて「ざ

ね」という読みが選ばれたことに侮蔑があると井上氏は言うのである。

当時のひらがな表記には濁音がなく、「ざね」は「さね」と記される。その「さね」は「さ寝」（「女性と共寝する」という意の古語）に通じ、「よしざね」には「よく女と共寝する男」、つまり「女犯の破戒僧」という侮蔑の意味が込められている。

これが、親鸞が「善信」の名を隠した理由であると井上氏は言うのである[6]。

また、井上氏は、法然から授かった「大事な名［筆者注・善信］」を罪名『よしざね』に使われてしま[7]」い、「これを受け入れることはできないし、また『ぜんしん』を止めることも、変更するわけにもいかない[8]」ので「新しい名［筆者注・親鸞］をもう一つ名告ることにし[9]」、以後「『善信』と『親鸞』の二つの名を生きていくのである[10]」とされるのであるが、この「善信」を罪人名にされたことを憚って「親鸞」の名を名のったとの説は、玄智（一七三四～一七九四）の『大谷本願寺通紀』巻一（天明五年・一七八五年刊行）に、

〈一に云わく。承元元年、謫所に於いて自ら親鸞と名のる。善信の名を案ずるに、罪名に濫《らん》して、故更《ことさら》に斯の名を称するなり。〉（『真史集』八、三四四頁上段）

と、承元元年に謫所（配所）において自ら「親鸞」と名のった。「善信」の名については「罪名に濫して」――「善信」を罪人名とされたことにとりみだしてこれを憚り、「故更に斯の名を称する」――わざわざ「親鸞」の名を用いたのである、とする説が当時既にあったことが紹介されている。

つまり井上氏はこの江戸期以来の説に基づいて自説を展開されているのである。

しかし、ここでまず疑問なのであるが、「後序」の文は、法難の詳細を知らない人間には読めないよう意図して書かれたのであろうか。

現在の私たちは『血脈文集』の「流罪記録」等から、親鸞の罪人名が「藤井善信《よしざね》」であったことを知っている。しかし、親鸞の罪人名を知らなければ、これらの史料の助けを借りなければ「後序」が理解できないように、「名の字」が「善信」であると理解できないように、わざと親鸞は書いたのであろうか。「後序」も含めて、親鸞の著述には振り仮名、左訓、頭注字訓、圏発（四声点）等々、読者の理解のための種々の便宜、配慮がなされている。

その親鸞があえて、補助資料なしには理解できないような「暗号」化した文書を残したであろうか。これが第一の疑問である。

前述したように親鸞は「後序」に「善信」という名も「藤井善信」という罪人名も書いていない。しかし、書いていないことが即「秘した」であるとは限らない。「書く必要を感じなかった」という理由もまた考え得る。また、仮に「よしざね」の読みに井上氏の言うような侮蔑の意図があったとしても、それが名を秘さねばならないほどの侮蔑であったのだろうか。付けた側に侮蔑の意図があったとしても親鸞がそれを恥じたかどうかは別問題である。

そもそも親鸞に罪人とされたことを恥じる意識があったのだろうか。「後序」には「主上臣下、法に背き義に違し、忿を成し怨を結ぶ[11]」「罪科を考えず、猥りがわしく死罪に坐す。あるいは僧儀を改めて姓名を賜うて、遠流に処す[12]」というむしろ「承元の法難」の不当さこそを糾弾した言葉が連ねられている。

親鸞が「承元の法難」に対して大変な憤りを覚えていたことは間違いないであろう。

「承元の法難」によって、法然を含む八名が流罪（うち二名が執行猶予）、四名が死罪に処せられている。『律令』に規定された刑罰は、「名例律」に拠れば笞罪《ちざい》（竹の棒で尻や背中を叩く）・杖罪《じょうざい》（笞より太い棒で叩く）・徒罪《ずざい》（懲役刑）・流罪《るざい》（配流）・死罪《ざい》（死刑）であるが、死罪には絞（絞首刑）と斬（斬首刑）とがあり、配流にも罪の軽重に応じて近流《ごんる》・中流《ちゅうる》・遠流《おんる》があった(13)。

「斬首」とは、『律令』の「賊盗律」によれば、

凡そ謀反《むへん》及び大逆せらば、皆斬。父子、若しくは家人《けにん》・資財・田宅は、並びに没官。……祖孫・兄弟は皆遠流に配せよ。籍の同異を限らず。即《も》し謀反と雖《いふと》も、詞理衆を動すに能はず、威力人を率ゐるに足らずは、亦皆斬。（『日本思想大系3　律令』八七頁）

とあるように、二名以上によって君主の殺害を計画（未実行）した「謀反《むへん》」、もしくは御陵・皇居の損壊を計画し実行した「大逆」、言うなれば国家の転覆を図った者に処せられる厳罰であり、「遠流」は同じく「賊盗律」に、

凡そ妖書及び妖言を造れらば、遠流。……伝用して以て衆を惑せらば、亦之の如く。（『日本思想大系3　律令』九九頁）

とあるように、妖書妖言をもって民衆を惑わした者に科せられる処罰である。

元久二年（一二〇五年）十月、興福寺より専修念仏の停止と法然および門弟の処罰を求めて朝廷に『奏状』が提出された。

これに対する回答として十二月二十九日、「偏執は禁止するが刑罰は与えない」という宣旨が下されたが、これを不服とした興福寺側は翌元久三年（一二〇六年）二月に使者（五師三綱）を送って法然・安楽房遵西・成覚房幸西・住蓮房・法本房行空らの処罰を要求し、朝廷側はこれに対して「偏執、傍輩に過ぐるの由、其の聞こへ［筆者注・風聞］(14)」ある安楽房・法本房の処罰という妥協案を示して事態の収束を図った。

この結果、二月三十日に両名の罪名を明法博士に勘案上申させるよう宣旨が下され、法本房は法然より破門され

た。

その後、三月七日、専修念仏に好意的であった摂政九条良経（兼実の次男）が急死し、近衛家実が摂政となり、四月二十七日に改元され建永元年となった。

六月十九日、近衛家実が専修念仏の宣旨の仰詞について諸卿に諮問したところ、「宣旨によって念仏者が一人でも信心を翻したならそれは罪業を犯したことになる」として称名念仏の停止に消極的な回答もあったという。

この他にも種々の経緯があり、安楽房・法本房の罪名を勘申せよとした二月三十日の宣旨に対する回答（宣旨の文案）も後鳥羽上皇のもとに上奏されていたが、上皇はその宣旨を下さず留保し、興福寺側の催促にも応じていなかった。(15)

しかし、『愚管抄』巻六が、

院の小御所の女房、仁和寺の御むろの御母まじりにこれを信じて、みそかに安楽など云ふ物よびよせて、このやうとかせてきかんとしければ、又ぐして行き向ふどうれいたち出きなんどして、夜るさへとゞめなどする事出きたりけり。（『日本古典文学大系86　愚管抄』二九四～二九五頁）

と伝えた「事件」――十二月、上皇の熊野行幸による不在の間に院の小御所の女官（上皇の愛妾伊賀の局か?）や道助法親王（仁和寺の御室）の母であり上皇の妃である坊門の局（西御方）などが安楽・住蓮をひそかに小御所に招き、そのまま宿泊させた――によって事態は急変する。翌建永二年（一二〇七年、十月に「承元」と改元）一月下旬、専修念仏停止の宣旨が重ねて下され、二月、逮捕・拷問の後、刑が執行された。

以上の経緯から死罪四名・流罪八名という厳罰の実態は、後宮を荒らされたと感じた後鳥羽上皇の私的な憤りによるものであったことが知られる。

上横手雅敬氏は、当時、公家法では死刑を執行しないのが原則であり、南都北嶺も死罪を要求してはいないことから、安楽・住蓮ら四名に対する死罪の執行は公的な処罰ではなく、後鳥羽院による私刑であったとする見解を示しておられる(16)。

死罪の執行が後鳥羽院の私憤を背景としていたにせよ、『律令』に基づく法治国家という体面上からすれば、処罰はあくまで『律令（賊盗律）』の規定に従って適正に履行された、つまり極刑に処せられるだけの重大な犯罪行為があったと言い繕わなければならない。

本来謀反・大逆に与えられるべき刑罰が与えられたというのにとどまらず、その刑罰に値する罪状が実際にあったとされた、つまり不当な処置を正当化するためにあえて罪状を捏造し、治天の君後鳥羽上皇殺害を企図した謀反人として四名が斬首に処され、専修念仏は仏教にあらざる異端妖説（危険思想）との烙印を押され禁制とされ、関係者が遠流に処されたのではないか、と筆者は推測するのである。

この筆者の推論を裏付ける史料はない。そもそも刑の執行時の詳しい状況を語る史料自体が伝わっていない。散逸がその主たる理由とは考えられるものの、例えば藤原定家が『明月記』承元元年正月二十四日条に、

専修念仏の輩停止の事、重ねて宣下す可しと云々。去んぬる比、聊か事ある故と云々。其の事已に軽きに非ず。又子細を知らざれば、染筆に及ばず。

（『明月記　第二』、国書刊行会、一九七〇年、九頁上段）

と記したように、その処罰の厳しさと捏造された罪状の余りの理不尽さに関係者が「去《や》んぬる比《かな》」と唖然としつつも、「聊か事ある故と」「其の事已に軽きに非ず。又子細を知らざれば、染筆に及ばず」と一様に口を閉ざしたという事情もあるのではないかと、筆者は想像するのである。

『歎異抄』流罪記録にある「御弟子中狼籍子細あるよし、無実風聞によりて(17)」とは、後宮の女官との密通という

いわば風紀上の問題ではなく、国家体制転覆の謀議と異端妖説の流布という「冤罪」を指すのではなかろうか。そしてそれを後押したのが「源空は仏法の怨敵なり(18)」とした「興福寺僧侶（の）敵奏(19)」であった、と筆者は推察するのである。

上皇の寵愛やその栄華に惑溺せずひたすら「後世」を恐れた女官たちの宗教的要求、その要求に真摯に応えた人間に謀反人の烙印を押し、末法濁世の唯一の出離の要路である専修念仏を妖言妖説として禁圧する不当不正義に対して、親鸞は「後序」において厳しく弾劾したのであり、それを後押しした僧界（「諸寺の釈門(20)」）・俗界（「洛都の儒林(21)」）を「教に昏くして真仮の門戸を知らず(22)」「行に迷うて邪正の道路を弁うること無し(23)」、つまりは「真宗(24)」（真の仏教）に無智であると批判し、「爾れば已に僧に非ず俗に非ず。是の故に『禿』の字を以て姓とす(25)」と僧俗双方への訣別を宣言したのではなかろうか。

五濁の時機いたりては　道俗ともにあらそいて
念仏信ずるひとをみて　疑謗破滅さかりなり
菩提をうまじきひとはみな　専修念仏にあだをなす
頓教毀滅のしるしには　生死の大海きわもなし
（『正像末和讃』『定親全』二、和讃篇、一六四～一六五頁）

親鸞から見れば、自分が法然の門弟——その信念の継承者——であるがゆえに罪に問われたのである。元久二年に親鸞が「善信」と名のったのだとすれば、その「善信」とは「夢告」によって聖徳太子から授けられ、法然によって認められた名、いわば継承者の「証《あかし》」であったはずである。不当な弾圧によってその「証」を辱められたから隠さねばならない、と果たして親鸞が考えたであろうか。

不当に辱められたと言うのならばむしろ隠してはならない、不当に貶められたからこそむしろ逆に「善信」の名を堂々と記さなければならないのではないか、とすら筆者は考えるのである。

井上氏の説は、このような「弾劾」文書の趣すらある「後序」の記述と全く矛盾するものであると言える。

また、赦免に際して親鸞は以後「禿」の字を姓とすることを朝廷に奏上している。「頭に毛髪のないこと。また、そのさま。はげ頭」、あるいは「髪の末を切りそろえて、結ばないで垂らしておく、おかっぱのような髪型[26]」を示す「禿《かぶろ》」とは、その語自体、官僧（「諸寺の釈門」）として剃髪しているわけでもなく、俗人（「洛都の儒林」）として髻を結い烏帽子を被ることもできない者としての「非僧非俗」を表す言葉であるが、同時に『沙石集』巻四に、

> 経には「我滅後に、飢餓の為に出家し、戒行を持《たも》つものあるべし。是を意楽損害の者とす」といへり。解脱の為にあらず。是は猶人天有属の善也。破戒無慚なるを、禿居士《かぶろこじ》とも云ひ、袈裟を着たる賊とも云へり。はづかしかるべし。
> （『日本古典文学大系85　沙石集』岩波書店、一九六六年、一八六頁）

と伝えられるような、道心もないまま飢餓のために出家し、持戒の者を恣《ほしいまま》に害する破戒無慚、袈裟を着た賊としての「禿居士《かぶろこじ》」を意味する語でもあると思われる[27]。

親鸞は「破戒無慚」を意味する「禿」は記しながら、一方で「よく女と共寝する」意の「善信」は隠したのであろうか。

親鸞は六角堂の救世観音から「行者宿報にて設い女犯すとも、我玉女の身と成りて犯せられん。一生の間能く荘厳して、臨終に引導して極楽に生ぜしめん」との夢告を受けて法然の門を叩き、「現世をすぐべき様は、念仏の申されん様にすぐべし。……ひじりで申されずば、め（妻）をまうけて申すべし[28]」という「在家」の仏教を指授され、同じ『教行信証』に「愚禿鸞、愛欲の広海に沈没し[29]」とまで書いた人物ではないだろうか。

この点は井上氏も、

もちろん親鸞聖人にとって妻帯という問題は、決して人に隠さなければ成らないような恥ずべきことであったわけではありません。妻帯しつつそこで念仏を生きることが、最も大乗という仏教を具体的に証するものであると頷くことで、妻帯されたのだと理解しております。

（「『名之字』推考」『親鸞像の再構築（二）』、大谷大学真宗総合研究所、二〇〇九年、四〇～四一頁）

と発言されているが、それならば「隠す必要もなく恥ずべきでもないことを隠した」とする氏の論理展開は尚更理解できない。

しかも「後序」で秘したはずの「善信」がそれ以外の消息や著作では隠されていない。

「真蹟坂東本」から見て、『教行信証』は六十歳頃から執筆が始まり、七十五歳頃に一応の完成を見（寛元五年・一二四七年二月、尊蓮が書写）、建長七年（一二五五年）六月に専信が書写した以降も親鸞自身によって推敲の手が加えられ続けている。

このように『教行信証』を手元から離さず推敲・改訂を加えていたその間、親鸞は「善信」を使い続けている。[30]親鸞からすれば他のどの著作や消息よりも『教行信証』をこそ後世に残したかったはずであるが、その『教行信証』には一切「善信」を載せてはいないのである。

井上氏の所説は矛盾と分裂に満ちた親鸞像を提示していると言わざるを得ない。

第二項　還俗名「藤井善信」の侮蔑性について

次に、「藤井善信」の罪人名が井上氏の言うように「善信」実名説の証拠となり得るかどうか、当時僧侶が罪を問われて還俗させられた事例を見てみたい。

治承元年（一一七七年）、延暦寺の末寺である白山と加賀国司藤原師高と目代師経の兄弟が争った事件の責任を問われた明雲僧正が、天台座主職を解かれて伊豆国に配流と決まったが、配流の途中比叡山大衆が明雲を奪還し叡山に帰還したという事件が『平家物語』巻二「座主流《ざすながし》」「一行阿闍梨之沙汰」に描かれている。

『平家物語』は、

同じき［筆者注・治承元年五月］十八日、太政大臣以下の公卿十三人参内して、陣の座につき、先の座主［筆者注・明雲］、罪科の事儀定あり。……猶遠流に定めらる。……僧を罪する習《ならひ》とて、土円《どえん》［筆者注・度縁］を召し返し、還俗せさせたてまつり、大納言大輔藤井《たゆうふぢい》の松枝《まつえだ》と俗名《ぞくみやう》をぞつけられける。……同じき廿一日、配所伊豆国と定めらる。

（『新日本古典文学大系44　平家物語　上』岩波書店、一九九一年、六六～六七頁）

として明雲の還俗名を「藤井松枝」と伝えている。

ちなみに明雲（一一一五～一一八四）の出自は、父が久我《こが》大納言と呼ばれた正二位権大納言源顕通（一〇八一～一一二二）。臣籍降下して「源」姓を賜った村上天皇の孫師房（具平親王の子）に始まる村上源氏の系譜に連なる。

また、『歎異抄』『血脈文集』から「承元の法難」における法然の罪人名が「藤井元彦」、親鸞が「藤井善信」であったことが知られている。ただし法然の罪人名が「源元彦」であったとする伝承もある。(31)

『百錬抄』巻十三の嘉禄三年（一二二七年）七月七日（異本では「五日」）付の記事、

〈七月七日。専修念仏者配流官符請印。隆寛律師還俗して「山遠里」と名づく。陸奥に配す。後日他所に改めらると云々空阿弥陀仏「原秋沢」と改名す。薩摩。成覚「枝重」と改名す。壱岐島。〉

（『国史大系』一四、経済雑誌社、一九〇一年、二一六頁）

に拠れば、「嘉禄の法難」の際配流に処せられた隆寛には「山遠里」、空阿弥陀仏には「原秋沢」、成覚房幸西には

「枝重」という還俗名がそれぞれ付けられたという。

罪名として「善信（よしざね）」と使われたということが「善信」が房号ではなく、実名であることを反証している。房号を罪名に使ってもなんら罰したことにはならない。実名を読み返させてこそ、罰したことになるのである。

（井上円「『名之字』考」『新潟親鸞学会紀要』四、九〇頁）

と井上氏は言う。

奥富敬之氏によれば、古来より犯罪者に対する処罰・制裁措置としての「改姓」（「奪姓」「除籍」「除名」「貶姓」「賜醜姓」「改名」）がしばしば行われてきた(32)。

制裁措置としての「改姓」のうち、賜った「姓名」に明らかな侮蔑の意が籠められた例としては、神護景雲三年（七六九年）、弓削道鏡の皇位簒奪（宇佐八幡宮神託事件）に抵抗した和気清麻呂・尼法均の姉弟に対するものが有名である。

姉尼法均は還俗。両名とも「和気」姓を「別部《わけべ》」姓に「貶姓」、「清麻呂」は「穢《きたな》麻呂」に「改名」し、すべての官位を剥奪して大隅国に配流。姉は俗名「広虫売《ひろむしめ》」（『続日本紀』。『日本後紀』では「広虫」）を「狭虫《さむし》」に「改名」して備後国に配流されたと『続日本紀』巻三十・『日本後紀』巻八(33)には記されている。

しかし、このような先例があるからといって、それから約四百四十年後の承元元年（一二〇七年）の措置をそれと同列に扱って、親鸞に与えられた「善信《よしざね》」が「侮蔑された名前」であり、「実名でなければ罰したことにならない」「罪名とされたことが実名であることを証明している」と断定するのは早計に過ぎると筆者は考える。

ちなみに、奥富氏は制裁措置としての「貶姓」について、

和気清麻呂を大隅国に流す前に貶姓し、明雲僧正を伊豆国に配流する前に還俗させて改姓し、以仁王を臣籍降

> 下させて賜姓してから追討令を発している。つまり廷臣は廷臣ではなくし、僧侶は俗人にもどし、皇親は一般人にするということがあってから、処罰、制裁が行われたということである。だから貶姓という意味での改姓は、それ自体は制裁措置ではなく、制裁を行うための準備のようなものだったといえよう。
>
> （傍点筆者、『名字の歴史学』角川書店、二〇〇四年、一二三頁）

と述べている。

また、寺川俊昭師は、

> むしろ親鸞は、房号［筆者注・寺川師は「善信」を房号と見做されている］をもって罪名とするその行為を問うのではなくて、藤井という姓を与えて強制的に還俗せしめた「法に背き義に違し、忿を成し怨を結」んだ朝廷の行為を批判したのである。そして敢えて、
>
> しかればすでに僧にあらず俗にあらず。このゆえに「禿」の字をもって姓とす。（『聖典』三九八～三九九頁）
>
> と「禿」の姓を主張したのであった。（「親鸞の名をめぐって」『寺川選』別巻、一二四頁）

と言われる。親鸞が問題視したのは罪人名を与えられたことにではなく、権力によって不当に僧の資格を剥奪されたことにこそある、というこの指摘は、親鸞が「藤井善信」の罪人名を「後序」、あるいは他の著作のどこにも書き残していないことと併せて、きわめて妥当な見解であると思わざるを得ない。

井上氏は「罪名とされた事自体が、『善信』が房号でないことを反証している」と主張するその根拠として、

> それは法然の罪名「元彦」が証明している。「元彦」は、明らかに法然の実名「源空」を変えさせたものである。しかも「元彦」は「元になった男」という意味に理解すべきであるから、承元の弾圧事件の張本人であると名指ししているのと同じである。
>
> （井上円「『名之字』考」『新潟親鸞学会紀要』四、九〇頁）

と断じているが、「元彦」が「元になった男」であり「承元の弾圧事件の張本人」との侮蔑を意味するという氏の主張のどこに「自分がこう思う」という以上の根拠があるというのだろうか。

天台座主明雲の罪名が「藤井松枝」とされた理由についても井上氏は、

その〔筆者注・『平家物語』の〕中では法名であります明雲という名前に文句をつけている所があります。「明」というのは太陽や月を、「雲」というのは高い雲をあらわす。そういう高い名前を付けているのがけしからんという言い方が『平家物語』に出ております。その辺から、お前はせいぜい松の枝だという罪名が決まったのだろうと思います。（井上円「『名之字』推考」『親鸞像の再構築（三）』三八頁）

と、「明雲」という「高い名前」に対して「けしからん」として、低い位置にある「松の枝」をつけて侮辱したと述べているが、『平家物語』巻二「座主流《ざすながし》」には、

されども陰陽頭安陪泰親が申しけるは、「さばかりの智者の明雲と名のりたまふこそ心えね。うへに日月《じつげつ》の光を並べて、したに雲あり」とぞ難じける。（『新日本古典文学大系44　平家物語　上』六七頁）

と、明雲が「無双の碩徳、天下一の高僧[34]」と評されるのに対して安倍泰親が「明雲が本当に比類なき智者であるならば、なぜ日月の光を表す『明』という字の下にあえてそれを遮る『雲』の字を配置する『明雲』という名を名のるのかが理解できない（つまり明雲は智者ではない）」と批難したという文があり、「明雲」という名自体がむしろ矛盾した名であると貶められているのである。「松枝」が侮蔑した名だとする井上氏の見解は明らかな〝誤読〟に基づいているのである。

「罪名とされた事自体が、『善信』が房号でないことを反証している」と井上氏は言うが、筆者が先に挙げた六例のうち、「善信」を除く五例までは実名が残されてはいない。すべて変えられているのである。実名不詳の空阿弥

陀仏も「原秋沢」が実名であったとは考え難い。

にもかかわらず井上氏は「善信」だけは例外で、実名が残されていると言うのである。氏は罪名には実名との連関があり、そこに侮蔑性を見なければならないとされるが、筆者は少なくとも「山遠里」以下の三つの名から実名との連関性も侮蔑性も読み取ることができない。

あくまでも個人的な感想であるが、「松枝」にしろ「山遠里」「原秋沢」「枝重」にしろおよそ人名とは思われない。和歌の題材ともなりそうな情景を適当に付けたようにも見える。

むしろこの適当さが罪人に対する侮蔑であると言えるかも知れないが、これらに較べて「元彦」「善信」という名はむしろ人間的であり、好意すら感じさせられる。まして法然には、古来皇族が臣籍降下した際に賜った「源」姓が与えられたという伝承すらある。

これを法然とその門弟になされた理不尽な措置への「後ろめたさ」の所産、あるいは弓削道鏡事件からの「反省」——やり過ぎると後の「タタリ（祟り）」が恐ろしい——によるものと見るのはうがち過ぎであろうか。

しかし、ここでは結論を急がず、「善信（よしざね）」の「ざね（さね）」に本当に侮蔑性があるのかどうかを検討してみたい。

いくつかの辞書に拠れば、「さね（さ寝）」は自動詞「さぬ（さ寝）」（ナ行下二段活用）の連用形「さね」から転じた名詞であり、「寝ること。特に、男女がいっしょに寝ること」[35]という意味であるが、「男女が共寝すること」の用例は、『万葉集』巻第十四「東歌」の「相模国の相聞往来の歌」、

まかなしみさ寝《ね》に我《わ》は行く鎌倉の水無瀬川《みなのせがは》に潮満つなむか

【現代語訳】いとしさに私は共寝しに行く。鎌倉の水無瀬川に潮が満ちているだろうか。

（『新日本古典文学大系3　萬葉集三』岩波書店、二〇〇二年、三一五頁）

「上野国の相聞往来の歌」、
伊香保《いかほ》ろの八尺《やさか》のゐでに立つ虹《のじ》の現《あら》はろまでもさ寝《ね》をさ寝てば
【現代語訳】伊香保ろの高い井堤に立つ虹のように、二人の間が露わになるまで共寝をすることができたらなあ。

（『新日本古典文学大系3　萬葉集三』三三一頁）

の二例が確認できた。
また、動詞である「さぬ」も、『古事記』中巻の倭建命《やまとたけるのみこと》と美夜受比売《みやずひめ》の聖婚の段にある倭建命の歌謡、
ひさかたの　天《あめ》の香具《かぐ》山　利鎌《とかま》に　さ渡《わた》る鵠《くび》　弱細《ひはぼそ》　手弱腕《てわやがひな》を　枕《ま》かむとは　我《あれ》はすれど　さ寝《ね》むとは　我《あれ》は
思《おも》へど　汝《な》が著《け》せる　襲《おすひ》の裾《すそ》に　月立ちにけり
【現代語訳】（ひさかたの）天の香具山を鋭い鎌のように飛んで行く白鳥のようにか弱くて細いたおやかな腕を枕にしようとは私はするけれど、共寝しようとは私は思うけれど、あなたのおめしになっている襲《おすい》（上代の衣服）の裾に月経の血が付いている。

（『日本古典文学大系1　古事記　祝詞』岩波書店、一九五八年、二一七頁）

の用例と、『万葉集』巻二「相聞」の内大臣藤原鎌足が鏡王女《かがみのおほきみ》の歌に応え贈った歌、
玉くしげみもろの山のさな葛《かづら》さ寝《ね》ずは遂《つひ》にありかつましじ
【現代語訳】（玉くしげ）みもろの山のさな葛のように、共寝せずにはとても生きていられないでしょう。

（『新日本古典文学大系1　萬葉集一』岩波書店、一九九九年、九一頁）

巻四の湯原王《ゆはらのおほきみ》が娘子《をとめ》に贈った歌、
我《あ》が衣《ころも》　形見に奉《まつ》る　しきたへの　枕を離《さ》けず　まきてさ寝《ね》ませ

【現代語訳】私の衣を形見に差し上げます。夜は（しきたへの）枕から離さず身にまとってお休み下さい。

（『新日本古典文学大系1　萬葉集一』三八二頁）

その他、巻五の山上憶良の「世間の住まり難きを哀しみし歌」[36]、巻六の山部赤人の歌[37]、巻十「秋の雑歌」の「七夕」の歌[38]、巻十五の中臣宅守《なかとみのやかもり》の歌[39]、巻十六「有由縁と雑歌」の「無名の歌」[40]にそれぞれ用例が確認できた。

またこの他にも『万葉集』では「さ寝《な》す」（おやすみになる。巻五[41]）、「さ寝《ぬ》らく」（寝ること。男女が共寝すること。巻十四[42]）、「さ寝処《ねど》」（寝る場所。特に男女の寝所。巻十四[43]）、「さ寝《ね》さ寝《ぬ》」（むやみに共寝を繰り返す。巻十四[44]）、『日本書紀』巻二に「さ寝床《ねどこ》」[45]といった派生語が確認できた。

『古事記』はその序文に拠れば、天武天皇の命で稗田阿礼に「誦習」させていた『帝皇日継』『先代旧辞』を、和銅四年（七一一年）九月十八日、元明天皇が太安万侶（?～七二三）に撰録を命じ、翌五年正月二十八日に完成献上されたという。（この序文および本文の信憑性や『古事記』自体の成立年時に関しては江戸時代以来論議が続いているが、『古事記』の本文が上代の古語を伝えていること自体は疑えないという）。

『万葉集』は天平宝字三年（七五九年）正月一日、因幡国庁での饗宴で詠んだ因幡守大伴家持（七一五?～七八五）の歌を全二十巻の掉尾に置いている。

『万葉集』は延暦二年（七八三年）頃に大伴家持の手により完成したものの、家持がその死の直後、藤原種継暗殺事件に連座したために完成が公認されず、恩赦によって家持の罪が許された延暦二十五年（八〇六年）になってその編纂事業が完遂したとされている。

ただし、『万葉集』には、全二十巻のうち十六巻までがいったん成立し、その後大伴家持によってそれ以後が補われたとする契沖（一六四〇～一七〇一）以来の〝二度撰〟説がある。筆者が確認した「さね」「さぬ」等の用例はいずれも十六巻以前にあり、その説に従えばこれらが用いられた年代は天平宝字三年よりもさらに遡ることとなる。藤原鎌足（六一四～六六九）の歌が存命当時のそれを忠実に伝えているとすれば、「さぬ」の用例は実に七世紀半ばにまで遡ることになる。

『古事記』が献上されたと言われる和銅五年（七一二年）、あるいは家持の『万葉集』最後の歌が詠まれた天平宝字三年（七五九年）から法難のあった建永二年（一二〇七年）二月まででもその時差は四百年から四百五十年ほどにも及ぶ。飛鳥・奈良時代の古語である「さね」（男女の共寝）が果たして十三世紀初頭の当時、侮蔑語として通用するほど人口に膾炙していたのであろうか。

ちなみに『後撰和歌集』巻十一には「三条右大臣」（藤原定方・八七三～九三二）の歌、

名にしおはば相坂《あふさか》山のさねかづら人に知《し》られでくるよしも哉《がな》

【現代語訳】名を持っているのであれば、その逢坂山のさねかずらを繰るという言い方にふさわしく、逢って寝るために、誰にも知られないで、やって来る手筈がほしいものでありますよ。

（『新日本古典文学大系6　後撰和歌集』岩波書店、一九九〇年、二〇三頁）

に、「男女が共寝する」意味の「掛詞《かけことば》」として「実葛《さねかずら》」が用いられている。

この歌は、藤原定家（一一六二～一二四一）の選んだ『小倉百人一首』にも入れられているので、当時、少なくとも「さねかづら」が「男女の共寝」を意味する「掛詞」であることは、歌人の教養として公家の間では共有されていたことが知られる。

この点について井上氏は、大谷大学真宗総合研究所での公開研究会（二〇〇八年五月三十一日）の質疑の際の出席者の、ヨシザネという読み方の否定的な意味が当時どれだけ一般性を持っていたか。……それが世間に一般性をもって、ある程度広がりを持たないと、処罰の意味も薄くなりますよね。そのへんはどうお考えですか。

（井上円「『名之字』推考」『親鸞像の再構築（三）』四七頁）

という質問に対して、

それは私の力では分かりません。……ちょっと始めましたけれども、とても私の負えるような仕事ではありません。そういうことがはっきりすればより補強できるかもしれません。

（井上円「『名之字』推考」『親鸞像の再構築（三）』四七頁）

と答えている。

この回答からは、この時点で井上氏が自説を証明する徴証を全く有していなかったことが窺われるし、実際、氏の論考には、親鸞在世当時を含め、前掲のような用例（『万葉集』『古事記』）すら示されていない。

井上氏がその後どのような調査を進められたのかは寡聞にして知らないが、氏にはぜひ、当時「さね」が男女の共寝を示す侮蔑語として一般的であったことを物語る実例を呈示していただきたいものである。

ただし、仮に当時「さね」に「男女の共寝」の意味があることが広く一般的に知られていたとしても、それが侮蔑語として機能していたかどうかは別問題である。

「善信（よしざね）」の名に侮蔑の意が籠められているという氏の見解に筆者は賛同しない。むしろ「さね（ざね）」には、氏の言うような意味も含めて、いかなる侮蔑性も籠められてはいないと筆者は考えるのである。

それは以下の理由による。

もし「さね（ざね）」が何らかの侮蔑を広く連想させたのであれば、その侮蔑性が及ぶ範囲は「よしざね」だけにとどまらないのではないだろうか。つまり、ひらがなで「さね」と書く「さね（ざね）」の音を持つ字を実名に用いることは他の者にとっても憚られたのではないだろうか。

しかし、史料を繙けば、当時の顕官で「さね（ざね）」と読む字のある名をいくつも発見できる。

ちなみに専修念仏停止の執行された建永二年（一二〇七年、十月に承元と改元）の『公卿補任』には次のような例が見られる。

藤家実（近衛家実、従一位・関白、太政大臣）、同頼実（従一位・東宮傅、前太政大臣）、同実教（正二位、前中納言）、同実明（従二位、前参議）、同実保（従三位）、同実宣（正四位下・蔵人頭）……(46)

この他、既に政界を隠退、出家していた九条兼実（一一四九～一二〇七、元摂政・関白、太政大臣）、三条実房（一一四七～一二二五、元左大臣）の例もある。

また『尊卑分脈』によって時代を遡れば、藤原摂関家だけでも近衛基実（一一四三～一一六六、九条兼実の兄・家実の祖父）、藤原忠実（一〇七八～一一六二、基実・兼実の祖父）、藤原師実（一〇四二～一一〇一、忠実の祖父・頼通の長男）といった「氏の長者」が「ざね」の読みを含んだ実名を持っている。

また、時代はかなり溯るものの、従二位右大臣でありながら藤原時平（八七一～九〇九）の讒奏によって大宰権帥に左遷された菅原道真《すがわらのみちざね》（八四五～九〇三）の「真」の字もまた「ざね」であり、三十六歌仙の一人従四位下陸奥守　源信明《みなもとのさねあきら》（九一〇～九七〇）の「信」も「さね」と読んでいる。

これらの実例から見て実名に用いられた「さね（ざね）」に侮蔑の意味はない。言い換えれば「さね」に「男女の共寝」の意があることが広く知られていたとしても、必ずしも「さね」が侮蔑語として用いられたことを意味するものではないと考えられるのである。

そして、もし井上氏の言うような意図を持って「よしざね」の読みを用いたとすれば、これらの顕官に対しても侮蔑もしくは皮肉として機能することになりはしないであろうか。

また、あえて「女性とよく共寝する破戒僧」という意味をもたせたとすれば、

> 末代には、妻もたぬ上人、年を逐て希にこそ聞し。後白川の法皇は、かくすは上人、せぬは仏と仰られけるとかや。このひじりは、かくすまでもなかりけり。今の世には、かくす上人、猶すくなく、せぬ仏いよいよ希なりけり。（市立米沢図書館蔵古写本『沙石集』巻四、『日本古典文学大系85　沙石集』四八〇頁下段）

と揶揄されるほど、周囲を見回せば僧侶の大半が公然とではないにしろ妻妾を持ち、実子を「真弟子」「真弟」と呼んで法義・住房・財産を相続させている状況（真弟相続）の中、その程度の隠喩はさしたる侮蔑中傷にならないどころか、むしろそれらの僧侶に対する皮肉と受け取られる危険性すらある。

「この侮蔑はあの罪人に限ったもの」とする弁明が通用するほど公家社会が寛容であったとは思われない。

当人の意図はどうあれ憶測と噂だけでその身・地位が危うくなるほどの陰湿さを持ち、内部の人間にはきわめて繊細かつ過敏な「遊泳感覚」を必要とされるような公家社会の中で、あえて「危ない橋を渡る」人間がいたとも思えないのであるが。

以上、種々考察を重ねてみたものの、筆者は、「後序」の「名の字」は「善信」（実名）であり、それが「承元の法難」の際に侮蔑の意図をもって罪名に用いられたため、親鸞はあえてそれを「後序」に記さなかった、とする井上氏の主張に何ら確かな根拠を見出せなかったのである。

註

（1）平松令三『歴史文化ライブラリー　親鸞』一二七頁。佐藤正英『親鸞入門』（ちくま新書、筑摩書房、一九九八年）、七四～七五頁参照。
（2）『古田武彦著作集（親鸞・思想研究編）二　親鸞思想』（明石書店、二〇〇三年）、五九四頁参照。
（3）『定親全』一、三八〇～三八一頁。
（4）井上円「自己（綽空）の名告り――法然との出遇いを通して――」（『南御堂』二〇〇七年三月号、真宗大谷派難波別院）参照。
（5）『大字典』（講談社、一九一七年初版）、「信」の項参照。
（6）井上円『宗祖と越後』（真宗大谷派高田別院、二〇〇七年）、註6、二七頁参照。
（7）井上円『宗祖と越後』一六頁。
（8）井上円『宗祖と越後』一六頁。
（9）井上円『宗祖と越後』一六頁。
（10）井上円『宗祖と越後』一六頁。
（11）『定親全』一、三八〇頁。
（12）『定親全』一、三八〇～三八一頁。
（13）『日本思想大系3　律令』（岩波書店、一九七六年）、一五頁参照。
（14）三条長兼『三長記』元久三年二月二十二日条、『増補史料大成』三一、一七六頁上段。
（15）三条長兼『三長記』元久三年二月十八～二十二日条、『増補史料大成』三二、一七三頁下段～一七六頁上段。三十日条、『増補史料大成』三一、一八二頁下段～一八三頁上段。建永元年六月十九日条、『増補史料大成』三一、二一五頁下段。二十一日条、『増補史料大成』三一、二一六頁下段～二一七頁下段。八月五日条、『増補史料大成』三一、二三三頁上段、等参照。
（16）上横手雅敬「『建永の法難』について」『鎌倉時代の権力と制度』（思文閣、二〇〇八年）、二五七頁参照。
（17）『定親全』四、言行篇(1)、四〇頁。

(18) 三条長兼『三長記』元久三年二月二十一日条、『増補史料大成』三一、一七四頁下段。
(19) 『定親全』四、言行篇(1)、四〇頁。
(20) 『定親全』一、三八〇頁。
(21) 『定親全』一、三八〇頁。
(22) 『定親全』一、三八〇頁。
(23) 『定親全』一、三八〇頁。
(24) 『定親全』一、三八〇頁。
(25) 『定親全』一、三八一頁。
(26) 『日国辞』五、「かぶろ【禿】」の項参照。
(27) 「非僧非俗」「禿」の姓の意義に関しては、本書第四章第一節に詳述した。
(28) 『和語灯録』巻五、『真聖全』四、六八三頁。
(29) 『定親全』一、一五三頁。
(30) 鶴見晃「親鸞の名のり――『善信』房号説をめぐって――」（表1、2）、『教化研究』一四四、二九～三五頁参照。
(31) 『法然上人伝記（九巻伝）』巻六上、『法伝全』、四二三頁上段、四三三頁下段。『本朝祖師伝記絵詞』（四巻伝）巻三、『法伝全』四八六頁。『法然上人伝法絵流通』下、『法伝全』五〇五頁下段。『法然上人伝絵詞』（琳阿本）巻六、『法伝全』五六七頁上段他。
法然は父が美作国の豪族漆間時国、母は秦氏の出身であり、太田亮『姓氏家系大辞典』（角川書店、一九六三年）に拠れば、漆間氏は稲飯命（古代日本の皇族。磐余彦尊、後の神武天皇の兄）の後裔とされるが、舜昌『行状絵図』（四十八巻伝）第一巻には、仁明天皇の後胤源年が蔵人兼高を殺害した科で美作国に配流されて当地の漆間元国の入り婿となり、その男子（盛行）が祖父元国の養子として「源」姓を改め漆間氏を継いだ。法然は盛行の玄孫《やしゃご》に当たると記されている。『法伝全』、五頁参照。

法然の還俗名を「源元彦」とする記述は最も古い法然絵伝とされる躭空『法然上人伝法絵流通』（嘉禎三年・一

二三七年）やその影響を受けた『法然上人伝絵詞』（琳阿本）など、没後早い時期に成立した伝記にある。これに対して「藤井元彦」の名が見られるのは、正応元年（一二八八年）頃成立の唯円『歎異抄』の流罪記録、正安三年（一三〇一年）成立の覚如『古徳伝』、徳治二年（一三〇七年）から十余年をかけて制作された『行状絵図』などかなり後の記録・伝記であり、「源元彦」の方が史実を伝えているかとも思われる。ただし、『法然上人伝法絵流通』の原本は失われ、鎌倉時代の伝写本の断簡が残されるのみであり、完本の『本朝祖師伝記絵詞』（善導寺本）は江戸初期の写本でしかない。『法然上人伝絵詞』（琳阿本）も第七・八巻が現存するのみで完本の『法然上人伝絵詞』（妙定院本）も江戸中期の写本である。これらの点を考慮に入れ、結論を急がず今後の課題としたい。

(32) 奥宮敬之『名字の歴史学』（角川書店、二〇〇四年）、一二〇～一二四頁参照。

(33) 『新日本古典文学大系15　続日本紀　四』（岩波書店、一九九五年）、二五〇～二五七頁、『新訂　増補国史大系　日本後紀〔普及版〕』（吉川弘文館、一九七二年）、一七～一八頁参照。

(34) 『新日本古典文学大系44　平家物語　上』六六頁。

(35) 『日国辞』九、「さね（寝）」の項。

(36) 『新日本古典文学大系1　萬葉集　一』四五三～四五四頁。

(37) 『新日本古典文学大系2　萬葉集　二』（岩波書店、二〇〇〇年）、三四頁。

(38) 『新日本古典文学大系2　萬葉集　二』四七一頁。

(39) 『新日本古典文学大系3　萬葉集　三』四六一頁。

(40) 『新日本古典文学大系4　萬葉集　四』（岩波書店、二〇〇三年）、六〇頁。

(41) 『新日本古典文学大系1　萬葉集　一』四五四頁。

(42) 『新日本古典文学大系3　萬葉集　三』三一一頁。

(43) 『新日本古典文学大系3　萬葉集　三』三五五頁。

(44) 『新日本古典文学大系3　萬葉集　三』三五八頁。

(45) 『日本古典文学大系67　日本書紀　上』（岩波書店、一九六七年）、一六二頁。

(46) 『国史大系』九（経済雑誌社、一八九九年）、五八〇～五八四頁参照。

第五節　「親鸞」への改名時期について――井上円氏説の批判的検討（2）――

既にふれたように、親鸞が「善信」から「親鸞」へと改名したのは越後流罪中のいつの頃からかであると見るのが、昨今の通説であった。

おそらくこれは『歎異抄』末尾の「流罪記録」、

親鸞、僧儀を改めて俗名を賜う、仍って僧に非ず俗に非ず、然る間禿の字を以て姓として奏聞を経られ了りぬ。彼の御申し状、今に外記庁に納まると云々。流罪以後、愚禿親鸞と書かしめ給うなり。

（傍点筆者、『定親全』四、言行篇(1)、四二頁）

の「流罪以後、愚禿親鸞と書かしめ給うなり」との記述に基づくものと思われるが、筆者はこの記述は流罪以降に「親鸞」と名のり始めたという意味ではなく、「愚禿」の姓を用い始めたことを示すものであると考える。

近年では延塚知道氏が、この文は還俗に際して与えられた「藤井」姓を「禿」としたい旨奏上したという、いわば「愚禿」の名のりの由来を示す文であって、文頭の主語である「親鸞」が流罪以後に「愚禿親鸞」と書いたとする、つまりは既に名のっていた「親鸞」の名に「禿」という姓をつけたことが窺われる文意となっていると指摘されている[1]。

管見の限りにおいて、「流罪中の改名」説の嚆矢は享保二年（一七一七年）に『正統伝』を出版した良空（一六六九～一七三三）である。

去年［筆者注・建久二年］流罪の節より、有髪禿《かぶろ》の如くにてましませば、愚禿と名のりたまへり。亦御名をも

親鸞と改めたまふ。已上本伝

○私云、三十五歳配所に著きたまひて、御名を親鸞と改めらる。仍て善信を房号とし、愚禿親鸞と号す。

（『正統伝』巻四、『真史集』七、三三九頁上段）

良空は「已上本伝」として、この記録が高田専修寺に伝わる真仏・顕智の所伝にあったとしているが、筆者には『歎異抄』と覚如『古徳伝』の、

流罪のひと〴〵、……善信房親鸞越後のくに国府　罪名藤井の善信

（『真聖全』三、七三七頁）

の二つの流罪記録の記述を折衷したもののように思える。

ただ、『正統伝』がその刊行当時に及ぼした反響を鑑みると、「流罪中の改名」説の定着には、『正統伝』のこの記述が大きな役割を果たしたのではないだろうか。

ちなみに『正統伝』は、建久二年（一一九一年、親鸞十九歳）九月十四日の磯長の聖徳太子廟での「夢告」、正治二年（一二〇〇年、二十八歳）十二月下旬の比叡山無動寺大乗院での「夢告」、建仁元年（一二〇一年、二十九歳）四月五日の六角堂での「夢告」（「行者宿報偈」）を記しており、このうちの建久二年の太子廟での「夢告」によって元久二年（一二〇五年）に親鸞は名を「善信」と改めたとしている。

良空はまた、建仁三年の「夢告」（「行者宿報偈」）によって三十一歳から「善信」と名のった、あるいは元久二年の四月から閏七月二十九日の間に改名の契機となった「夢告」があったといった説を紹介しているが、これらはいずれも「太子廟夢告」の存在を知らなかったがゆえの誤りである、としている。(2)

しかし、『正統伝』以前に遡ってみれば、改名時期は必ずしも流罪以降とはされていない。

乗専（一二九五?～一三五三）の『最須敬重絵詞』は、

〈時に〉建仁元年辛酉聖人二十九歳、聖道を捨て浄土に帰し、雑行を閣《さしおき》て念仏を専らにし給ける始《はじめ》なり。すなはち所望によりて名字をあたへたまふ。その時は綽空とつけ給ひけるを、後に夢想の告ありける程に、聖人に申されて善信とあらため、又実名を親鸞と号し給ひき。しかありしよりのち、或は製作の『選択集』をさづけられ、或は真影の図画をゆるされて……

（『真聖全』三、八二二頁）

として「親鸞」への改名を吉水時代の事としている。

また、蓮如の孫（第七子蓮誓の第九子）である顕誓（一四九九～一五七〇）が永禄十一年（一五六八年）に著した『反古裏書』も、

時に親鸞聖人と申し奉るは、もとは天台の座主慈鎮和尚の門侶なりしが、廿九歳にして発心し、黒谷の門室に入り上足の弟子となり給ふ。元久元年山門の学徒うつたへのむねありしとき、……［筆者注・『七箇条制誡』署名の］其の比《ころ》は親鸞聖人いまだ綽空としるされ侍り。法器にてましませば、やがて空師御所作の『選択集』御伝授、同じき二年法然聖人の真影を写し賜らしむ。又夢のつげにより綽空の字をあらため善信とあそばしける。又みづから親鸞と名乗り給ふ。是また空師の御はからひとして、善信をば仮号とさだめ給ふ。此の時法然聖人七旬三、鸞聖人三十三歳にておはします。

（『真聖全』三、九五三頁）

として、「親鸞」への改名時を吉水時代、それも元久二年のこととしている。

ただ、この「又夢のつげにより綽空の字をあらため……善信をば仮号とさだめ給ふ」という改名の記事はいささか難解である。

顕誓はこの文の直前に、『七箇条制誡』に「綽空」と署名したことを記している。また、『反古裏書』にはこの他覚如の『伝絵』『口伝鈔』に基づいたと思われる記述があり、『反古裏書』の制作に際して顕誓は多くの史料を蒐集

したことが窺われる。(3)

「みづから親鸞と名乗り給ふ」とは当然『報恩講式』の、

いはんやみづからなのりて親鸞とのたまふ、（蓮如延書『報恩講私記』『定親全』四、言行篇(2)、一七〇頁）

の記述に基づいてであろうし、次の「夢のつげにより綽空の字をあらため善信とあそばしける。……是また空師の御はからひとして、善信をば仮号とさだめ給ふ」は、おそらく存覚『六要鈔』の、

後に真門黒谷の門下に入りて、其の名、綽空。仮実相兼ぬ。而るに聖徳太子の告命に依りて、改めて善信と曰う。厳師諾有り。之を仮号と為して後に実名を称す。其の実名とは今載する所是なり。（『真聖全』二、二〇六頁）

の記述を承けてのものであろう。

つまり、顕誓は『六要鈔』の記事をこう理解したのではないだろうか。親鸞はいったん夢告（おそらくは建仁三年の「行者宿報偈」。『反古裏書』の吉水入室の記事には六角堂参籠の記述はない）によって、「仮実相兼」ねた名である「綽空」をこれも「仮実相兼」ねた名である「善信」へと改め、法然はその真影に新しい名「善信」を記した。しかし、思うところあって自ら実名を「親鸞」と改め、その旨を法然に申し出、その承諾のもと、以後「善信」を房号とし、「善信房親鸞」と称することとなったと。『六要鈔』の「厳師諾有り」を「之（善信）を仮号となして、後に実名（親鸞）を称す」ことへの承諾と捉えて、顕誓は「空師の御はからいとして、善信をば仮号とさだめ給ふ」と記したものと思われる。

この結果、『反古裏書』の記事は、覚如の『古徳伝』の記述、

またゆめのつげあるによりて、綽空の字をあらためて、おなじき日これも聖人真筆をもて名の字をかきさづけ

しめたまふ。それよりこのかた善信と号すと。云々（『真聖全』三、七三一頁）

流罪のひと〴〵、……善信房親鸞越後のくに国府罪名藤井の善信（『真聖全』三、七三七頁。以上、傍点筆者）

とも矛盾しないものとなっている。

鶴見氏が述べた「善信」改名説――親鸞は元久二年に房号・実名を兼ねた「善信」に改名し、「親鸞」への改名以後は「善信」を房号としたとする――はおそらく、この顕誓の『反古裏書』の記述を嚆矢とすると思われる。ただ、この顕誓の著述姿勢に代表されるように、これらの論考はいずれも、親鸞自身の記述に、というよりもあくまで後代の、覚如・存覚らの著述に依拠して説が立てられている。そしてそれらを尊重し論理的整合のみを図る余り、親鸞がなぜ「後序」に「善信」と記さなかったのか、なぜ「親鸞」への改名について明確に記さなかったのかという疑問には全く答えず、「善信」への改名直後に自ら「親鸞」へと再改名することの内的必然性についても口を閉ざした形になっているのである。

このような中で、実悟（一四九二～一五八三）が『日野一流系図』「範宴」の項に記した注記の一文、

善信房綽空、夢告に依りて親鸞と改む。（『真史集』七、五二〇頁）

はきわめて異彩を放っている。ただし、実悟が「夢告」をいつの時点のどのようなものと考えていたかについては、この記述からは窺い知れない。

筆者は、矛盾に満ちたこれらの「善信」改名説に対して「親鸞」改名説を立て、親鸞は、自分は元久二年閏七月二十九日、「夢告」に依って改めた名「親鸞」を法然にその名を真影に直筆で記していただいた、という改名の経緯と時期を「後序」に記したと考えたのであるが、これに対して「善信」改名説を取る井上氏は、「後序」は親鸞への改名について「きちんとその時期と意味も明記している[4]」と言われるのである。

井上氏は、「後序」の「構成の構造」は、

三十五歳　承元の弾圧

「姓名を賜る」→「禿の字を姓に」

三十九歳　勅免　　　　改行

四十歳　　師の入滅

「然るに愚禿釈の鸞」

二十九歳　本願に帰す

三十三歳　選択集付属　「釈の綽空」

〃　　　　真影の図画　「名之字に改める」

（井上円「『名之字』考」九三頁）

という「わざと編年体を破っ(5)」た構成になっており、「前半が三十五歳から四十歳に、後半が二十九歳から三十三歳へと次第(6)」し、「その中間に『然るに愚禿釈の鸞』という名告りが記されている(7)」ことから、「禿の字」を姓としたのは、三十五歳とその前に断っているわけであるから、この「然るに愚禿釈の鸞」という名告りは、二十九歳の時点の名告りでないことが分かるようになっている。また後ろには、三十三歳の時点の名が「釈の綽空」と念を押している。つまり「建仁辛の酉の暦、愚禿釈の鸞、雑行を棄てて本願に帰す」ではないのである。あくまでも「然るに愚禿釈の鸞、建仁辛の酉の暦、雑行を棄てて本願に帰す」であるということは、この「然るに愚禿釈の鸞」は、その直前の三十九歳の時点の勅免、四十歳の師の入滅を承ける形で領解しなければならない。つまりは親鸞という名告りは、師法然の入滅を直接的な契機としての名告りであることを、明らかに示そうとしているのである。

（井上円「『名之字』考」九三〜九四頁）

としている。

つまり、井上氏は、「改名した」という記述はないものの、建暦二年（一二一二年）一月二十五日の法然の死の記述の直後に「愚禿釈の鸞」の名のりが位置する「後序」の構成から、法然の死を契機として「親鸞」と改名したと明記していると理解すべきであると言うのである。

井上氏が「後序」を一種の「暗号」文書と見ていることは前節でも言及したが、「善信」の名を秘したことのみならず、改名時期もまた「暗号」化されていると井上氏は言うのであろうか。

しかし、「建仁辛の酉の暦、愚禿釈の鸞、雑行を棄てて本願に帰す」であるのは、この「愚禿釈の鸞」がその後に記されている建仁元年の吉水入室と元久二年の選択付嘱・真影図画といった体験の主体であるからに他ならない。

然愚禿釈鸞　建仁　辛酉　暦　棄　雑行　兮　帰　本願

元久　乙丑　歳　蒙　恩恕　兮　書　選択……

（『定親全』一、三八一頁）

という「対偶」（漢文における対句表現）から一見してそれが知られるし、「然るに愚禿釈の鸞」の「然るに」も、「先行の事柄に対し、後続の事柄が反対・対立の関係にあることを示す。ところが。しかし。さるに」、もしくは「話の冒頭に用いる慣用語。逆説の意味は持たない。さて。ところで」(8)という、その前とは明らかに異なった話題が始まる際に用いられる接続語であり、井上氏の言うような前の事柄を承けるという文章の展開を示すものではない。

また、氏は、

三十五歳　承元の弾圧

「姓名を賜る」→「禿の字を姓に」
三十九歳　勅免　改行
四十歳　師の入滅
「然るに愚禿釈の鸞」
二十九歳　本願に帰す（傍点筆者）

として、「後序」には三十五歳時点の「承元の弾圧」記事と三十九歳の「勅免」の記事との間に「改行」があると指摘している。

この「改行」について論考中に詳述されてはいないものの、おそらく氏は、三十九歳の「勅免」、四十歳の「師の入滅」と「愚禿釈の鸞」の名のりが同じ「段落」中にある一連の記事であって、「後序」のこの構成が、「『然るに愚禿釈の鸞』は、その直前の三十九歳の時点の勅免、四十歳の師の入滅を受ける形で領解しなければならない」とする自らの主張を裏付けるものであると言いたいのであろう。

しかし、「真蹟坂東本」を見る限り、この「勅免」の記事の際の「改行」は、『教行信証』の他の「改行」箇所と比較して、明らかに異なった様態を呈している。

「段落」の変更を意味すると思われる「改行」の場合、たとえば「行巻」のいわゆる「他力釈」は、前行の「……至極無碍の大行なり。知る可しと」が下に三、四文字分の空白を残して終わった後、次行の冒頭から「他力と言うは……」が始まっている。(9)

「信巻」のいわゆる「三一問答・字訓釈」は前段落最後の「……因無くして他の因の有るには非ざるなりと。知る可し」が終わった後、その行の下約六文字分の空白とさらに一行分の余白を設けた後、行頭から「問う。如来の本願、已に至心・信楽・欲生の誓いを発したまえり……」と始まっている(10)。

「後序」にしても、直前の『論語』の引文が「……人焉《いずく》んぞ能く鬼神に事《つか》えんや、と已上抄出」で終わった後、その下二文字分さらには一行分の空白の後に行頭から「竊かに以みれば、聖道の諸教は……」で始まっている(11)。

また、必ずしも「段落」を意味しない「改行」としては「後序」の「太上天皇諱尊成」「今上諱為仁」が、前行がそれぞれ数文字分の空白を下に残して終わった後に次行冒頭に記されている(12)。

これらに対して件の記事は、「三十五歳の承元の弾圧」記事の最後の「……五年の居諸を経たりき。」が行の一番下まで書かれ、次の行の冒頭に約四、五文字分の「空白」があった後、「皇帝諱守成聖代……」と始まっており(13)、前掲の「改行」の例とは明らかに形態が異なっている。筆者はこれを「段落」の変更を意味した「改行」と見ることはできない(14)。

また、「後序」でこそ、ここで初めて「愚禿釈の鸞」と記しているとはいえ、前半部分で「承元の法難」の経緯とその意味を推究――「竊かに以みれば」――した主体も「愚禿釈親鸞」に他ならない。なぜなら「後序」を含む『教行信証』におけるすべての思索、表現は、その撰号「愚禿釈親鸞集」(「化身土巻」の撰号も同じ)から知られるように、終始一貫「愚禿釈親鸞」の名のりのもとになされているからである。

つまり、この「然るに愚禿釈の鸞、建仁辛の酉の暦……」とは、

《ところで、この『教行信証』を書き、「聖道の諸教は行証久しく廃れ……」と述べ、師法然とともに流罪に処せられた私・愚禿釈の鸞とはいかなる者であるかと言えば、建仁元年に……》

という論旨の展開を示すものに他ならないのである。

井上氏は、

三十五歳　承元の弾圧
「姓名を賜る」→「禿の字を姓に」
三十九歳　勅免　　　改行

として「禿」への改姓を三十五歳としている。

法然および門弟が死罪・流罪に処せられた記事と流罪が足掛け五年に及んだという記事の間に改姓の記事が位置する「後序」の構成に拠れば、親鸞が「禿」を姓とした時期は、流罪執行の直後（三十五歳）のようにも読める。

しかし、「後序」に、

爾れば已に僧に非ず俗に非ず。是の故に「禿」の字を以て姓とす。（『定親全』一、三八一頁）

とあるように、親鸞は「禿」姓に「非僧非俗」の意味を込めており、『歎異抄』『血脈文集』に拠れば、改姓を朝廷に奏上している。

ただし諸史料によって奏上の時期は一定しておらず、『歎異抄』は、

親鸞、僧儀を改めて俗名を賜う、仍って僧に非ず俗に非ず、然る間禿の字を以て姓として奏聞を経られ了りぬ。彼の御申し状、今に外記庁に納まると云々。（『定親全』四、言行篇(1)、四二頁）

として時期を記していないし、『血脈文集』の、

〈愚禿は、流罪に坐するの時、勅免を望むの時、藤井の姓を改めて、愚禿の字を以て、〉中納言範光卿をもて、勅免をかふらんと、〈奏聞を経るに〉、……（『定親全』三、書簡篇、一七七頁）

の記述は、流罪直後と赦免時の二度提出したようにも読める。

このことから「禿」姓の名のりは私称ではなく、「非僧」――具体的には、赦免後も官僧・天台僧に復籍しない

こと——の公式表明であることが知られるし、「非俗」と言っても流罪中の親鸞は「俗人」以外の何者でもない。つまり「非僧非俗」とは、自らの社会的身分を再選択できる建暦元年（一二一一年、親鸞三十九歳）十一月十七日の赦免後に初めて意味をなす自己規定であると言え、流罪直後の奏上では単に罪人名の「藤井」姓を拒否したに過ぎず、そこに「非僧」の積極的な意味を読み取ることはできない。

もちろん流罪中に私的に「禿」姓を名のった可能性もあるが、その場合でも赦免時に再度の奏請が必要となる。(15)

ちなみに平雅行氏は、古田武彦氏によって「承元の奏状」とされた「後序」の当該部分は、「空師並びに弟子等、諸方の辺州に坐して五年の居諸を経たりき」の記述から見て、建永二年・承元元年（一二〇七年）から数えて五年目の承元五年（改元して建暦元年・一二一一年）、それも前年承元四年（一二一〇年）十一月二十五日に退位した土御門天皇を「今上」と呼んでいることから見て、退位の情報が伝わる以前の同年の早い時期（赦免前）に執筆されたと推定されている。(16)

いずれにせよ、「禿」への公式な改姓は親鸞三十九歳以降と考えられ、「後序」の前半部分が完全な編年体を採っているとは言えなくなる。

さらに言えば、「後序」は現行の構成でなければならなかったわけではない。どのような構成にするかは著者親鸞の自由裁量であり、二十九歳の吉水入門から始めて四十歳での師の入滅に至る完全な編年体を採る選択肢もあり得たはずである。

現行の構成をとりながらでも、建暦二年の改名の事実を記し、「名の字」ではなく「釈の善信」と記していたら、それこそ綽空・善信・親鸞の三つの名の連続性がより明確になったであろうことは間違いない。親鸞がなぜ改名時期までもあえて「暗号」化しなければならなかったのか、筆者は理解に苦しむのである。

また、井上説は「夢の告に依って、綽空の字を改めて、御筆を以て名の字を書かしめたま」うという記述とも重大な齟齬をきたしている。

井上氏はこの「夢の告」を、「三夢記」（専修寺蔵）等が伝える親鸞十九歳時の磯長の聖徳太子廟での「夢告」、

〈我が三尊は塵沙界を化す
日域は大乗相応の地なり
諦らかに聴け　諦らかに聴け　我が教令を
汝の命根　応に十余歳なるべし
命終して速やかに清浄土に入らん
善く信ぜよ　善く信ぜよ　真菩薩を（よ）〉
（傍点筆者、『真史集』七、一〇〇頁上段、三一九頁上段）

であり、「善信」の名は聖徳太子によって授けられたものと見做している。(17)

また「御筆を以て名の字を書」いた法然に対して親鸞は、

たとひ法然聖人にすかされまひらせて、念仏して地獄におちたりとも、さらに後悔すべからずさふらう。
（『歎異抄』『定親全』四、言行篇(1)、五頁）

と絶対の帰依信順を表し、その仏事を、

本師・源空は、仏教に明らかにして、善悪の凡夫人を憐愍せしむ。
真宗の教証、片州に興す。選択本願、悪世に弘む。
（「行巻」『定親全』一、九〇～九一頁）

本師源空世にいでゝ　弘願の一乗ひろめつゝ
日本一州ことごとく　浄土の機縁あらわれぬ

智慧光のちからより　本師源空あらわれて
　浄土真宗をひらきつゝ　選択本願のべたまふ
（『高僧和讃』『定親全』二、和讃篇、一二七頁）

と記して、「真宗興隆」――末法濁世の衆生が宗とすべき真の仏教を明らかにし広めた――とまで讃えている。

もしこの「名の字」が「善信」であるならば、親鸞は聖徳太子によって授けられ、法然によって記された――承認された――「善信」という名を、たとえ法然の死という契機があったにせよ自ら、あえて言えば独断で勝手に改めたと、井上氏は語っていることになるのである。(18)

周知の如く親鸞は太子と法然に終生篤い崇敬の念を抱き続けており、自らの意志によって改名したとすれば、それときわめて矛盾した行動と言わねばならないではなかろうか。

もっとも井上氏は、この時の「親鸞」への改名を、

ところが、この大事な名［筆者注・「善信」］を罪名「よしざね」と使われてしまったのである。これを受け入れることはできないし、また「ぜんしん」を止めることも、変更するわけにもいかない。そこで聖人は、新しい名をもう一つ名告ることにした。それが「親鸞」という名なのである。
（井上円『宗祖と越後』一六頁）

とするきわめて曖昧かつ微妙な表現を取っておられる。

つまり、井上氏によれば建暦二年の親鸞の改名とは実は名を「改める」――今までの物事を取り除いて新しくする――のではなく、「善信」の他に新しい実名「親鸞」をもう一つ名のると自分で決めたことであり、だからその後も「善信」も同様に実名として用いて「二つの名を生きていく」ことにしたというのである。(19)

一人の人物が複数の実名を持った例はある。しかしそれはあくまで旧名を捨て新しい名を名のっていく場合である。親鸞の場合も元久二年の改名以後は「綽空」を用いていない。

複数の実名を同時に持つことが果たしてあり得るのかどうか、親鸞の時代にそのような実例があるのかどうか、寡聞にして筆者は知らない。

名とその人の本質とが一体であるとする「名詮自性」の観念からすればあり得ないことのようにも思えるが、「ある」と断言された井上氏にはぜひその実例を示していただきたいものである。

ただ、井上氏は論考中しばしば実名の持つ「重さ」について言及されている。曰く、

房号を罪名に使ってもなんら罰したことにはならない。（井上円「『名之字』考」九〇頁）

この［筆者注・『七箇条制誡』に］署名をした門下の中に、法然上人を初めとして房号で署名したものが一人でもいるのであろうか。もし房号で署名した者がいたとすれば、その人は署名という責任的行為自体を知らないのである。（井上円「『名之字』考」九一頁）

義絶をするのに［筆者注・義絶状に］実名を用いなければ、義絶の証拠にならないと考える。（井上円「『名之字』考」九八頁）

等々。氏のこれらの発言が当時の時代常識への無知、史料蒐集の怠慢から発せられたものであることは既に指摘した。

井上氏はまた、親鸞は二つの実名を「使い分け」ているとも言われる。氏は「『名之字』推考」において、

「善信」というのを一切やめて「親鸞」としたということではないようです。「善信」というのは法然上人の教えを受けとるという姿勢です。阿難のような位置に自分を置くという意味を持った名前が、「善信」の意味だと思うのです。それに対して「親鸞」は、仏滅後の仏弟子が仏の教えに相応するというその課題を名前にしたのが「親鸞」だと私は思います。その仏滅後は、世親、曇鸞においては釈尊亡き後という課題ですけれども、

親鸞においては法然上人が亡くなった後という意味がそこに加わってきて、それが浄土宗の学者として生きようとするそういう親鸞だと思うのです。親鸞という名前は、はっきり言えば学者の名前です。浄土宗の学者としての名前だと私は受け止めます。しかし「善信」も「親鸞」と仏弟子の名前であることに違いはありません。

（『親鸞像の再構築（三）』五〇頁）

として、「善信」を「法然上人の教えを受けとるという姿勢」「阿難のような位置に自分を置くという意味を持った名前」であるとされ、それに対して「親鸞」は「仏滅後の仏弟子が仏の教えに相応するというその課題を名前にした」「法然上人が亡くなった後、浄土宗の学者として生きようとする名前」であるとされている。

しかし複数を同時に所有し、状況に応じて使い分けができるような実名に「重さ」があるとは筆者には到底思えない。

井上氏の言う「使い分け」に関しても、「法然上人の教えを受けとる」ことと「浄土宗の学者として生きる」ことの間に明確な線引きができるとも、また親鸞の中で実際にできていたとも思えない。

そもそもこれらのふたつの立場を使い分けるということが、文章の修辞としてならばともかく、現実に一人の人間の精神の内面において成り立つのであろうか。

親鸞は「信巻」に『涅槃経』「迦葉菩薩品」の文、

又言わく、信に復二種あり。一つには聞より生ず、二つには思より生ず。是の人の信心、聞よりして生じて思より生ぜざる、是の故に名づけて「信不具足」とす。

（『定親全』一、一二三頁）

を引いて、聞と思の分裂した不具足の信を戒めている。

筆者は、親鸞の内面において法然の弟子として師教を聞信することとその遺弟として師教に相応すべく思索することは一つのこと、むしろ不可分離の事柄であったのではないか、と考えざるを得ない。

親鸞は康元元年（一二五六年、八十四歳）十月から翌年正月にかけて『西方指南抄』六巻を、正元元年（一二五九年、八十七歳）九月には『選択集』延書本四巻をそれぞれ書写している。

井上氏の説に従えば、師法然の思想・行実・法語・伝記を未来に伝えんとするこれらの行動こそ、「是の如く我聞けり……」と釈尊遺教の伝承に務めた阿難のごとく、法然の弟子としての「善信」の名でなされるべき事柄であると筆者には思われるのであるが、実際にはこれらの書物の「奥書」にはすべて「愚禿親鸞」と記されている。『選択集』に関して言えば、法然に書写を許されたまさにその同じ年に、井上氏によれば「善信」と改名しているにもかかわらずに、である。

また、親鸞が「ぜんしん」と末尾に署名し、「ひたち（常陸）の人々の御中へ」宛てて自身の死後の「いまごぜ（今御前）のは、（母）」と「そくしやうばう（即生房）」の扶助を依頼した弘長二年（一二六二年・推定）十一月十二日付の「書簡」[20]が、いかなる意味において法然の教えを受けとる弟子としての阿難のごとき姿勢を示しているというのであろうか。

また、「愚禿釈善信八十三歳、之を書写す」[21]の「奥書」のもと、建長七年（一二五五年、八十三歳）四月に親鸞は隆寛の『一念多念分別事』を書写しているが、これが、たとえば同じ隆寛の『自力他力事』を寛元四年（一二四六年、七十四歳）三月に書写した際（「奥書」は「愚禿釈親鸞七十四歳」）[22]、あるいは隆寛とともに親鸞が「この世にとりてはよきひと〳〵」「すでに往生をもしておはしますひと〳〵」「法然聖人の御をしへを、よく〳〵御こゝろえたるひと〳〵」[23]と仰いだ聖覚の『唯信鈔』を「愚禿釈親鸞」「愚禿親鸞」の名で書写した際（寛喜二年・一二三〇年、五十八歳。文暦二年・一二三五年、六十三歳。他）と、姿勢的課題的にどう違うというのであろうか。

井上氏はこれらの実例をいったいどのように了解されているのであろうか。

以上、「後序」になぜ「親鸞」改名の記事がないのかという疑問を鍵に、前節以来井上円氏の「善信」改名説（「善信」実名説）を検討してきたが、他の親鸞著作の記述とも照らしてみた時、「善信」改名説を擁護しようとする氏の説は、論理の飛躍や根拠の示されない断定ばかりが目立つ、きわめて説得力の乏しいものとしか筆者には思えなかったのである。

註

（1）延塚知道『教行信証――その構造と核心――』（法藏館、二〇一三年）、七〇～七一頁参照。
（2）『真史集』七、三三〇頁上段～三三一頁上段参照。
（3）北西弘『昭和六十年度安居次講　反古裏考証』（真宗大谷派宗務所、一九八五年）、七八～八一頁参照。
（4）井上円「『名之字』考」九三頁。
（5）井上円「『名之字』考」九三頁。
（6）井上円「『名之字』考」九三頁。
（7）井上円「『名之字』考」九三頁。
（8）『日国辞』九、「しかるに」の項。
（9）『親真集』一、一一九～一二〇頁参照。
（10）『親真集』一、一九三頁参照。
（11）『親真集』二、六七一頁参照。
（12）『親真集』二、六七一～六七二頁参照。古田武彦氏はこれを公文書（上奏文）における平出（平頭抄出）の書式作法であるとされている。『古田武彦著作集（親鸞・思想研究編）二　親鸞思想』（明石書店、二〇〇三年）、五八五～五八六頁参照。

(13)『親真集』二、六七二頁参照。

(14) この「空白」の理由については、「本来平出の書式として改行すべきところ、『経二五年居諸一』が前行の終わりまで詰ったため、改行した上に数字分の空白をもって平出の意を示した」（小川貫弌氏）、「『皇帝』以下の文は、前行末までの上表文（承元年間、流罪中の親鸞が公に提出した奏状）とは別の時期に親鸞が書いた文書であり、それを示すために『空白』が置かれた」（古田氏）等、諸師の間で種々議論が交わされている。（『古田武彦著作集（親鸞・思想研究編）二　親鸞思想』五八六～五八七頁、五九一頁、六一一頁註(62)(64)参照）。しかし、筆者はこれを闕字ではないかと考えている。

「公式令」に拠れば「皇帝」は平出の対象であって闕字の対象ではないが、佐藤進一氏に拠れば「令の規定は必ずしも厳格に行われず、ことに後になると、公式令の規定にない文字でも闕字、平出にすることがあり、同じ文字があるいは闕字になり、あるいは平出になった」と言う。『新版　古文書学入門』（法政大学出版局、一九九七年）、一〇八頁。

「後序」において平出の形式が採られている「今上」は「公式令・平出条」では平出の対象と規定されてはいないし、同じ「後序」の、「公式令」では闕字の対象ではない「主上」の前にも約二文字分の「空白」がある（『親真集』二、六七二頁）ことから見て、この「空白」はやはり直後の「皇帝」に対する闕字と見るべきではないだろうか。

ちなみに「専修寺本」では「主上」の前が「空白」、「皇帝」は改行（『専修寺　本顕浄土真実教行証文類』下、七二七～七二八頁参照）。「西本願寺本」では「主上」「皇帝」いずれもが改行となっている（『『教行信証』の研究四　本願寺蔵顕浄土真実教行証文類　縮刷本下』、浄土真宗本願寺派宗務所、二〇一二年、九一七～九一八頁参照）。

(15) この点は井上氏も、改姓は流罪直後としながら赦免時に朝廷に奏請したとしている。『宗祖と越後』、一一〇～一一二頁参照。

(16) 平雅行『鎌倉仏教と専修念仏』（法藏館、二〇一七年）、二三八～二四二頁参照。

(17) 井上円『宗祖と越後』一一三頁参照。

(18) 本多弘之『親鸞思想の原点——目覚めの原理としての回向——』（法藏館、二〇〇八年）、九一～九三頁参照。

(19) 井上円『宗祖と越後』一六頁。
(20) 『定親全』三、書簡篇、三三~三四頁参照。
(21) 『定親全』六、写伝篇(2)、八〇頁。
(22) 『定親全』六、写伝篇(2)、八八頁。
(23) 『末灯鈔』第九通、『定親全』三、書簡篇、一〇七~一〇八頁。『御消息集』(広本)第三通。

第二章　「善信」史料の検討

第一節　親鸞著作に登場する「善信」

鶴見晃氏によって制作された「親鸞著作における撰号・奥書中署名の使用例」「親鸞著作の本文における自名の使用例」[1]によれば、親鸞著作にあらわれる「善信」の用例は以下の通りである。

（1）『親鸞聖人御消息集』（広本）第四通（京都府永福寺蔵）・『末灯鈔』第十九通に収められた建長四年（一二五二年、親鸞八十歳）と推定される宛先・日付不明の「書簡」の中に、「善信」の自称がある。（ただし、「書簡」末尾の署名は「親鸞」）

（2）建長七年（一二五五年、八十三歳）四月二十五日の親鸞書写本を底本としたとされる隆寛作『一念多念分別事』（大谷大学蔵端坊旧蔵本、他）の「奥書」に「愚禿釈善信」とある。

（3）康元元年（一二五六年、八十四歳）十月十四日書写の『西方指南抄』（以下、『指南抄』）中巻末（真蹟・専修寺蔵）に収められた『七箇条制誡』末尾の法然および二十二名の弟子の署名の中に「善信」と記されている。（ただし、中巻末の「奥書」は「愚禿親鸞」）

（4）滋賀県慈敬寺蔵『末灯鈔』第六通の文応元年（一二六〇年、八十八歳）十一月十三日付、乗信宛「書簡」の文中・文末署名に「善信」とある。

（5）常陸の門弟宛の遺言状と見られる弘長二年（一二六二年・推定）十一月十二日付「書簡」（真蹟・西本願寺蔵）の文中には「ぜん」（「善信」の「善」か?）、末尾には平仮名「ぜんしん」の署名がある。

またこれ以外にも、

（6）「行者宿報にて設い女犯すとも、我玉女の身と成りて犯せられん。一生の間能く荘厳して、臨終に引導して極楽に生ぜしめん」のいわゆる「行者宿報偈」を伝える真仏『経釈文聞書』（専修寺蔵）の「親鸞夢記」の文中に「善信」の名が登場する。

（7）文明五年（一四七三年）三月に蓮如が開版した文明版『正像末和讃』（「親鸞八十八歳御作」の記述あり）に「愚禿善信集」の撰号があり、所収の「皇太子聖徳奉讃」（十一首）にも撰号「愚禿善信作」がある。

（8）現大谷大学図書館蔵『諸法語集』所収の滋賀県蓮光寺旧蔵本『血脈文集』（以下、蓮光寺本）、上宮寺蔵『親鸞聖人御文』（第一通を欠く。以下、上宮寺本）、大谷大学蔵恵空写伝本『血脈文集』（以下、恵空本）に「釈善信」の記述があり、古田武彦氏は『親鸞思想――その史料批判――』（冨山房、一九七五年）において、「釈善信」を含む蓮光寺本の一連の記述、第五段の「〈右、此の真文を以て性信尋ね申す所に、早く彼の本尊を預かるなり。源空聖人、親鸞上人へ譲り奉る本尊銘文〉」の文に続く、

若我成仏　十方衆生　称我名号
下至十声　若不生者　不取正覚
彼仏今現　在成仏　当知本誓
重願不虚　衆生称念　必得往生
南無阿弥陀仏　　　釈善信

建暦二年壬申歳正月廿五日
黒谷法然上人御入滅 春秋八十
建保四子歳七月下元日　之を書き奉る
愚禿親鸞
（『古田武彦著作集（親鸞・思想研究編）二　親鸞思想』七六三頁）

の記述が、元久二年（一二〇五年）閏七月二十九日に法然がその真影に記した「銘文」および「名の字」と法然の命終記事を建保四年（一二一六年）七月二十一日に性信に付与したことを記した「親鸞自筆文書」の文面であるとしている。(2)

（9）建長七年（一二五五年、八十三歳）制作『皇太子聖徳奉讃』の表紙（断簡、真蹟・京都市光照寺蔵）には「釈善信」との袖書があるが、(3)藤島達朗氏に拠ればこれは「釈覚信」の改竄であるという。(4)

註

（1）鶴見晃「親鸞の名のり――『善信』房号説をめぐって――」表1、2、『教化研究』一四四、二九～三五頁参照。
（2）『古田武彦著作集（親鸞・思想研究編）二　親鸞思想』、三三一～三三四頁参照。
（3）『親真集』九、三三七頁。
（4）『親真集』九、三六九頁「解説」参照。

第二節　「房号」としての「善信」

以上、列挙した「善信」の用例が果たして「善信」実名説の根拠と言えるかどうか、以後検討を加えていくこととする。

まず（1）建長四年（推定）の「書簡」には、

　されば北の郡にさぶらひし善乗房は親をのり、善信をやう〳〵にそしりさふらひしかば、ちかづきむつまじく
　おもひさふらはで、ちかづけずそうらいき。（『末灯鈔』第十九通、『定親全』三、書簡篇、一一二頁）

とある。

この「書簡」は『御消息集』（広本）では鎌倉末期の写本である愛知県妙源寺蔵本にも現存し、室町中期の京都府永福寺蔵本では第四通に位置している。

また、この「書簡」を第十九通に収める『末灯鈔』は、正慶二年（一三三三年、親鸞没後七十二年）に覚如の二男従覚によって編集されたが、その最古の写本は覚如の弟子乗専による康永三年（一三四四年、没後八十三年）書写の本巻（滋賀県慈敬寺蔵本、第一通から第十三通まで）、康永元年（一三四二年、没後八十一年）書写の末巻（大阪府願得寺蔵本）があり、第十九通は末巻に位置している。

そして問題の「善信を……」であるが、筆者はこれを呼称（つまり房号）としての「善信」の使用例を示すものであると考える。

つまり「善信をようよう（様々）にそし（謗）」るとは、「善乗房」（『御消息集』（広本）第四通では「善証坊[1]」）が実際に「善信（房）は……」と親鸞を名指しで種々誹謗した事実、もしくはそれを伝えた「書簡」の記述等を承けてのものと思われるからである。

「実名敬避俗」が常識である当時、善乗房（善証坊）も「親鸞」と実名で呼ぶことを避けたであろうし、実際の現場では実名で呼んだとしても、それを親鸞に伝えた門弟は当然「親鸞」を避けて房号「善信」の呼称を用いたは

ずである。

同様の事例が、師法然の「書簡」にも見受けられる。

「かまくら（鎌倉）の二品比丘尼」（北条政子）宛の「返書」（『指南抄』中巻末所収）の中で、

まづ念仏を信ぜざる人々の申し候なる事、くまがへの入道・つのとの三郎は無智のものなればこそ、余行をせさせず念仏ばかりおば、法然房はす丶めたれと申し候なる事、きわめたるひがごとにて候也。

（『定親全』五、転録篇、一九八頁）

として法然は自らを「法然房」と呼んでいるが、これは当然北条政子が書状で伝えてきた「法然房が専ら念仏を勧めるのは無智の者を対象とした方便に過ぎない」という「念仏を信ぜざる人々」の「ひがごと（僻言）」を承けての記述であろう。

次に（3）『指南抄』中の「善信」である。

『指南抄』中巻末には元久元年（一二〇四年）、比叡山に提出された『七箇条制誡』が収められ、その末尾には、

元久元年十一月七日　沙門源空

信空　感聖　尊西　証空
源智　行西　聖蓮　見仏
導亘　導西　寂西　宗慶
西縁　信蓮　幸西　住蓮
西意　仏心　源蓮　蓮生
善信　行空　　　　已上

已上二百余人、連署了りぬ。

（傍点筆者、『定親全』五、転録篇、一七〇～一七一頁）

と、法然および二十二名の弟子の名が載せられ、親鸞はここで自らを「善信」と記している。

二尊院蔵の「原本」に拠れば、元久元年当時、親鸞は翌十一月八日、八十七番目に「僧綽空」[2]と当時の実名で署名している。ちなみに『指南抄』中巻末の奥書には「康元元年丙辰十月十四日／愚禿親鸞八十四歳、之を書写す」[3]と、康元元年（一二五六年）、『指南抄』書写時点の実名「親鸞」が記されている。

親鸞は「僧綽空」をここであえて「善信」と改めているわけであるが、これはいかなる理由によるものであろうか。

「善信」改名説を唱える井上円氏はこの記述を「正に『綽空』の字を改めて『善信』と記したことがわかる唯一の使用例」[4]、つまり「善信」が実名である証拠だとしている。

しかし、それならば親鸞はなぜ翌元久二年（一二〇五年）以降の実名——つまり、『七箇条制誡』署名の時点では用いていなかった——「善信」を記したのであろうか。

また氏は「『善信』と名告った後は、それ以前の『綽空』も、あるいは『範宴』も、直せるだけのものはすべて自ら『善信』と改めて行ったと領解すべき」[5]とされているが、『指南抄』以外の例は示されておらず、「善信」に書き換えなければならない必然性も判然としない（前章第五節参照）。

『七箇条制誡』署名当時の原初性を保つのであれば「綽空」と書くべきであろうし、本文と「奥書」との統一性、あるいは実名を記した「源空」「信空」等の署名との統一性を考えるならば、「善信」ではなく実名「親鸞」と書いた方が妥当であるにもかかわらず、親鸞はここでは「善信」と記しているのである。

筆者は、この『七箇条制誡』の「善信」の署名が、むしろ「善信」が吉水期以来の房号であることを反証するものであると考える。

『指南抄』親鸞真蹟本は、康元元年（一二五六年）から書写が進められ、翌康元二年正月二日に六巻全ての書写・校合が終了するが、直後より高弟真仏による書写が進められ、書写後は真蹟本が真仏に、書写本は覚信に授与され、親鸞自筆本、真仏書写本、いずれも現在まで専修寺に伝来している。(6)

このことから見て、『指南抄』は、その書写・執筆の途上から高田門徒への付嘱を意図して制作されていたことが想像できる。

吉水期の「善信」と流罪（赦免）以降の「親鸞」を併記する『歎異抄』の例から見ても、当時、関東教団内においては、「善信」と「親鸞」が同一人物であることは周知の事実であった。彼らの間には「善信」イコール「親鸞」という共通理解（つまり「善信房親鸞」）があったことが知られる。

しかし、これに対して、「綽空」イコール「親鸞」であるとする共通理解が――『教行信証』の付嘱を受けた性信・蓮位・専信・真仏らの一部の高弟を除いて――彼らにあったとは考え難いのではないだろうか。

そういった事情からすれば、署名当時の、それも吉水時代の一時期にのみ名のった実名「綽空」を記しても読者――直接には『指南抄』を託した真仏・覚信ら高田門徒――には誰のことなのかが伝わらない。

ましてや『七箇条制誡』に署名した当時の実名が、「親鸞」であるはずもない。

それゆえ当時（三十二歳）に既に用い、現在（八十四歳）も使用している連続性のある房号「善信」をあえて記載したのではないかと、筆者は推測するのである。

これに対して井上氏は、

この［筆者注・『七箇条制誡』に］署名をした門下の中に、法然上人を初めとして房号で署名したものが一人でもいるのであろうか。もし房号で署名した者がいたとすれば、その人は署名という責任的行為自体を知らないのである。しかもこれは、比叡山の大衆の批難と怒号を鎮めるために起草された「七箇条起請文」である。それでもなお「善信」という房号を使ったと主張するのならば、その署名の厳しさと重さを推測できないのである。

（井上円「『名之字』考」九一〜九二頁）

と批判された。

「署名はすべて実名でなされている」という氏の主張が事実誤認に他ならないことは前章で述べた。

また、「房号で署名したと主張する者は署名の厳しさと重さを推測できない」という批判も、筆者には、二つの『七箇条制誡』（元久元年の二尊院蔵「原本」と康元元年の専修寺蔵真蹟『指南抄』所収の写本）の「文書」としての性格を——それもおそらくは意図的に——混同したものとしか思えない。

つまり、元久元年の「原本」は、「比叡山の大衆の批難と怒号を鎮めるために起草された」公文書であるが、康元元年の『指南抄』所収写本は師法然の行実・思想を伝えるべく制作された『指南抄』の中の一史料、つまり伝記史料であり、不完全な「写し」である。

筆者があえて「不完全」という表現を採ったのには二つの理由がある。

一つには、門弟の名が親鸞を含む二十二名しか記されていないことである。

法然門下の最長老法蓮房信空から始まり十九人目の源蓮までを「原本」の通りに記し、「原本」では八十九番目の法力房蓮生、親鸞（善信）、四十番目の法本房行空の三名が続いている。「蓮生」以下三名の名を記するにあたっては親鸞の何らかの意図があったことが想像される。

この結果、門下の主要な弟子である善恵房証空、勢観房源智、承元の法難で死罪となった善綽房西意、流罪を宣告された成覚房幸西、行空の名は載っているものの、死罪となった安楽房遵西（三十番目）、流罪となった禅光房澄西（四十七番目）、法然に同道して讃岐まで赴いたと言われる覚明房長西（百四番目）らの名は記されていない。

なぜ親鸞は二十二名しか記さなかったのか、いかなる基準に基づいて自分以外の二十一名を選んだのかについて実際のところは不明である。しかし、筆者は親鸞が見た底本の影響があったのではないかと考えている。

親鸞は「原本」を直接写したのではなく、入手したとある写本（あるいは親鸞自らがそれを写して所持していた再写本）を底本として、真蹟本作成時にそれを写して中巻末の冒頭に収めたと思われるからである。

ちなみに専修寺蔵『指南抄』親鸞真蹟本には、親鸞自身の編集によるものとする「親鸞編集説」と、真蹟本書写以前に別人が編集したものを康元元年冬から翌年正月二日にかけて親鸞が書写したとする「転写説」があり、「転写説」の場合、別人の編集した原『指南抄』が「親鸞が入手した写本」に該当する。

二尊院蔵「原本」と真蹟『指南抄』所収本の本文を比較すると、まず冒頭の一文が「原本」では、

一、未だ一句文をも窺わず、真言・止観を破し奉り、余の仏菩薩を謗することを停止《ちょうじ》す可き事。
普く予が門人と号する念仏の上人等に告ぐ。

（普告号予門人念仏上人等
一　可停止未窺一句文奉破真言止観謗余仏菩薩事）　（『昭法全』七八七頁。「原本」には訓点無し）

とあるのに対して所収本では、

一、普く予が門人念仏上人等に告げたまわく。
未だ一句の文を窺わず、真言・止観を破し、余仏・菩薩を謗し奉ることを停止す可き事。
（一、普告《あまねくつげたまはく》二于《に》予門人《わがもんにん》念仏上人等《とう》一。

可《べき》下下停止《ちょうじす》未《いまだ》ず三窺《うかゞは》二一句文《の》一《を》奉《たてまつることをはし》中中破二真言止観《を》一謗《ぼうしよ》中余仏《ぶち》・菩《ぼ》薩《さちをこと》上事。）

（『定親全』五、転録篇、一六五頁。以上、傍点筆者）

となっているのに始まり、「既除」が「免除」、「恣」が「恐」、「寧」が「輩」となるなど多くの字の変化や脱落が見られる。とりわけ第三条では、「原本」の「稱（称）」が「備」に、「whose」が「喧」に変わり、「只各勤自行」の「只」「自行」、および「何背此制哉」の後の「加之善導和尚大呵之、未知祖師之誡、愚闇之弥甚也」の二十一文字がそのまま脱落している。(7)

そして、「原本」では文末の署名が百九十人であるのに対して、『指南抄』では二十二名の名を連ねた後「已上二百余人連署了」と結んでいる。「原本」の署名には通し番号が振ってあるが、十一月八日（署名二日目）の最初（八十一番目）の「僧尊蓮」に誤って「八十」と振ってあるので、通し番号を信頼した場合には「百八十九人」ということになる。

この「已上二百余人連署了」の記述は親鸞が見た底本に基づいたものだと考えられるし、二十二名（もしくは「蓮生」「善信」「行空」を除いた十九名）の署名もおそらくはそれに影響されてのことであると思われる。(8)

ちなみに『七箇条制誡』の署名者数は『行状絵図』巻三十一では「宿老たるともがら八十余人をゑらびて連署せしめ」(9)とあり、『法然上人伝記』巻五上では「門人五十七人の連署をとりて」(10)「署判の門人七十五人〈之を略す〉」(11)となっている。

『指南抄』所収の『七箇条制誡』は原本を直接写したものではなく、親鸞が入手した写本を底本としたものであること、これが筆者が『指南抄』所収本を「不完全な写し」とする第二の理由である。

つまり『指南抄』所収本は五十年余の歳月と最低二回（一回は親鸞）以上の書写を経た、既に『起請文』としての性格を喪失した伝記史料であり、伝記編纂者の裁量による読者の便宜のための変更は当然許されるべきものであると筆者は考えるのである。

ここで視点を変えて、『指南抄』書写・執筆当時の親鸞および門弟の状況を振り返ってみる。

親鸞真蹟本『指南抄』各巻の奥書に拠れば、親鸞は康元元年（一二五六年）十月十三日に上巻末を書き終え、翌康元二年正月一日まで校合を続けている。十月十四日に中巻末、十月三十日に下巻本、十一月八日に下巻末、翌年正月二日に上巻本を書き上げ、同日、中巻本の校合を終了したとされている。

一方、愛知県東泉寺蔵『三河念仏相承日記』に拠れば十月中旬、真仏・顕智・専信らは上洛の途上にあり、十三日、三河国薬師寺の念仏興行に会し(12)、その後上洛。十月二十五日に親鸞は「八字名号」「十字名号」を書き讃を加えており（現在いずれも専修寺に伝来）、おそらくこの頃には一行は上洛を果たしていたと思われる。

真蹟本全六巻の書写校合が終わった康元二年正月二日以降、真仏による書写が進められ、専修寺蔵真仏書写本の奥書に拠れば、二月五日に下巻本の書写が終わり、以後各巻が写され、三月二十日、中巻末の書写終了の頃まで作業が続けられた。

真仏はその後しばらく京都に滞在した後、関東に帰り、翌正嘉二年（一二五八年）三月に亡くなっている。

『影印高田古典』第六巻の「解説」に拠れば、親鸞真蹟本を真仏が写した後に真蹟本の本文が変更され、それらの変更が真仏書写本に反映された箇所がいくつかあるという。真仏は真蹟本を機械的に写したわけではなく、親鸞と言葉を交わしながら、時には意見を述べながら書写作業を続け、結果、真蹟本にそれらが反映されたと見ることができるとされている(13)。

『七箇条制誡』を収めた中巻末は真仏らの上洛以前の康元元年十月十四日に書き上げられており、真蹟本の該当箇所にも校正の跡は見られない。

しかし、真仏らの上洛の報は当然書写・執筆中の親鸞にも届いていたはずであるし、読者としての彼らを念頭に置きながらの作業であったと思われる。真仏も書写の過程で見た「善信」の署名に納得したからこそ異を唱えなかったと見ることができる。親鸞が吉水時代の「信心一異の諍論」を唯円ら門弟に伝えた際にも同様の配慮が働いた可能性があることは既に述べた。

続いて（6）真仏『経釈文聞書』（専修寺蔵）中の「親鸞夢記」、

親鸞夢記に云わく

六角堂の救世大菩薩、顔容端政の僧形を示現して、白き衲の御袈裟を服著せしめて、広大の白蓮に端座して、善信に告命して言わく。

行者宿報にて設い女犯すとも
我玉女の身と成りて犯せられん
一生の間能く荘厳して
臨終に引導して極楽に生ぜしめん　文

救世菩薩此の文を誦して言わく。此の文は吾が誓願なり。一切群生に説き聞かす可しと告命したまえり。斯の告命に因て、数千万の有情に之を聞かしむと覚えて夢悟め了りぬ。（『定親全』四、言行篇(2)、二〇一～二〇二頁）

の文中にある「六角堂の救世大菩薩、……善信に告命して言わく」の記述であるが、筆者はこれに関して二通りの見方が成り立つと考える。

第一は、建仁元年（一二〇一年）、六角堂の救世観音が実際に親鸞に、当時の慣習に従って房号で「善信よ」と呼びかけて「行者宿報偈」を授け、「吾が誓願として宣説せよ」と命じた当時の夢の情景そのものを伝えていると見る見方である。

第二は、「善信に告命して言わく」はあくまで情景描写であって、夢の中で救世観音が実際に「善信よ」と呼びかけたのではないと見る見方である。

この場合、建仁元年当時の実名は当然「親鸞」ではない（おそらくは「範宴」か？）が、ではなぜ「範宴に告命して」と描写しなかったかと言えば、これも『指南抄』書写時と同様の配慮が親鸞に働いたものと筆者は考える。

平松令三氏に拠れば、「親鸞夢記」文中に親鸞が建長七年（一二五五年、八十三歳）以降、「衆生」から改めて用いた「有情」の語が使用されていること、「善」の字の字体が「菩」と似た「後期筆跡」であることなどから見て親鸞が原本を書いたのは、建長七、八年（八十三、四歳）頃であるとされている。(14)

そして、真仏がこれを書写した時期であるが、真仏の『経釈文聞書』は、冒頭の『蓮華面経』『法事讃』の文から善鸞事件に関連して建長七年（一二五五年）以降に書き始められたと考えられること。(15)

専修寺には、これも真仏が書写した「六角堂夢想偈文」（断簡）(16)が伝来しているが、「六角堂夢想偈文」はもとは親鸞真蹟「浄肉文」（専修寺蔵）の紙背にあり、「浄肉文」の現状から見て、真仏が紙の裏面右端から四句二行分の「偈文」を書いた後、親鸞が別の紙の表右端から「浄肉文」十一行分を記した後、最後の二行分を背裏に「偈文」の書かれた紙を貼り足して書いていること。(17)

近年親鸞真蹟と認められた「『観世音菩薩往生浄土本縁経』要文」（断簡）、

　経に言わく。若し重き業障有て浄土に生まるる因無からんものは、弥陀の願力に乗じぬれば、必ず安楽国に生ず。

又言わく。若し人多くの罪を造れば、地獄の中に堕《お》つ応し。纔《わずか》に弥陀の名《みな》を聞けば、猛火清涼と為《な》る、と。

と同じ文が『経釈文聞書』では「親鸞夢記」の文に続いて記されていること。(18)

そして真仏が正嘉二年（一二五八年）三月八日に親鸞に先立って亡くなっていることなどから見て、筆者は建長七年から正嘉二年までの間で親鸞と真仏が同じ場所に居た時期、すなわち先に挙げた、康元元年（一二五六年）十月下旬に真仏が顕智・専信らと上洛し、親鸞のもとで『指南抄』『如来二種回向文』等を書写した翌正嘉元年閏三月下旬頃までの間のいつかであろうと考える。

このように「夢記」の執筆、および書写と実際の「夢告」との間には約五十年以上の時差があり、「夢告」当時の実名「範宴」では書写者真仏を始め今後「夢記」を目にする者に誰であるのか明らかではない。このため『指南抄』書写の際と同様に房号「善信」を用いて、「善信に告命して」と記したとも考えられる。

実際の夢中の情景が第一、第二のいずれであったとしても、「善信」は「夢告」当時からの房号であったと考えられるのである。

ちなみに「善信」改名説論者は、この六角堂での「夢告」が元久二年（一二〇五年）の「善信」への改名の契機であるとしている。

しかし、これに対しても筆者はいくつかの疑問を覚えずにはいられない。

親鸞はなぜ建仁元年の「夢告」の直後ではなく、四年も経過した後に改名したのであろうか。

救世観音の「夢告」が法然の「ただ念仏」の教説、つまりは破戒（女犯）を往生の障碍としない仏道を「善く信ぜよ」と命じたものであるならば、吉水に百日間通って法然が「たゞ、ごせ（後世）の事は、よ（善）き人にもあ（悪）しきにもおな（同）じやうにしやうじ（生死）い（出）づべきみち（道）をば、ただ一すぢ（筋）におほ

（仰）せられ[19]」るのを見、その教言を「うけ給はりさだ（定）めて[20]」、人が法然をさまざまに批難する時も「しやうにん（上人）のわたらせ給はんところ（処）には、人はいか（如何）にも申せ、たとひあくだう（悪道）にわたらせ給べしと申とも、せゝしやうじやう（世々生々）にもまよ（迷）ひければこそありけめとまで思まいらするみ（身）なれば[21]」と語った吉水入門のその時に改名するのではないだろうか。

また、「行者宿報にて設い女犯すとも……臨終に引導して極楽に生ぜしめん」の偈文を「女犯偈」、すなわち女犯・妻帯の認可と取るならば、妻帯を決意した際に改名するならばともかく、なぜ選択付嘱・真影図画という、いわば付法相伝の折に改名しなければならないのであろうか。

これらの疑問に対して「善信」改名説は必ずしも明快な回答を示してはいないのである。

（4）の『末灯鈔』（第六通）に収められた文応元年（一二六〇年）十一月十三日付乗信宛「書簡」は、文中に「善信が身には……」とあり、末尾には、

文応元年十一月十三日　　善信八十八歳

乗信御房

（『定親全』三、書簡篇、七六頁）

として「善信」の署名がある。

親鸞はこの「書簡」に、

故法然聖人は「浄土宗のひとは愚者になりて往生す」と候しことを、たしかにうけたまはり候いしうへに、ものもおぼえぬあさましき人々のまいりたるを御覧じては、往生必定すべしとて、えませたまひしをみまいらせ候き。ふみさたして、さか〳〵しきひとのまいりたるをば、往生はいかゞあらんずらんと、たしかにうけたまはりき。いまにいたるまで、おもひあはせられ候なり。

（『定親全』三、書簡篇、七五～七六頁）

という吉水時代の法然とのエピソードを紹介しており、このことから、正嘉の大飢饉によって「こぞ・ことし、老少男女おほくのひと〴〵のしにあひて候らんこと」(22)を目にした親鸞が、法然の教化を憶念して当時の実名であった「善信」をあえて用いたとする見解(23)がある。

この「書簡」において親鸞は確かに吉水時代のエピソードを回想してはいるものの、「善信」の名で語るその内容は、

まづ善信が身には、臨終の善悪をばまふさず、信心決定のひとは、うたがひなければ正定聚に住することにて候なり。さればこそ愚痴無智のひとも、おはりもめでたく候へ。如来の御はからひにて往生するよし、ひと〴〵まふされ候ける、すこしもたがわず候なり。としごろ、をの〳〵にまふし候いしこと、たがはずこそ候へ。

（『定親全』三、書簡篇、七五頁）

とあるように、むしろ親鸞独自の思想である「現生正定聚」の主張になっている。

この点、法然にも、

故上人のの給はく、われらはこれ烏帽子もきざるおとこ也。十悪の法然房が念仏して往生せんといひてゐたる也。又愚痴の法然房が念仏して往生せんといふ也。安房の助といふ一文不通の陰陽師が申す念仏と、源空が念仏とまたくかはりめなしと。

（『和語灯録』巻五、『真聖全』四、六七七～六七八頁）

と、「法然」の房号をもって自らの信念を語った例があるし、親鸞が法然在世の往時を回想して「善信」を用いたとしても、「善信」は吉水期もしくはそれ以前からの房号と考えられるので、この記述が「善信」が当時の実名であったとする根拠とはなり得ないと思われる。

ただ、この「書簡」以外にも親鸞は多くの聖教・書簡で法然の法語やエピソードを紹介しているにもかかわらず、

なぜこの「書簡」に限って「善信」の房号を用いたのであろうか。

これについて筆者は次のように考える。

親鸞はこの「書簡」において「善信」の名で「現生正定聚」の信念を語っているが、その背景には乗信が伝えた当時の東国の状況があったと思われる。

前に引いた「現生正定聚」の一文に続いて親鸞は続ける。

かまへて、学生沙汰せさせたまひ候はで、往生をとげさせたまひ候べし。（『定親全』三、書簡篇、七五頁）

この文に続いて親鸞は、前掲の吉水時代のエピソードを挙げ、さらには、

ひと〴〵にすかされさせたまはで、御信心たぢろかせたまはずして、おの〳〵御往生候べきなり。たゞし、ひとにすかされたまひ候はずとも、信心のさだまらぬひとは、正定聚に住したまはずして、うかれたまひたるひとなり。（『定親全』三、書簡篇、七六頁）

と述べ、最後に、

乗信房にかやうにまふしさふらふやうを、ひと〴〵にもまふされ候べし。あなかしこ〳〵。（『定親全』三、書簡篇、七六頁）

と記してこの「書簡」を終わっていく。

これらの記述から、正嘉の大飢饉によって多くの人々が亡くなっていった世情を背景として、当時の東国では、臨終の善し悪しに関連した「学生沙汰」、「さかさかしき」「ふみざた（文沙汰）」が流行していたことが窺われる。

これに対して親鸞は吉水時代の法然の言動を根拠として、「学生沙汰」に陥ってはならない、とまず乗信自身の信の動揺《たじろぎ》を戒め、事態への対応として自分の言葉を広く同朋に伝えるよう指示したのである。

この「書簡」に先立つ乗信からの書簡には当然「学生沙汰」の内容が記されていたであろうし、そこには「善信（房）の教えは……」といった「善信」の呼称で親鸞を名指しで批難した文言も記されていたのではないだろうか。乗信からの書簡に実名「親鸞」ではなく房号の「善信」が用いられていたであろうとする推論の根拠は、（1）建長四年（推定）の「書簡」を考察した際に既に述べた。

この批判に対する回答として親鸞は「まず善信が身には」と「善信」の房号を用いたのではないか、と筆者は考えるのである。

東国での「学生沙汰」の詳細な内容については知り得るべくもないが、無住『沙石集』巻一には「浄土門の人の神明を軽んじて罰を蒙る事」の一段があり、鎮西の「浄土宗の学生の俗」であった地頭が所領内の検地の際に発見した神田（神社の用に立てる不輸祖田）の中の余田（台帳面積より余分の田）を取り上げ、社僧神官らの「返還しなければ呪詛する」との要求にも「自分は呪詛など恐れない。浄土門の行人である自分に神明が罰を与えるはずはない」と応じなかったが、最期には無惨に病死し、その母、息子も相次いで亡くなったという話[24]や、ある念仏者の「法華経を読むのは雑行であり、必ず地獄に落ちる」との教えによって読経を捨てた北国の「千部の経を読みたる持経者」が病魔に侵され、最期は唇・舌を食いちぎって狂死した話[25]などを載せて、専修念仏者の臨終の悪相を伝えている。

無住はこの一段において、

凡そ念仏宗は、濁世相応の要門、凡夫出離の直路なり。実に目出度き宗なる程に、余行余善を撰み、自余の仏菩薩神明までも軽しめ、諸大乗の法門をも謗ずる事あり。此の俗諸行往生を許さぬ流《ながれ》にて、事の外に心えずして、余の仏菩薩をも軽しめける人なり。

（『日本古典文学大系85　沙石集』八四～八五頁）

又、中比《なかごろ》、都に念仏門流布して、悪人の往生すべきよしいひたてゝ、戒をもたもち、経をも読む人は、往生すまじき様を、曼荼羅に図して、貴げなる僧の経を読みて居たるには、光明さゝずして、殺生するものに、摂取の光明さし給へるやうを書きて、世間にもて遊びける比《ころ》、南都より公家へ奏状を奉る事ありけり。其の状の中に云く、「彼の地獄の絵を見る者は、悪を作りし事を悔ひ、此の曼荼羅を拝する者は、善を修せし事を悲む」といひけり。

（傍点筆者、『日本古典文学大系85　沙石集』八七～八八頁）

と述べ、「諸行往生を許さぬ流」である法然門下の専修念仏者の造悪無碍の所業を挙げ、「摂取不捨の曼陀羅」を問責する『興福寺奏状』の提出にも言及している。

無住はまた『観無量寿経』（以下、『観経』）の三福の文（取意）、『大無量寿経』（以下、『大経』）の第十九修諸功徳・来迎引接の願、第二十植諸徳本・係念定生の願、善導『般舟讃』の「万行倶に回すれば皆往くことを得」、『観無量寿経疏』（以下、『観経疏』）「散善義」の「回向して生ずることを得可しと雖も衆《すべ》て疎雑の行と名づく」の文を挙げ、余行も回向すれば往生可能であると述べる(26)という、まさしく「学生沙汰」「さかさかしき」「文沙汰」をも行っている。

以上のように、乗信宛「書簡」の文面とその背景を忠実にたどれば、吉水時代のエピソードは、正嘉の大飢饉を背景として生じた批判に対して専修念仏者が採るべき態度――「学生沙汰」に耳を貸すことなく、「たゞ念仏して弥陀にたすけられまひらすべしと、よきひとのおほせをかふりて信(27)」（『歎異抄』第二章）じて「愚者になりて往生す」べし――の根拠として挙げられていることが知られる。

正嘉の大飢饉の衝撃が「善信」の実名を用いさせたとする論理は短絡的かつ皮相的過ぎると言わざるを得ない。ただし筆者も正嘉の大飢饉等の災害が親鸞の思想に何らの衝撃・影響を与えなかったとは考えていない。あくまで「善信の名のりに関しては……」であり、二種回向・現生正定聚（便同弥勒・如来等同）といった思想に対してはむしろ大きな影響を及ぼしたと考えている。

いささか本論の趣旨からは外れるものの、飢饉や疫病によって多くの人々が非業の死を遂げた状況下で「臨終に悪相を現じて死んでいったお前の家族・知人は往生など出来ていない。法然・親鸞の教えなんぞを信じたばかりに」といった専修念仏批判が、遺族・友人をどれほど精神的に残酷に追い詰めたであろうか。

これに対して親鸞は、

たゞし生死無常のことはり、くはしく如来のときをかせおはしましてさふらふうへは、おどろきおぼしめすべからずさふらふ。

（『定親全』三、書簡篇、七四〜七五頁）

と、釈尊の教説にある通り生死は無常であるから、誰もが必ずしも臨終正念の相を取れるわけではない。むしろこのような世情であるからこそ、臨終の相を問題とするのではなく、法然興隆の本願念仏の信心を平生に決定せよ、と勧め続けたのである。

井上尚美氏は、この『末灯鈔』第六通を挙げ、「それが語られた文脈を考慮するなら、往生に関しては臨終のあり方を問題にせず、生きている間に信心決定して正定聚に住することが何より大事だという親鸞の言葉は、大災害によって家族や知人を失い悲嘆にくれる人びとに、自信と希望を与える働きをもつ慈悲の表現であったことが分かる」と述べているが、(28) この点は筆者も同感である。

次に末尾の「善信八十八歳」の署名についても若干言及しておく。

この乗信宛「書簡」は、『末灯鈔』の最古の写本である滋賀県慈敬寺蔵の康永三年（一三四四年）、乗専書写本（本巻）に収められ、その末尾には、この御消息の正本は坂東下野国おほうちの庄高田にこれあるなりと云々。

（『定親全』三、書簡篇、七六頁）

との追記がある。しかし、この「書簡」の親鸞真蹟は現在伝わっていない。

多屋頼俊氏によれば、この乗信宛「書簡」は室町中期の写本と推定される愛知県浄光寺蔵『親鸞聖人御消息』（以下、浄光寺本『御消息』、全二十通）の第九通にも収められているが、『末灯鈔』では日付が「文応元年十一月十三日」であるのに対して浄光寺本『御消息』では「十一月十六日／文応元年十一月十六日」、宛名が「乗信の御房」、署名が「親鸞／善信八十八歳」と親鸞・善信が併記されているという(29)。

また、専修寺第十四世堯秀が親鸞および専修寺歴代の消息を集めて明暦三年（一六五七年）九月に『御書』四冊、寛文元年（一六六一年）に『報恩講御書』一冊の計五冊（親鸞消息二十六通を掲載）を刊行しており、富山県法雲寺には親鸞および専修寺第十世真慧、その養子真智、その子真空らの消息計十六通を集めた『御書』（ただし江戸期の写本）が存在した。いずれもこの乗信宛「書簡」を含んでいるものの、「書簡」の日付は「文応元年十一月十三日」となっているとされる(30)。

この浄光寺本『御消息』と『末灯鈔』を含む専修寺系諸本の日付の相違について多屋氏は、

十三日か十六日かお決定すべき資料が無いが、写本の場合、「六」を「三」に見誤つていることわあるが、その逆の例わ知らない。龍谷大学本［筆者注・龍谷大学所蔵の『末灯鈔（異本）』と題された室町末期の写本、浄光寺本『御消息』本巻と同内容］も「十六日」とある。「十六日」の方が正しいのかもしれない。

（傍点筆者、『親鸞聖人全消息序説』真宗大谷派宗務所、一九七四年、七四〜七五頁）

とされている。

『親鸞聖人門侶交名牒』に拠れば、乗信は常陸国奥郡の在住で即信、性観、得善、性証、誓念、覚念、明教らを門弟としていたことが知られる。[31]

おそらく乗信は「乗信房にかようにもうしそうろうようを、ひとびとにもうされ候うべし」との親鸞の指示に従って、この「書簡」を即信らの前で音読し披露したであろうし、同じくこの問題への対応に苦慮する東国の各道場にこれを回覧し、各道場において書写もなされたであろう。

ただし、親鸞直筆の「書簡」は乗信の手元に残されたのではないだろうか。

正嘉二年（一二五八年、親鸞八十六歳）と推定される十月十日付の慶信上書への返信に付された十月二十九日付の「蓮位添状」には、次のような一文がある。

この御ふみのやう、くわしくまふしあげて候。すべてこの御ふみのやう、たがわず候とおほせ候也。ただし、一念するに往生さだまりて、誓願不思議とこゝろえ候とおほせ候。おぞよきやうには候へども、一念にとゞまるところあしく候とて、御ふみのそばに御自筆をもて、あしく候よしをいれさせおはしまして候。蓮位にかくいれよとおほせをかふりて候へども、御自筆はつよき証拠におぼしめされ候ぬとおぼえ候あひだ、おりふし御がいびやう（咳病）にて御わづらひにわたらせたまひ候へども、まふして候也。

（『真蹟書簡』第四通、『定親全』三、書簡篇、一七頁）

蓮位は、当初親鸞から「このように訂正せよ」と命じられたが、「親鸞直筆の修正を慶信は、自分の領解が親鸞から認められたことの『つよき証拠』――この上ない『あかし』[32]と考えるであろう」と思い、そう進言した結果、親鸞自らが加筆・訂正を施すこととなったと記している。

また、善鸞事件の際に善鸞の支持者と思われる哀愍房は、親鸞から「ふみ」を貰ったと喧伝し、親鸞面授の弟子であると詐称した。[33]

これらのことから知られるように、親鸞直筆の書簡は、門弟各人にとって自身の信心・領解の正当性の「証明のよりどころ」(34)であり、対外的には親鸞面授の確かな証拠であり、何より道場において拝読される「聖教」でもあった。それゆえこの「書簡」が各道場へ回覧された際にも、あくまで原本（親鸞直筆）は乗信の手元に残されたと考えられる。

これらの点から見て、『末灯鈔』第六通が底本とした「下野国おほうちの庄高田」（専修寺）の「正本」が親鸞真蹟ではなかった可能性は高く、この『末灯鈔』第六通が原本（親鸞真蹟）の記述を必ずしも忠実に伝えていない可能性があることを指摘しておかなければならない。

また、ここからは筆者の想像になるが、仮に多屋氏が指摘されたように日付が「文応元年十一月十六日」とある浄光寺本の記述が、「十三日」とある『末灯鈔』の記述よりも古態を伝えているとすれば、浄光寺本の署名「親鸞／善信八十八歳」の親鸞・善信の併記は、書写流伝の過程で文中の「善信」が親鸞の房号であることを示すための注記として通常の署名である「親鸞」に「善信」が添えられ、さらなる流伝の過程で、「親鸞」が逆に欠落し、高田の「正本」には「善信」のみが残る結果となった、という可能性もまた想定し得るのではなかろうか。

（5）の弘長二年（一二六二年）十一月十二日、親鸞死去の十六日前に書かれた「書簡」の「ぜんしん」について平松令三氏は、筆蹟が大きく乱れており、臨終直前の親鸞の衰弱、若干の意識の混濁によって、本来「親鸞」と実名で書くべきところを房号で記したと推測されている。(35)

この「書簡」は、西本願寺に真蹟が伝わっているが、事実最後尾の八行ほどは行の配列も大きく乱れており、死を覚悟せざるを得なかった親鸞の病状が察せられる。

註

（1）愛知県妙源寺蔵『御消息集』には「せんしょうほう」とある。『真宗聖典』（東本願寺出版部、一九七八年）、「解説」一〇一九頁、「校注」一〇八〇頁上段参照。
（2）『昭法全』、七九二頁。
（3）『定親全』五、転録篇、二一八頁。
（4）井上円「『名之字』考」九一頁。
（5）井上円「『名之字』考」九二頁。
（6）近年の『指南抄』解体修理によって、表紙外題「西方指南抄」と授与先の門弟名「釈正証」を示す断簡を始め、「釈覚信」、「正嘉二歳戊午十一月日」、「信一念行一念事」、宝永五年修理目録の計五点の紙片が発見されたという。これらの新出史料が何を示すのかは今後の研究成果を待ちたい。
（7）中野正明『増補改訂　法然遺文の基礎的研究』（法藏館、二〇一〇年）、三五三～三六四頁参照。
（8）中野正明氏は、二尊院蔵『七箇条制誡』最後尾の「向西」の署名（百九十番目）の後に全く余白がなく、あと一紙ほど存したものが紙の継目から欠落してここが最後尾となり、もとは二百余名の署名があった可能性を指摘されている。（『増補改訂　法然遺文の基礎的研究』四〇〇頁参照）ただし中野氏は「別人編集の原『指南抄』は仁治二年（一二四一年）から宝治二年（一二四八年）頃の成立であり、親鸞はそれを宝治二年には見ていた」とする「転写説」（『増補改訂　法然遺文の基礎的研究』八七～一三八頁参照）を採っておられるので、「親鸞が見た底本（この場合は原『指南抄』）が既に『已上二百余人連署了』と記していた可能性が高い」とする筆者の推論とは何ら矛盾しない。
（9）『法伝全』二〇二頁。
（10）『法伝全』四〇七頁下段。
（11）『法伝全』四〇九頁上段。
（12）『影高古』六、九九九頁参照。
（13）『影高古』六、一〇一六～一〇一九頁参照。

(14) 平松令三「親鸞の生涯」『真宗教団連合編　親鸞』（朝日新聞出版、二〇〇九年）、四一頁参照。
(15) 赤松俊秀『鎌倉仏教の研究』（平楽寺書店、一九五七年）、一一〇～一一三頁参照。
(16) 『定親全』六、写伝篇(2)、二二七頁。
(17) 『影高古』一、六〇五～六〇六頁「解説」、『親鸞展――生涯とゆかりの名宝』図録（二〇一一年）、二一七頁「作品解説」参照。
(18) 平松令三「新知見の親鸞聖人筆本縁経要文」『高田学報』九二（高田学会、二〇〇四年）、参照。
(19) 『恵信尼書簡』第三通、『定親全』三、書簡篇、一八七～一八八頁。
(20) 『恵信尼書簡』第三通、『定親全』三、書簡篇、一八八頁。
(21) 『恵信尼書簡』第三通、『定親全』三、書簡篇、一八八頁。
(22) 『定親全』三、書簡篇、七四頁。
(23) 鶴見晃「親鸞の名のり（続）――『善信』への改名と『名の字』――」『教化研究』一四八、二九～三一頁、三四～三五頁参照。
(24) 『日本古典文学大系85　沙石集』八三～八四頁参照。
(25) 『日本古典文学大系85　沙石集』八七頁参照。
(26) 『日本古典文学大系85　沙石集』八五頁参照。
(27) 『定親全』四、言行篇(1)、五頁。
(28) 井上尚美「現生正定聚と浄土の慈悲（一）――『最後の親鸞』に学ぶ――」『親鸞教学』一〇四（大谷大学真宗学会、二〇一五年）、六～七頁。
(29) 多屋頼俊『親鸞聖人全消息序説』（真宗大谷派宗務所、一九七四年）、六六～八三頁参照。
(30) 多屋頼俊『親鸞聖人全消息序説』一〇九～一一四頁参照。ただし富山県法雲寺に当該の『御書』が存在していたのはあくまで多屋氏の『親鸞聖人全消息序説』が刊行された一九七四年時点のことであり、現在の状況は未確認である。
(31) 『真史集』一、九八四頁、一〇〇四頁参照。

(32)『日国辞』一〇、「しょう-こ〈証拠〉」の項。
(33)「善鸞義絶状」『定親全』三、書簡篇、四〇頁。『血脈文集』第二通、『定親全』三、書簡篇、一七一頁参照。
(34)『日国辞』一〇、「しょう-こ〈証拠〉」の項。
(35)平松令三「親鸞の生涯」『真宗教団連合編　親鸞』一二九頁参照。

第三節　親鸞没後の混入例

以上、考察してきたように、第一節で示した(1)(3)(4)(5)(6)の用例を筆者は、房号としての「善信」を示すものであると考える。

しかし、「善信」の用例の中には、親鸞自身の手によるものではなく、後代に当該文書の中に混入したと思われるものがある。それが(2)(7)(8)(9)であるが、これらはいずれも「善信」改名説論者によってその論拠とされている。

筆者は以後、(2)『一念多念分別事』の「愚禿釈善信」、鶴見晃氏が「親鸞の名のり〈続〉――『善信』への改名と『名の字』――」〈『教化研究』一四八、真宗大谷派教学研究所、二〇一〇年〉で挙げた(7)文明版『正像末和讃』の「愚禿善信」、「親鸞の改名について――元久二年『親鸞』改名説への疑問――」〈『宗教研究』三六七、日本宗教学会、二〇一一年〉で挙げた(8)蓮光寺本『血脈文集』の「釈善信」について、それぞれ検討していくこととする。

第一項　隆寛作『一念多念分別事』

親鸞が建長七年（一二五五年、八十三歳）四月に書写したとされる隆寛（一一四八〜一二二七）『一念多念分別事』大谷大学蔵端坊旧蔵本奥書には、

本に云わく。

建長七歳乙卯四月廿三日

愚禿釈善信八十三歳、之を書写す。

（『定親全』六、写伝篇(2)、八〇頁）

として「愚禿釈善信」の署名が記されている。

親鸞は寛元四年（一二四六年、七十四歳）に同じ隆寛の著作『自力他力事』（大谷大学蔵恵空写伝本）を書写してその奥書に「愚禿釈親鸞」[1]と記している。

また、隆寛と同様に親鸞が「この世にとりてはよきひと〴〵」「すでに往生をもしておはしますひと〴〵」「法然聖人の御をしへを、よく〳〵御こゝろえたるひと〴〵」[2]と仰いだ聖覚（一一七六〜一二三五）の『唯信鈔』に関しては、寛喜二年（一二三〇年、親鸞五十八歳）の書写本（真蹟）を写した。「信証本」（真蹟・専修寺蔵）の奥書に「愚禿釈親鸞」[3]、文暦二年（一二三五、六十三歳）の『見聞集』紙背の真蹟ひらがな本（専修寺蔵）奥書に「愚禿親鸞」[4]とある。その他後代の書写本奥書においても同様で、仁治二年（一二四一年、六十九歳）の大谷大学蔵本、寛元四年（一二四六年、七十四歳）の専修寺蔵顕智書写本には「愚禿釈親鸞」、建長六年（一二五四年、八十二歳）の滋賀県真念寺蔵本には「釈親鸞」と記されている。

また、その年の四月二十三日に『一念多念分別事』奥書に親鸞が「愚禿釈善信」と記したとされる建長七年であるが、その上半期だけを見ても、二月三日（推定）の「書簡」（『御消息集』（広本）第六通）文末署名には「親鸞」、四月二十六日書写の『浄土和讃』（顕智書写本）撰号には「愚禿親鸞作」、六月二日撰述の『尊号真像銘文』（略本）奥書には「愚禿親鸞」、六月書写の『本願相応集』には「愚禿親鸞」と記している。

これらの例から見て、この時期の親鸞に『一念多念分別事』にだけ特別に「愚禿釈善信」と記する必然性があったとは考え難い。

『定本親鸞聖人全集』六、写伝篇(2)の「解説」に拠れば、『一念多念分別事』に親鸞の自筆書写本は現存せず、古写本も端坊旧蔵本の他、滋賀県円照寺蔵本・大阪府光徳寺蔵本等が知られるが、いずれも室町末期以降のものしかない。

これに対して、『真宗三門徒派略縁記』に正和二年（一三一三年）に越前の天台宗長泉寺別当孤山隠士が記したとされる『愚闇記（愚暗記）』には、

阿弥陀経を読まざる事

当世一向念仏して在家の男女を集め、愚禿善信と云流人作し為《た》る和讃を謡い、長め同音に念仏を唱る事有り、

（傍点筆者、『真史集』四、七一九頁下段）

と「愚禿善信」の呼称があり、親鸞没後五十年程経過した当時、この呼称が――少なくとも越前においては――広く用いられていたことが窺われる。

この「愚禿善信」の呼称が親鸞在世中から用いられていたと見るか、親鸞没後に流布したと見るかは意見の分かれるところであるが、在世中のものとされる例は文明版『正像末和讃』にしかなく、これも後で論及するように親

鸞自身の記名とするには疑問が残る。

また、『愚闇記（愚暗記）』と同時代の覚如においては、「釈覚如」（西本願寺蔵『上宮太子御記』の「奥書」(5)、茨城県常福寺蔵『古徳伝』の「奥書」(6)他）という、実名「宗昭」にではなく、遁世後の号である「覚如」に「釈」を冠した例が見られ、『善信聖人親鸞伝絵』（「専修寺本」）――永仁三年十月制作の初稿本を同年十二月に写したとの「奥書」あり――の「信行両座」段には、遅参して信不退の座に着いた「沙弥法力直実入道」の姿に「釈法力」と注記されている(7)。

文中にも「法力房」とあるように「法力」は熊谷直実出家後の房号であり、法名（実名）は『七箇条制誡』にも署名された「蓮生」である。

このように覚如当時には、「釈の綽空」「釈の親鸞」と本来は実名につけるべき「釈」が房号・遁世号に冠せられており、厳密な区別がなくなっていることが知られる。

在世中に確かな用例がなく没後に広く用いられた事実とも併せて、『一念多念分別事』の「愚禿釈善信」は後代の伝来の過程で混入した別人の筆であるとしか、筆者には考えられないのである。

註

（1）『定親全』六、写伝篇(2)、八八頁。
（2）『末灯鈔』第九通、『定親全』三、書簡篇、一〇七～一〇八頁。『御消息集』（広本）第三通。
（3）『定親全』六、写伝篇(2)、七一頁。
（4）『親真集』八、二二八頁。
（5）『定親全』五、転録篇、三九六頁。

（6）『真聖全』三、七六八頁。
（7）『真宗重宝聚英』五（信仰の造形的表現研究委員会編、同朋舎、一九八九年）、四八頁参照。

第二項　文明版『正像末和讃』（蓮如開版本）

一、「文明版」八十八歳成立説について

「愚禿善信集」の撰号を持つ文明開版本『正像末和讃』（以下、「文明版」）であるが、『正像末和讃』には以下の代表的な三本が現存する。

（1）「五十六億七千万　弥勒菩薩はとしをへむ……」から「如来大悲の恩徳は　身を粉にしても報ずべし……」までを「已上三十四首」（実際には三十五首）として記した後、康元二年（一二五七年、親鸞八十五歳）二月九日に見た「夢告讃」を同年正嘉元年閏三月一日に書き入れ、さらに五首を加えた「草稿本」（第一首から第九首までは親鸞真筆であり、第十首以降は別筆、おそらくは覚然の筆）。

（2）その後、和讃の増補・改訂等の再治作業を経て、翌正嘉二年（一二五八年）九月二十四日に脱稿した、「正像末法和讃」（以下、「正像末法讃」）「仏智疑惑讃」（以下、「疑惑讃」）「愚禿悲歎述懐讃」（以下、「悲歎述懐讃」）から成る親鸞真蹟本を、正応三年（一二九〇年）九月二十五日に顕智が書写した『正像末法和讃』（以下、「顕智本」）。

（3）「顕智本」にさらに「皇太子聖徳奉讃」（以下、「聖徳奉讃」）「善光寺如来讃」（以下、「善光寺讃」）「自然法爾章」等が増補され、文明五年（一四七三年）三月に蓮如によって開版された『正像末和讃』（「文明版」）。

以下、「顕智本」と「文明版」の構成について略示する。

まず専修寺蔵「顕智本」は、表紙中央上部に「正像末法和讃」の外題、左下に「釈顕智」の袖書（いずれも顕智筆）の題箋が貼付されており、本文冒頭には『般舟讃』の文が置かれている。

次に「康元二歳丁巳二月九日の夜寅の時、夢の告に云わく」(1)の詞書の後にいわゆる「夢告讃」があり、その後、「正像末法和讃」(2)の内題があり、「正像末法讃」五十八首（結語は「已上正像末の三時弥陀如来和讃　五十八首」(3)）が続く。

そして、「愚禿述懐」(4)の標題から「疑惑讃」二十二首（結語は「已上疑惑罪過二十二首　仏智うたがふつみとがのふかきことをあらはせり　これをへんぢけまんたいしやう（辺地・懈慢・胎生）なんど、いふなり」(5)）の直後に、

愚禿親鸞作

愚禿悲歎述懐

（『定親全』二、和讃篇、二〇七頁）

の撰号・題号を記した後、「悲歎述懐讃」十一首が続く。結語には「已上三十三首　愚禿悲歎述懐」(6)とあり、「疑惑讃」「悲歎述懐讃」の計三十三首が「愚禿悲歎述懐」と位置付けられていることが知られる。

その「愚禿悲歎述懐」の結語の直後に、

草本に云わく。

正嘉二歳九月廿四日

親鸞八十六歳

（『定親全』二、和讃篇、二一三頁）

正応三年庚寅九月廿五日　之を書写せ令《し》め畢《おわ》りぬ

（『定親全』二、和讃篇、二二六頁）

の奥書があり、さらに『涅槃経』『観念法門』の文が記されて「顕智本」は終わっていく。

「草稿本」に比して「顕智本」は、「正像末法讃」においてはもちろん、「疑惑讃」「悲歎述懐讃」が増補され、和讃の数が大幅に増加している。

また、「正像末法讃」も語句が改訂された上、配置が大幅に入れ替えられている。

たとえば「草稿本」第六首は、一句目「衆生」[7]を「有情」[8]に、四句目「功徳は信者のみにみてり」[9]を「信者ぞたまわれる」[10]に改めて「顕智本」では「正像末法和讃」第三十首目に、第七首は四句目「念仏往生とげやすし」[11]が「念仏往生さかりなり」[12]となって第十七首目に置かれている。また、「草稿本」には存在しない題号・撰号・奥書・肩番・圏発が施されている（傍線筆者）。

これに対して、龍谷大学蔵「文明版」は、表紙左肩に「正像末和讃」の題箋が貼られてあり、本文は一頁に四行ずつ印刷されているが、「顕智本」では冒頭にある『般舟讃』の文が無く、「康元二歳丁巳二月九日の夜寅の時、夢に告げて云わく[13]」との「夢告讃」から始まっている。

次に、

正像末浄土和讃

愚禿善信集

（『定親全』二、和讃篇、一五八頁）

の内題・撰号があり、「正像末法讃」五十八首（結語は「已上正像末法和讃　五十八首[14]」）が続く。

そして次に「疑惑讃」二十三首（標題無し。結語は「已上二十三首　仏不思議の弥陀の御ちかいをうたがふつみとがをしらせんとあらはせるなり[15]」。「顕智本」より一首増補）が続く。

「疑惑讃」の結語の後、頁を改め、頁の前半二行分の余白の後、

愚禿善信作

皇太子聖徳奉讃　　　　　　　　　　　　　　　　（『定親全』二、和讃篇、二〇一頁）

の撰号と標題。その後「聖徳奉讃」十一首（結語は「已上聖徳奉讃　十一首」[16]。「顕智本」には無い）。

頁初の「聖徳奉讃」結語から一行余白を置き、「愚禿悲歎述懐」[17]の標題の後、「悲歎述懐讃」十六首（「顕智本」より五首増補）が記される。

「悲歎述懐讃」の結語「已上十六首　これは愚禿がかなしみなげきにして述懐としたり　この世の本寺本山のいみじき僧とまふすも法師とまふすもうきことなり」[18]の後に一行空けて、

釈の親鸞　之を書く　　　　　　　　　　　　　　　（『定親全』二、和讃篇、二一七頁）

の署名があり、次頁から「善光寺讃」五首（標題・結語共に無し。「顕智本」には無い）が続く。

続いて次頁初めから、

親鸞八十八歳御筆　　　　　　　　　　　　　　　　（『定親全』二、和讃篇、二二〇頁）

が記され、「獲得名号自然法爾章」の文、「巻末和讃」二首の後、一頁に、

已上　　　　　　　　　　　　　　　　　　　　　　（『定親全』二、和讃篇、二二五頁）

とのみあって、次頁に、

〈右　斯の三帖和讃幷びに正信偈四帖一部は　末代興際の為　板木之を開く者ならくのみ〉

癸巳

文明五年三月日（蓮如花押）　　　　　　　　　　　（『定親全』二、和讃篇、二二五頁）

という『三帖和讃』『正信偈』開版の奥付を載せて「文明版」は終わっていく[19]。

このように「文明版」は「顕智本」に比して「聖徳奉讃」「善光寺讃」「自然法爾章」等の大幅な増補がなされており、既存の和讃においても「疑惑讃」に一首、「悲歎述懐讃」に五首増補され、「疑惑讃」では「顕智本」の第二十一・二十二首が第七・八首目に移動している。また、「顕智本」の「愚禿親鸞作」(「悲歎述懐讃」撰号)、「親鸞八十六歳」(奥書)に比して、いわゆる撰号・署名に類するものが「愚禿善信集」、「愚禿善信作」、「釈の親鸞、之を書く」、「親鸞八十八歳御筆」と四箇所存在する。また、所収の各和讃においても「釈尊かくれましまして」を「釈迦如来」(「正像末法讃」第一首[20])、「功徳は信者ぞたまわれる」を「行者の身にみてり」(第三十首[21])、「衆生」を「有情」(第三十七首[22])とするなど、二十数箇所の改訂が行われている。また、肩番・圏発は付されておらず、「顕智本」に比して左訓が大幅に減少している(傍線筆者)。

従来、これらの増補・改訂は、「親鸞八十八歳御筆」の記述から、文応元年(一二六〇年、八十八歳)頃、親鸞自身によってなされたもの[23]であり、新たに編入された「聖徳奉讃」「善光寺讃」については、それぞれ「十一首の間には連続した関係はなく、互いに独立している感が深い[24]」(「聖徳奉讃」)、「五首ばかりでは部分的で、まとまっているわけではない[25]」(「善光寺讃」)といった問題点はあるものの、「何分聖人の至極晩年の補訂であると思われるので、なお修正すべき点が残されて、しかもついにそのままになったものがあるかも知れない[26]」として、この「文明版」こそが「諸本中最後の本[27]」、つまり『正像末和讃』の最終形態である、と見做されてきたのである(以上、宮崎圓遵氏)。また多屋頼俊氏によれば、本願寺系では専修寺蔵の「草稿本」に対して「清書本」と言い慣らわされてきたという[28]。

そしてこの「親鸞自身の編集による『正像末和讃』の最終形態としての『文明版』」との見地に立って、たとえば松原祐善氏は、「愚禿善信集」「愚禿善信作」の撰号が康元二年（一二五七年）二月九日の夜、寅の時の夢告が聖徳太子によるものであることを反証している、と述べる(29)。

つまり、康元二年二月の聖徳太子の夢告から始まる『正像末和讃』の最終型である「文明版」の撰号に、元久二年（一二〇五年）に同じ太子の夢告によって親鸞が「綽空」から改めた「善信」の名が使われるのは極めて妥当であり、太子の恩徳が偲ばれたからこそ「聖徳奉讃」にも「愚禿善信」の撰号が親鸞自身の手で記されている、というのが、「善信」改名説論者の主張であった。

しかし、「文明版」系祖本（「文明版」の底本となった写本系統の最初の本）が親鸞本人の編集とする見解を導いたものは、他ならぬ元久二年の改名が「善信」にであるとする通念ではないのだろうか。つまり、元久二年に「善信」に改名→親鸞自身が「愚禿善信」と記名→「文明版」祖本は親鸞本人の編集といった思考・論理の展開である。いったんこの図式が成立すれば、「文明版」系祖本は親鸞の編集だから「愚禿善信」も親鸞の記名であり、元久二年の改名は「善信」だという逆の展開も成り立つ。

ただし、元久二年の改名が「善信」であるという大前提が揺らげば、このような論理展開そのものが成り立たない。親鸞自身によって「愚禿善信」の名が記されたとする見解も、「文明版」系祖本を親鸞自身が編集したとする通説もきわめて怪しくなる。

ではなぜ、「善信」改名説論者は、親鸞は八十八歳になってあえて「愚禿善信」と記したと言うのであろうか。

この点について鶴見晃氏は、「文応元年十一月十三日　善信八十八歳」の日時・署名をもつ乗信宛「書簡」（『末灯鈔』第六通）の、

　なによりも、こぞ・ことし、老少男女おほくのひと〴〵のしにあひて候らんことこそ、あはれにさふらへ。

（『定親全』三、書簡篇、七四頁）

という記述から、文応元年（一二六〇年）、正嘉の大飢饉の惨状を目にした親鸞が、「和国の有情をあはれみて」[30]（文明版「聖徳奉讃」）、六角堂夢告を通して自身を「善信」へと改名せしめた聖徳太子を憶念して「文明版」の祖本には「愚禿善信」と、同じく自身の原点である吉水時代の法然の教化を回顧して乗信宛「書簡」には「善信」と記せずにはいられなかったと推定している。[31]鶴見氏のこの説に対して筆者は前節において既に若干の論駁を試みている。

しかし、親鸞の太子・法然の讃仰・称揚はそれ以前の、それこそ宝治二年（一二四八年、親鸞七十六歳）の『浄土和讃』『浄土高僧和讃』（以下、『高僧和讃』）の撰述に始まり、正元元年（一二五九年、八十七歳）の『選択集』延書本の書写まで継続しており、八十八歳になって唐突に太子・法然を回顧し始めたわけではない。

太子に関して言えば、建長七年（一二五五年、八十三歳）十一月に『皇太子聖徳奉讃』（以下、『七十五首太子和讃』）、康元二年（一二五七年、八十五歳）二月に『大日本国粟散王聖徳太子奉讃』（以下、『百十四首太子和讃』）を撰述。同年正嘉元年五月に『上宮太子御記』を書写。翌正嘉二年（一二五八年、八十六歳）六月に改訂を終えた『尊号真像銘文』（広本）に「皇太子聖徳御銘文」を増補しているが、それらの奥書にはいずれも「愚禿親鸞」とある。

法然に関しても、宝治二年に草稿本『浄土和讃』所収の「大勢至菩薩和讃」、『高僧和讃』所収の「源空讃」を撰述し、『高僧和讃』奥書には「釈親鸞」と記している。康元元年（一二五六年、八十四歳）十月から翌年一月まで法然の伝記・法語等を蒐集した『西方指南抄』六巻を書写・校合しこれら六巻の奥書に「愚禿親鸞」、翌正嘉二年六月に前掲の『尊号真像銘文』（広本）に「大勢至菩薩御銘文」を加えて奥書に「愚禿親鸞」、正元元年九月には『選択本願念仏集』延書本四巻を書写し上巻本・下巻末の奥書に「愚禿親鸞」と記している。

そしてこの間真仏に、建長七年五月に「法然上人消息」（外題は親鸞真蹟）、康元二年正月から三月まで『指南抄』、翌正嘉二年に法然の『三部経大意』を書写させている。
また親鸞は、「他力には義のなきをもて義とす」[32]との法然の法語を「本師聖人のおほせごと」[33]「大師聖人のみこと」[34]として繰り返し語っており、それらは建長七年六月撰述の『尊号真像銘文』（略本）から正嘉二年十二月の顕智聞書の「獲得名号自然法爾御書」まで多数に及んでいるが、これらの聖教・法語・書簡の奥書・末尾にはいずれも「親鸞」「愚禿親鸞」と記してある。

つまり「善信」は、太子・法然関連の文書の中でもごく稀にしか用いられていないのである。
また、「顕智本」「文明版」はいずれも「夢告讃」を冒頭に掲げており、康元二年二月九日の夢告が『正像末和讃』の成立上、重大な契機となったことが窺われる。

夢告の主については、宮崎圓遵氏は、二月九日は折しも親鸞が『百十四首太子和讃』を制作していた最中であり、太子尊崇の念が著しく高揚していた時期と思われることから、太子による夢告であろうとしている[35]のに対して、たとえば山田恵文氏は、「草稿本」の、

無碍光仏のの̇たまはく　未来の有情利せむとて
大勢至菩薩に　智慧の念仏さづけしむ（第二十五首）　（『定親全』二、和讃篇、一四九頁）
濁世の有情をあわれみて　勢至念仏すゝめしむ
信心のひとを摂取して　浄土に帰入せしめけり（第二十六首）　（『定親全』二、和讃篇、一四九頁）

さらには「夢告讃」直前の第三十五首の、

如来大悲の恩徳は　身を粉にしても報ずべし
師主知識の恩徳も　骨をくだきても謝すべし　已上三十四首　（『定親全』二、和讃篇、一五一頁）

に着目して、夢告の感得は、『指南抄』の執筆を通して師法然の姿に出遇い、師の教えを聞思していくことを通して自身の原体験である「雑行を棄てて本願に帰す」[36]（「後序」）回心を親鸞が再確認した出来事であるとしている。[37]

　このように夢告の主については太子・法然両説あるものの、「草稿本」においてそれは、

　　康元二歳丁巳二月九日の夜寅時夢告にいはく
　弥陀の本願信ずべし　本願信ずるひとはみな
　摂取不捨の利益にて　無上覚おばさとるなり
　　　この和讃をゆめにおほせをかふりてうれしさにかきつけまいらせたるなり
　正嘉元年丁巳壬三月一日　愚禿親鸞八十五歳　之を書す　（傍点筆者、『定親全』二、和讃篇、一五一～一五二頁）

と、あくまで「愚禿親鸞」の名で記されている。

　ちなみに筆者は「夢告讃」の本文並びに添え書きの「おおせをかぶりて」の語から見て、夢告の主は法然であると考える。

　和語聖教において親鸞は太子の徳を「仏法弘興」「有情救済」[38]（『七十四首太子和讃』）、すなわち「仏法をこの和国につたえひろめおはします」[39]「この和国に仏教のともしびをつたえおはします」[40]（『尊号真像銘文』（広本））、あるいは「多々のごとくすてずして　阿摩のごとくにそひたまふ」[41]「護持養育」[42]（以上、文明版「聖徳奉讃」）と述べているが、それに対して、法然に関しては、「如来の誓願には義なきを義とす」との「大師聖人のおほせ」[43]（以上、『末灯鈔』第七通）、「たゞ念仏して弥陀にたすけられまひらすべし」との「よきひとのおほせ」[44]（以上、『歎異抄』第二章）とあるように、具体的な「仰せ」（教言）をもってその恩徳を語っている。「弥陀の本願信ずべし……」とは親鸞にとって正しく法然の教言に他ならない。

また、「顕智本」にはなく、直前に「親鸞八十八歳御筆」のある文明版「自然法爾章」――文中に「他力には義なきを義とす」の法然の法語あり――も、専修寺蔵顕智筆「獲得名号自然法爾御書」には、

獲の字は、因位のときうるを獲といふ。……これは仏智の不思議にてあるなり。

愚禿親鸞八十六歳

正嘉二歳戊午十二月日、善法坊僧都御坊、三条とみのこうぢ（富小路）の御坊にて、聖人にあいまいらせてのきゝがき（聞書）、そのとき顕智これをかくなり。（傍点筆者、『定親全』三、書簡篇、五四～五六頁）

と末尾に「愚禿親鸞」とあり、顕智が聞書きした文書の末尾に親鸞が自書署名したことが窺われる。

これに対して、鶴見氏は同行同朋が次々と亡くなり、凄まじい社会状況を呈した正嘉の大飢饉の影響を強調する。確かに「こぞ（去年）」――正嘉三年（一二五九年）――には、正嘉元年の夏の旱魃に続き、翌二年七月の長雨・低温、九月の暴風雨の襲来という天候不順によって全国的な凶作となり、食糧不足の結果冬から春夏にかけて諸国に大飢饉が発生した。また、「ことし（今年）」――文応元年（一二六〇年）――には四季を通して疫病が大流行し、いずれも多くの死者を出している。

しかし、『吾妻鏡』等の当時の史書には暴風雨、大雨・洪水、地震、火災、疫病の流行といった記事が頻出しており、当時においてそれらはむしろ日常的ですらあったのである。

建長八年（一二五六年）から康元への改元以来、正嘉、正元、文応、弘長とほとんど毎年のように改元が繰り返されているが、王者の交代による「代始改元」である「文応」、三革（革令＝甲子・革運＝戊辰・革命＝辛酉）の年を区切りと見做して行われる「革年改元」である「弘長」（辛酉）を除いて、すべて凶事に際してその影響を断ち切るための「災異改元」であった。

〔建長八年。改元して康元元年・一二五六年、親鸞八十四歳〕
《五月二十九日　親鸞、息男善鸞を義絶》
六月上旬　例年にない大雨・洪水・天候不順。
八月六日　鎌倉大風雨。洪水・山崩れにより死者多数。諸国の農作物に被害。
八～九月　赤斑瘡が全国に流行。（将軍宗尊親王、後深草天皇、執権北条時頼らが罹患。雅尊親王、前将軍藤原頼嗣らが死去）
（十月五日　「康元」に災異改元）
十二月十一日　鎌倉火災。
〔康元二年。改元して正嘉元年・一二五七年、八十五歳〕
《二月九日　親鸞、「夢告讃」を感得》
二月十日　京都火災。太政官庁他焼失。
二月二十八日　京都火災。五条大宮殿（院御所）炎上。
（三月十四日　「正嘉」に災異改元）
《閏三月一日　親鸞、「夢告讃」を「草稿本」に記入》
五月十八日　鎌倉大地震。
六月二十三日～七月五日　加賀法印定清、若宮別当僧正が祈雨。
八月一日　鎌倉大地震。
八月二十三日　鎌倉大地震。社寺一宇も残さず倒壊し地下水が涌出する。（正嘉の大地震）

九月四日　鎌倉地震。（八月二十三日以来余震続く）

十一月八日　鎌倉大地震。（八月二十三日に匹敵）

〔正嘉二年・一二五八年、八十六歳〕

正月十七日　鎌倉火災。安達泰盛の甘縄邸より出火し寿福寺等を焼失。

六月二十四日　鎌倉大寒気。

八月一日　近畿・関東で暴風雨。諸国の農作物に被害。（「正嘉の大飢饉」の発端）

九月二十一日　幕府、諸国の守護に悪党蜂起の警固を命ず。

〔正嘉三年。改元して正元元年・一二五九年、八十七歳〕

正月上旬より大飢饉、疾病の流行。（七月末頃まで続く）

二月九日　幕府、諸国飢饉により浪人（流民）が山野・江海に入るのを地頭が制止することを禁ず。（「鎌倉幕府法」）

（三月二十六日「正元」に災異改元）

五月二十二日　閑院皇居炎上。

〔正元二年。改元して文応元年・一二六〇年、八十八歳〕

（一年を通じて疾病の大流行）

三月二十五日　鎌倉大地震。

（四月十三日　前年十月の亀山天皇の即位に伴い「文応」に代始改元）

四月二十九日　鎌倉大火。

六月一日　鎌倉暴風雨、洪水。河辺の人家大半が流失し、山崩れのため圧死者多数。

〔文応二年。改元して弘長元年・一二六一年、八十九歳〕

（二月二十日　（辛酉＝革命の年に際して「弘長」への革年改元）

三月十三日　鎌倉火災。政所より出火、公文所・問注所等を焼く。

七月五日　京都御所火災。

親鸞自身、幼少期に養和の大飢饉（一一八一年）、関東時代にはいわゆる「寛喜の内省」の契機となった寛喜の大飢饉（一二三〇年～一二三一年）を経験しているし、この時期、地震・大火・天候不順・飢饉・疫病といった天変地異が毎年のようにうち続く、それこそ「多くの人々の死にあいて候」世相の中で、親鸞個人においても、息男善鸞の言動に端を発した東国門弟の混乱、あるいは寡婦となった末娘覚信尼とその子覚恵の境遇に心を痛め、建長七年十二月の火災で住坊を焼け出されるなど、公私にわたり多事多難な生活の中で、太子・法然を憶念しながら「親鸞」「愚禿親鸞」の名のもとに聖教を書き、多くの法語・書簡を送っているのである。

正嘉の大飢饉が始まる正嘉二年の冬以降も、親鸞は十月に慶信の「上書」を加筆・添削し、十二月には善法坊において上洛中の顕智に「獲得名号自然法爾」の法語（「聞書」末尾「愚禿親鸞」）を語り、翌正元元年九月には『選択集』延書本を書写（上巻本・下巻末奥書「愚禿親鸞」）。閏十月二十九日に「たかだの入道」からの書簡への「返信」（末尾「親鸞（花押）」）を認め、続く文応元年十月二十一日には唯信宛に十二光仏についての自著の送付を約束する「書簡」（末尾記名なし）を送り、十一月十三日に乗信宛に「書簡」（末尾「善信」）を送り、十二月二日には十二光仏について記した『弥陀如来名号徳』を書写（奥書「愚禿親鸞」）している。

「正嘉の大飢饉の影響で『善信』と名のった」という主張の根拠は以上の親鸞文書のうち、文応元年十一月の乗信宛「書簡」(『末灯鈔』第六通)のただ一例しかないのである。この「書簡」に記された「善信」に関する筆者の見解は前節で既に述べた。

これらの事実から見て、「正嘉の大飢饉の影響」説に説得力があるとは筆者には到底思われないのである。

二、『正像末和讃』制作の課題意識

次に「愚禿善信」の署名について、『正像末和讃』制作に到る親鸞の課題意識から考えてみたい。

周知のように『正像末和讃』は「顕智本」「文明版」いずれも、

〈康元二歳丁巳二月九日の夜寅の時、夢の告に云わく〉(「文明版」は「〈夢に告げて云わく〉」)

弥陀の本願信ずべし　本願信ずるひとはみな

摂取不捨の利益にて　無上覚をばさとるなり

(『定親全』二、和讃篇、一五七～一五八頁)

という「夢告讃」から始まっている。

前年建長八年(一二五六年)五月二十九日に息男善鸞を義絶した親鸞は以後、七月二十五日に『無量寿経優婆提舎願生偈註』(以下、『浄土論註』)版本への加点を終え、引き続き『指南抄』の書写・校合を翌康元二年正月二日まで行っていた。またそれと並行して十月下旬に上洛した真仏・専信・顕智らのために八字・十字・十字・六字の四幅の名号を制作。十一月二十九日に『往相還相回向文類』を撰述。正月十一日『唯信抄文意』を書写して顕智に与え、二十七日まで後に信証の所持となる『唯信鈔』『唯信鈔文意』を書写するなど精力的に著述を続けていた。

親鸞が夢にこの和讃を感得した康元二年二月九日は、真仏による『指南抄』書写の途上であり、真仏の意見に従って親鸞も真蹟本に推敲を加えるなど両者による共同作業が進められていたその最中に当る。

また、この二月九日は『法然上人行状絵図』巻三十三[45]によれば、五十年前、建永二年（一二〇七年）の「承元の法難」において安楽房遵西が六条河原で斬首された日であるという[46]。法然の教説・行実を反芻する日々の中、吉水時代の大きな事件を回顧することが、法然より夢告を被る大きな契機となったとも考えられるのではないか。

その後、自らも『一念多念文意』の書写（二月十七日）、『百十四首太子和讃』の撰述（二月三十日）、『浄土三経往生文類』（以下、『三経往生文類』）（広本）の改訂書写（三月二日）を行い、真仏の『指南抄』書写が三月下旬に終了した後と思われる閏三月一日に「草稿本」にこの和讃を記している。

それはあたかも、善鸞事件において「念仏者をば仏法者のやぶりさまたげ[47]」（『御消息集』（広本）第十通）る末法濁世の「闘諍堅固[48]」の相が露呈され、自らの東国伝道の成果が水泡に帰するという苦渋を味わった親鸞が、『浄土論註』（以下、『論註』）への加点、『指南抄』の書写を通して自らの原点を再確認し、再び真宗開顕の営為に邁進し始めたまさにその時、それを証誠護念するがごとき「弥陀の本願信ずべし……」の教言に親鸞は値遇したのである。

親鸞はその感激を「草稿本」に「この和讃をゆめにおほせをかふりてうれしさに……愚禿親鸞八十五歳之を書す[49]」と記しており、この「仰せ」に鼓舞されて増補・改訂されたものが、翌正嘉二年九月二十四日に完成した「顕智本」であると思われる。

『正像末和讃』の眼目は、釈迦の遺教・諸善が悉く龍宮に隠れ、道俗が競い争って念仏者を疑い謗り破滅させようとするこの像末五濁の世に、「在世・正法・像末・法滅、濁悪の群萌、斉しく悲引したまう[50]」（「化身土巻（本）」）

弥陀の悲願を、法然興隆の「浄土真宗」をあらためて標榜することにあったと思われる。
そしてその「浄土真宗」とは、「夢告讃」に「本願信ずるひとはみな……無上覚おばさとるなり」とあり、「文明版」所収の和讃にも、

念仏往生の願により　等正覚にいたるひと
すなはち弥勒におなじくて　大般涅槃をさとるべし
（『定親全』二、和讃篇、一七一頁）

真実信心うるゆへに　すなはち定聚にいりぬれば
補処の弥勒におなじくて　無上覚をさとるなり
（『定親全』二、和讃篇、一七二頁）

とあるような、真実信心の人をして必ず大般涅槃を覚らしめる本願の仏道に他ならない。
そしてその「本願一実の直道・大般涅槃無上の大道」(51)（「信巻」）の根拠である「如来の往還二種の回向」を親鸞は、この時期に制作、あるいは改訂を加えた『入出二門頌偈』『往相還相回向文類（如来二種回向文）』等で繰り返し強調している(52)。

如来の二種の回向によりて、真実の信楽をうる人は、かならず正定聚のくらゐに住するがゆへに、他力とまふすなり。しかれば、〈『無量寿経優婆提舎願生の偈』に曰わく。「云何が回向したまえる。一切苦悩の衆生を捨てずして、心に常に作願すらく、回向を首として大悲心を成就することを得たまえるが故にとのたまえり」〉これは『大無量寿経』の宗致としたまへり。これを難思議往生とまふすなり。
（『三経往生文類』（広本）、『定親全』三、和文篇、二八頁）

そしてこの「如来二種の回向との値遇に成就する無上涅槃道（難思議往生）」を親鸞は、

如来二種の回向を　ふかく信ずるひとはみな

等正覚にいたるゆへ　憶念の心はたへぬなり　（『定親全』二、和讃篇、一七〇頁）

無始流転の苦をすて丶　無上涅槃を期すること

如来二種の回向の　恩徳まことに謝しがたし　（『定親全』二、和讃篇、一八二頁）

と文明版「正像末法讃」においても同様に述べているし、太子の恩徳の讃仰を主題とする「聖徳奉讃」においても

それは同様に説かれている。

仏智不思議の誓願の　聖徳皇のめぐみにて

正定聚に帰入して　補処の弥勒のごとくなり　（『定親全』二、和讃篇、二〇二頁）

聖徳皇のおあはれみに　護持養育たへずして

如来二種の回向に　す丶めいれしめおはします　（『定親全』二、和讃篇、二〇七頁）

「如来二種の回向」[53]（第五、十一首）との値遇によって「一心帰命」[54]（第八、十首）・「他力の信」[55]（第五首）を獲得して「正定聚」[56]（第一、四首）に住するという難思議往生（浄土真宗）の成就が、『大無量寿経』および天親・曇鸞の教説に基づき、太子の恩徳として説かれているのである。

『正像末和讃』の撰述は、親鸞が『教行信証』の撰述以来、「愚禿釈親鸞」の名のりのもとで行ってきた一連の「真宗開顕」の営みの一環に他ならない。

筆者が、元久二年に法然から授けられた名と考えるこの「親鸞」は当然「天親」「曇鸞」二師から採られたものであり、親鸞は両師の恩徳を次のように讃嘆する。

釈迦の教法おほけれど　天親菩薩はねんごろに

煩悩成就のわれらには　弥陀の弘誓をす丶めしむ　（文明版『高僧和讃』『定親全』二、和讃篇、八一頁）

天親論主は一心に　無碍光に帰命す
本願力に乗ずれば　報土にいたるとのべたまふ　（『定親全』二、和讃篇、八三頁）

「論主は広大無碍の一心を宣布して普遍《あまねく》雑染堪忍の群萌を開化す[57]」（「証巻」）、すなわち『無量寿経優婆提舎願生偈』（以下、『浄土論』）を造って、自らも尽十方無碍光如来に帰命しつつ、「群生を度せんが為《ため》に、一心を彰[58]」（「正信偈」）し、説き勧めたのが天親であること、

論主の一心ととけるをば　曇鸞大師のみことには
煩悩成就のわれらが　他力の信とのべたまふ　（『定親全』二、和讃篇、九四頁）

天親菩薩のみことをも　鸞師ときのべたまはずば
他力広大威徳の　心行いかでかさとらまし　（『定親全』二、和讃篇、九一頁）

そして、『浄土論』（以下、『論』）を註解して、その天親の説く「一心」が「煩悩成就のわれら」がための「他力の信」であること、

弥陀の回向成就して　往相還相ふたつなり
これらの回向によりてこそ　心行ともにえしむなれ　（『定親全』二、和讃篇、九二頁）

尽十方の無碍光は　無明のやみをてらしつゝ
一念歓喜するひとを　かならず滅度にいたらしむ　（『定親全』二、和讃篇、九五頁）

そして、その他力とは「大悲往還の回向[59]」（「証巻」）として具体的にはたらく「如来の本願力[60]」（「行巻」）であり、これら如来二種の回向との値遇によって成就する「心行」——一心に無碍光如来に帰命する「無上の信心[61]」（『浄土論註』上巻）と「帰命尽十方無碍光如来」と「彼の如来の名を称[62]」（『論註』下巻）する讃嘆行——が衆生をして必

ず滅度に至らしめることを顕示したのが曇鸞である、と親鸞は讃嘆したのである。

「親鸞」とは、法然の選択本願念仏の「浄土宗」こそが「大乗のなかの至極」としての「浄土真宗」[63]（以上、『末灯鈔』第一通）、すなわち真実の仏道であることを、天親・曇鸞二師の教説への直参を通して明らかにしようとした「真宗開顕」の仏事の主体としての名なのである。

「顕智本」は「愚禿親鸞作」（「悲歎述懐讃」撰号）「親鸞八十六歳」（奥書）という署名を伝えており、それに比して「文明版」がかなりの増補・改訂を経ているとはいえ、撰号をあえて「愚禿善信集」[64]と改める必然性があったとは筆者には考え難いのである。

三、「文明版」の親鸞編集説・非編集説（別人説）をめぐって

既に述べたように、従来「文明版」は、「顕智本」に親鸞自身が増補・改訂を加えた『正像末和讃』の最終形態であると見られてきた。

ところが、近年、

（1）「顕智本」からの増補箇所、すなわち「聖徳奉讃」「善光寺讃」「自然法爾章」などは、親鸞の著作であることは認められるが、新たにその位置に挿入しなければならない理由が不明である。「聖徳奉讃」は全体が一連の主題を持ってまとまったものではなく、それぞれの和讃が独立的である。また、他の和讃に比して内容的に低調だと評される「善光寺讃」は、親鸞が書き残した未完の断簡が挿入されたと考えられる。[65]

（2）文明版『正像末和讃』にはいわゆる撰号・署名に類するものが「愚禿善信集」、「愚禿善信作」、「釈の親鸞、

之を書く」」、「親鸞八十八歳御筆」と四箇所あるが、その表記が「親鸞」「善信」と不統一であり、またその記される位置も不自然である。さらに「自然法爾章」の前に位置する「親鸞八十八歳御筆」には「……御筆」と明らかに別人による書き込みがある。(66)

（3）「顕智本」は「草本に云わく。正嘉二歳九月廿四日、親鸞八十六歳」という撰述年時を示す奥書を有するが、「文明版」にはそれに該当するものがなく、また現存写本も存如期のものを最古とし、(67)親鸞から年代的隔たりを持つものしかない。

といった理由から、「文明版」系祖本は親鸞以外の別人による編集、つまりは「顕智本」系本に親鸞の書き残した断簡などを後に別人が挿入したと見る別人編集説への支持が多くなっている。

しかし、これに対して佐々木瑞雲氏は、「顕智本」に比して「文明版」には、前述したような「釈尊」→「釈迦如来」、「衆生」→「有情」等の和讃本文の改訂箇所（異文）が見られることから、別人編集説が成立するためには、「顕智本」系祖本（正嘉二年九月に完成し顕智に授与された親鸞真蹟本・現存せず）が成立した後、「文明版」系祖本が成立するまでの間に、親鸞自身が「顕智本」系に和讃の増補や文言の改訂（標題・結語も含む）を施した〈本文改訂本〉が存在し、それにさらに別人が「聖徳奉讃」「善光寺讃」「自然法爾章」等を増補したという二段階の成立状況が想定されなければならない、とした。【次頁図1参照】

そして、「現存資料からは〈本文改訂本〉はおろか、そうした本が存在したことを示唆する手がかりすらなかった」、すなわち「〈本文改訂本〉の存在を立証できない」という欠点にもかかわらず別人編集説が高く支持されてきた理由は、「現存諸本中、増補箇所には、異文、すなわち親鸞自身による本文改訂の痕跡が存在しない」という点にあり、「もし増補箇所に親鸞自身によって本文改訂されたと判断できる異文を持つ本が存在し、それが「文明版」

（図 1）

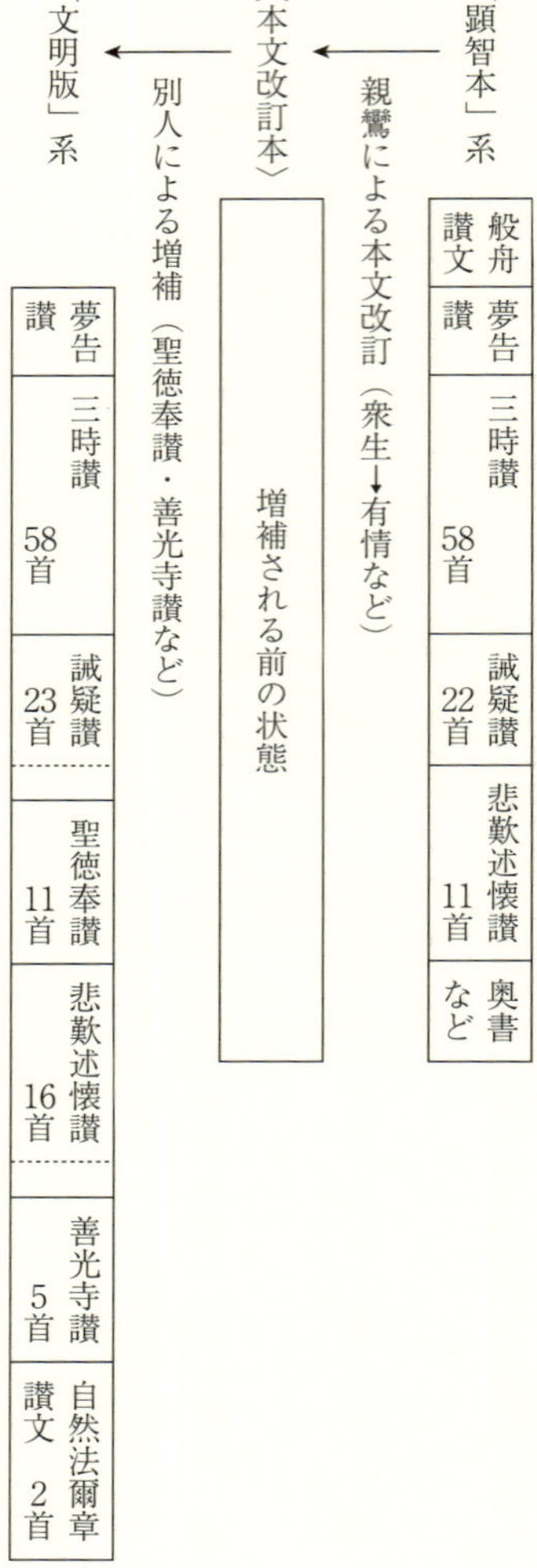

系の本文の成立に先立つと立証できれば」、「先の〈本文改訂本〉の位置に該当する「文明版」系の構成に近い〝異本〟の存在を現存資料から立証できれば」別人編集説は否定される、とした。

　そして佐々木氏は、真宗興正寺派興正寺蔵本・大阪府慈願寺蔵本・龍谷大学蔵本（坂東和讃）等のいわゆる「河州本」系「三帖和讃」写本の検討を通して、「顕智本」系・「文明版」系他、複数の写本系統の特徴を併せ持つ「混合本」である興正寺本・慈願寺本・坂東和讃のこれら三本には、「顕智本」系にも「文明版」系にも見られない校合箇所や左訓が多数存在することから、『正像末和讃』が「顕智本」から「文明版」へと増補・改訂がなされるその中間に、「文明版」系成立の前段階として未発見の〈異本〉が存在したと判断した。【図2参照】

　そしてその〈異本〉は、「顕智本」系から増補されて、「文明版」系に非常に近い構成を持っており、親鸞自身がその〈異本〉に物部守屋の称号を「大臣《だいじん》」から「大連《おおむらじ》」、善光寺一光三尊阿弥陀如来の伝来した場所を「なにわのみやこ（難波宮）」から「なにわ（難波）のうら（浦）」、「衆生」を「有情」とする等の改訂を加えた、親鸞編集による『正像末和讃』の最終形態としての「文明版」系祖本が成立したが、親鸞が最晩年を迎えていたために、「顕智本」系からの増補・本文改訂時に、それまで書きためていた「和讃」をそのままの状態で挿入した際に生じた撰号・署名の不統一・不自然さが訂正されなかった「未完成本」であったと結論づけている。

現存の「文明版」における「撰号・署名の不統一・不自然さ」について佐々木氏は、「愚禿善信」については、「愚禿釈善信」の記載を有する『一念多念分別事』が伝承されているので後世の別人の補筆とは断定できないとしているが、筆者はこれを首肯しない。また、氏は、「自然法爾章」の前の「親鸞八十八歳御筆」の「御筆」は明らかに別人の書き入れであり、「文明版」系に後世の補筆が全くないとは考えていないが、これをもって「自然法爾章」を挿入したのが別人であるという根拠にはならない、としている。(68)

（図 2）

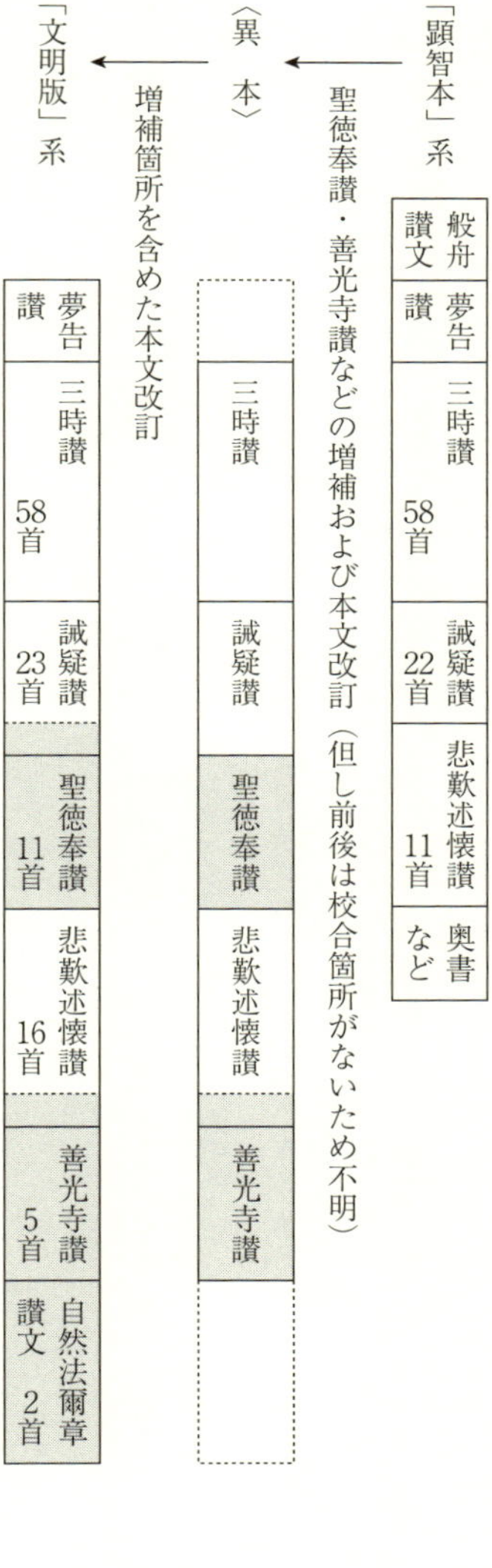

四、佐々木瑞雲氏説の批判的検証

以上のように佐々木氏は「文明版」系祖本の親鸞編集説を採っているが、筆者は、氏は結論を急ぎ過ぎた、と考えている。

〈異本〉の形状・成立時期について

佐々木氏自身が記しているように、氏は「混合本」である「河州本」系諸本の検討から〈異本〉の存在を想定したのであって、〈異本〉そのものを発見したのではない。氏はあくまで「顕智本」系祖本と「文明版」系祖本の間に位置する可能性のある未発見の和讃を発見したのであって、それらが氏の主張するような一冊の〈異本〉を形成していたと即断することはできないのではないだろうか。

「河州本」系祖本は「文明版」系を底本、「顕智本」系本等を対校本として成立しており、和讃本文・左訓の校合箇所は「夢告讃」「自然法爾章」「巻末和讃」を除く『正像末和讃』のほとんどに及んでいると言われる。

しかし、だからといって〈異本〉が一冊の冊子だったとは限らない。たとえば各種和讃ごとの分冊状態であったとしたら、それは「河州本」に表記されたであろうか。

佐々木氏に拠れば「河州本」は【図3】のように、『般舟讃』の文、「夢告讃」、「正像末法讃」（佐々木氏論文中では「三時讃」）五十八首、「疑惑讃」（同じく「誡疑讃」）二十三首、「聖徳奉讃」十一首、「悲歎述懐讃」十六首、「善光寺讃」五首、「自然法爾章」、「巻末和讃」（同じく「讃文」）二首、「四声点の凡例」から構成されている。

（図3）

般舟讃文	夢告讃	三時讃 58首	誡疑讃 23首	聖徳奉讃 11首	悲歎述懐讃 16首	善光寺讃 5首	自然法爾章讃文 2首	四声点の凡例

これに較べると「文明版」には『般舟讃』の文、「四声点の凡例」がなく、「顕智本」には「聖徳奉讃」「善光寺讃」「自然法爾章」「巻末和讃」「四声点の凡例」等がないことが知られるが、「河州本」の表記上にこれら諸本の「……がない」という特徴は現れない。

佐々木氏は「混合本」の性格を【図4】のように示しているが、「河州本」が「……がある」という各系統本の特徴を網羅した「混合本」であるがゆえに、「……がない」という各系統本の特徴は逆に窺い知れなくなるのである。

（図4）

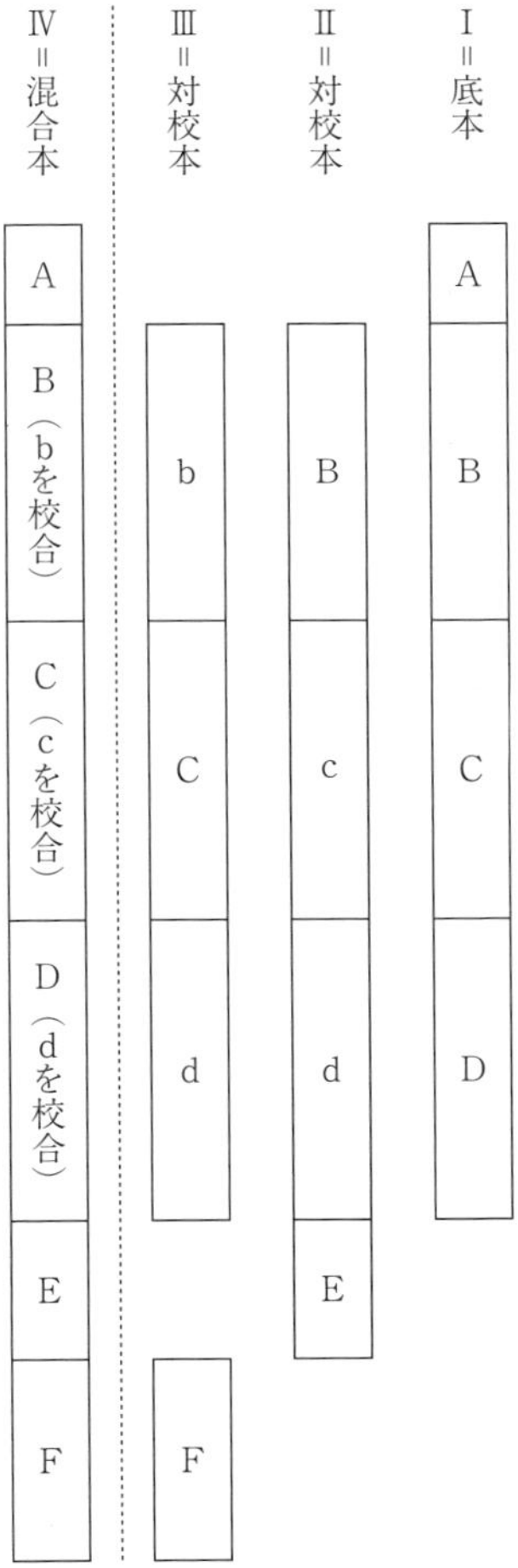

たとえば、「顕智本」のような「疑惑讃」「悲歎述懐讃」を含んだ『正像末法和讃』と、「聖徳奉讃」「善光寺讃」「自然法爾章」（顕智聞書）として各々独立した分冊を集めて対校本とした可能性もあり得るし、さらに言えば分冊ですらなく、一首のみの断簡であった可能性さえ皆無ではないのではなかろうか。

佐々木氏は〈異本〉が一冊の冊子であるという前提に立って、「顕智本」↓〈異本〉↓「文明版」祖本という段階的増補・本文改訂をなし得る人物は親鸞以外にないとした。

しかし、その前提が崩れればどうなるであろうか。

〈異本〉が一冊の冊子ではなく分冊・断簡状態であったとしたら、その次の段階、つまり「大臣」が「大連」、「なにわのみやこ」が「なにわのうら」、「衆生」が「有情」に改められた段階のものも同様に分冊・断簡状態であり、それらが親鸞没後の流伝の過程において「愚禿善信」等の撰号・署名と共に合冊・製本されて現行の「文明版」の祖本となった可能性も出てくるのではないだろうか。

しかもその分冊・断簡状態の〈異本〉は、「顕智本」系祖本以前の成立である可能性すらあるのである。

常盤井和子氏に拠れば、専修寺蔵国宝初稿本『浄土和讃』『高僧和讃』の成立（宝治二年・一二四八年、親鸞七十六歳）以後、新たに制作された「別和讃」が断簡・冊子の形態で東国に送られて門弟間で見写・流布され、一方親鸞の手元でそれらがさらに改訂・編集され、それらがまた送られて見写・流布されるという繰り返しの中で、最終的に出来上がったものが「顕智本」系祖本だとされている(69)。

佐々木氏が「顕智本」系祖本以降の成立とされた〈異本〉とは、「河州本」系祖本の制作時に対校本として集められた「別和讃」、それも「顕智本」系祖本以前に成立、流布していたものであった可能性はないのだろうか。

「皇太子聖徳奉讃」について

「文明版」において増補された「聖徳奉讃」十一首であるが、「連続した関係はなく、互いに独立している」（宮崎圓遵氏）と指摘されたごとく、各首の配列順序が未整理であるとの印象が否めない。

主題的に見ても、第一、四首が太子の恩徳としての住正定聚、第二、三、六、七首が念仏者への父母のごとき太子の随伴、第五、十一首が如来の二種回向への論及、第八首から第十首が太子奉讃の勧めといった具合にバラバラに配置されている。

各和讃は間違いなく親鸞の手になるものであるとしても、親鸞自身による厳密な編集を経ていないのは明らかである。

また、第八、九首目は康元二年（一二五七年、八十五歳）二月撰述の『百十四首太子和讃』の第一、二首目に、第九首は「草稿本」第三十九首にも収められている。ただし、「草稿本」第三十九首の一句目が「上宮太子方便し」であるのに対し「文明版」は「上宮皇子方便し」と改訂されている。この用語変更については後述する。

多屋頼俊氏は、「十一首としてまとまったものとは思われない」とし、その理由を、

（1）第一首は冒頭の和讃として不適当。
（2）第十一首は末尾の和讃として不似合い。
（3）類似の語句が多く、太子奉讃の念から繰り返されたとは考えられない。
（4）和讃の順序を変えても意味上には支障が生じない（十一首に思想的な統一がないから）。
（5）第五首は少しく性質が違うが他はいずれも総括的に太子を讃仰したもので各首独立的性格を有している。

と挙げ、「（一）この十一首わ、一時的に一つの思想体系から作られたものでわなくて、一二首ずつ作られるままに

書き留めておかれたものであろう。そして或いわ草稿と精選が共に残つているものがあるかも知れない。(二)この十一首わこれだけで一連の和讃にせられる目的でわなかつたであろう」と述べ[70]、「疑惑讃」二十三首と「悲歎述懐讃」十六首の間という「文明版」における位置にも疑問を呈している[71]。

「文明版」において増補された「聖徳奉讃」であるが、佐々木氏に拠れば、「河州本」では第四首、

聖徳皇のあはれみて　　仏智不思議の誓願に
すゝめいれしめたまひてぞ　　住正定聚の身となれる
（『定親全』二、和讃篇、二〇三頁）

の一句目「聖徳皇のあはれみて」に「太子」の注記があり――つまり〈異本〉では一句目が「聖徳太子のあはれみて」であって――、「聖徳奉讃」にはこれ以外に校合箇所も左訓の注記もないと言う。

「聖徳皇」の語は「聖徳奉讃」十一首中七首に登場するが、「河州本」で校合されているのはこの一箇所のみである。このことは何を物語っているのであろうか。

仮に校合箇所を一箇所だけ示して後は省略したのであれば、第一首、

仏智不思議の誓願の　　聖徳皇のめぐみにて
正定聚に帰入して　　補処の弥勒のごとくなり
（『定親全』二、和讃篇、二〇二頁。以上、傍線筆者）

の二句目の「聖徳皇のめぐみにて」に注記が施されるはずである。

佐々木氏はこれが〈異本〉の「聖徳太子」が「文明版」系祖本成立の際に「聖徳皇」と改訂されたことを示すものであるという。だとすれば〈異本〉にはこの第四首目にのみ「聖徳太子」とあって他の六首には「聖徳皇」とあったのだろうか。むしろ〈異本〉には「聖徳太子のあはれみて」の一首、つまり断簡しかなかったと考えるべきではないだろうか。

建長七年（一二五五年、親鸞八十三歳）十二月撰述の『七十五首太子和讃』では、太子の呼称は「聖徳太子」「太子」が主に用いられ、この他、「（敬礼）救世観世音伝灯東方粟散王」「八耳皇子」「厩屋戸の皇子」「上宮太子」の別名が挙げられ、「聖徳皇」の用例はない。

二年後の康元二年（一二五七年、八十五歳）二月撰述の『百十四首太子和讃』では「聖徳皇」「上宮皇子」「太子」「（敬礼）救世観世音大菩薩伝灯東方粟散王」「厩戸豊聡耳の皇子」「聖徳太子」「上宮太子」、同年正嘉元年閏三月一日の日付のある草稿本『正像末和讃』には「大日本国粟散王」「上宮皇」「上宮太子」とあり、この時点では「聖徳太子」と「聖徳皇」、「上宮太子」と「上宮皇子」「上宮皇」が混在している。

これに対して文明版「聖徳奉讃」には「聖徳皇」「上宮皇子」とのみあり、「聖徳太子」「上宮太子」は使われていない。

散文の著作においては、正嘉元年五月書写の『上宮太子御記』に「上宮太子」「太子」「（敬礼）救世観世音伝灯東方粟散王」「厩戸の豊聡耳の皇子」「聖徳太子」、翌正嘉二年（一二五八年、八十六歳）六月撰述の『尊号真像銘文』（広本）に「皇太子聖徳」「聖徳太子」「上宮太子」「（敬礼）救世観世音大菩薩伝灯東方粟散王」とあるものの、和讃においては康元二年（改元して正嘉元年）を境に太子の呼称が「聖徳太子」から「聖徳皇」、「上宮太子」から「上宮皇子」へと比重を移していることが窺われるのである。

既に指摘した通り、『百十四首太子和讃』冒頭の、

和国の教主聖徳皇　　広大恩徳謝しがたし

一心に帰命したてまつり　　奉讃不退ならしめよ

上宮皇子方便し　　和国の有情をあわれみて

如来の悲願を弘宣せり　　慶喜奉讃せしむべし

（『定親全』二、和讃篇、二五一頁）

の二首は文明版「聖徳奉讃」の第八・九首にも収められているし、草稿本『正像末和讃』には第三十八首に、

上宮太子方便し　　和国の有情をあわれみて

如来の悲願弘宣せり　　慶喜奉讃せしむべし

（『定親全』二、和讃篇、一五三頁、以上、傍点筆者）

として一句目が「上宮太子方便し」、三句目が「如来の悲願弘宣せり」となった、『百十四首太子和讃』第二首とほぼ同文の和讃が収められている。

つまり、佐々木氏の言うような〈異本〉が八十六歳以降に成立していたのであれば、第四首目も――たとえそれ以前の段階で「聖徳太子」であったとしても、〈異本〉成立の段階で改訂され――他の和讃同様「聖徳皇」と記されていなければ不自然なのである。

以上のことから推察するに、一句目に「聖徳太子のあはれみて」とあった旧和讃は「聖徳太子」という呼称が主に用いられていた康元二年以前に制作されたものであり、「文明版」に「聖徳皇」とある七首のうち、それ以外の六首はそれ以降、太子の呼称法が「聖徳皇」に比重を移し終えた後に制作され、同じ頃、第四首も「聖徳太子」から「聖徳皇」に改訂されて、「文明版」系祖本成立の際に十一首の「聖徳奉讃」として編入された。

そして、「河州本」系祖本が制作される際に改訂前の「聖徳太子」とあった断簡（別和讃）が対校本として用いられた。

こう考えた方が、佐々木氏の言うような〈異本〉に一首だけ「聖徳太子」と記した和讃があって、それを「文明版」系祖本で改訂したと考えるより妥当ではないだろうか。

「善光寺如来讃」について

同じく増補された「善光寺讃」五首であるが、多屋氏はこれを「首尾も整わず、意味も通じにくいもの」であって「未定稿の断簡」であろうが、「何故三帖の中に入れてあるのであろうか」と疑問を呈している。[72]佐々木氏に拠れば、第一、第二、第五首が改訂され、〈異本〉にあった物部守屋の称号「大臣」が「大連」に改められ、第五首、

　弓削の守屋の大連　邪見きはまりなきゆへに
　よろづのものをすゝめんと　やすくほとけとまふしけり
　（傍点筆者、『定親全』二、和讃篇、二一九頁）

となったとしている。

これに対して康元二年（一二五七年、親鸞八十五歳）二月成立の『百十四首太子和讃』では、物部守屋・中臣勝海ら排仏派の奏請・破仏の場面において、

　弓削の守屋と中臣の　勝海のむらじともろともに
　皇に奏しまうさしむ　このくにもとより神をあがむ……
　ふたりの人はいまさらに　わざわいにあはむと奏せしむ
　守屋の連寺をやぶる　仏経堂塔ほろぼしき
　（傍点筆者、『定親全』二、和讃篇、二五五～二五六頁）

として守屋を「連」と記し、同年正嘉元年五月書写の『上宮太子御記』の同じ場面では、

　大連物部の弓削の守屋と中臣の勝海とともに奏してまふさく。我国にはもとより神をのみたふとみあがむ。
　……しかれども宣旨ありて、守屋の大連を寺につかわして、堂塔を破り仏経をやく。
　（傍点筆者、『定親全』五、転録篇、三七九～三八〇頁）

として「大連」と記している。『上宮太子御記』にはまた、

とおく守屋が連のむねにあたりてさかさまに木よりおちぬ。（傍点筆者、『定親全』五、転録篇、三八二頁）

といった「守屋の連」の用例もある。

このことから『善光寺縁起』によって守屋を「大臣」と記した和讃は康元二年より前の制作であることが知られる。ちなみに建長七年（一二五五年、八十三歳）十一月成立の『七十五首太子和讃』では守屋に何の称号も冠せられていない。

「善光寺讃」第一首、

善光寺の如来の　われらをあはれみまし〳〵て

なにはのうらにきたります　御名をもしらぬ守屋にて（傍線筆者、『定親全』二、和讃篇、二一七頁）

は、二句目以降が改訂前は「ときの有情をあわれみて／なにはのみやこにきたります／ゆげのもりや大臣しらぬゆえ」であったことが佐々木氏によって指摘されているが、「有情」は親鸞が建長七年（一二五五年、八十三歳）頃から「衆生」に変えて用い出した語であり、改訂前の旧和讃が建長七年から康元二年までの間に作られたことが窺われる。

そしてこれらの和讃が「顕智本」系祖本の成立（正嘉二年・一二五八年、八十六歳）以降まで改訂されずにあったと見るよりも、やはり八十五歳頃に改訂され、その後「文明版」系祖本に収められたものを改訂前の旧和讃によって校合したのが「河州本」である、と見るのが妥当だと筆者には思われる。

もしこの改訂前の旧和讃が佐々木氏の言う〈異本〉の一部であるならば、八十五歳時点で既に正解を知っていながら八十六歳以降になぜあえて誤った知識に基づいた和讃を作ったのか不可解である。また誤りと知りながら八十

六歳以降まで改訂していなかったとしても、既に制作されていながら「顕智本」系祖本に収めずにいた「善光寺讃」をなぜ〈異本〉の時点で新たに『正像末和讃』に組み込んだのか。これも不可解と言わざるを得ない。『百十四首太子和讃』等の記述に照らしてみると、増補部分のうち、「聖徳奉讃」も「善光寺讃」も改訂前の和讃は「顕智本」系祖本以前に既に成立しており、改訂も「顕智本」系祖本成立前に既に行われていた可能性が見受けられるのである。

そして佐々木氏は、「河州本」の「夢告讃」、そして「聖徳奉讃」「善光寺讃」以外の増補部分である「自然法爾章」、「巻末和讃」二首には校合箇所も左訓もなく、〈異本〉に存在したと証明することはできない、としている。

増補部分以外の改訂箇所について

また、佐々木氏に拠れば、これらの増補部分以外に「河州本」では、文明版「正像末法讃」第三首、

正像末の三時には　弥陀の本願ひろまれり
像季末法のこの世には　諸善龍宮にいりたまふ
(『定親全』二、和讃篇、一六〇頁)

の三句目「像季末法のこの世には」に「より」、「疑惑讃」第十五首、

如来慈氏にのたまはく　疑惑の心をもちながら
善本修するをたのみにて　胎生辺地にとゞまれり
(『定親全』二、和讃篇、一九七頁)

の二句目の「疑惑の心をもちながら」に「仏智疑惑の心ながら」、「悲歎述懐讃」第三首、

悪性さらにやめがたし　こゝろは蛇蝎のごとくなり
修善も雑毒なるゆへに　虚仮の行とぞなづけたる
(『定親全』二、和讃篇、二〇九頁。以上、傍点筆者)

の四句目の「虚仮の行とぞなづけたる」に「者となづけたり」との注記・校合がなされているが、いずれの和讃も「顕智本」と「文明版」は全く同文である。「正像末法讃」第三首は「草稿本」にも同文の和讃（第三十三首）がある。

佐々木氏は、これらがいずれも「顕智本」系の記述「a」が〈異本〉で「b」に改められ、「文明版」系で再び「a」に戻されたものであるとし、その根拠として『浄土和讃』における専修寺蔵国宝「初稿本」（宝治二年・一二四八年、親鸞七十六歳）→「顕智本」系祖本（建長七年・一二五五年、八十三歳）→「文明版」系祖本の変遷においても同様の例が見られ、「文明版」系祖本が「顕智本」系祖本に先行するとする説[73]（後述）を採ったとしても同様の例があるとしている。

しかしその論調から窺うに、佐々木氏は「河州本」の校合箇所が自説（「顕智本」系→〈異本〉→「文明版」系）以外の変遷を示している可能性を当初から排除している。

これらの校合箇所を筆者は、前述した「聖徳奉讃」「善光寺讃」の校合箇所と同様、「草稿本」「顕智本」系祖本以前に成立していた「別和讃」三首が「河州本」系祖本成立の際に対校本として用いられたことを示すものであると考えるが、「顕智本」系からの改訂を示した可能性も皆無ではない。「草稿本」第十首一句目の「釈迦弥陀の慈悲よりぞ」[74]を「顕智本」の「正像末法讃」第三十三首で「弥陀釈迦」[75]に改めながら、「文明版」では再び「釈迦弥陀」[76]に戻した例もある。

ただし筆者の考える可能性とは、「顕智本」系祖本成立後に当該箇所を改訂した「別和讃」三首が制作されたものの、その変更が「文明版」系祖本に反映されなかったというケースである。

対校本が一首ごとの断簡（別和讃）である可能性が否定できない以上、既存の『浄土和讃』『正像末和讃』に同様の文言の変遷があるとしても、それらは各和讃ごとの変遷を示すに過ぎず、佐々木氏の言う〈異本〉の存在を証明する根拠とは到底なり得ないのである。

左訓について

次に左訓に関してであるが、佐々木氏に拠れば「顕智本」系にも「文明版」系にも存在しない左訓が「河州本」には九箇所（「正像末法讃」二箇所、「疑惑讃」三箇所、「悲歎述懐讃」四箇所）あると言う。該当する九首の和讃は「草稿本」にはなく、「顕智本」「文明版」いずれも同じ文面で、当該の語句にはいずれもそれ以外の左訓はない。つまり〈異本〉が「顕智本」系以降の成立だとすれば、〈異本〉で新たに施した左訓を親鸞は次の「文明版」系祖本では採用しなかったことになる。もちろん「文明版」系の流伝の間にすべてが失われた可能性も否定はできないが。

ただし、これらを検討する前に、左訓を施すという行為自体にいかなる意味があるのかを抑えておきたい。左訓に関して言えば、「文明版」は「顕智本」に比してかなり少なく、同じ語に施す場合でも「顕智本」をそのまま継承はせず、文言も簡潔になっている。「顕智本」と「文明版」とで同じ左訓が施されている文言は「疑謗」「等正覚」等わずか四例ほどしかない。

このことが何を物語るかと言えば、親鸞は「顕智本」系祖本に直接改訂・増補を加えて「文明版」系祖本としたのではない、ということではないだろうか。

「顕智本」系祖本は正嘉二年九月下旬に脱稿されており、同年十二月に上洛中の顕智が善法坊で「獲得名号自然法爾」の法語を聞書していること、「顕智本」表紙に顕智筆「釈顕智」の袖書がある——祖本の表紙には授与先である「釈顕智」の名の袖書が親鸞直筆でなされていたであろう――こと、「顕智本」が現在まで専修寺に伝来していることなどから見て、親鸞は直筆の祖本を顕智に付嘱し、顕智はそれを下野国高田に持ち帰った。つまり「顕智本」系祖本はそれ以降親鸞の手元になかった、と考えられるのである。

「顕智本」系祖本が手元にない以上、親鸞は別の手稿本によって語句の改訂・和讃の増補を行わなければならなかったはずである。そしてその手稿本は、「顕智本」系祖本と同じ構成ではあるものの、「顕智本」系祖本に比して左訓が少なく簡略化されており、肩番・圏発も施されておらず、奥書もなかったことが「文明版」の現状から想像される。

常盤井和子氏に拠れば、顕誓『反古裏書』には建長六年（一二五四年、親鸞八十二歳）十二月制作との奥書を持った親鸞真蹟本『浄土和讃』の存在を示唆する記述がある[77]。また、専修寺には「御真筆本奥書に曰わく／建長六年甲寅十二月日／此れに拠るに当帖聖人八十二歳の製作也」の奥書を持つ江戸期の『浄土和讃』の版本（『高僧和讃』とセット）が現存しており、用語法や左訓、構成等から見て「顕智本」系とは異なり、「文明版」系に属しているという。

これらのことから常盤井氏は、建長六年の親鸞真蹟本が「文明版」系『浄土和讃』『高僧和讃』の祖本であるとしている。

そして常盤井氏は、「初稿本」「顕智本」と「文明版」系諸本とを比較すると、前者が左訓の数も多く内容も懇切丁寧、肩番・圏発があるのに対して、後者は左訓が少なく簡略的で肩番・圏発もないという差異があることを指摘し、その特徴的差異について、前者は門弟の系譜（高田門徒）に伝来したもの、つまり親鸞の手元から離れたものであり、手放すに際して親鸞が懇切な教育的配慮を施したその結果であり、後者は本願寺の伝統の中に伝来してきたもの、つまり親鸞の手元を離れなかったがゆえに前記のような対外的措置が施されなかった結果である、と推測している。(78)

『正像末和讃』の「顕智本」「文明版」においても同様の事情があるのではなかろうか。「顕智本」系祖本（左訓が懇切で数も膨大、肩番・圏発・奥書あり）が顕智に与えられた折、親鸞の手元にはもう一本の手稿本（左訓が簡潔で数も少ない、肩番・圏発・奥書なし）が残された。親鸞がその後それに増補・改訂を施したもの、それこそが佐々木氏の言う〈本文改訂本〉に他ならない、と筆者は考えるのである。

佐々木氏は「現存資料からは〈本文改訂本〉はおろか、そうした本が存在したことを示唆する手がかりすらなかった」と断定したが、筆者からすれば現存の「文明版」――の特徴――が〈本文改訂本〉の存在を示唆しているのである。親鸞が生前手元から離さなかった、つまりその没後も外部に出ることなく本願寺に秘蔵されていたとすれば、「文明版」以外の「現存資料からは〈本文改訂本〉はおろか、そうした本が存在したことを示唆する手がかりすらな」いのは当然ではないだろうか。

このように考えると、佐々木氏が指摘した「河州本」の九箇所の左訓についてもそれらが施された理由と時期がおのずと明らかになると思われる。

これらの左訓のうち二箇所は、「悲歎述懐讃」が「顕智本」の十一首から「文明版」の十六首に増補されたうちの第十二首、

五濁邪悪のしるしには　　僧ぞ法師といふ御名を
　奴婢僕使となづけてぞ　　いやしきものとさだめたる

（『定親全』二、和讃篇、二〇九頁。二一四頁）

の三句目の「奴婢僕使」、第十五首、

末法悪世のかなしみは　　南都北嶺の仏法者の
　輿かく僧達力者法師　　高位をもてなす名としたり　　（『定親全』二、和讃篇、二一五頁。以上、傍線筆者）

の四句目の「高位」の語に施されている。

つまり少なくともこの「悲歎述懐讃」二首に関してだけは、「顕智本」系祖本以降に成立した〈異本〉が存在したことになる。

では他の七首の左訓はいつ施されたのであろうか。「顕智本」系祖本成立以前の「別和讃」の段階での可能性もないわけではないが、筆者は「顕智本」系祖本が顕智によって持ち帰られた以降に残り七首すべてに左訓が施され、〈本文改訂本〉で増補された六首（「疑惑讃」一首、「悲歎述懐讃」五首）と共に、断簡の形で漸次に、あるいは冊子の形で一時に、東国に送られたと考える。

左訓を新たに施された語句は「久遠劫」「親友」「疑惑」「胎に処する」「奸詐」「無慚無愧」などであり、「文字のこゝろもしらず、あさましき愚痴きわまりなき」「ゐなかのひと〴〵」に「やすくこゝろえさせむ」ための、「ひとすぢにおろかならなるひと〴〵を、こゝろへやすからむとてしるせる」[79]（以上、『一念多念文意』跋文）左訓である以上、親鸞にしても「顕智本」系祖本をもって事終われりとはいかなかったのではなかろうか。

五、「文明版」系祖本の成立時期について

次に、親鸞編集説論者が文応元年（一二六〇年、親鸞八十八歳）頃とした「文明版」系祖本の成立時期への疑問を述べたい。

ここで問題となるのは親鸞の健康状態である。

筆者は、「三、『文明版』の親鸞編集説・非編集説（別人説）をめぐって」の項で、別人編集説の論拠である「文明版」の諸問題を挙げたが、このうちの（1）（2）に対して親鸞編集説の論者は、「聖人の至極晩年の補訂であると思われるので、なお修正すべき点が残されて、しかもそのままになった」（宮崎圓遵氏）、「親鸞が最晩年を迎えていたために、『顕智本』系からの増補・本文改訂時に、それまで書きためていた『和讃』をそのままの状態で挿入した際に生じた撰号・署名の不統一・不自然さが訂正されなかった」（佐々木瑞雲氏）と、その理由を一様に親鸞の高齢に求めている。

しかし、「顕智本」系祖本が顕智に授けられた正嘉二年（一二五八年）冬から弘長二年（一二六二年）十一月二十八日の親鸞命終まで、改訂・増補、そして整理・修正にほぼ四年間の時間的余裕があったはずである。

しかも、佐々木氏の言うように、「顕智本」系からの増補・本文改訂時に、それまで書きためていた「和讃」（聖徳奉讃・善光寺讃等）をそのままの状態で挿入したとしても、佐々木説に拠れば親鸞はその後、〈異本〉に「増補箇所を含めた本文改訂」を行い、その結果、親鸞本人の編集による「文明版」系祖本が成立したはずである。つまり佐々木説に従えば、親鸞は〈異本〉に対する改訂等の作業は行いながら、撰号・署名の不統一、不自然さ等はなぜか看過、放置したことになるのである。

また、九十歳で没した親鸞にとって八十八歳は確かに「最晩年」ではあるが、多くの修正点を放置したままにせざるを得ないほど当時の親鸞は「老衰」していたのであろうか。

文応元年の成立と見られる親鸞の著作・書簡は現在三部確認できる。

門弟間で問題となっている十二光仏に関する自著の送付を約束した十月二十一日付唯信宛「書簡」（『御消息集』

（広本）第十七通）。乗信に対して「善信が身には、臨終の善悪をばまふさず……」と自身の現生正定聚の信念を述べた十一月十三日付「書簡」（『末灯鈔』第六通）。そして、唯信宛「書簡」に執筆中と記した著作と思しき十二月二日書写の『弥陀如来名号徳』である。

乗信宛「書簡」に、

なによりも、こぞ・ことし、老少男女おほくのひとぐ〵のしにあひて候らんことこそ、あはれにさふらへ。

（『定親全』三、書簡篇、七四頁）

とあるように、文応元年は疫病の大流行等によって多くの死者が出ている。

鎌倉幕府の公式記録『吾妻鏡』の同年六月四日条は、

検断の事に就きて、今日定めらるるの條々あり。かつは六波羅に仰せ遣はさるるなり。いはゆる、……

一、放免の事。

右、殺害人においては、日来《ひごろ》十ヶ年以後、所犯の軽重に随ひてこれを免ぜらるといへども、今度においては、諸国の飢饉といひ人民の病死といひ、法に過ぐるの間、別の御計ひをもつて、年記をいはず、殊なる子細なきの輩は、当年の所犯に至りては放免せられをはんぬ。

（傍点筆者、『全訳吾妻鏡』五、新人物往来社、一九七七年、三九七頁）

として、先年来の飢饉と今年の疫病流行による多数の死者が発生するという異常事態であるので、殺人犯の検断（検察・断罪）に関して従来は財産没収の上、死罪もしくは「十年間の流罪の後に犯した罪の重さによって釈放」の慣例[80]であったが、今年その罪を犯した者に限ってはそれを適応せず、特別の事情さえなければ逮捕後に審理抜きで放免（釈放）せよ、という布令が全国各地の守護・地頭（京都は六波羅探題府）に通達されたことを記している。

鎌倉幕府がこの時行った布告は、「今年に限る」という一定期間のそれも殺人罪にのみ公訴権（公訴を提起し裁判を求める検察官の権能）を停止するといういわば限定付きの「大赦」であるが、おそらくこれは「大赦」によって神仏の歓心を買いその霊威によって飢饉・疫病の原因である悪鬼悪霊の祟りを鎮めようという宗教的色彩を帯びた施策であろう。

また、同月十二日条には、

人庶《にんしょ》疾疫対治《たいぢ》のために祈禱を致すべきの由、今日諸国守護人に仰せらると云々。その御教書に云はく、

諸国の寺社、大般若経転読の事。

国土安穏、疾疫対治のために、諸国の寺社において大般若・最勝仁王経等を転読せらるべきなり。早くその国の寺社の住僧に仰せて、精誓を致し転読すべきの由、地頭等に相触れしむべきなり。かつは知行所において堅固に下知せしむべきの状、仰せによつて執達件のごとし。

文応元年六月十二日　武蔵守

相模守

某殿

（傍点筆者、『全訳吾妻鏡』五、新人物往来社、三九七～三九八頁）

として、疫病流行の終息を願って諸国の寺社に祈禱――『大般若波羅蜜多経』『金光明最勝王経』『仁王護国般若波羅蜜多経』等を転読――するよう地頭らに通達させよと諸国守護に命じる将軍宗尊親王の「御教書」が同日付で発給されたという、これも非常事態下の幕府の宗教施策を伝えている。

『吾妻鏡』はこの他にもこの年起きた災害を「卯の一点、大地震(81)」（三月二十五日）、「丑の刻、鎌倉中大焼亡。長楽寺の前より亀谷《かめがやつ》の人屋に至ると云々(82)」（四月二十九日）、「疾風暴雨、洪水。河辺の人屋大底流失す。山崩れ、人

多く磐石《ばんじゃく》のために圧《お》され死ぬ」[83]（六月一日）、「晴る。甚雨。申の刻、大風。人屋多くもつて破損す。戌の刻、風休む。地震」[84]（八月五日）と記録している。

また特筆すべきは、この年七月十六日に日蓮が、正嘉年間以来相次いだ地震・暴風雨・飢饉・疫病などの災害の原因は人々が正法である法華経を信じずに邪法を信じていることにあると諸宗を非難し、殊に浄土宗の禁圧を幕府に要請した『立正安国論』を元執権北条時頼に提出している。

このように天災が頻発し疫病が大流行するなか、八十八歳の老親鸞は疫病に侵されることなく生き抜き、その年の冬に、同じく非常事態下の東国門弟が発したまさしく命懸けの問いに応えるべく筆を振るっているのである。当時の親鸞の肉体・精神がいかに壮健であったかが窺われる。

この親鸞が『正像末和讃』の最終型となるべき「文明版」系祖本の諸問題を修正せず放置したであろうか。弘長二年十一月十一日・十二日付の書簡は、死を目前にした親鸞の頭脳がいまだ明晰であったことを物語っている。もちろん高齢者が急激に体調を崩す例もあり、十二月初旬に『弥陀如来名号徳』の書写を終えた際には良好だった健康状態がその後激変し、結果、文応元年に編集した祖本の未整理状態がその後二年間、捨て置かれた可能性もないではない。

実際、八十九歳以降の親鸞の健康状態を窺い知れる史料は存在しない。

ただし、その場合、親鸞が体調を崩したタイミングが、「悲歎述懐讃」の前に位置する「聖徳奉讃」の各首配置の乱れはなぜか後回しにして、「正像末法讃」「疑惑讃」、「悲歎述懐讃」の改訂・増補・和讃の配列変更を終えたその直後ということになるし、仮にその結果、「聖徳奉讃」以降の撰号・署名の不統一・不自然さが放置されたのだとしても、冒頭の撰号にだけなぜか「愚禿善信集」と、他のあらゆる和讃で用いた「愚禿親鸞作」の「作」の字ではなく、『顕浄土真実教行証文類』等の経釈文を類聚した著作で用いた「集」の字を使い、しかも修正することなく放置したのか、といった疑問が残るのである。

佐々木氏は、「河州本」の校合箇所によって、親鸞自身によって増補部分が改訂された、「顕智本」系祖本と「文明版」系祖本の中間に位置する〈異本〉の存在が証明され、別人編集説は否定されるに至ったとした。

しかし、筆者が佐々木氏の調査報告を精査した結果、導き出された結論は真逆であった。

筆者は、佐々木氏の調査結果は、「顕智本」系祖本と「文明版」系祖本との間に位置する〈本文改訂本〉の存在を必ずしも否定しておらず、「文明版」系祖本の親鸞編集説を証明するものとはなり得ていない。それどころか、現存する「文明版」系諸本中の増補部分には「顕智本」系祖本以降の親鸞自身による本文改訂の痕跡が存在しない、という氏が否定したかった別人編集説の根拠を逆に補強する結果すら示している、と考える。

筆者の見解によれば〈異本〉は一冊の冊子ではなく、多くの冊子・断簡の混在である。

そして、その成立時期も佐々木氏が言うような「顕智本」系祖本（親鸞八十六歳）と「文明版」系祖本（八十八歳頃）との間ではなく、ある部分は「顕智本」系祖本、あるいは「草稿本」（八十五歳）にすら先行して成立し、ある部分は「顕智本」系祖本以降に成立している。

また、佐々木氏が存在した痕跡すらないとした〈本文改訂本〉は、「顕智本」系祖本が顕智に託された後に親鸞の手元に残されたもう一部の手稿本に親鸞自身が増補・改訂を加えたものであり、現存の「文明版」にこそその痕跡を残していると思われる。

そして、親鸞没後、本願寺に蔵されていた〈本文改訂本〉にある時期誰かが、（おそらくは本願寺に）やはり残されていた断簡状態の和讃・撰号・署名等を挿入して「文明版」系祖本が成立した。

その成立時期は、早ければ覚如が『古徳伝』で元久二年の親鸞の改名を「善信」とした正安三年（一三〇一年）頃、あるいは孤山隠士が『愚闇記（愚暗記）』に「愚禿善信」の呼称を記した正和二年（一三一三年）の前後から「河州本」系祖本が成立したとされる室町期（もしくは鎌倉末期・南北朝期）までの間であろう。(85)

そして、室町期（もしくは鎌倉末期・南北朝期）に当時流伝していた「文明版」系本を底本、「草稿本」系本・「顕智本」系本、そして冊子・断簡状態の「別和讃」（改訂以前）等を対校本として混合本「河州本」系祖本が制作された。

以上が「文明版」系『正像末和讃』祖本の成立に関する筆者の推定である。

種々の観点から考察を行った結果、文明版『正像末和讃』の「愚禿善信」は親鸞自身による記名ではなく、別人の手による「文明版」系祖本編集の際か、もしくはその後の流伝の過程で混入したものと筆者は考えざるを得ないのである。

註

（1）『定親全』二、和讃篇、一五七頁。
（2）『定親全』二、和讃篇、一五八頁。
（3）『定親全』二、和讃篇、一八八頁。
（4）『定親全』二、和讃篇、一八八頁。
（5）『定親全』二、和讃篇、二〇一頁。
（6）『定親全』二、和讃篇、二一三頁。
（7）『定親全』二、和讃篇、一四四頁。

(8)『定親全』二、和讃篇、一七三頁。
(9)『定親全』二、和讃篇、一四四頁。
(10)『定親全』二、和讃篇、一七三頁。
(11)『定親全』二、和讃篇、一四四頁。
(12)『定親全』二、和讃篇、一六七頁。
(13)『定親全』二、和讃篇、一五七頁。
(14)『定親全』二、和讃篇、一八八頁。
(15)『定親全』二、和讃篇、二〇一頁。
(16)『定親全』二、和讃篇、二〇七頁。
(17)『定親全』二、和讃篇、二〇七頁。
(18)『定親全』二、和讃篇、二一六～二一七頁。
(19)「顕智本」「文明版」の表記・構成は『影印高田古典』二、インターネット「龍谷大学図書館貴重資料画像データベース／真宗／三帖和讃／第三冊」に拠る。
(20)『定親全』二、和讃篇、一五九頁。
(21)『定親全』二、和讃篇、一七三頁。
(22)『定親全』二、和讃篇、一七七頁。
(23)宮崎圓遵「正像末和讃私記」『宮崎圓遵著作集六　真宗書誌学の研究』（思文閣出版、一九八八年）、三三五頁参照。
(24)宮崎圓遵「正像末和讃私記」『宮崎圓遵著作集六　真宗書誌学の研究』三四四頁。
(25)宮崎圓遵「正像末和讃私記」『宮崎圓遵著作集六　真宗書誌学の研究』三四四頁。
(26)宮崎圓遵「正像末和讃私記」『宮崎圓遵著作集六　真宗書誌学の研究』三四四頁。
(27)宮崎圓遵「正像末和讃私記」『宮崎圓遵著作集六　真宗書誌学の研究』三三五頁。
(28)多屋頼俊「三帖和讃の本文について」『大谷学報』一二八（大谷大学大谷学会、一九五六年）、二一〇頁参照。

(29) 松原祐善『昭和五十五年度安居本講　正像末和讃講讃』（東本願寺出版部、一九八〇年）、四三～五〇頁参照。
(30) 『定親全』二、和讃篇、二〇六頁。
(31) 鶴見晃「親鸞の名のり（続）――『善信』への改名と『名の字』――」二九～三一頁、三三～三五頁参照。
(32) 『尊号真像銘文』（広本）、『定親全』三、和文篇、一二〇頁。
(33) 『尊号真像銘文』（広本）、『定親全』三、和文篇、一二〇頁。
(34) 『御消息集』（善性本）第七通、『定親全』三、書簡篇、一六三頁。
(35) 宮崎圓遵「正像末和讃私記」『宮崎圓遵著作集六　真宗書誌学の研究』三四一～三四二頁参照。
(36) 『定親全』一、三八一頁。
(37) 山田恵文「親鸞と『西方指南抄』」『親鸞教学』九六（二〇一一年）、二九～三二頁参照。
(38) 『定親全』二、和讃篇、二二九頁。
(39) 『定親全』三、和文篇、一〇〇頁。
(40) 『定親全』三、和文篇、一〇一頁。
(41) 『定親全』二、和讃篇、二〇二頁。
(42) 『定親全』二、和讃篇、二〇七頁。
(43) 『定親全』三、書簡篇、七九頁。
(44) 『定親全』四、言行篇(1)、五頁。
(45) 『法伝全』二二四～二二五頁。
(46) ただし、遵西処刑が二月九日であるとの記述は法然入滅の約百年後に成立した『行状絵図』以外にはなく、藤原定家『明月記』同日条にも「近日、只だ一向専修の沙汰、搦め取られ拷問せられると云々、筆端の及ぶ所に非ず」（『明月記　第二』国書刊行会、一九七〇年、一一頁下段）と逮捕・拷問の記述はあるが処刑の記述はない。
(47) 『定親全』三、書簡篇、一四三頁。
(48) 「化身土巻（本）」『定親全』一、三一六頁。『正像末和讃』『定親全』二、和讃篇、一四六頁、一六〇頁。
(49) 『定親全』二、和讃篇、一五二頁。

(50)『定親全』一、三一〇頁。
(51)『定親全』一、一三〇頁。
(52)建長七年（一二五五年）八月制作の『三経往生文類』（略本）と康元二年（一二五七年）三月書写の『三経往生文類』（広本）、康元元年十一月制作の上宮寺蔵『往相還相回向文類』と翌正嘉元年閏三月真仏書写の専修寺蔵『如来二種回向文』の本文を比較すると、いずれも二種回向に関連した箇所での改訂や増補が確認できる（本書第四章第三節参照）。
(53)『定親全』二、和讃篇、二〇四頁、二〇七頁。
(54)『定親全』二、和讃篇、二〇五頁、二〇六頁。
(55)『定親全』二、和讃篇、二〇四頁。
(56)『定親全』二、和讃篇、二〇二頁、二〇三頁。
(57)『定親全』一、二二三頁。
(58)『定親全』一、八八頁。
(59)『定親全』一、二二三頁。
(60)『定親全』一、七一頁。
(61)『定親全』八、加点篇(2)、六六頁。
(62)『定親全』八、加点篇(2)、七三頁。
(63)『定親全』三、書簡篇、六二頁。
(64)親鸞は「文明版」以外の各和讃の撰号においては「愚禿親鸞作」「釈親鸞作」（『浄土和讃』）と「作」の字を用いている。これに対して「集」は『教行信証』『浄土文類聚鈔』等の要文を類聚した漢文著作に元来用いられる字である。常盤井和子「正像末和讃の成立に関する試論」『高田学報』七〇（一九八一年）、一一一頁参照。
(65)多屋頼俊「三帖和讃の本文について」『大谷学報』一二八、二〇〜二三頁参照。
(66)常盤井和子「正像末和讃の成立に関する試論」『高田学報』七〇、一〇六〜一一五頁参照他。
(67)『三帖和讃』文明版系の古写本は永享八年（一四三六年）八月の蓮如書写本（西本願寺蔵）、永享九年九月の存如書写本（金沢市専光寺蔵）、文安六年（一四四九年）一月の蓮如書写本（西本願寺蔵）、享徳二年（一四五三年）十一月の蓮如書写本（滋賀県円徳寺蔵）等がある。宮崎圓遵「正像末和讃私記」『宮崎圓遵著作集六 真宗書誌学の研究』二〇六頁、三五四〜三五五頁参照。

(68) 佐々木瑞雲「『文明版』系『正像末和讃』の成立過程――〈異本〉の存在証明とその意義――」『真宗研究』四八（二〇〇四年）、参照。

(69) 常盤井和子「正像末和讃の成立に関する試論」『高田学報』七〇、二一〜五一頁参照。

(70) 多屋頼俊「三帖和讃の本文について」『大谷学報』一二八、二一頁参照。

(71) 多屋頼俊「三帖和讃の本文について」『大谷学報』一二八、二二〜二三頁参照。

(72) 多屋頼俊「三帖和讃の本文について」『大谷学報』一二八、二〇頁。

(73) 常盤井和子「三帖和讃の諸本について」『真宗研究』三二（一九八七年）、参照。

(74) 『定親全』二、和讃篇、一四五頁。

(75) 『定親全』二、和讃篇、一七五頁。

(76) 『定親全』二、和讃篇、一七五頁。

(77) 「世に申伝へけるは、『和讃』御所作をなされ御歓悦の御かたちをうつさせられ侍る、……すなはち『浄土和讃』御奥書御筆に「建長六年甲寅十二月日」とこれあり。」『真聖全』三、九五七頁。

(78) 常盤井和子「三帖和讃の諸本について」『真宗研究』三二、一三六〜一五〇頁参照。

(79) 『定親全』三、和文篇、一五二頁。

(80) 『御成敗式目（貞永式目）』第十条、他参照。

(81) 『全訳吾妻鏡』（新人物往来社、一九七七年）五、三八七頁。

(82) 『全訳吾妻鏡』五、三九五頁。

(83) 『全訳吾妻鏡』五、三九六頁。

(84) 『全訳吾妻鏡』五、四〇三頁。

(85) 佐々木瑞雲氏は、現存する「河州本」系『三帖和讃』諸本の書写年代（室町末期）から考えてその祖本は少なくとも室町期には成立し、宮崎圓遵氏が指摘した鎌倉末期・南北朝期の断簡の存在（宮崎圓遵「正像末和讃私記」『宮崎圓遵著作集六　真宗書誌学の研究』八九～九〇頁、二〇二頁参照）を考慮に入れると成立年代はさらに遡る、としている。「『三帖和讃』成立の研究――『河州本』の特色について――」『宗学院論集』七四（浄土真宗本願寺派宗学院、二〇〇二年）、一一五頁参照。これに従えば、「文明版」系祖本の成立時期が存如期の古写本の書写年代に比べて大幅に遡ることになるが、断簡が『三帖和讃』のどの部分であるのか（『正像末和讃』を含むのか）については残念ながら宮崎氏は記していない。

第三項　蓮光寺旧蔵本『血脈文集』の「釈善信」

一、古田武彦氏の主張

『親鸞聖人血脈文集』は、賢心（一四八八～一五五二）による天文期書写本（富山県専琳寺旧蔵本。以下、専琳寺本）の記述に基づき、大谷廟堂の相続を巡って唯善と覚恵・覚如が争った際、唯善に肩入れして従来の地位を危うくした横曽根門徒（性信系統）が、事件解決（延慶二年・一三〇九年）後に「法然――親鸞――性信」の「三代伝持・血脈相承」によって自派の正統性を主張すべく編纂したものと見られてきた(1)。

これに対して古田武彦氏は『親鸞思想――その史料批判――』（冨山房、一九七五年）において、現大谷大学図書館蔵『諸法語集』所収の滋賀県蓮光寺旧蔵本（以下、蓮光寺本）に着目し、愛知県上宮寺蔵『親鸞聖人御文』（第一通を欠く。以下、上宮寺本）、大谷大学蔵の恵空（一六四四～一七二一）による写伝本（以下、恵空本）等との比

較・検討を通して、

（1）蓮光寺本が『血脈文集』の最も古形を伝える写本であること。

（2）『血脈文集』は性信（一一八七～一二七五）によって親鸞生存中（正嘉年間・一二五七年～一二五九年）に編集された最古の親鸞書簡・文書集であること。

（3）専琳寺本は後代の性信系集団内における「改作本」であること。

を主張した。

蓮光寺本『血脈文集』の構成は以下の通りである。

一、笠間の念仏者のうたがいとわれたる事

二、性信あての慈信義絶状

三、慶西あて返事

四、性信あて九月七日書状

五、配流の記録、教行信証後序の抜萃および性信申預る本尊の銘文

六、金剛信心の事〈附奥書〉

（『古田武彦著作集（親鸞・思想研究編）二　親鸞思想』三一〇頁）

古田氏はまず蓮光寺本第一通に記された「おの〳〵」「往生せむ」「とわれ」「きわまり」「候」「御安」といった語句が、『末灯鈔』第二通・専琳寺本・恵空本所収の南北朝期以降の書写である同じ書簡で「をの〳〵」「往生せん」「とはれ」「きはまり」「さふらふ」「御案」等に変更されているのに比べ、東本願寺蔵「真蹟書簡」に見られる親鸞自身の表記法を伝えていること、また「まふす」「をも」といった表記も鎌倉期の専修寺蔵「古写書簡」の用法を伝えていることを指摘した。(2)

そして、専琳寺本第五段の「流罪記録」「『教行信証』後序の抜萃」に続く「性信申し預る本尊の銘文」の記事の、

右、此の真文を以て性信尋ね申さるる所に、早く彼の本尊を預かる所なり。彼の本尊並びに選択集・真影の銘文等、源空聖人より親鸞聖人へ譲り奉る。親鸞聖人より性信へ譲り給う所なり、彼の本尊銘文。

（『定親全』三、書簡篇、一七八〜一七九頁）

の部分は本来、

右、此の真文を以て性信尋ね申す所に、早く彼の本尊を預かるなり。源空聖人、親鸞聖人へ譲り奉る本尊銘文

（恵空本。『真聖全』二、七二三頁）

であったものが、唯善事件の後、「三代伝持」主張のために改変されたものであるとした。(3)

また、蓮光寺本第六段「金剛信心の事」の冒頭に、

金剛信心事　愚禿親鸞信心をえたるひとはかならす正定……

建保四子歳七月下元日　之を書き奉る

（『古田武彦著作集（親鸞・思想研究編）二　親鸞思想』七六四頁）

とある「愚禿親鸞」は、本来、

建保四子歳七月下元日　之を書き奉る

愚禿親鸞

金剛信心事

信心をえたるひとはかならす正定……（以上、傍線筆者）

という第五段末尾にあった「愚禿親鸞」の署名を、蓮光寺本の書写者が書写の際に誤って「金剛信心の事」の文中

に混入したものであり、「〈右、此の真文を以て性信尋ね申す所に、早く彼の本尊を預かるなり。源空聖人、親鸞上人へ譲り奉る本尊銘文〉」（蓮光寺本）は善鸞事件の後に『血脈文集』を編集した性信自身の文、その後には、(4)

若我成仏　十方衆生　称我名号
下至十声　若不生者　不取正覚
彼仏今現　在成仏　当知本誓
重願不虚　衆生称念　必得往生
南無阿弥陀仏　　　釈善信
建暦二年壬申歳正月廿五日
黒谷法然上人御入滅春秋八十
建保四丙子歳七月下元日　之を書き奉る
愚禿親鸞

（『古田武彦著作集（親鸞・思想研究編）二　親鸞思想』七六三頁）

という文面が続き、古田氏はこれを、『教行信証』「後序」の選択付嘱・真影図画の記事に、

同じき二年閏七月下旬第九日、真影の銘に、真筆を以て「南無阿弥陀仏」と「若我成仏十方衆生　称我名号下至十声　若不生者不取正覚　彼仏今現在成仏　当知本誓重願不虚　衆生称念必得往生」の真文とを書かしめたまう。又夢の告に依って、綽空の字を改めて、同じき日、御筆を以て名の字を書かしめたまい畢りぬ。本師聖人、今年は七旬三の御歳なり。

（『定親全』一、三八一～三八二頁）

とある法然が元久二年（一二〇五年）閏七月二十九日に自ら記した「真影の銘」（名号と『往生礼讃』の文）と「名の字」、そして「法然の命終記事」、さらに「それらを建保四年（一二一六年）七月二十一日に性信に書き与えた」

と記した「親鸞自筆文書」（以下、「建保四年文書」）の文面が続き、これらは善鸞事件の後に『血脈文集』を編集した性信が、自身が親鸞の面授口訣であることの証文として挿入したものであるとした[5]。

当該箇所は、専琳寺本では、

右、此の真文を以て性信尋ね申さるる所に、早く彼の本尊を預かる所なり。彼の本尊並びに選択集・真影の銘文等、源空聖人より親鸞聖人へ譲り奉る。親鸞聖人より性信へ譲り給う所なり、彼の本尊銘文。

南無阿弥陀仏

建暦第二壬申歳正月廿五日

黒谷法然聖人御入滅 春秋満八十

（『定親全』三、書簡篇、一七八～一七九頁）

となっており、「名号」と「法然の命終記事」はあるものの、「『往生礼讃』の文」と「名の字」等が欠落している。

また、恵空本では、

右、此の真文を以て性信尋ね申す所に、早く彼の本尊を預かるなり。

源空聖人、親鸞聖人へ譲り奉る本尊銘文

若我成仏、十方衆生、称我名号下至十声、若不生者不取正覚。彼仏今現在成仏、当知本誓重願不虚、衆生称念必得往生。南無阿弥陀仏。釈善信聖人、御真筆を以て之を書かしめたまうなり。

建保四丙子歳七月下元日、之を書かしめ奉る。

（『真聖全』二、七二三頁）

とあり、「本尊銘文」に「釈善信聖人、御真筆を以て之を書かしめたまうなり」という注記の一行――原本に「釈善信」と「名の字」があったものに流伝の過程で加わった「[筆者注・源空]聖人、御真筆を以て之を書かしめたまうなり」という注記が繋がって、原意を喪失したと筆者は推察する――が加わり、「法然命終の記事」が欠落した形で伝わっている。

親鸞は『教行信証』「後序」に、

又夢の告に依って、綽空の字を改めて、同じき日、御筆を以て名の字を書かしめたまい畢りぬ。（『定親全』一、三八二頁）

と、夢告によってそれまでの名「綽空」を改め、元久二年閏七月二十九日に法然によってその真影に「銘文」とともに新しい「名の字」を書いて貰ったと記しているが、親鸞のこの新しい名は、その曾孫覚如（一二七〇～一三五一）が『古徳伝』に、

またゆめのつげあるによりて、綽空の字をあらためて、おなじき日これも聖人真筆をもて名の字をかきさづけしめたまふ。それよりこのかた善信と号すと。云々（『真聖全』三、七三一頁）

と記して以来、「善信」であるとされてきた。

元久二年閏七月二十九日に法然がその真影に記した「銘文」等を伝えるという「建保四年文書」が、もし古田氏の主張の通り親鸞の真作であるとすれば、後序の「名の字」が「善信」である決定的証拠となり、筆者は自説（「親鸞」改名説）を撤回せざるを得なくなるのであるが、種々の考察の結果、筆者はこれを後代の偽作であると判断した。以下、その理由について論述していくこととする。

二、蓮光寺本の「錯簡」について

「建保四年文書」そのものの検討に入る前に、まず指摘しておかねばならない点がある。

それは、蓮光寺本が語句の表記においては古形を伝えているかもしれないが、「祖本」（古田氏いわく「性信編集本」）を臨写したものではなく、転写伝来の過程で既に誤写・脱落・改変、さらには重大な錯簡が生じているという点である。

大谷大学蔵『諸法語集』には『血脈文集』の他に「掟」「改悔文」「御文章」「本願寺中興蓮如上人縁起上」「兼俊公記蓮如上人得若年砌事順如上人願成就院事並応仁乱加賀一乱並安芸法眼事　条々」が含まれており、「兼俊」が蓮如の十男実悟（一四九二～一五八三）の実名であることから見ても、明らかに蓮如没後の書写本であることが知られる。[6]

古田氏によれば、蓮光寺本では、先に挙げたように、本来「文書」の末尾にあった「愚禿親鸞」が「金剛信心の事」の内部に移動しているし、蓮光寺本第五段「流罪記録」の法然の記事の下にある「御名」、

……いのち候は丶又々まふすへく候

一　法然聖人　流罪土佐国、俗姓、藤井元彦、　御名

とは、本来第四通の末尾にあった「南無阿弥陀仏」

……いのち候は丶又々まふすへく候

南無阿弥陀仏

一　法然聖人　流罪土佐国、俗姓、藤井元彦、　（以上、傍線筆者）

（『古田武彦著作集（親鸞・思想研究編）二　親鸞思想』七六二頁）

が「御名」と略記されたうえ、次の「流罪記録」の段に混入したものだと言う。[7]

また、第一通では「このひとを上人とも好人とも妙好人とも」の「好人とも」、「第十九第二十の願の御あはれみにてこそ不可思議のたのしみにあふことにて候へ」の「不可思議のたのしみにあふことにて」が脱落していると

言う。(8)

そして最も注目すべき点は、蓮光寺本では、第三通（慶西宛）の中途で、上宮寺本・専琳寺本・『親鸞聖人御消息集』（広本）第十通には存在する「きこへたり……とかく」の三三六文字が欠落し、第四通（性信宛）の中途にそれが含まれているのである。

古田氏は三三六文字が第三通に存在するものをA型（以下、専琳寺本型）、第四通に存在するものをB型（以下、蓮光寺本型）と呼び、蓮光寺本型こそが『血脈文集』本来の姿であると主張した。ちなみに恵空本も蓮光寺本型であるが、第三通に欠落を指摘する注記がある。(9)

古田氏が「本来の姿」とした蓮光寺本型では第三通は以下の文面になる。

一　諸仏称名の願と申　諸仏咨嗟の願と申候なるは　十方衆生をすゝめんためときこへたり　又十方衆生の疑心をとゝめむれうときこへ候　弥陀経の十方諸仏の証誠のやうにて※まふすへきにあらす候　又来の字は衆生利益のためにはきたるとまふす方便なり　さとりひらきてはかへるとまふす　ときにしたかて　きたるともかえるとも　まふすとみへて候　なにこともく〳〵またく〳〵まふし候へく候

二月廿五日　親鸞

慶西御坊　返事（傍点筆者、専琳寺本型では※印に三三六文字が入る）

（『古田武彦著作集（親鸞・思想研究編）二　親鸞思想』七六一頁）

ここで問題となるのは第十七諸仏称名の願、

設い我仏を得んに、十方世界の無量の諸仏、悉く咨嗟して我が名を称せずば、正覚を取らじ。

（『真聖全』一、九頁）

に言及した傍点部分である。専琳寺本型では「第十七願は衆生を勧め、その疑心をとどめるためのものであり、『阿弥陀経』の説く諸仏証誠の様子からもそれが知られる」[10]であった文脈（原文は後掲）が、古田氏の言う蓮光寺本型では「第十七願は『阿弥陀経』の諸仏証誠の『やう』で言うべきではない」という意になる。

しかし、親鸞に先立って法然が『三部経大意』に、

その名を往生の因としたまへることを、一切衆生にあまねくきかしめむがために、諸仏称揚の願をたてたまへり。第十七の願これなり。このゆへに、釈迦如来のこの土にしてときたまふがごとく、十方におの〳〵恒河沙の仏まし〳〵て、おなじくこれをしめしたまへるなり。（傍点筆者、『定親全』六、写伝篇(2)、九～一〇頁）

という、『阿弥陀経』に説かれる諸仏の証誠が第十七願を根拠としたものであるとする了解を示しているし、親鸞も『唯信鈔文意』において同様の了解を示している。

おほよそ十方世界にあまねくひろまることは、法蔵菩薩の四十八大願の中に、第十七の願に十方無量の諸仏にわがなをほめられむとなえられむとちかひたまへる、一乗大智海の誓願成就したまへるによりてなり。『阿弥陀経』の証誠護念のありさまにてあきらかなり。証誠護念の御こゝろは『大経』にもあらわれたり。また称名の本願は選択の正因たることこの悲願にあらわれたり。（傍点筆者、『定親全』三、和文編、一六一～一六二頁）

また、『浄土和讃』「弥陀経意讃」において、

十方恒沙の諸仏は　極難信ののりをとき
五濁悪世のためにとて　証誠護念せしめたり
諸仏の護念証誠は　悲願成就のゆへなれば
金剛心をえむひとは　弥陀の大恩報ずべし

（『定親全』二、和讃篇、五二頁）

と説いており、この場合の「悲願」とは「名を往生の因としたまえることを一切衆生に普く聞かしめ」、その証誠をもって衆生の信心を守護せんと諸仏の称名を誓った「大悲の願」[11]（「行巻」）、すなわち第十七願と取るべきではないだろうか。

蓮光寺本型に対して専琳寺本型第三通の当該箇所には、

> 諸仏称名の願とまふし、諸仏咨嗟の願とまふしさふらふなるは、十方衆生をすゝめんためときこへたり。また十方衆生の疑心をとゞめん料《れう》ときこへてさふらふ。『弥陀経』の十方諸仏の証誠のやうにてきこへたり。詮ずるところは、方便の御誓願と信じまひらせさふらふべし。……
>
> （傍点筆者、『御消息集』（広本）第十通、『定親全』三、書簡篇、一五五頁）

とあり、第十七願が「方便の御誓願」と位置付けられている。

古田氏は、親鸞の思想体系において「方便の御誓願」とは「化身土巻（本）」に、

> 此れに依って方便の願を案ずるに、仮有り真有り、亦行有り信有り。願は、即ち是臨終現前の願なり。行は、即ち是修諸功徳の善なり。信は、即ち是至心発願欲生の心なり。
>
> （傍点筆者、『定親全』一、二八七頁）

と記された第十九修諸功徳の願を示す語であって「真実の行願」[12]（「行巻」）である第十七願に用いられるべき用語ではない。したがって「錯乱」は専琳寺本型にこそあるとしている[13]。

第十八願の真実信心へと「誘引」[14]するという意味において親鸞は第十九願を「方便」と位置付けているが、「方便」とはそのような意味のみに限定されるべきではない。

たとえば聖覚は、『唯信鈔』に、

> まづ第十七に諸仏にわが名字を称揚せられむといふ願をおこしたまへり。この願、ふかくこれをこゝろうべし。

名号をもて、あまねく衆生をみちびかむとおぼしめすゆへに、かつ〴〵名号をほめられむとちかひたまへるなり。しからずは、仏の御こゝろに名誉をねがふべからず。諸仏にほめられて、なにの要かあらむ。

（傍点筆者、『定親全』六、写伝篇(2)、四五頁）

と説いて、名誉を願う必要のない阿弥陀仏があえて諸仏に「名号をほめられん」と願ったのは「普く衆生を導かん――衆生に名号を聞かしめん――とおぼしめすゆえ」の方便《てだて》であるとしているし、親鸞もまた、

釈迦弥陀は慈悲の父母　種種に善巧方便し
われらが無上の信心を　発起せしめたまひけり

（『高僧和讃』『定親全』二、和讃篇、一一四頁）

として、衆生の信心発起の背景に二尊の善巧方便があると説いている。その種々の方便の中には第十七願を建立した弥陀の大悲の「方便」もあると考えるべきではないだろうか。

また、専琳寺本型第三通は、この後、

念仏往生の願は如来の往相回向の正業正因なりとみへてさふらふ。まことの信心あるひとは等正覚の弥勒とひとしければ、如来とひとしとも諸仏のほめさせたまひたりとこそきこへてさふらへ。

（『御消息集』（広本）第十通、『定親全』三、書簡篇、一五五～一五六頁）

と続く。

この部分で親鸞は、「衆生の疑心をとどめ」る「諸仏の証誠」とは、つまりは「まことの信心あるひとは……如来とひとし」（真実信心の人は……如来と等しい）と諸仏がほめ称えることである、と述べていると思われる。

専琳寺本型第三通を、書簡の冒頭からここまで見てみると、

諸仏称名の願とまふし、諸仏咨嗟の願とまふしさふらふなるは、十方衆生をすゝめんためときこへたり。また

十方衆生の疑心をとゞめん料ときこへてさふらふ。『弥陀経』の十方諸仏の証誠のやうにてきこへたり。詮ずるところは、方便の御誓願と信じまひらせさふらふべし。念仏往生の願は如来の往相回向の正業正因なりとみへてさふらふ。まことの信心あるひとは等正覚の弥勒とひとしければ、如来とひとしとも諸仏のほめさせたまひたりとこそきこへてさふらへ。

（傍点筆者、『御消息集』（広本）第十通、『定親全』三、書簡篇、一五五〜一五六頁）

とあって、「きこえたり」「きこえて候」の語が連続している。

この点から見ても、「十方衆生をすすめんためときこえたり」から「まことの信心ある人は……諸仏のほめさせたまいたりとこそ、きこえて候え」までが第十七願に対する解説部分、すなわち親鸞の了解（「……と私（親鸞）はお聞かせいただいている」）を述べた箇所であると判断できる。

また、専琳寺本型第三通ではこの後に位置する、

また弥陀の本願を信じさふらひぬるうへには、義なきを義とすとこそ大師聖人のおほせにてさふらへ。かやうに義のさふらふらんかぎりは、他力にはあらず、自力なりときこへてさふらふ。……他力にはしかれば義なきを義とすとさふらふなり。このひと〴〵のおほせのやうは、これにはつや〳〵としらぬことにてさふらへば、とかくまふすべきにあらずさふらふ。

（傍点筆者、『御消息集』（広本）第十通、『定親全』三、書簡篇、一五六〜一五七頁）

について、古田氏は、専琳寺本型では「かように義の候らん」の「かように」、「この人々の仰せ」の「この」の指示対象・被指示語が書面上に現れていないとしている(15)。

しかし、この「書簡」は慶西の書状への返報であり、慶西からの書状にあった「この人々」が「かように義の候

らん」――念仏に関して「義」（解釈）を立てる――ことを受けて、「義なきを義とす」との法然の法語を紹介し解説する叙述が展開していると思われる。「この人々」の「義」の内容が慶西の書状からだけでは詳しく理解できないのでこれ以上は申し上げられない、というのが「この人々のおおせの様は、これにはつやつやと知らぬことにて候えば、とかくに申すべきにあらず候」という記述であると筆者は考える。

次に蓮光寺本型の第四通、

一　むさしよりとてしむしの入道とのとまふす人と正念房とまふすひと　おほはむにのほらせたまひて候とおはしまして候　みまいらせて候　御念仏のこゝろさしおはしますと候へは　ことにうれしうめてたくおほへ候御すゝめと候　かへす〳〵うれしうあわれに候　なほ〳〵よく〳〵すゝめまいらせて　信心かはらぬやうにひと〳〵にまふさせたまふへし　如来の御ちかひのうへに釈尊のみことなり　又十方恒沙の諸仏御証誠なり　信心はかわらしとおもひ候へとも　やう〳〵きこへたり　せむするところは方便の御誓願と信しまひらせて候念仏往生の願は如来の往相回向の正業正因なりとみえて候　まことの信心あるひとは　等正覚の弥勒とひとしけれは　如来とひとしとも　諸仏のほめさせたまひたりとこそきこへて候へ　又弥陀の本願を信し候ぬるうへには　義なきを義とすとこそ　大師聖人のおほせにて候へ　かやうに義の候らむかきりは　他力にはあらす自力なりときこへて候　又他力とまふすは仏智不思議にて候なるときに　煩悩具足の凡夫の無上覚のさとりをえ候なることを　仏と仏との御はからひなり　さらに行者のはからひにあらす　しかれは義なきを義とすと候なり　義とまふすことは　自力のひとのはからひをまふすなり　他力にはしかれは義なきを義とすと候なりこの人々のおほせのやうは　これにはつや〳〵としらぬことにて候へは　とかくにかわりあはせたまひて候こと　ことになけきおもひ候　よく〳〵すゝめまいらせまふすへく候　あなかしこ〳〵

九月七日　　　　　　親鸞　在判

性信御房

念仏のあひたのことゆへに　御さたとものやう〳〵にきこへ候に　こゝろやすくならせたまひて候と　この人々の御ものかたり候へは　ことにめてたふうれしふ候　なにごとも〳〵まふしつくしかたく候　いのち候はゝ又々まふすへく候

（傍線筆者、傍線部が三三六文字。『古田武彦著作集（親鸞・思想研究編）二　親鸞思想』七六一～七六二頁）

であるが、「方便の御誓願」に関する一文「信心はかわらじとおもい候えども、様々にきこえたり。詮ずるところは、方便の御誓願と信じまいらせ候」を、古田氏は「信心について、様々に惑乱しているようだが、ひっきょうするところ『臨終現前』『修諸功徳』『至心発願欲生』をもって特徴づけられる『方便ノ御誓願』たる第十九願の内包せる姿が現前しているもの、と信じているので、何も驚くことはない(16)」という意だとしている。

これに対して専琳寺本型第四通では問題の箇所は、

なを〳〵、よく〳〵すゝめまいらせて、信心かはらぬ様に人々にまうさせたまふべし。如来の御ちかひのうへに、釈尊の御ことなり。また十方恒沙の諸仏の御証誠なり。信心はかはらじとおもひさふらへども、様々※にかはりあはせたまひてさふらふこと、ことになげきおもひさふらふ。よく〳〵すゝめまいらせたまふべくさふらふ。（傍点筆者、蓮光寺本型では※印に三三六文字が入る。）

（『定親全』三、書簡篇、一七三～一七四頁）

となり、建長八年（一二五六年・推定）正月九日付の真浄宛「書簡」に、

奥郡のひと〴〵の、慈信坊にすかされて、信心みなうかれあふておはしましさふらふなること、かえす〴〵あはれにかなしふおぼえさふらふ。……年ごろ信ありとおほせられあふてさふらひけるひと〴〵は、みなそらご

とにてさふらひけりときこへさふらふ。あさましくさふらふ〳〵。

（『御消息集』（広本）第十二通、『定親全』三、書簡篇、一四九～一五一頁）

とし、「慈信坊がまふすことによりて、ひと〴〵の日ごろの信のたぢろきあふておはしましさふらふ[17]」と記したように、善鸞の扇動によって東国門弟の信心が変わっていく様を知らされた親鸞が、歎き悲しみつつも、よくよく正しい信心を勧めるように性信に懇請している情景が察せられる。

また、古田氏は、蓮光寺本型であれば前述の指示語「かように」「この人々」は「信心はかわらじとおもいそうらえども、様々にきこえたり。詮ずるところは……」「武蔵よりとて、しむの入道どのともうす人と、正念房ともうす人……」等と述べた後に出現するので必要にして十分な被指示語を有することになると言う[18]。

しかし、親鸞は「義なきを義とす」との法然の法語を、建長七年（一二五五年、八十三歳）六月撰述の『尊号真像銘文』（略本）から正嘉二年（一二五八年、八十六歳）十二月の顕智聞書「獲得名号自然法爾」の法語まで多数の聖教・書簡で紹介している。これらはいずれも関東で起きた有念・無念、一念・多念といった「義」の対立を背景に記されたものであるが、これらの対立は法然の説いた「他力」の念仏、「仏智不思議」の本願に帰する念仏を「自力」（人間の努力的関心）によってさまざまに解釈すること――親鸞はこれを「本願の嘉号を以て己が善根と為る[19]」、あるいは「罪福を信ずる心を以て本願力を願求す[20]」る「仏智疑惑」の罪と捉えた――から生じたものであるが、あくまでも専修念仏、第十八念仏往生の願への信心を前提としたものである。

これに対して第四通――専琳寺本型・蓮光寺本型を問わず――が伝える信心の動揺とは、「善鸞義絶状」『血脈文集』第二通が伝える善鸞の「親鸞が夜密かに自分に念仏以外の特別な法門を教えた[21]」「第十八願を萎める花に譬えて捨てさせた」等の言動によるものである。当初「造悪無碍」の風潮を諫めるために遣わされたとも言われる善鸞の「異義」の内容は不明で、「専修賢善」的あるいは呪術的な念仏に奔ったとも言われるが、専修念仏という親鸞の信念の根幹を否定したものであったと思われる。

つまり「かように義の候らん」と「信心は……様々にきこえたり」とではそれが示す東国の状況は異質であると言わなければならず、「かように」の被指示語に関する古田氏の説明は正鵠を射てはいないと考えざるを得ない。

また古田氏は「この人々」とは王番のため上洛した「しむ（専琳寺本。恵空本・蓮光寺本では「しむし」）の入道・正念房」であるとするが、親鸞は彼らと直接面談していながら「この人々の仰せの様」を詳しくは知らないと言っていることになる。親鸞はこの第四通の「追伸」に、

念仏のあひだのことゆへに、御沙汰どもの様々にきこえさふらふに、こゝろやすくならせたまひてさふらふと、この人々の御ものがたりさふらへば、ことにめでたふうれしうさふらふ。（『定親全』三、書簡篇、一七四頁）

と記しており、訴訟の顚末や性信が精神的に落ち着いたこと等、親鸞が彼らから詳しく話を聞かされたことが知られるにもかかわらず、である。

以上のように、専琳寺本型が親鸞の思想体系に沿い歴史的背景から見ても矛盾がないのに対して、蓮光寺本型は矛盾に満ちている。古田氏は蓮光寺本が『血脈文集』の最古形を伝えるとするが、既に相当の「錯簡」が見られ、蓮光寺本の信頼性を疑問視せざるを得ない。

これらを踏まえて、古田氏の言う「建保四年（一二一六年）七月に親鸞が性信に与えた自筆文書」を見てみると、筆者はそこでも疑問に満ちた種々の記述を目にするのである。

三、「建保四年文書」の信憑性について

筆者がまず注目するのは、

　建暦二年壬申歳正月廿五日
　黒谷法然上人御入滅春秋八十
　（『古田武彦著作集（親鸞・思想研究編）二　親鸞思想』七六三頁）

という師法然の命終に関する記述である。

ここでは法然の名が「黒谷法然上人」と記されているが、親鸞が師の名を記する際、果たしてこのように書くであろうか。

親鸞は「後序」において法然の命終を、

　皇帝諱守成　聖代、建暦辛の未の歳、子月の中旬第七日に、勅免を蒙りて、入洛して已後、空、洛陽の東山の西の麓、鳥部野の北の辺、大谷に居たまいき。同じき二年壬申寅月の下旬第五日午の時、入滅したまう。奇瑞称計す可からず。『別伝』に見えたり。
　（『定親全』一、三八一頁）

と記し、『高僧和讃』「源空讃」では、

　本師源空のおはりには　光明紫雲のごとくなり
　音楽哀婉雅亮にて　異香みぎりに暎芳す
　道俗男女預参し　卿上雲客群集す
　頭北面西右脇にて　如来涅槃の儀をまもる

本師源空命終時　建暦第二壬申歳

初春下旬第五日　浄土に還帰せしめけり

（『定親全』二、和讃篇、一三五～一三六頁。以上、傍点筆者）

として、いずれも実名「源空」で記している。

「たとひ法然聖人にすかされまひらせて[22]」等、口頭での発言を筆録した『歎異抄』は別として、親鸞は師法然の名のほとんどを実名「源空」で記しており、「法然」の房号で記した例は、「故法然聖人は『浄土宗のひとは愚者になりて往生す』と候しことを……[23]」「法然聖人の御をしへを、よく〳〵御こゝろえたるひと〴〵にて……[24]」「法然聖人の御弟子のなかにも、われはゆゝしき学生など、おもひあひたるひと〴〵も……[25]」の三例と、『指南抄』の数例しかない。

「書簡」の用例は実名を憚った『歎異抄』の「会話調」に準じて考えるべきであろうし、『指南抄』における例も「法然聖人御説法事」「法然聖人御夢想記」「法然聖人臨終行儀」等、以前からあった文書・書簡を集成した中にあり、これを親鸞のオリジナルな用法と見做すわけにはいかない。

これらに対して「建保四年文書」は、古田氏によれば、元来法然の真影に記してあった「銘文」を親鸞が写して性信に与えたという付法・相伝の証文である。そのような公的文書に親鸞が通常の用法に反して実名ではなく房号を記したであろうか。

そして親鸞は、法然に対する尊称は「上人」でなく、すべて「聖人」を用いている。

「黒谷」に関しては『尊号真像銘文』（広本）に、

〈比叡山延暦寺宝幢院黒谷源空聖人の真像〉……

（傍点筆者、『定親全』三、和文篇、一〇六頁）

との用例があるが、ここでも「源空」「聖人」である。

また、法然の没年齢が「春秋八十」と記されているが、親鸞真蹟の専修寺蔵『見聞集』第二冊には、「聖覚法印表白文」「御念仏之間用意聖覚返事」の文に続いて、

安居院法印御入滅年　文暦二年未□三月六日　御年七十一（傍点筆者、『親真集』九、一五三頁）

とあり、聖覚の没年齢は「御年……」と記されている。ただし、文暦二年（一二三五年、親鸞六十三歳）六月十九日書写の『唯信抄』ひらがな本――ひらがな本は『見聞集』の袋綴じを切り開いた紙背に記されている――奥書の上欄には「文暦二年乙未三月五日御入滅なり」[26]とあり、実際の聖覚の没年齢は六十九歳である。

つまり、この「黒谷法然上人御入滅　春秋八十」は、通常の親鸞の用語法に従えば「黒谷源空聖人御入滅　御年八十」と書かれなければならないのである。

この点に対して、以上のような親鸞の用語法はあくまで聖教・書簡類の現存する五十歳代後半以降のものであって、建保年間ならば「法然」「上人」「春秋八十」といった例外的表記もあり得るとの反論がなされるかもしれない。

しかし、古田氏は「後序」は諸々の事件が起きた当時の親鸞の記録文書の集成であるとしており、法然を「空（源空）」と記した前掲の命終記事も、当然当時の記録文書の様態を残していることになる。[27]

また、「建保四年文書」は、法然の命終年時を「建暦二年壬申歳正月廿五日」として、「〈元号〉○年〈干支〉歳○月○日」という方式で記載し、親鸞が性信に文書を下付した日を「建保四子歳七月下元日、之を書し奉る」――原型が「建保四丙子歳」[28]だったとしても――「〈元号〉○〈干支〉歳○月○日」という形式で記しているが、親鸞の通常の年時記載方式にこのような例があるだろうか。

親鸞が干支付きで年時を記載する際には「康元二歳丁巳二月九日の夜寅時」[29]、「正嘉元年丁巳壬三月一日」[30]（以上、草稿本『正像末和讃』）のような「〈元号〉○年（もしくは「歳」）〈干支〉○月○日」という形式、あるいは「康元

元丙辰十月卅日、之を書す」[31]、「康元元丙辰十一月八日」[32]（『指南抄』下巻本・下巻末奥書）のような「〈元号〉○（「年」も「歳」もなし）〈干支〉○月○日」の形式、「宝治第二戊申歳初月下旬第一日」[33]（初稿本『高僧和讃』奥書）、「建暦第二壬申歳　初春下旬第五日」[34]（「源空讃」）のような「〈元号〉第○〈干支〉歳○月○日」の形式であって、「文書」のような記載方式はいずれも存在しなかった。

また、「下元日」（二十一日）の表記についても、前掲の「下旬第一日」[35]、「寛元元年癸卯十二月廿一日」[36]（「いや女譲状」）という事例はあっても、他にこのような例はない。

つまりこの法然命終記事から見る限り、「右、此の真文を以て……本尊銘文」以下の一連の記述が親鸞の自筆文書であるとする古田氏説の信憑性は著しく低下したと言わねばならない。

これを、法然の真影にあった銘文・命終年時等を建保四年（一二一六年）七月下旬に性信が親鸞の許可のもとに写したもの――「愚禿親鸞」の署名を含まない――と見ることもできない。「建保四年文書」は明らかに親鸞・性信の手によるものではなく、性信が親鸞から真影を申し預かったという記述すら疑わざるを得ないのではないだろうか。

もちろん蓮光寺本は後代の写本であるから転写の際に語句が変化した可能性もある。実際、専琳寺本の当該箇所は「建暦第二壬申歳……黒谷法然聖人」[37]と親鸞の記載方式に順じており、恵空本は「建保四丙子歳」[38]と干を補っている。しかし古田氏は、蓮光寺本の書写者は不注意による逸脱（語句の脱落や位置の移動）はともかく、私意をもって「原本」を改変しない――語句そのものは忠実に書写――としており[39]、そう考えた場合、『血脈文集』の最古形を伝えるのが蓮光寺本だとする古田氏説自体が揺らぐことになる。

だとすれば、古田氏が性信による「建保四年文書」の解説だとした、直前の「右、此の真文を以て性信尋ね申す所に、早く彼の本尊を預かるなり。源空聖人、親鸞上人へ譲り奉る本尊銘文」の文にもいくつかの疑問が生じてくる。

この文にはまず「右、此の真文を以て性信尋ね申す所に、早く彼の本尊を預かるなり」（法然の真影にある「真文」について尋ねた性信が親鸞からその真影を預かった）とある。

十八世紀半ばに成立した坂東報恩寺所蔵『報恩寺開基性信上人伝記』に拠れば、性信（一一八七〜一二七五）は親鸞の吉水期以来の弟子――元久元年（一二〇四年）、性信十八歳の春、吉水の法然を訪ねその折親鸞に師事――であり、越後への流罪・常陸への移住の際にも同道したという(40)。

伝承の通り吉水以来の知己であれば、選択付嘱・真影図画の実情を直接見聞きした可能性もあるし、伝承の真偽は別としても、親鸞が送った多数の「書簡」とそこで示した信頼ぶりから見て、性信が「真影の銘」の由来を尋ねることも充分にあり得たであろう。

にもかかわらずその性信が、なぜ「源空聖人、親鸞上人へ譲り奉る本尊銘文」という疑問の残る表現を取ったのであろうか。

法然は親鸞に真影の「原本」を預けてそれを模写することを許したのであって「譲った」わけではない。また「奉る」という語は、法然が親鸞に対してへり下っている、師である法然が弟子である親鸞より下位に位置することを意味している。つまりこの「源空聖人が親鸞上人に譲り奉る」の記述は、真影図画の詳しい実情を知らない人物によってなされた可能性が考えられるのではなかろうか。古田氏は「譲る」には言及せず、この「奉る」を「東国のいなかびとたる素朴なる筆者」の「あまりにも朴訥な、時代的階層的慣用に立つ、一種独特の筆法」、つまりは「誤用」(41)として重視していないが、筆者は甚だ疑問である。

次に「本尊」の語であるが、『尊号真像銘文』の書名等からも知られるように、道場の本尊に用いるべく名号・真影を授与しながらも親鸞は名号・真像に対して「本尊」の語を用いることをしない。「『教行証』六の末に云わく……」として『血脈文集』に引用された「後序」の文にも「真影の銘」とある。(42)
『指南抄』には、上巻本「法然聖人御説法事」に四回「本尊」の語が登場するが、いずれも仏の容像を描写した木像もしくは仏画（曼荼羅）を指している。

まず、十方三世一切の仏の身が常住不変を示す金色であるという話題の中で、

たゞし、真言宗の中に五種の法あり。その本尊の身色、法にしたがふて各別なり。しかれども暫時方便の化身なり、仏の本色にはあらず。（『定親全』五、転録篇、五頁）

と、真言宗の五種の「本尊」の身色について言及しているし、天竺の鶏頭摩寺の五通の菩薩が娑婆世界の衆生の往生の行のための「本尊」を極楽世界の阿弥陀仏に請い、その求めに応じて現われた樹上の化仏五十体を写して「鶏頭摩寺の五通の菩薩の曼陀羅」として世に広めたという逸話の中で、

次にまた、十方の行者の本尊のために、小身を現じたまへる化仏あり。……娑婆世界の衆生、往生の行を修せむとするにその本尊なし、（『定親全』五、転録篇、八～九頁）

と記し、『日本往生伝』にその因縁が記される「智光の曼荼羅」を「世間に流布したる本尊」と呼んでいる。(43)
『尊号真像銘文』は建長七年（一二五五年）六月に「略本」が覚信に、正嘉二年（一二五八年）六月に「広本」が顕智にそれぞれ授けられているし、『指南抄』上巻本は康元二年（一二五七年）正月二日に完成し、上洛中の真仏によって三月五日に書写され、その後真蹟本は真仏に、真仏書写本は覚信に与えられている。

古田氏はこの「本尊」の語が、性信が「尊号真像」に代えて用いた真宗史上、最初の事例だとするが、その根拠(44)

は「建保四年文書」を親鸞の真作とする氏自身の主張以外にはない。東国門弟集団が師の在世中にその用語例に反して「本尊」の語を用いたであろうか。

定朝作の三尺の阿弥陀如来立像を「本尊」としていた法然[45]であるが、建永二年（一二〇七年）正月朔日付の「書簡」では、勢観房源智に授けた「金色の名号」を奪った法力房蓮生（熊谷直実）に墨書の「名号」を与えることを約している。ただし、この「書簡」ではそれらは「本尊」とは呼ばれていない。

又勢観房へ書てさづけ候。金色の名号あまりにほしさに、押てとらる由うけ給候。……志はあはれに候ほどに、名号書て参候。つ井の歌は真如堂の如来よりさづけ給ひ候歌にて候。金色にしたく候へども、いそぐ便宜にて候程に、墨のまゝ参せ候。
（『昭法全』一一四六～一一四七頁）

親鸞と同い年の明恵（一一七三～一二三二）は建保二年（一二一四年）、「南無同相別相住持仏法僧三宝」を中心とするいわゆる「三宝礼の名号本尊」を創出し、翌建保三年（一二一五年）十一月制作の『三時三宝礼釈』ではこれを「本尊」と位置付けている。

爾れば諸仏菩薩、骨にとほり命にかへて衆生に授んと願し給える菩提の名字なれば、南無万相荘厳金剛界心等と、誦じ連ねて礼し奉るに、身の毛よだち心いさむ渇仰の至りに、其名字を書きて本尊とする也。然れとも男子の請に応じて、事新く証拠を出し、粗その義理を述べし。先づ文字に書て本尊とする事は、聖教の文字は……
（『日本蔵』三八、一九七頁上段）

また、日蓮（一二二二～一二八二）は親鸞没後の文永八年（一二七一年）に「南無妙法蓮華経」の題目を中心としたいわゆる「曼荼羅本尊」を初めて制作し、

問うて云わく、末代悪世の凡夫は何物を以て本尊と〈定む可き哉《や》〉。答えて云わく、法花経の題目を以て本尊

とすべし。

（『本尊問答抄』『原典日本仏教の思想9　日蓮』、岩波書店、一九九一年、三三八頁）

と、「末代悪世の凡夫のための本尊は『法華経』の題目である」と主張している。

これらによれば経文等を抽出した文字本尊は早くに「本尊」と呼ばれたことが知られる。

初期真宗教団において本尊に用いられたいわゆる「光明本尊」であるが、愛知県妙源寺蔵の三幅一具の「光明本尊」はその讃文が正嘉二年（一二五八年）に亡くなった真仏の筆であり、親鸞の在世中に既に光明本尊が制作されていたことが知られる[46]。ただし、当時の呼称は「光明本尊」ではなく「光明本」であった[47]。

存覚の『弁述名体鈔』にも、

高祖親鸞聖人御在生のとき、末代の門弟等、安置のためにさためおかるゝ本尊あまたあり、いはゆる六字の名号、不可思議光如来、無碍光仏等なり。梵漢ことなれとも、みな弥陀一仏の尊号なり。このほか、あるひは天竺・晨旦の高祖、あるひは吾朝血脈の先徳等、をのおの真影をあらはされたり。これによりて、面々の本尊、一々の真像等を、一鋪のうちに図絵して、これを光明本となつく。けたし、これ当流の覚者のなかに、たくみいたされたるところなり。

（傍点筆者、『真史集』一、八五六頁上段）

次に人師の肖像である「真影」であるが、法然の高弟証空（一一七七～一二四七）は、元久元年（一二〇四年）の「書状」（大和興善寺阿弥陀如来像胎内文書）において、

さては、おほせ候ひたりし御えいの事のかなひ候ざりしこそ、まめやかにくちおしく候へ。

（斎木一馬「興善寺所蔵の源空・証空覚え書」『斎木一馬著作集三　古文書の研究』吉川弘文館、一九八九年、三五頁）

と、法然の真影を「御えい（影）[48]」と呼んでいるし、親鸞の妻恵信尼は弘長三年（一二六三年）二月十日付の「書簡」において夫親鸞の肖像をこれも「御えい（影）[49]」と呼んでいる。

これに対して、法然没後百年頃、徳治二年（一三〇七年）から十余年をかけて舜昌（一二五五〜一三三五）が制作したと伝えられる『法然上人行状絵図』巻四十八には、空阿弥陀仏が法然の真影を「本尊」としたと記されている。

> 空阿弥陀仏は、上人をほとけのごとくに崇敬し申されしかば、右京権大夫隆信の子、左京大夫信実朝臣に、上人の真影をかゝしめ、一期のあひだ、本尊とあふぎ申されき。当時知恩院に安置する、絵像の真影すなはちこれなり。
> （『法伝全』三一五頁）

親鸞の曾孫覚如は『改邪鈔』（建武四年／延元二年・一三三七年成立）において、「帰命尽十方無碍光如来」の名号こそが親鸞の依用した「真宗の御本尊」であるとし、「絵像木像の本尊」や「三国伝来の祖師、先徳の尊像」を安置することはあっても、「道俗男女の形体」を描いた「絵系図」を安置して崇めてはならないとしている。

> いまの真宗にをいては、もはら自力をすてゝ他力に帰するをもて、宗の極致とするうへは、三業のなかには口業をもて他力のむねをのぶるとき、意業の憶念帰命の一念おこれば身業礼拝のために、渇仰のあまり瞻仰のために、絵像・木像の本尊をあるひは彫刻しあるひは画図す。しかのみならず、仏法示誨の恩徳を恋慕し仰崇せんがために、三国伝来の祖師、先徳の尊像を図絵し安置すること、これまたつねのことなり。そのほかは、祖師聖人の御遺訓として、たとひ念仏修行の号ありといふとも、「道俗男女の形体を面々各々に図絵して所持せよ」といふ御をきて、いまだきかざるところなり。しかるに、いま祖師・先徳のおしへにあらざる自義をもて、諸人の形体を安置の条、これ渇仰のため歟、これ恋慕のため歟、不審なきにあらざるものなり。本尊なをもて『観経』所説の十三定善の第八の像観よりいでたる丈六八尺随機現の形像をば、祖師あながち御庶幾御依用にあらず。天親論主の礼拝門の論文、すなはち「帰命尽十方無碍光如来」をもて、真宗の御本尊とあがめまし〳〵き。いはんや、その余の人形にをいて、あにかきあがめましますべしや。末学自己の義すみやかにこれを

停止すべし。

（『定親全』四、言行篇(1)、一三〇～一三二頁）

御影・連座像や絵系図を「本尊」と呼んだとする記述こそないが、覚如の記述からはこれらが「本尊」と扱われていた状況が窺われ、そう呼ばれていたからこそ覚如があえて「本尊は名号」と強調したとも考えられる。

その子存覚が建武元年（一三三四年）から応安四年／建徳二年（一三七一年）に記した『存覚袖日記』になると、絵像・名号・光明本のみならず祖師・先徳の御影・連座像もまた「本尊」と記されており、当時はそれらも「本尊」と呼ばれていたことが知られる。

佐々木妙円の本尊、此の如く書き了りぬ。

天竺震旦の高僧の真像貞治二歳癸卯三月十五日画工法橋増賀筆なり。……

此の本尊、錦織寺より佐々木常楽寺妙円に預け置く所なり。一行……

（『真史集』一、八九四頁下段）

遠野性空房の本尊　性観房の影　文和三甲午

上銘下文これ無し。二幅等身大無量寿経に言わく。……已上十五行

（『真史集』一、八九九頁上段）

前者は佐々木（地名）の常楽寺妙円が錦織寺から預け置かれて「本尊」とした祖師連座像を貞治二年（一三六三年）三月十五日に、後者は遠野（地名）の性空房が「本尊」とした性観房の影像——上下に貼られた二幅の色紙は同じ大きさであるが銘文は上部のみにあって、『大経』の三つの文が十五行にわたって書かれているとの解説あり——を文和三年（一三五四年）にそれぞれ記録したものと思われる。

性信が祖師の御影に言及した文献が他にない以上、法然の真影を「本尊」と記したのが性信でないとは断定できない。しかし、これらの事例から見て筆者は、「右、此の真文を以て……本尊銘文」を記したのは性信ではなく、御影を「本尊」と呼ぶ慣習が定着した覚如・存覚期以降の人物と考えざるを得ないのである。

四、『血脈文集』の成立について

古田氏は、『血脈文集』は善鸞事件によってリーダーとしての資質を問われた性信が親鸞面授としての自らの、さらには法然直弟としての親鸞の「正統性」を証明すべく正嘉元年（一二五七年）以降に編集されたとしているが、(50)筆者には首肯できない。なぜなら性信の編集だとすれば当然収められているはずの性信宛の「書簡」三通が『血脈文集』には収められていないからである。

一通めは建長八年（一二五六年・推定）六月一日の性信からの「書簡」に対する七月九日付の親鸞の「返書」である。

この「返書」において親鸞は、

このうたへのやうは、御身ひとりのことにはあらずさふらふ。すべて、浄土の念仏者のことなり。……性信坊ひとりの沙汰あるべきことにはあらず、念仏まふさんひとは、みなおなじこゝろに御沙汰あるべきことなり。御身をわらひまふすべきことにはあらずさふらふべし。……念仏まふさんひとは、性信坊のかたふとにこそなりあはせたまふべけれ。

（『御消息集』（広本）第七通、『定親全』三、書簡篇、一二七〜一二八頁）

として鎌倉での訴訟における性信への支持を明確に述べている。

また、同じく建長八年七、八月頃と推定される「書簡」の文面では、源藤四郎から性信の近況を聞いた親鸞が、

念仏のうたへのこと、しづまりてさふらふよし、かた〴〵よりうけたまはりさふらへば、うれしくこそさふらへ。いまは、よく〳〵念仏もひろまりさふらはんずらんとよろこびいりてさふらふ。これにつけても、御身の

料はいまさだまらせたまひたり。念仏を御こゝろにいれてつねにまふして、念仏そしらんひとぐ〳〵、この世、のちの世までのことを、いのりあはせたまふべくさふらふ。

（『御消息集』（広本）第十三通、『定親全』三、書簡篇、一五二頁）

として、訴訟後の平静を回復した東国の状況を喜びながら、「性信の往生は確かである」と讃えてその労を労い、併せて念仏を誹謗する人々のことをも視野に入れつつ一層念仏の自信教人信に励むよう性信に勧めている。

いずれも『血脈文集』所収の「書簡」類と同時期に書かれ、親鸞の深い信頼を伝えているにもかかわらず、性信はあえて『血脈文集』に入れなかった、と古田氏は言うのである[51]。

そして最後の一通は、建長八年（一二五六年）五月二十九日付の善鸞（？～一二八六？、一二九六？）宛「義絶状」である。

この善鸞宛「義絶状」には、性信に善鸞を義絶した旨を伝えた「書簡」（『血脈文集』第二通）と同日に書かれ、六月二十七日に到着した旨が注記されている。

この「善鸞義絶状」は嘉元三年（一三〇五年）七月二十七日付の顕智による写し（専修寺蔵）しか現存せず、義絶状を送られたはずの善鸞側にではなく彼と敵対した側にのみ残されていることから、後世の、つまり顕智による偽作であるとの疑いが出されている。

しかし、当時の義絶状は親から子のみに渡される私的な文書ではなく、周囲に回覧し証判まで請い、親元で保管され将来に備える公式文書の性格をもつものであったという[52]。

また、平雅行氏に拠れば、中世文書には「文書の宛所と受給者との乖離」という特質があり、宛先が「慈信御房」とあっても直接善鸞の元に届けられたわけではないという。

当時善鸞と性信らは係争中であり、善鸞に直接「義絶状」を渡せば証拠隠滅の危惧すらあった。親鸞は五月二十九日に性信に「書簡」とともに「義絶状」を送り、六月二十七日に二通とも性信の元に到着。性信は証拠として「義絶状」の原本（正文）を提示し善鸞には写し（案文）を渡した。性信の手元に残った原本は善鸞の義絶を周知させるため真仏ら東国門弟に回覧され、そこでも写しがとられた。

その写しを嘉元三年に顕智が書写したものが専修寺に伝来する「善鸞義絶状」であると平氏は結論している。[53]

つまり古田氏説に従えば、『血脈文集』は性信の編集でありながら、性信が親鸞から直接送られ、善鸞事件で揺らいだ自らの威信を回復する上で有効な証文を三通も欠いていることになるのである。古田氏のように、性信があえて除いたとするよりも、『血脈文集』編集時にこれらが編集者——性信ではない——の手元になかったから、と考えた方がむしろ妥当である、と筆者には思えるのであるが。

古田氏は『血脈文集』は唯善事件の後に性信系の横曽根門徒によって編纂されたとする通説を否定して、親鸞在世中に性信自身によって編集されたとした。しかし、以上の考察の結果、その説もまた疑わしいものとなった。

では、誰がいつ、いかなる目的で『血脈文集』を編集し、「建長四年文書」を偽作し挿入したのであろうか。

筆者は「建保四年文書」の一段を目にした時、「真文」「本尊銘文」と言いながら、実際の真影の銘である名号と善導『往生礼讃』の本願加減の文の他に、銘文ではない「釈善信」の「名の字」と法然の命終記録が書かれていることに違和感を覚えた。

しかし、この「釈善信」が、同じ第五段の「流罪記録」の、

一　法然聖人　流罪土佐国、俗姓、藤井元彦、　御名

善信は　流罪越後国、俗姓、藤井善信、　……

（『古田武彦著作集（親鸞・思想研究編）二　親鸞思想』七六二頁）

と対応していると考えれば得心がいく。

「釈善信」とはつまり、法然から「本尊」を譲られ、法然と共に流罪となり、その命終記録を「本尊」に書き入れた「善信」であり、性信はその「善信」に「本尊の銘文」(真文)について「尋ね申し」「早く彼の本尊を預か」ったという「法然――親鸞――性信」の「三代伝持」の主張がこの一段には込められているのではないだろうか。

蓮光寺本にはいまだ「法然――親鸞」の関係しか記されておらず、唯善事件以後、「法然――親鸞――性信」の三代にわたる血脈伝持を主張するために横曽根系門徒集団が改作したものが専琳寺本であると古田氏は主張したが、蓮光寺本もまた同じ目的のもとに編集されていると考えるべきではないだろうか。

古田氏は、

(1)　蓮光寺本が『血脈文集』の最古形を伝えている。
(2)　『血脈文集』は性信によって親鸞生存中(正嘉年間)に編集された。
(3)　専琳寺本は後代の性信系集団内における「改作本」である。

と主張したが、古田氏説に対して筆者は、

(1)　蓮光寺本には書写以前に生じた看過し難い「錯簡」がある。
(2)　『血脈文集』は性信の編集ではなく、没後の後代に成立したものである。
(3)　蓮光寺本自体が既に「三代伝持」を主張する意図をもって編集されている。

と判断せざるを得ないのである。

五、「建保四年文書」の挿入意図について

『血脈文集』が通説の通り、東国での発言力を失いつつあった性信系門徒集団によって編集され、「建保四年文書」もその折「三代伝持」主張の意図をもって挿入されたのだとしたら、その記述は制作当時の「時代常識」を反映することになる。筆者は「本尊」の語にそれが見受けられることを既に指摘した。

つまり、「建保四年文書」中の、

若我成仏　十方衆生　称我名号
下至十声　若不生者　不取正覚
彼仏今現　在成仏　当知本誓
重願不虚　衆生称念　必得往生
南無阿弥陀仏　　釈善信

（『古田武彦著作集（親鸞・思想研究編）二　親鸞思想』七六三頁）

の部分も、親鸞から性信、そして横曽根系門徒へと実際に相伝されてきた「真影の銘」と「名の字」ではなく、その前に引かれた「後序」の文の記述から導き出されたものであり、「釈善信」の「名の字」も元久二年（一二〇五年）に実際に法然が記したものではなく、『血脈文集』にこの一段を挿入した人物の「名の字」理解を反映したものにすぎないと筆者は考える。

『血脈文集』の成立が唯善事件終結の延慶二年（一三〇九年）以降であるとすれば、覚如が『古徳伝』で「善信」改名説を唱えた正安三年（一三〇一年）よりも後である。また、「法然――親鸞――性信」の「三代伝持」の主張が

覚如の「法然――親鸞――如信」の「三代伝持・血脈相承」に対抗したものであるとすれば、『血脈文集』の成立は覚如がそれを強調した『口伝鈔』[54]（元弘元年・一三三一年成立）や『改邪鈔』[55]（建武四年／延元二年・一三三七年成立）以降となる。『血脈文集』の題名自体をその対抗意識の象徴と見ることも可能であろう。

また、正和二年（一三一三年）に孤山隠士が記した『愚闇記（愚暗記）』には、

当世一向念仏して在家の男女を集《あつ》め、愚禿善信と云流人作し為《た》る和讃を謡い、長め同音に念仏を唱る事有り、……

（『真史集』四、七一九頁下段）

とあり、「愚禿善信」の呼称が、当時世間に流布していたことが知られる。

東国門弟集団が覚如説の影響下にあったとすれば、『血脈文集』編集の際に「釈善信」の「名の字」が挿入されたとしても不思議ではないし、むしろ「釈善信」の記述によって当該文書の信憑性が増すことにもなったのではないだろうか。なぜなら、唯善を支持した横曽根系門徒集団に最も激しい批難を浴びせたのは、唯善と対立した覚如とその支援者に他ならないからである。

古田氏説の無批判な踏襲に立って、蓮光寺本の「釈善信」の記述は「善信」改名の伝承が横曽根門徒系にもあったことを示すものであり、「善信」改名説の確たる証拠であるとする見解[56]がある。しかし筆者はそれを「善信」改名説の証拠ではなく、むしろ覚如説に影響され、本願寺系への対抗上成立したものと考えざるを得ないのである。

また、蓮光寺本と同様に「釈善信」の記述によって明らかにその権威化が図られた文書として、「釈善信」との袖書を持つ京都市光照寺蔵の（9）真蹟『皇太子聖徳奉讃』表紙（断簡）がある。

「釈覚信」から改竄されたこの「釈善信」は、本来、真蹟であったものに真蹟本・親鸞所持本との権威を与えるためにわざわざ改竄を加えたものであり、背景には当然「釈善信」イコール「親鸞」という通念があり、改竄はそ

の通念が形成された後になされたものと思われる。

【付記】

なお、『定本親鸞聖人全集』三（一九七三年）の「書簡篇解説・七　親鸞聖人血脈文集」には既に、「性信の申預る本尊の銘」に関して「（この銘文は偽作であろうという説がある）」（以上、二五一頁）との記述がある。この「銘文偽作説」について何かご存じの方があればぜひご教示いただきたい。

註

（1）『定親全』三、書簡篇、宮崎圓遵「解説」二五一～二五三頁。「親鸞聖人書誌」『宮崎圓遵著作集六　真宗書誌学の研究』一四一～一四三頁参照。
（2）古田武彦『古田武彦著作集（親鸞・思想研究編）二　親鸞思想』（明石書店、二〇〇三年）三二五～三二六頁参照。
（3）古田武彦『古田武彦著作集（親鸞・思想研究編）二　親鸞思想』三一三～三一八頁参照。
（4）古田武彦『古田武彦著作集（親鸞・思想研究編）二　親鸞思想』三二六～三二九頁参照。
（5）古田武彦『古田武彦著作集（親鸞・思想研究編）二　親鸞思想』三三一～三三四頁参照。
（6）古田武彦『古田武彦著作集（親鸞・思想研究編）二　親鸞思想』三八五頁参照。古田氏は蓮光寺本を室町末期の成立としているが、坂東性純氏は上宮寺本の系統に属する江戸後期の写本とされている。「対談・親鸞の念仏と性信の念仏」坂東性純・今井雅晴・赤松徹真・大網信融著『親鸞面授の人びと――如信・性信を中心として――』（自照社出版、一九九九年）、一一〇～一一一頁参照。
（7）古田武彦『古田武彦著作集（親鸞・思想研究編）二　親鸞思想』三二九～三三一頁参照。
（8）古田武彦『古田武彦著作集（親鸞・思想研究編）二　親鸞思想』三二六頁、三七五頁・註(37)参照。

(9) 古田武彦『古田武彦著作集（親鸞・思想研究編）二　親鸞思想』三四二〜三五一頁参照。
(10) 古田氏は現代語訳を提示されておらず、氏が「やう」をどう解釈したかは不明である。
(11) 『定親全』一、一七頁。
(12) 『定親全』一、八四頁。
(13) 古田武彦『古田武彦著作集（親鸞・思想研究編）二　親鸞思想』三四七〜三四八頁参照。
(14) 『定親全』一、二六九頁。
(15) 古田武彦『古田武彦著作集（親鸞・思想研究編）二　親鸞思想』三四九〜三五一頁参照。
(16) 古田武彦『古田武彦著作集（親鸞・思想研究編）二　親鸞思想』三四八頁。
(17) 『御消息集』（広本）第十二通、『定親全』三、書簡篇、一五〇頁。
(18) 古田武彦『古田武彦著作集（親鸞・思想研究編）二　親鸞思想』三五一頁参照。
(19) 「化身土巻（本）」『定親全』一、三〇九頁。
(20) 「化身土巻（本）」『定親全』一、二九五頁。
(21) 「善鸞義絶状」『定親全』三、書簡篇、四〇〜四四頁他参照。
(22) 『定親全』四、言行篇(1)、五頁。
(23) 『末灯鈔』第六通、『定親全』三、書簡篇、七五頁。
(24) 『末灯鈔』第十九通『定親全』三、書簡篇、一〇八頁。『御消息集』（広本）第三通。
(25) 『末灯鈔』第二十通、『定親全』三、書簡篇、一一四〜一一五頁）。『御消息集』（広本）第一通。
(26) 『親真集』八、二二八頁。
(27) 古田氏はこの箇所について「法然没年（建暦二年）に近き時点（一周忌・三回忌等）における造文と思われる」（『古田武彦著作集（親鸞・思想研究編）二　親鸞思想』一九四頁・註(27)）としている。
(28) 『古田武彦著作集（親鸞・思想研究編）二　親鸞思想』三七八頁・註(43)参照。
(29) 『定親全』二、和讃篇、一五一頁。
(30) 『定親全』二、和讃篇、一五二頁。

(31)『定親全』五、転録篇、二九〇頁。
(32)『定親全』五、転録篇、三六七頁。
(33)『定親全』二、和讃篇、一三九頁。
(34)『定親全』二、和讃篇、一三六頁。
(35)『定親全』二、和讃篇、一三九頁。
(36)『定親全』四、言行篇(1)、一七八頁。
(37)『定親全』三、書簡篇、一七九頁。
(38)『真聖全』二、七二三頁。
(39)『古田武彦著作集（親鸞・思想研究編）二　親鸞思想』三二五～三二六頁参照。
(40)今井雅晴「親鸞の東国門弟と如信」坂東性純・今井雅晴・赤松徹真・大網信融著『親鸞面授の人びと――如信・性信を中心として――』二六～二七頁参照。
(41)以上、『古田武彦著作集（親鸞・思想研究編）二　親鸞思想』三三〇～三三一頁。
(42)『定親全』四、書簡篇、一七八頁、『真聖全』二、七二二頁。
(43)『定親全』五、転録篇、九頁。
(44)『古田武彦著作集（親鸞・思想研究編）二　親鸞思想』三七七～三七八頁・註(42)参照。
(45)「本尊三尺弥陀、立像定朝」、「没後起請文」『昭法全』七八四頁。
(46)『真宗重宝聚英』二（同朋舎、一九八七年）、四～五頁参照。
(47)平松令三「総説」『真宗重宝聚英』二、一六六～一六七頁参照。
(48)『鎌倉遺文』所収の「証空書状」の当該箇所は「御らい」（竹内理三編『鎌倉遺文　古文書編』三、東京堂出版、一九七二年、一四五頁上段）と翻刻されているが、ここでは斎木一馬氏の判読に拠った。
(49)『恵信尼書簡』第四通、『定親全』三、書簡篇、一九三頁。
(50)『古田武彦著作集（親鸞・思想研究編）二　親鸞思想』三五二～三五八頁参照。
(51)古田氏は、建長の弾圧時に親鸞から性信その他関東の門弟にあてられた書簡・文書が少なからずあったにもかかわらず性信は四書簡・四文書のみを撰択・摘出して『血脈文集』を編集した（『古田武彦著作集（親鸞・思想研究編）二　親鸞思想』三五四頁参照）とし、『血脈文集』の眼目を「法然――親鸞――性信」の「三代伝持」の主張にあると見ると、これらの書簡がさしおかれて第三通（慶西宛「書簡」）が存在する理由が説明できない（『古田武彦著作集（親鸞・思想研究編）二　親鸞思想』三八一頁・註(60)参照）としている。しかし、筆者はその理由を『血脈文集』成立時に編纂者の手元にはこれら二通がなく、「慶西宛書簡」はあったからだと考える。

(52)　『今昔物語』巻二十九、「幼児、瓜を盗みて父の不孝を蒙れる語《こと》」『日本古典文学大系26　今昔物語集五』（岩波書店、一九六三年）、一五七～一五八頁参照。

(53)　平雅行『歴史のなかに見る親鸞』（法藏館、二〇一一年）、一七一～一八四頁参照。

(54)　『口伝鈔』冒頭「本願寺の親鸞聖人、如信上人に対しましく〳〵て、おり〳〵の御物語の条々」『定親全』四、言行篇(1)、六一頁参照。

(55)　『改邪鈔』奥書「〈右、此の抄は、祖師・本願寺聖人親鸞、先師・大網如信法師に面授口決せるの正旨、報土得生の最要なり。余、壮年の往日、忝くも三代黒谷・本願寺・大網の伝持の血脈を受けしより以降、鎮んで二尊の興説の目足を蓄うるなり。……〉」『定親全』四、言行篇(1)、一七三頁参照。

(56)　鶴見晃「親鸞の改名について――元久二年『親鸞』改名説への疑問――」『宗教研究』三六七（日本宗教学会、二〇一一年）、参照。

第三章　「夢告」について

第一節　「行者宿報偈」をめぐって

第一項　「行者宿報偈」（「女犯偈」）をめぐる初期の伝承

この章において筆者は、「後序」に、

> 又夢の告に依って、綽空の字を改めて、同じき日、御筆を以て名の字を書かしめたまい畢りぬ。
> （『定親全』一、三八二頁）

と伝えられる改名の契機となった「夢告」がいつ、どこで授けられた、どのようなものであったかを考えていくこととする。

従来、この「名の字」が「善信」と考えられてきたため、契機となった「夢告」も当然「善信」への改名を促したもの、「善信」の名と関わりあるものと考えられてきた。

「夢告」に関する説は大別すれば、建仁元年（一二〇一年、親鸞二十九歳）、もしくは建仁三年（一二〇三年、三十一歳）の「行者宿報偈」（「女犯偈」）とする説、あるいは建久二年（一一九一年、十九歳）の磯長太子廟での夢告とする説（良空、古田武彦氏等）とに分かれている。

現存する「行者宿報偈」の最も古い記録は、真仏（一二〇九～一二五八）の『経釈文聞書』に記された、

親鸞夢記に云わく

六角堂の救世大菩薩、顔容端政の僧形を示現して、白き衲の御袈裟を服著せしめて、広大の白蓮に端座して、善信に告命して言わく。

行者宿報にて設い女犯すとも
我玉女の身と成りて犯せられん
一生の間能く荘厳して
臨終に引導して極楽に生ぜしめん　文

救世菩薩此の文を誦して言わく。此の文は吾が誓願なり。一切群生に説き聞かす可しと告命したまえり。斯の告命に因て、数千万の有情に之を聞かしむと覚えて夢悟め了りぬ。（『定親全』四、言行篇(2)、二〇一～二〇二頁）

と、同じく真仏筆の「六角堂夢想偈文」(1)（断簡）とがあり、これらはいずれも専修寺に伝来しているが、これらのいずれにも「夢告」の日時・場所は記されていない。

『経釈文聞書』には「六角堂の救世大菩薩……善信に告命して言わく」とあり、時期・場所については諸説あるものの、親鸞はこの救世観音の呼びかけによって「善信」と改名したと考えられてきたのである。

真仏が「親鸞夢記」（以下、「夢記」）および「六角堂夢想偈文」を書写した時期については前章第二節で述べた通り、顕智・専信らと上洛して親鸞のもとで『指南抄』『如来二種回向文』等を書写していた康元元年（一二五六年）十月下旬から翌正嘉元年閏三月下旬頃までの間に、親鸞の許可のもとでなされたと考えられる。

そして、この「行者宿報偈」を伝える初期の文献は、荒木門徒系の『親鸞聖人御因縁』（以下、『御因縁』）、本願寺覚如の『親鸞聖人伝絵』（以下、『伝絵』）、そして「熊皮御影」と限られている。(2)

一、『親鸞聖人御因縁』——結婚の契機——

『御因縁』は、「親鸞——真仏——源海」という荒木門徒の系譜を記している。『御因縁』は「親鸞因縁」「真仏因縁」「源海因縁」の三段から成り立っており、「親鸞因縁」には『遺塵和歌集』（正安二年・一三〇〇年成立）所収の高階成朝の歌、

箸鷹の　身寄りの羽風　吹き立てて
　我と払わぬ　袖の白雪

が、

はしたか（箸鷹）のみより（身寄り）のはかせ（羽風）ふ（吹）きた（立）て、
おのれとはら（払）ふそて（袖）のゆき（雪）かな　（『真史集』七、五〇頁上段）

と改作されて親鸞の歌として記されている。

また「真仏因縁」は、ここで述べられた平太郎真仏の熊野詣での物語を下敷きに、覚如が『伝絵』（永仁三年・一二九五年成立）の「熊野霊告」段を制作したと考えられることから、「親鸞因縁」「真仏因縁」の両段は一二九〇年頃から一二九五年までの間に成立したと考えられる。(3)

ただし「源海因縁」の成立はかなり遅れて、鎌倉幕府の滅亡した一三三三年（正慶二年／元弘三年）以降と見ら

れる。[4]

そしてこの「親鸞因縁」には、次のようなエピソード——建仁元年（一二〇一年）十月、「月輪の法皇」は法然に、念仏往生に僧俗の身で差別がないことを証明するために弟子の中から一生不犯の清僧一人を選んで自分の娘と結婚させたいと望んだ。法然は当時三十八歳の親鸞を選び、固辞する親鸞に対して親鸞が入門前、六角堂において見、誰にも告げたことのなかった「行者宿報偈（女犯偈）」を示し、示現に従って妻帯せよと命じた。親鸞は「月輪の法皇の第七のひめみや（姫宮）玉日のみや（宮）」と結婚し、玉日を見た法然が「子細なき坊守なり」と賞讃したというわゆる「坊守縁起」——が載せられている。「行者宿報にて設い女犯すとも……臨終に引導して極楽に生ぜしめん」の偈文を妻帯を承認、いやむしろ勧めた偈文、すなわち「女犯偈」とする見解は実にここから始まるのである。

ただし、「親鸞因縁」の記述は、二十九歳の折の六角堂での「夢告」に従って法然に入門したことになってはいるが、参籠期間は「一七日」（七日間）、建仁元年より九年前の建久三年（一一九二年）の出来事とされており、「史実」とはかなり隔たりがある。

この点について塩谷菊美氏は、「建仁元年」「二十九歳」といったキーワード自体は残されていることから、「二十九歳で法然門に帰し、建仁元年に三十八歳で結婚した」とするのは、「建仁辛酉（元年）の暦、……本願に帰す」（「後序」）の意味するところを、法然門下に入ることではなく、結婚して在家仏教を創始したことにするための確信犯的な改変である、[5]とされている。

しかし、『御因縁』の作者が親鸞の吉水入室の正確な経緯を知っていたとしたら、なぜ結婚を入門から九年後としなければならなかったのか。『御因縁』の親鸞が二十九歳だったとされる建久三年に何か特別な意味があるのか。

また六角堂への参籠が七日間とされたのはなぜなのか。改変の意図についての新たな疑問が生じるのも事実である。

二、『親鸞聖人伝絵』――東国伝道の予言――

親鸞の曾孫覚如は『伝絵』上巻本第三段において、

> 建仁三年辛酉四月五日夜寅時、聖人夢想の告ましく〳〵き。彼記にいはく、……（『定親全』四、言行篇(2)、六頁）

として、「夢告」は建仁三年（一二〇三年）四月五日寅の刻（午前四時頃）のことと記している。「夢」中の情景では六角堂で「行者宿報偈」を授けられたことになっているが、「夢」を見た場所自体は記されていない。

覚如はこの「夢告」を、

> ひとへに真宗繁昌の奇瑞、念仏弘興の表示也、（『定親全』四、言行篇(2)、八頁）

とし、下巻本第二段（「稲田興法」）では、

> 〈此の時、聖人仰せられて云わく、〉救世菩薩の告命を受し往の夢、既に今と符合せり（『定親全』四、言行篇(2)、一三三頁）

として、親鸞自身が後年の東国伝道の予言と考えていたとしている。

建仁三年の干支――「西本願寺本」は「癸亥」、「専修寺本」「東本願寺本」は「辛酉」。「西本願寺本」の干支が正しい――の問題が残されているとはいえ、初稿本制作の永仁三年（一二九五年、覚如二十六歳）から康永二年（一三四三年、七十四歳）制作の最終完成稿である「東本願寺本」に至るまで、覚如は一貫して「六角堂夢告」を建仁三年の出来事としている。

また、吉水入室に関しても、『伝絵』上巻本第二段に、

隠遁のこゝろざしにひかれて源空聖人の吉水の禅房に尋参たまひき、（『定親全』四、言行篇(2)、五頁）

とあり、正安三年（一三〇一年、三十二歳）制作の『古徳伝』巻六にも、

叡岳の交衆をやめ、天台の本宗をさしをきて、かの門下にいりてその口決をうく。……ときに建仁元年辛酉春のころなり。今年聖人六十九歳、善信聖人二十九歳。（『真聖全』三、七二四〜七二五頁）

とあるだけで、『恵信尼書簡』が伝えるような「六角堂参籠」→「夢告」の記述はなく、入門の年時に混乱――「専修寺本」「東本願寺本」が建仁三年春。「西本願寺本」『古徳伝』は建仁元年春。（『古徳伝』には「辛酉」の干支あり）――があるとはいえ、「夢告」は一貫して建仁三年の夏（四月五日）。「春の頃」とした入門よりは明らかに後の出来事とされている。

覚如が「夢告」（「行者宿報偈」）を吉水入室の契機としなかったことについては、既に第一章で考察したように、覚如が初めて『恵信尼書簡』を見たのが『伝絵』制作の十二年後、徳治二年（一三〇七年）に父覚恵が没した後と考えられること(6)、覚如が東国を巡拝した正応三年（一二九〇年）から同五年（一二九二年）頃には、既に東国でも「行者宿報偈」に関する正確な伝承が失われていたこと、などの理由が考えられる。

覚如は『古徳伝』に、元久二年（一二〇五年）の親鸞の改名を実名「綽空」から房号「善信」へのそれと記しているが、「行者宿報偈」以外に改名以前の「夢」を記していないことから見て、覚如は改名の契機である「夢告」を建仁三年四月五日寅の刻のそれと理解していたものと思われる。

ただ、『伝絵』の「熊野霊告」段が『御因縁』の「真仏因縁」を祖型としていると考えられることから見て、覚如は『御因縁』、少なくとも「真仏因縁」を、おそらくは東国巡拝の際に見聞していたと思われるが、「夢告」を吉

水入室・結婚の契機とはしていない。

覚如は「親鸞因縁」を見ていなかったのか、あるいは見ていながらあえて採用しなかったのか、見ていたとすればなぜ採用しなかったかは、いずれも不明である。

三、「熊皮御影」讃文

京都市常福寺に伝来し、現在奈良国立博物館所蔵の「熊皮御影」は、右上に讃文として「行者宿報偈」が書かれている。

「熊皮御影」は、寿像である「安城御影」を祖型として約百年後の南北朝期に描かれたと見られ、当時、「行者宿報偈」が親鸞の生涯における中核的な意味を持つと理解されていたことが窺われるが、いかなる意味においてそう理解されていたかは明らかではない。

外題の「善信房御影絵四句文尊円親王浄賀法橋」に拠れば、讃文は本願寺の本寺である青蓮院の門跡尊円法親王（一二九八〜一三五六）の筆であり、画筆者は覚如が永仁三年に最初の『伝絵』（「専修寺本」か？）を制作した折の絵師浄賀（一二七五〜一三五六）であるとされている。

両者とも覚如（一二七〇〜一三五一）と同時代人であり、また近しい関係も想像できることから、「御影」の制作に覚如が関わっていたとの推定も可能ではあるが、「御影」伝来の経緯は一切不明であり、外題の信頼性自体を疑う見解もある。(7)

以上見てきたように、既にこの『御因縁』『伝絵』等の時点で、「夢告」に関する伝承はかなり変容しており、

『恵信尼書簡』が伝える「親鸞が百日間の六角堂参籠を発願し、九十五日目の暁にこの文を得て、法然に入門した」という正確な由来の伝承はかなり早い時期に途切れていたと考えねばならないのではなかろうか。

この理由について筆者は次のように考える。

真仏が親鸞のもとで「夢記」を写したのは、前述したように康元元年（一二五六年）十月下旬から翌正嘉元年閏三月下旬頃までの間だと思われる。真仏が京都に滞在して「夢記」「夢想偈文」を写した折には親鸞から口頭で正確な由来が伝えられたと思われるが、その真仏は下野国高田に帰った後、翌正嘉二年（一二五八年）三月八日に死亡している。

岡崎市東泉寺蔵『三河念仏相承日記』に拠れば、顕智は真仏らが帰郷した後もしばらく京都に留まり、その年の暮れに三河に到着。真仏の命によって翌正嘉二年まで三河で教化に従事している(8)。

それゆえ顕智は、娘婿として『経釈文聞書』等の文書を相続したものの、真仏から直接「夢告」にまつわる由来を伝えられることはなかったのではないだろうか。

だとすれば、真仏の没後、その詳しい由来を聞くことなく「夢記」「夢想偈文」を目にした者たち（顕智、覚如、源海ら）の理解は、当然文書の記述そのものに引きずられることになる。

読む者がどの箇所を重視したかによって、その後の親鸞伝のうえでの「夢告」の位置付けがおのずと決定されてきたのではないだろうか。

つまり、『伝絵』は「吾が誓願を説き聞かす可し」とした救世観音の「告命」を重視してこれを東国伝道の予言とし、『御因縁』は「行者宿報偈（女犯偈）」に重点を置き、結婚を命じた「夢」と解釈したのではないだろうか。

覚如にしても、六角堂参籠九十五日目の暁の「夢告」に促されて法然を訪ねたという認識の無かった『伝絵』初稿本、「専修寺本」、さらには「西本願寺本」制作の時点までならともかく、父覚恵の死去に伴って『恵信尼書簡』を相続した後も、『伝絵』「吉水入室」の段を改訂していない。

『恵信尼書簡』が伝える三つの逸話のうち、さかい（境）の郷での恵信尼の「堂供養」の夢を「聖人本地観音の事」、いわゆる寛喜の内省を「助業をなおかたわらにしまします事」として『口伝鈔』でそれぞれ取り上げ、親鸞が権者――観音の化身――であることの証左として用いているにもかかわらず、である。

この点に関しては、平松令三氏が推察されたように、覚如が『恵信尼書簡』を相続した時点で「御示現の文」が既に欠失しており、覚如は親鸞を法然の元へと促した「御示現の文」が何であったかを終生知らなかったこと[9]がその理由と考えられる。

ただ、覚如の弟子乗専の『最須敬重絵詞』（以下、『敬重絵詞』）、覚如の長子存覚の『歎徳文』によれば、彼らは「六角堂への百日参籠によって『夢告』を得、それに促されて法然に入門した」という認識を持っていたことが知られる。ただし、いずれも「九十五日目の暁」とは記しておらず、彼らもおそらく『恵信尼書簡』を直接目にしてはいない。また、「夢告」の偈文も挙げていない。

六角堂に百日の参詣をいたしたまひて、ねがはくは有縁の要法をしめし、真の知識にあふことをえしめたまへと、丹誠を抽《ぬき》んで祈り給ふに、九十九日に満ずる夜の夢に、末代出離の要路念仏にはしかず、法然聖人いま苦海を度す、かの所に到りて要津を問ふべきよし慥《たしか》に示現あり。すなはち感涙をのごひ、霊告に任せて吉水の禅室にのぞみ、事の子細を啓し給ひければ、……〈時に〉建仁元年辛酉聖人二十九歳、聖道を捨て浄土に帰し、雑行を閣《さしおき》て念仏を専らにし給ける始《はじめ》なり。すなはち所望によりて名字をあたへたまふ。その時は綽空とつけ給ひけるを、後に夢想の告ありける程に、聖人に申されて善信とあらため、又実名を親鸞と号し給ひき。しかありしよりのち、或ひは製作の『選択集』をさづけられ、或ひは真影の図画をゆるされて、殊に慇懃の恩誨にあづかり、あくまで巨細の指授をかうぶり給ひけり。（『敬重絵詞』『真聖全』三、八二二頁）

〈特に歩みを六角の精舎に運びて、百日の懇念を底《いた》すの処、親《まのあた》りに告げを五更の孤枕に得て、数行の感涙に咽ぶの間、幸いに黒谷聖人吉水の禅室に臻《いた》りて、始めて弥陀覚王浄土の秘扃《ひけい》に入りたまいしより爾降《このかた》、……〉（『定親全』四、言行篇(2)、一七六頁。以上、傍点筆者）

特に『敬重絵詞』は「夢告」が吉水入門直前と入門後の二回あったと記しており、覚如が『伝絵』に「建仁三年四月五日」と記していることと相俟って、室町末期から江戸期の学僧によって、「夢告」をめぐる激しい論争が展開されることとなった。

第二項　「夢告」をめぐる論争――「夢告」は一度か二度か――

当時論争の焦点となったのは、「夢告」が一回であったか、それとも二回あったのか、という点であった。

『伝絵』最古の講録とされる『御伝鈔聞書』（作者不詳、室町末期の書写本。以下、『聞書』）では「夢告」を建仁元年（一二〇一年）と同三年（一二〇三年）の二回としている。

『聞書』によれば、建仁元年辛酉、親鸞二十九歳。比叡山中道［筆者注・中堂］の本尊に千日通って験を得られなかった親鸞は、さらに六角堂の救世観音に百日詣でて「一切衆生の安き法を伝へ」られんことを祈り、「九十九日目の満する夜」に「今までの行歩偏に満足せり、然者東山吉水に法然聖人凡夫出離の要法を弘め玉ふ、彼処へ行玉へ」との「夢の告」を受けて法然の元を訪ね入門する。[10]『敬重絵詞』『歎徳文』と同様に「夢告」は「九十五日目」

ではなく、その契機となった「夢告」そのものは必ずしも明示されてはいない。

そして『伝絵』の記す通り、建仁三年四月五日に二度目の「夢告」として「行者宿報偈」を授かったとしている(11)。

ただし、この〝「夢告」は二回〟説に対して、「なぜ親鸞は建仁三年四月に再び六角堂に参籠したのか。二度目の六角堂参籠には必然性が感じられないのではないか」という疑問と批判が浴びせられた。

これに対して、『聞書』は、二度目の「夢告」を得た場所について、

　此夢想を六角堂にて御らんせられたやうに世間に沙汰するは悪そ。但いつも御座た処て御らんせられたそ。

（『真史集』七、一二四頁下段）


として、六角堂はあくまで夢中の情景であり夢を見た場所自体は六角堂ではない、としている(12)。

この点についても〝「夢告」は二回〟説を採る論者においても意見が分れており、高田派の普門（一六三六～一六九二）は『絵伝撮要』で、喜ばしくも往生の信心を決定できたのはかつての救世観音の示現のおかげであると入門三年目にして「恩礼報謝の為め」に再び六角堂へ参詣し通夜したその夜に受けた「夢告」であるとし、『伝絵』の「絵相」から見て六角堂での「夢告」であるとしている(13)。

これに対して、慶安三年（一六五〇年）に刊行された現存する最古の刊本である『本願寺聖人親鸞伝絵私記』（作者不詳、以下『私記』）は〝「夢告」は一回〟説を採っている。


　建仁等とは是即元年也。……然るに流布の本には、建仁第三暦とあり。此の本必すしからす。建仁三は癸亥也。聖人も御年三十一なり。当時《そのかみ》執筆のあやまり歟。末にいたりて写あやまる歟。此の儀必す改むへし。

（『真史集』七、一四七頁下段）


『私記』は『伝絵』の吉水入室および六角夢想の「建仁三年」は、「後序」の「建仁辛の酉の暦」の記述等に照ら

して、覚如自身の誤謬、もしくは『伝絵』の書写伝来の間に生じた錯誤であるとしている。

このように「夢告」は建仁元年四月五日の「行者宿報偈」の一回であるとする『私記』であるが、「夢告」を吉水入室の契機とは扱っていない。

今この段［筆者注・第三段「六角夢想」］は、前の二段［筆者注・第二段「吉水入室」］と先後の諍ひ水火なり。或人曰く、当段は初め、先の段は後なりといへり。是恐くは然らす。さし当て此の抄にそむき、猶亦報恩講私記［筆者注・実際には『歎徳文』］にも叶はす。　（『真史集』七、一五〇頁上段）

当時、六角夢想と吉水入室はどちらが先かという論争があり、「六角夢想が吉水入室の前」とする説に対して『私記』は「吉水入室が先、六角夢想が後」と理解すべきであるとしている。

その論拠として『私記』はまず「此の抄」（『伝絵』）の構成が「第二段・吉水入室」（建仁元年春）、「第三段・六角夢想」（建仁元年四月）となっていることを挙げ、次に存覚『歎徳文』の文を挙げる。

今恐れて拝見するに、〈然れども機教相応凡慮明らめ難し、廼《すなわ》ち近くは根本中堂の本尊に対し、遠くは枝末諸方の霊窟に詣で、解脱の径路を祈り、真実の智識を求む、特に歩を六角の精舎に運て、百日の懇念を底《いた》すの処に、親しく告を五更の孤枕に得て、数行の感涙に咽《むせ》ぶの間、幸に黒谷聖人吉水の禅室に至りて、始て弥陀覚王浄土の秘扃《ひけい》に入りたまひしより爾降《このかた》、三経の冲微、五祖の奥賾、一流の宗旨相伝誤つこと無く已上報恩講私記の御文なり〉、今これを考るに、吉水へ御入室は御夢想の前へ歩を運びたまふ内なり。既に是百日の御参詣にして、四月五日の御夢想なれは、六角へ御初参は前の年の極月下旬の儀なり。御入室と御夢想は共に建仁辛酉年なれは、是正く同年也。御入室は春のころとあれは、正月朔日の御入室にしても、四月五日まては百日にたらす。故に知ぬ、六角へ御参詣の中に、吉水に御入室ありて、範宴を改て綽空と号す。其の後ち告命に依て善信と名き。

（傍点筆者、『真史集』七、一五〇頁上段～下段）

百日参籠の末、建仁元年四月五日に「夢告」を得たとすれば参籠の開始は前年正治二年（一二〇〇年）十二月の下旬になり、建仁元年春（一月～三月）の吉水入室であれば百日に満たない。よって吉水入室は「夢告」の後ではなく前と考えなくてはならない。『歎徳文』の記述は必ずしも「夢告」の後に法然を訪ね入門したことを表すものではなく、親鸞は、建仁元年の春に法然門下に入ったその後も六角堂への参籠を続け、四月五日に「夢告」を得た、とするのである。

　後に高田派の良空は『正統伝』（享保二年・一七一七年刊行）において、『歎徳文』の「百日の懇念を底すの処に、親しく告げを五更の孤枕に得て、数行の感涙に咽ぶの間、幸いに黒谷聖人吉水の禅室に至りて」を「『百日の懇念を……感涙に咽ぶ』の間」、つまり参籠期間――百日間の参籠を発願してから四月五日に「夢告」を得るまで――の「間」に幸いにして法然を訪ねることができたと読むべきである、としている[14]。

『伝絵』の権威を尊重しつつ『歎徳文』の記述との整合性を重んじた結果、〝「夢告」は一回〟とする説は、六角堂参籠で受けた「夢告」に促されて法然に入門したという歴史的事実の伝承さえ失ったのである。

　また、『私記』には、

　問て云く、告命はすでに黒谷入門と同年也。亦た選択付属は告命より五年後なり。夢の告に依て善信と改めたまはゝ、選択付属の時も善信と書たまふへし。何んそ綽空とあそはすや。答て曰く、告命の儀空師も兼知したまふといへとも、今師の出言なき故に、彼の集には綽空とあそはし、今は出言あるに依て御寿像には善信と書したまへり。

（『真史集』七、一五八頁下段～一五九頁上段）

との問答を載せており、建仁元年の「夢告」によって「善信」と改めたとする見解に対して、それならばなぜ五年後の、しかも選択付嘱の折ではなく、真影図画の折に初めて「善信」と記したのか、という疑問が提示されていたことが知られる。ちなみにその疑問に対する『私記』の回答は「師の出言」の有無に左右された、となっている。ただし、この場合の「師」が親鸞を指すのか、「先師」である法然であるのか、筆者には判断がつかない。親鸞であれば「改名したい」との申し出であり、法然であれば「改名せよ」との厳命であろうか。

この問答の発問者は当然〝「夢告」は二回〟説の論者であり、彼らが当時、建仁三年の「夢告」によって親鸞は元久二年に改名した、あるいは既に同年（三十一歳）四月以降から「善信」と自称していたと主張していたことが想像できる。

また、同じく『伝絵』の「建仁三年」の記述を誤りとした高田派の恵雲（一六一三～一六九一）の『善信聖人伝絵鈔』（以下、『伝絵鈔』。『私記』と同時期の慶安四年・一六五一年に刊行）には、

〈建仁は土御門院の年号。三年は謬なり。元年と為す可きなり。化身土末に、既に辛酉と曰う。三年は癸亥の暦なるが故に。今の義、推して云わく、草本が草字なるが故なり。「元」の字の筆勢、「三」の文字に相似たる歟。〉

（『真史集』七、一八五頁上段）

としてその誤りの原因を「草本」（覚如直筆本の意か、覚如が東国で目にした原史料の意かは不明）が草字（草書体）であったために書写者が「建仁元年」の「元」を「三」と見誤ったのでは、と推察している。

これら『聞書』『私記』等の記述から見ても、親鸞が得た「夢告」とそれにまつわる様々な問題について当時既に活発な論争が展開されていたことが知られる。

大正十年（一九二一年）に『恵信尼書簡』が発見され、その後の論争を経て[15]、現在では「夢告」は建仁元年、吉水入室直前の「行者宿報偈」の一回とする見解が定説化している。

しかし、現在でも〝「夢告」は二回〟説は継承されており、近年では松野純孝氏が、「『伝絵』『六要鈔』『敬重絵詞』等に拠れば、親鸞は、建仁三年四月の『夢告』(「女犯偈」)によって『善信』と改名したのであり、吉水入室の契機となった建仁元年の『夢告』の文はまだ発見されていない」という見解を示しておられる。(16)

また、龍口恭子氏は、多屋頼俊氏の、

この偈［筆者注・「行者宿報偈」］が恵信尼の消息に言う御示現の文であるという説があるが、右の偈は内容から見て、この時の親鸞の願求に答えるものではなく、太子の霊告としても不似合であり、恵信尼が書くのには更に不似合であると思う。(『日本古典文学大系82　親鸞集　日蓮集』岩波書店、一九六四年、二二二頁下段)

との発言を承けて、親鸞が恵信尼を妻とした事実からすれば偈文の「玉女」(救世観音の化身)は恵信尼その人に他ならず、母親が娘(覚信尼)に、自分が観音菩薩の化身であるというような内容の示現の文を示すであろうか、と建仁元年の「六角堂夢告」が「行者宿報偈」であるとする通説に疑問を呈している。(17)

ただし、以上の論争においては、「夢告」は一貫して妻帯との関連で語られているし、「夢告」によって改められた名が「善信」であることは自明のこととされている。

覚如自身は「六角堂夢告」を「東国伝道の予言」と見、「女犯の認可」と見做していなかったにもかかわらず、前掲の『聞書』にも、

そこの文［筆者注・「女犯偈」］に依て御一流妻帯そ。親鸞聖人秘伝と云聖教にある妻帯の様子か吉そ。(『真史集』七、一二四頁上段)

とあるように、多くの『伝絵』解説書において建仁元年(もしくは建仁三年)四月に受けたこの「夢告」に基づいて同年十月に親鸞は九条兼実の娘玉日と結婚し、肉食妻帯の真宗の宗風を打ち立てたとされるのである。

このような了解の傾向が主流となったその発端について、塩谷菊美氏は『御因縁』を注釈した『親鸞聖人御因縁秘伝鈔』（以下、『秘伝鈔』）の存在を挙げる。(18)

南北朝末期から室町初期に成立したと思われる『秘伝鈔』は、『御因縁』が建仁元年（一二〇一年、『御因縁』では親鸞は三十八歳）の九年前（建久三年、『御因縁』では二十九歳）、六角堂での「一七日参籠」の際受けたとした「女犯偈」を、正治二年（一二〇〇年）の春に慈円の「恋の歌」事件を契機に六角堂に参籠して授かり、親鸞はそれを契機に翌建仁元年（一二〇一年、『秘伝鈔』では三十歳）で法然に入門したとした。

また、「月輪の法皇」の「第七のひめみや玉日のみや」との「建仁元年十月」の結婚を、「月輪の禅定殿下」（九条兼実）の「御息女玉日の御方」「今年十八」「建仁元年初冬のころほひ」と記している。(19)

『秘伝鈔』は、肉食妻帯の宗風創始の「説話」（物語）である『御因縁』における「史実」と反した部分を、「本典」（『伝絵』）・「御伝」（『古徳伝』）等の多数の参考文献を駆使して逐一修正し、「史実」として提示したのである。

そして第一章で既に指摘したように『秘伝鈔』には、

　しかればすなはち、元祖［筆者注・親鸞］の御諱ははじめは綽空、のちにあらためられて善信聖人とはまふされけるなり。（傍点筆者、『真史集』七、五九頁下段）

との記述があり、管見の限り、この『秘伝鈔』が「善信」を実名（「御諱」）と明記した嚆矢である。

「善信」の名に関して言えば、前掲の恵雲『伝絵鈔』の、

〈閏七月下旬第九日は、此の日、真影の銘を書か令《し》めたまう。同日、名を善心に改め、印証を授く。彼の印証の真筆、洛陽東山新黒谷に在り。〉（傍点筆者、『真史集』七、一九二頁下段）

との記事によれば、『伝絵鈔』が刊行された十七世紀中頃には、京都東山の新黒谷金戒光明寺に、元久二年の改名

時に法然が親鸞に授けた真筆の「印証」が存在したという。

ただしこの「印証」には覚如・存覚が記したような「善信」ではなく「善心」とあり、恵雲は、当時は「善導」を「善道」、「達磨」を「達摩」と書いたように同じ音の漢字で代用（音通）することが多く、親鸞は後に、「心」を「信」と改めたのではないかとしている。[20]

ちなみに、『昭和新修法然上人全書』「第八輯 伝法然書篇」に拠れば、金戒光明寺には文中に「予が門人にも聖光房勢観房禅勝房善心房熊谷入道はいつもあやまりせぬ人々に候」とある「源空（花押）」署名入りの無題の軸があるという。金戒光明寺所蔵軸では「善心房」の宛名は抹消されているが、『全書』注記に拠れば、弘化四年（一八四七）刊行の華圓文庫には「元久二年七月 源空在判 善心房」との年時・差出人・宛名を持ち、肩書には「元祖大師真影鸞師へ付属添書」、下部には「元本新黒谷宝庫に所在」との書入れのある「興御書」が収められている。また、禿氏祐祥氏所蔵の「無題」の写本には「貴坊形見と候あいた念仏証拠の為予影進し候。元久二年閏七月廿九日源空。善信御坊」の三十六文字が、同じく禿氏氏所蔵の江戸期版本「大原問答起御書」には「貴坊かた見と候間、為念仏、予影を進候」の十五文字と「証拠に予か影を進候 善心房 源空判」との十五文字がそれぞれあるという。[21]

以上見てきたように、室町末期から江戸期にかけての論争において、「行者宿報設女犯……」の偈はあくまで行者（親鸞）に妻帯（女犯）を認可し、「落堕」（破戒）の決断を促した「夢告」、つまり「女犯偈」と見做されており、親鸞を法然の元に誘った「夢告」としての意味は見失われている。おそらくこれは諸文献・諸聖教の矛盾する記述を整合することに主な関心が払われたこと、何より『恵信尼書簡』の存在が見失われていたことが原因と考えられる。

論争以降、「善信」の名も「夢告」の折聖徳太子から授けられた名として妻帯との関連のみで考えられることが一般的になったのであるが、これらの論争において、なぜ選択付嘱の後、真影図画の時点で改名し、そしてなぜその名が法然によって真影に記されねばならなかったのかという点については、「師の出言なき故に」[22]以外の説明は見当たらず、親鸞の内面的思想的観点からの検討が充分に行われてきたとは言い難い。

結論から言えば、筆者は元久二年に親鸞に改名を促したものは、建仁元年、六角堂参籠九十五日目に親鸞を法然の元へ促した「夢告」――救世観音より「行者宿報偈」を授かり、「わが誓願として一切群生に説き聞かせよ」と命じられた「夢」――であり、元久二年に「綽空」から改められた新しい名は「善信」ではなく「親鸞」であると考える。また、「行者宿報偈」の意味も必ずしも従来考えられてきたような女犯（妻帯）を勧めたものではないと考えているが、これらの点については本章第三節において詳しく論述することとする。

第三項　「太子廟夢告」――「善信善信真菩薩」――

以上のような、元久二年閏七月二十九日の改名の契機を建仁元年、もしくは三年の「六角堂夢告」（「女犯偈」）とする見解に対してまったく別の、新たな見解を提示したのが、享保二年（一七一七年）に刊行された高田派良空（一六六九～一七三三）の『正統伝』であった。

良空は、親鸞の前半生において「夢告」は、建久二年（一一九一年、親鸞十九歳）九月十四日の「磯長聖徳太子廟夢告」、正治二年（一二〇〇年、二十八歳）十二月二十八日の「比叡山無動寺大乗院夢告」、そして建仁元年（一二〇一年、二十九歳）四月五日の「六角堂夢告」の計三度あったとし、元久二年（一二〇五年、三十三歳）の「善信」への改名の契機となったのは建久二年の「太子廟夢告」、

〈我が三尊は塵沙界を化す
日域は大乗相応の地なり
諦らかに聴け　諦らかに聴け　我が教令を
汝の命根　応に十余歳なるべし
命終して速やかに清浄土に入らん
善く信ぜよ　善く信ぜよ　真菩薩を（よ）〉

（『真史集』七、三一九頁上段）

であるとした。

三十三歳以後善信となのりたまふも、其本原この告命［筆者注・「太子廟夢告」］より興れり。已上本伝

（『真史集』七、三一九頁下段）

又善信の御名を、六角堂の霊夢より起て、三十一歳より始れりと云こと太た非也。此名［筆者注・善信］の興起は、十九歳の時、磯長御廟に於て太子の〈賜ふ所〉也。

（『真史集』七、三三〇頁下段）

『正統伝』によれば、親鸞は建久二年（十九歳）の七月、師慈円の許可を得て法隆寺に参詣。六十数日間、覚運の坊で因明学の研鑽を積んだ後、九月十二日に磯長の聖徳太子廟に参詣。十三日から十五日まで参籠し、第二夜四更に「〈我が三尊は塵沙界を化す……〉」の「夢告」を得、十五日午の刻に自らこれを記録したという。

正治二年（二十八歳）九月、慈円の恋の歌事件を契機に遁世の志を深めた親鸞は、その後十二月上旬より比叡山無動寺大乗院に三七日（二十一日間）の参籠を行い、結願前夜四更に如意輪観音より「〈善哉、善哉、汝が願将に満足す。善哉、善哉、我が願亦満足す〉」の「夢告」を得る。

翌正治三年（二月十三日に改元して建仁元年）正月十日より親鸞は六角堂への百日参籠を開始し、三月中旬に四条

橋で出遭った聖覚の勧めにより翌三月十四日、吉水の法然の元を訪ね入門する。

百日の結願まではとそれ以後も六角堂への参籠を続けた親鸞は、四月五日五更、「夢告」(「女犯偈」)を得、同年十月五日、九条兼実の申し出を受けて「女犯偈」を示した法然の勧めにより兼実の娘玉日と結婚した。

以上が『正統伝』が記した三つの「夢告」にまつわる親鸞の前半生であるが、良空は、「太子廟夢告」は古来高田派にのみ伝来した口訣であり他派では知られていない。河内磯長の転法輪寺の宝蔵に親鸞真筆の「磯長の夢の記」があり、[23] 宝永元年(一七〇四年)八月に自分もそれを見たとしている。[24]

また、良空は、

去年[筆者注・建永二年]流罪の節より、有髪禿《かぶろ》の如くにてましませは、愚禿と名のりたまへり。亦御名をも親鸞と改めたまふ。已上本伝

○私云、三十五歳配所に著たまひて、御名を親鸞と改らる。仍て善信を房号とし、愚禿親鸞と号す。

(『正統伝』巻四、『真史集』七、三三九頁上段)

として、「親鸞」への改名を越後流罪直後のこととしている。これが筆者の管見する〝越後流罪後の「親鸞」への改名〟説の嚆矢であり、これが今日まで大きな影響を及ぼしていることは第一章で述べた。また、これも既に紹介したが、玄智『大谷本願寺通紀』巻一(天明五年・一七八五年刊行)の、

〈一に云わく。承元元年、謫所に於いて自ら親鸞と名のる。善信の名を案ずるに、罪名に濫《らん》して、故更《ことさら》に斯の名を称するなり。〉

(『真史集』八、三四四頁上段)

の記述から、〝流罪後の改名〟説を承けて、改名は「善信」を罪人名とされたことを憚ってのことだとする説が生まれたことが推察できる。

良空『正統伝』はその攻撃的な内容から開版直後から批判の対象となり、良空は享保十八年（一七三三年）に存覚作と銘打って『親鸞聖人正明伝』を出版する。存覚が高田派四世専空から聞いた親鸞伝を文和元年（一三五二年、存覚六十三歳）十月に四巻にまとめたとする触れ込みの『正明伝』であったが、『正明伝』もまた「良空による偽作」との激しい疑難を浴びせられた。

そして、これらとは別に、三つの「夢告」を記した史料として、建長二年（一二五〇年）四月五日に親鸞が末娘覚信尼に与えたとされる文書、通称「三夢記」が専修寺に伝来している。当初、後代の偽作文書と見なされてきたこの「三夢記」であるが、古田武彦氏が真作説を主張されて以後、俄然真作視されることとなった。

しかし、筆者はこの「三夢記」はやはり偽作であり、「太子廟夢告」も史実ではなく、元久二年の改名の契機ではないと考える。

第二節において、筆者は「三夢記」の検討を通してこれらの点について論証していく。

註

（1）『定親全』六、写伝篇(2)、二二七頁。
（2）遠藤一「中世仏教における〈性〉――興福寺奏状『剃破戒為宗』を手掛りとして――」『歴史評論』五一二（一九九二年）、二〇～二四頁参照。
（3）塩谷菊美『語られた親鸞』（法藏館、二〇一一年）、三〇～三一頁、七七頁参照。
（4）塩谷菊美『語られた親鸞』八三頁参照。
（5）塩谷菊美『語られた親鸞』五三～五五頁参照。

（6）赤松俊秀『人物叢書　親鸞』四一～四二頁参照。
（7）『真宗重宝聚英』四（同朋舎、一九八八年）、二〇頁参照。
（8）『影高古』六、九九八～一〇〇〇頁、「解説」参照。
（9）平松令三『歴史人物ライブラリー　親鸞』、九四～九五頁参照。
（10）『真史集』七、一二三頁下段参照。
（11）『真史集』七、一二四頁上段～一二五頁下段参照。
（12）この「建仁三年四月五日の夢は親鸞がその折に居た場所で見たもの」とする了解はその後、『絵伝撮要』が紹介した「吉水の禅室に在しての夢想」（『真史集』七、二三八頁下段）との説、「岡崎の禅室におひて」（神田信久『大谷嫡流実記』、嘉永六年・一八五三年の著者手択本。『真史集』七、六一三頁下段）とした説等のバリエーションを生み出していく。
（13）『真史集』七、二三八頁上段～二三九頁上段参照。
（14）『真史集』七、三二五頁下段参照。
（15）『古田武彦著作集（親鸞・思想研究編）二　親鸞思想』、九三～九五頁「表」参照。
（16）「松野純孝氏インタビュー　越後・関東時代の親鸞と恵信尼」『真宗』（二〇〇四年六月号）参照。
（17）龍恭子「中世文学における参籠――『恵信尼消息』を中心に――」『文学論叢』六九（大谷大学文芸学会、二〇〇七年）、三～五頁参照。
（18）塩谷菊美『語られた親鸞』一〇一～一〇六頁、一一二～一一八頁参照。
（19）『真史集』七、五九頁下段～六四頁上段参照。
（20）『真史集』七、一九二頁下段参照。この点について大谷派の慧空（一六四四～一七二一）は、流罪により「藤井善信」とされて以後「善心」を「善信」と改めたとする説を紹介している。『叢林集』巻八、『真史集』八、二九二頁上段参照。
（21）以上、『昭法全』、一〇〇四～一〇〇五頁参照。
（22）『私記』『真史集』七、一五八頁下段参照。

(23)『真史集』七、三二一頁下段、三二九頁下段参照。

(24) 良空『正統伝弁談』乾（専修寺蔵）。山田雅教「伝親鸞作『三夢記』の真偽について」『高田学報』七五（一九八六年）、五九頁参照。

第二節　専修寺蔵「三夢記」の真偽について

第一項　「三夢記」（「建長二年文書」）

現在、三重県専修寺に建長二年（一二五〇年）四月五日に親鸞が末娘覚信尼（一二二四〜一二八三）に与えたとされる文書、通称「三夢記」が伝わっている。

親鸞夢記に云わく

建久二歳辛亥暮秋仲旬第四日の夜、聖徳太子、善信に告勅して言わく

　我が三尊は塵沙界を化す

　日域は大乗相応の地なり

　諦らかに聴け　諦らかに聴け　我が教令を

　汝の命根　応に十余歳なるべし

　命終して速やかに清浄土に入らん

善く信ぜよ　善く信ぜよ　真の菩薩を（よ）

正治第二庚申十二月上旬、叡南無動寺の（に）大乗院に在して、同月下旬終日前夜四更に、如意輪観自在大士、
告命して言わく

善い哉　善い哉　汝が願将に満足す
善い哉　善い哉　我が願亦満足す

建仁元歳辛酉四月五日の夜寅時、六角堂の救世大菩薩、善信に告命して言わく

行者宿報にて設い女犯すとも
我玉女の身と成りて犯せられん
一生の間能く荘厳して
臨終に引導して極楽に生ぜしめん　文

時に建長第二庚戌四月五日
愚禿釈親鸞七十八歳

之を書す

釈覚信尼へ

（親鸞夢記云

建久二歳辛亥暮秋仲旬第四日《ノ》夜、聖徳太子善信《ニ》告勅《メ》言《メ》

我三尊化塵沙界《カサンソンクエチンシヤカイ》　日域《ニチイキ》大乗相応《シヤウサウ》地《チ》　諦《タイ》聴諦聴我教《カケウ》令

汝命根《ニヨメイコン》応十余歳《ヨサイ》　命終速《ミヤウシユソク》入清浄《シヤウ》土　善《セン》信善信真菩薩《シンホサチ》

正治第二庚申十二月上旬、睿南无動寺在㆓大乗院㆒、同月下旬終日前夜四更《ニ》、如意輪観自在大士告命《シテ》言《ク》

善哉《センサイ》善哉汝願将満足《ニヨクワンシヤウマンソク》　善哉善哉我《カ》願亦《マタ》満足

建仁元歳辛酉四月五日夜《ノ》寅時、六角堂救世大菩薩《ノクセタイホサチ》告㆓命《シテ》善信《ニ》㆒言《ク》

行者宿報《キヤウシヤシウホウ》《シウホウニシテタトヒ》　設《セチ》女犯《ニヨホム》《ホムストモワレナリテキヨクニヨノミトラレンホムセ》　我成《カシヤウ》玉女《キヨクニヨ》　身被《シンヒ》犯《ホム》

一生《シヤウ》之間能荘厳《アイタヨクシヤウコンシテ》　臨終引導《リムシユインタウ》《リンシユインタウシテ》生《シヤウ》《セシメム》　極楽　文

于時建長第二庚戌四月五日

愚禿釋親鸞七十八歳　書之

釈覚信尼〳〵　（以上、傍点・傍線筆者、『古田武彦著作集（親鸞・思想史研究編）二　親鸞思想』五七～五九頁）

この文書に記された三つの「夢告」——建久二年（一一九一年、親鸞十九歳）九月十四日の「磯長聖徳太子廟夢告」、正治二年（一二〇〇年、二十八歳）十二月二十八日の「比叡山無動寺大乗院夢告」、そして建仁元年（一二〇一年、二十九歳）四月五日の「六角堂夢告」のうち、第三の「六角堂夢告」は、専修寺蔵の真仏『経釈文聞書』に、

親鸞夢記に云わく

六角堂の救世大菩薩、顔容端政の僧形を示現して、白き衲の御袈裟を服著せしめて、広大の白蓮に端座して、善信に告命して言わく。

行者宿報にて設い女犯すとも

我玉女の身と成りて犯せられん

一生の間能く荘厳して
臨終に引導して極楽に生ぜしめん　文
救世菩薩此の文を誦して言わく。此の文は吾が誓願なり。一切群生に説き聞かす可しと告命したまえり。斯の告命に因て、数千万の有情に之を聞かしむと覚えて夢悟め了りぬ。（『定親全』四、言行篇(2)、二〇一～二〇二頁）

と記され、同じ真仏筆の「六角堂夢想偈文」（断簡）が、これも専修寺に伝来していることから、年時の問題はあるが、史実を反映したものと考えて差し支えはない。

しかし、その他二つの「夢告」は、室町末期の成立と思われる伝存覚作（1）『正明伝』、江戸中期の良空作『正統伝』といった後代のいわゆる談義本系親鸞伝に初めて登場し、覚如の『親鸞聖人伝絵』や荒木門徒系の『親鸞聖人御因縁』といった初期の親鸞伝には登場していない。

またこの「三夢記」の形態自体、干支が斜め書きであるなど江戸期成立の特徴を示しており、内容・形態からして後代の偽作文書と見做されてきた。

しかし、古田武彦氏が『親鸞思想――その史料批判――』（冨山房、一九七五年）等において親鸞の真作――「建長二年文書」（「三夢記」の祖本）を伝えるもの――であると主張し、以後真作説が俄然有力となったという経緯がある。（2）

古田氏はまた、「夢告」の文中に「善信」の名が含まれることなどから、建久二年の「太子廟夢告」が、『教行信証』「後序」に、

又夢の告に依って、綽空の字を改めて、同じき日、御筆を以て名の字を書かしめたまい畢りぬ。本師聖人、今年は七旬三の御歳なり。
（『定親全』一、三八二頁）

と記された元久二年（一二〇五年）閏七月二十九日の「綽空」から「善信」への改名を促した「根本夢告」であるとしている[3]。

従来、この元久二年の改名は「善信」への改名であり、改名を促した「夢告」は、建久二年の「太子廟夢告」もしくは建仁元年（あるいは建仁三年）の「六角堂夢告」であると考えられてきた。もし、この「三夢記」が偽作であれば当然「太子廟夢告」の史実性も疑わざるを得ないものとなり、通説はその論拠を一つ失うこととなる。

この節では、「建長二年文書」が建長二年に覚信尼に与えられたという点に着目し、「三夢記」が偽作文書に他ならないことを論証していきたいと思う。

第二項　古田武彦氏説をめぐる論争

『親鸞思想』において古田氏は、建長二年に親鸞が覚信尼に与えた「建長二年文書」は、以下の三点から親鸞の真作と判断できると主張した。

第一は、「大乗院夢告」を語る中の「睿南无動寺在二大乗院一」は「睿南無動寺に大乗院に在て」と読め、鎌倉中期以前に特徴的に見られる「二の畳用」の用法を示すものである。

第二は、文末の自署名が「愚禿釈親鸞」とあり、「釈」の字を含んだ署名の形式は親鸞七十四歳から八十三歳までの十年間（釈の十年）の「寛元四歳」（七十四歳）書写『自力他力事』の「愚禿釈親鸞」、「宝治第二」（七十六歳）制作の初稿本『浄土高僧和讃』（以下、『高僧和讃』）の「釈親鸞」、「建長三歳」（七十九歳）の専修寺蔵古写書簡「有念無念」の「釈親鸞」、「建長七歳」（八十三歳）書写『一念多念分別事』の「愚禿釈善信」の四例に限られており、建長二年（七十八歳）はまさにその間に当たる。

第三は制作年時の「建長第二」（七十八歳）の表記が「宝治第二」の年時表記を持つ初稿本『高僧和讃』（七十六歳）と近接しており、親鸞の七十歳代後半に特有の用法である。(4)

この古田氏の「建長二年文書」真作説に対しては赤松俊秀氏が早く『本願寺聖人伝絵　序説』（真宗大谷派出版部、一九七三年）で反論し、近年では山田雅教氏が「伝親鸞作『三夢記』の真偽について」（『高田学報』七五、一九八六年）、「再論　伝親鸞作『三夢記』の真偽について」（『高田学報』九二、二〇〇四年）において批判の筆を執っている。

これらに対して古田氏は『古田武彦著作集（親鸞・思想研究編）二　親鸞思想』（明石書店、二〇〇二年）所収の「あとがきに代えて――赤松俊秀氏に答える――」、「新・親鸞の史料批判――建長二年文書（「三夢記」）の信憑性に関し、山田論文に答える――」でそれぞれ反論を展開している。

その論争の逐一を挙げることはしないが、以下、筆者なりの古田氏説への疑問点を挙げておく。

第一の点に関して言えば、赤松氏が早くに指摘したように「睿南无動寺在㆓大乗院㆒」には送りがながなく(5)、また、山田氏の指摘に拠れば江戸期の漢文であれば「睿南無動寺の大乗院に在て」と読むことが可能であり(6)、「二の畳用」とは断定できないと考えられる。

第二の点に関して言えば、『親鸞思想』所載の〈親鸞の自署名と年時様式〉一覧には、以下のような、「釈の十年」から逸脱した「釈」の使用例が載っていない。

親鸞の真蹟に関して言えば、まず六十歳頃の執筆と推定される真蹟坂東本『教行信証』の一頁八行書き部分に撰号「愚禿釈親鸞集」（「証巻」、「真仏土巻」、「化身土巻（本）」）、「愚禿釈の鸞」（「化身土巻（本）」三願転入の文、「化身土巻（末）」後序）等の用例がある。(7)

次に寛喜二年（五十八歳）書写との奥書を持つ真蹟本『唯信鈔』（専修寺蔵・「信証本」）の「愚禿釈親鸞」の用例を、古田氏は小川貫弌氏の「八十歳代の執筆」説に従い一覧から除外しているが、[8]平松令三氏はこの信証本『唯信鈔』を、寛喜二年の書写本を康元二年（八十五歳）に再写し、一月二十七日書写の『唯信鈔文意』（真蹟・専修寺蔵）と併せて信証に与えたものと推定されており、[9]どちらの年時を採っても「釈の十年」には該当しない。

真蹟ではこの他にも、正嘉二年（八十六歳）撰述の『尊号真像銘文』（広本）に「和朝愚禿釈親鸞『正信偈』の文」の記述があるが、古田氏は「〝過去の一時点に書かれた正信偈銘文の表題〟の転記」であり、「年時記載は存在しない」ので「〈年時記載つき署名の統計〉には、当然入っていない」としている。[10]

真蹟本以外でも、仁治二年（六十九歳）書写の『唯信鈔』（大谷大学蔵）奥書の「愚禿釈親鸞」、建長八年（八十四歳）真仏書写の『入出二門偈頌』（専修寺蔵・旧法雲寺蔵）撰号の「愚禿釈親鸞作」の用例がある。

また、七十四歳から八十三歳までの「釈の十年」の間にも、古田氏の〈親鸞の自署名と年時様式〉一覧の四例以外に、以下のような「釈」の使用例がある。

宝治二年（七十六歳）制作の初稿本『浄土和讃』には「讃阿弥陀仏偈和讃」末尾の「已上四十八首　愚禿釈親鸞作」[11]、「現世利益和讃」末尾の「已上弥陀一百八首　釈親鸞作」[12]の記述があるが、古田氏は「『浄土和讃』が『浄土高僧和讃』と一連のもの」であり、「『宝治第二、七十六歳』時点（もしくはそれ以前）の執筆と見なされ」[13]るとして一覧から除外している。

従来「模本」とされてきたが近年親鸞真蹟と認められた[14]真宗大谷派蔵「安城御影」の讃文（建長七年、八十三歳）にも「和朝釈親鸞法師『正信偈』曰」とある。

真蹟本ではないが寛元四年（七十四歳）書写本『唯信鈔』（専修寺蔵）奥書の「愚禿釈親鸞」[15]、建長六年（八十二歳）書写本『唯信鈔』（滋賀県真念寺蔵）奥書の「釈親鸞」、あるいは建長七年（八十三歳）書写本『浄土文類聚鈔』（真宗大谷派蔵）奥書の「愚禿釈親鸞」などが古田氏の一覧には載っていない[16]。

また、親鸞は同じ文書中でさえ「釈」のある記名とない記名とを併用しており、「愚禿釈親鸞作」「釈親鸞作」の記述をもつ宝治二年制作の初稿本『浄土和讃』・『高僧和讃』にはそれぞれ「讃阿弥陀仏偈和讃　愚禿親鸞作」[17]「浄土和讃　愚禿親鸞作」[18]、「浄土高僧和讃　愚禿親鸞作」[19]といった撰号が、前掲の真宗大谷派蔵「安城御影」讃文には「和朝釈親鸞法師『正信偈』に曰わく」の記述と「愚禿親鸞」の署名が、『尊号真像銘文』（広本）では文中の「和朝愚禿釈親鸞『正信偈』の文」の記述に対し、奥書「愚禿親鸞」がある。

末尾に「釈親鸞」の署名のある建長三年閏九月二十日付の古写書簡「有念無念」の冒頭には「愚禿親鸞曰」とあり、同日付同一文面の『末灯鈔』第一通末尾の署名は「愚禿親鸞」となっている。山田氏はこれを同一内容の書簡が二通同時に制作されたと推定している[20]。

これらの事例から見ても、「釈」の有無に親鸞が特別な意味を見ていたとは考えにくく、古田氏の主張する「釈の十年」はその想定自体が成り立ち得ないものであると、筆者は考えざるを得ない。

第三の「建長第二」という年時表記に関しても、既に山田氏が指摘している通り[21]、二十八歳時点の記録であるはずの「大乗院夢告」の記事にも「正治第二」の記述があり、この表記が七十歳代後半特有のものとは思われない[22]。

そもそも、初稿本『高僧和讃』の奥書は、

宝治第二戊申歳初月下旬第一日　釈親鸞七十六歳　之を書き畢りぬ

（傍点筆者、『定親全』二、和讃篇、一三九頁）

であり、その年時記載は古田氏が指摘するような「宝治第二」ではなく、「宝治第二（干支）歳」と考えるべきであって、「三夢記」の「建長第二（干支）」と同一の表記様式であるとは言えないのではなかろうか。[23]

これらの問題点については既に種々指摘がなされており、古田氏も反論を加えているが、その反論が必ずしも的を射ていないというのが、筆者の偽らざる印象である。

ただし、今回、筆者が着目するのは「三夢記」の文面ではなく、本節第一項でもふれたように、これが建長二年に覚信尼に与えられたという点についてである。

第三項　「覚信尼」の法名について

「三夢記」はその末尾に「釈覚信尼へ」という宛名が記されている。

現在、「三夢記」の下段には、覚信尼に宛てた親鸞の「書簡」（添状）が表装されており、それには、

御文くはしく承候、わさとも申入へく候に、かたみと御望候ゆへ四十八の御願文、いにしへの夢の御文ともを、書てまいらせ候、いきて候へは、また対面候てしかしか申まいらすへく候、何事も疑なく、御安心たしろかせたまはて、御念仏せさせ候よし、めで度事にて候なり。他力には義なきを義とすとは申候なり、只〳〵御はからいなく、御本願にまかせ、いよ〳〵御念仏候へし、かへす〳〵。南無阿弥陀仏

四月五日　　　　親鸞（花押）

かくしんへ

（『古田武彦著作集（親鸞・思想史研究編）二　親鸞思想』（八二一～八三一頁））

と「かくしんへ」の宛名が記されている。

この「書簡」によれば、建長二年四月五日に書かれた「いにしえの夢の御文」（「建長二年文書」）は、同じく親鸞

直筆の「四十八の御願文」ともども、「かたみ」として、同日書かれたこの「書簡」を添えて覚信尼に送られたことになる。

この「書簡」の文面に関して山田氏は、「生きて候えば、また対面候いて」と、親鸞と覚信尼が遠方で離れ離れに暮らしているような書きぶりであるが、当時覚信尼は京都在住だったと思われ、「対面」は容易のはずであり、また、「かたみ」とか「いきて候えば」といった表現も、親鸞自身この年十月に『唯信鈔文意』を完成しており、健康面に不安があったとも思われないことから、当時の親鸞・覚信尼の置かれていた実情とそぐわないと、疑問を呈している。(24)

この点は筆者も同感であるが、ここではまず建長二年当時、覚信尼が既に「覚信（尼）」という法名を名のっていたのかについて考えてみたい。

親鸞・恵信尼夫妻の末娘覚信尼は元仁元年（一二二四年）の誕生であり、「文書」が与えられたとされる建長二年（一二五〇年）当時は二十七歳である。

古田氏は、寛元三年（一二四五年、覚信尼二十二歳）に夫日野広綱が亡くなり、その後小野宮禅念と再婚して建長五年（一二五三年、三十歳）に唯善が生まれているので、建長二年当時彼女は寡婦であり、この時期既に「覚信尼」という法名を自称していたとしている。(25)

『親鸞思想』所載の「略年表」には、

○―一二四五（寛元三）　日野広綱死

○―一二五〇（建長二）　建長二年文書　覚信尼宛書状（添状）

○―一二五三（建長五）　唯善生（本願寺通紀）

（傍点筆者、『古田武彦著作集（親鸞・思想研究編）二　親鸞思想』八五頁）

とあり、古田氏が玄智（一七三四～一七九四）の『大谷本願寺通紀』（以下、『通紀』）に拠って論を展開していることが知れる。

『通紀』巻五に拠れば、覚信尼――俗名弥女《いやおんな》――は貞応元年（一二二二年）――実際には元仁元年（一二二四年）――に生まれ、堀川忠親、次いで久我通光に仕えた後、日野広綱と結婚、覚恵・光玉を産み、寛元三年広綱と死別した。

小野宮禅念と再婚の後、唯善を産み、禅念の没後薙髪し法名を「覚信尼」とした。

その後、大谷廟堂の草創と護持に尽力し、弘安四年（一二八一年）四月十六日、六十歳（一説には弘安十年《一二八七年》十二月二十三日、五十四歳）で亡くなったとされている[26]。

しかし、西本願寺には弘安六年（一二八三年）十一月二十四日付の「ゐ中の人々の御中へ」宛の「置文」の案文（「覚信尼最後条案」）が蔵されており[27]、実際にはその直後の六十歳での死去と推定される。

また、長子覚恵について『通紀』は、延応元年（一二三九年）に生まれ、寛元三年七歳で父広綱を、弘安四年四十三歳で母覚信尼を喪い、徳治二年（一三〇七年）四月十二日に六十九歳で亡くなったと記している[28]。

『敬重絵詞』巻一の、

かの金吾［筆者注・日野広綱］に一人の息男あり、いまだ首服におよばず、童名光寿と申けるが、七歳の時父にをくれてはやくみなし子となられけり。

（『真聖全』三、八二九頁）

との記述から見て覚恵が七歳で父を喪ったこと、存覚の『常楽台主老衲一期記』（以下、『存覚一期記』）の、

〈十八歳同二［筆者注・徳治二年］……四月十二日、大々上［筆者注・覚恵］御入滅の間、……大々上御入滅の

地は二条朱雀衣服寺なり。〉

（『真史集』一、八六八頁）

との記述から、その死が徳治二年四月十二日であったことは確実であるが、『敬重絵詞』巻六には、

厳親桑門［筆者注・覚恵］は、正安のはじめつかた、五十有余の比《ころ》より瘻《ろ》といふ病にわづらひ給けるが、……

発病よりこのかた臨終まで、首尾八九年の間……

（『真聖全』三、八五一頁）

とあり、仮に正安元年（一二九九年）を五十歳とすれば建長二年（一二五〇年）の誕生となる。

このように諸史料の記述は一致せず、現在覚恵の誕生年時、広綱の生没年時は不明とされている。

また、『通紀』では建長五年の誕生とされる唯善であるが、[29]文永五年（一二六八年）三月十二日付の『恵信尼書簡』第十通に、

なによりも〳〵きんだち（公達［筆者注・唯善］）の御事、こまかにおほせ候へ。うけたまはりたく候也。おとゝし（一昨年）やらんむ（生）まれておはしまし候けるとうけ給はり候しは、それもゆかしく思まいらせ候。

（傍点筆者、『定親全』三、書簡篇、二一〇〜二一一頁）

とあり、実際には文永三年（一二六六年、覚信尼四十三歳）の誕生である。

弘安三年（一二八〇年）十月二十五日付の「大谷敷地寄進状案」に唯善は母覚信尼、兄覚恵（「専証」名）と共に「一名丸」の童名で署名しており、[30]建長五年の生まれであれば既に二十八歳、童名での署名はまず考えられない。

ちなみに北西弘氏は、日野広綱との結婚を久我通光死去の宝治二年（一二四八年）頃、覚恵の誕生を翌建長元年（一二四九年）頃、広綱の死を建長七年（一二五五年）頃と推定されている。[31]また、禅念との再婚についても、親鸞存命中であれば後年の大谷廟堂の相続をめぐる係争の際に唯善がそれを強調したはずであるから、親鸞没後の文永二年（一二六五年）頃のことであろうとしている。[32]

また、建長八年（一二五六年）七月九日付の『恵信尼書簡』第一通、九月十五日付の第二通には覚信尼が下人の譲状（「もんぞ（文書）」「せうもん（証文）」）を焼失したとの記述があり[33]、この記述から、十二月十五日付（年時不明）真仏宛の親鸞の「書簡」（真蹟・専修寺蔵）に「この十日の夜に焼亡に遭った」と記した火災が前年建長七年の出来事であったとの推定がなされている[34]。

この建長七年十二月十日夜の火災で覚信尼が譲状を焼失したとすれば、火災前、広綱と死別した覚信尼が親鸞のもとに身を寄せており、恵信尼からの下人の譲渡（派遣の準備）が父娘の扶助のためになされたとも考えられ、既に唯善が生まれていたとする『通紀』の記事はますます信頼性を失うこととなる。

このように古田氏の依拠する『通紀』の記述は諸史料、特に『恵信尼書簡』と照らして誤りが多く、覚信尼が建長二年当時寡婦であり既に「覚信尼」と名のっていたとする古田氏説には疑問を呈せざるを得ない。

赤松俊秀氏は、この建長八年九月十五日付『恵信尼書簡』第二通の「わうごぜん（王御前）へ[35]」の宛名を挙げ、建長二年は出家以前であるとしたが[36]、古田氏はこの用例は建長二年の「覚信尼」名を否定し得るものではないと回答している[37]。

しかし、建長二年に覚信尼が寡婦であったとすれば、当然、父親鸞のもと——「五条西洞院わたり[38]」（『御伝鈔』）か？——に寄寓していた可能性が高く、覚信尼が対面困難な遠方から手紙をよこしたとする添付「書簡」の記述がなおさら頷けなくなるのである。

第四項　漢文文書としての「三夢記」

次に筆者が注目するのは、「建長二年文書」が「四十八の御願文」と共に「かたみ（形見）」――「死んだ人、または遠く離れた人を思うよすがとして残した、または、残ったもの。遺品や遺児」「過ぎ去ったものを思い出す種となるもの。思い出のよすが。記念。なごり」[39]――として覚信尼に与えられたとする添付「書簡」の記述である。

また、この「書簡」の、

　御文くはしく承候、わさとも申入へく候に、かたみと御望候ゆへ四十八の御願文、いにしへの夢の御文ともを、
　書てまいらせ候、

との記述からは、これらの文書の授与が覚信尼の懇望に応えてなされたものであることが窺われる。

そしてその懇望も、漠然と何か「かたみ」となる品を望んだというよりも、覚信尼自身が書簡で「わざとも――〈意識して。わざわざでも。また、格別に。特に〉[40]――申し入れ」、つまりあえて「四十八の御願文、いにしえの夢の御文ども」を「かたみ」に、と申し入れたとも受け取れる記述となっている。

しかし、「四十八の御願文、いにしえの夢の御文ども」は親鸞が覚信尼に贈るのに妥当なものであったと言えるだろうか。また、これらの文書は、本来「かたみ」として与えられるべき性格のものなのであろうか。

覚信尼に与えるのにこれらの文書が妥当でないと筆者が考える理由は、覚信尼にはおそらくこれらの文書が読めなかったからである。

専修寺には建長八年（一二五六年）に真仏が書写した親鸞作『四十八誓願（四十八大願）』が伝わっているが、

「三夢記」同様、返り点・送りがな付きの漢文で記されている。「三夢記」の形態から見て当然覚信尼にも漢文のそれ（「四十八の御願文」）が送られたはずである。

当時、漢文の知識はごく一部の公家男子、僧侶に限られていた。僧侶であってもその大多数にとっては経文を読誦すること自体が困難なことであり、経文を読誦暗唱しその大意を知ってはいても、詳しい内容まで理解できた僧侶はさらに稀少であったという。まして女性においては、である。

『恵信尼文書』には、『書簡』と共に、音読み・かな書きの『大経』の文が伝えられている。

比叡山を「やま」と呼び、「ちくぜん（筑前）」の女房名をもち、また日記を付ける習慣があったことなどから、恵信尼は貴族三善為則（為教）の娘として京都で成長したと思われるが、[41]経文を漢文として読む能力はなく、振りがなによる音読が限界であったと思われる。

その娘覚信尼も久我通光に仕えたとされるが、親鸞の上洛までの年少期は関東で過ごしたと思われ、教育環境から見て母以上の、しかも自ら望んで漢文聖教を懇望するほどの読解力があったとは考えがたい。

親鸞による膨大な和讃や和文聖教の制作、『一念多念文意』『唯信鈔文意』末尾の識語、

ゐなかのひと〴〵の文字のこゝろもしらず、あさましき愚痴きわまりなきゆへに、やすくこゝろえさせむとて、おなじことをたび〳〵とりかへし〳〵かきつけたり。こゝろあらむひとはおかしくおもふべし、あざけりをなすべし。しかれどもおほかたのそしりをかへりみず、ひとすぢにおろかなるものをこゝろえやすからむとてしるせるなり。

（『唯信鈔文意』[42]『定親全』三、和文篇、一八三頁）

や、初稿本『浄土和讃』「現世利益和讃」の「和讃」の語の左訓「やわらけ　ほめ」などは、このような当時の時代状況を反映したものと思われる。

親鸞には多数の門弟があったが、そのうち親鸞から直筆漢文聖教を与えられたり書写を許されたりした者は、『教行信証』を書写した尊蓮・専信、付嘱を受けた蓮位、『入出二門偈頌』『指南抄』等を書写した真仏、『愚禿鈔』等を書写した顕智などと限られている。また、真仏の子信証が『入出二門偈頌』、覚信が『指南抄』『四十八誓願』、覚然が『弥陀経義集』といった真仏書写の漢文聖教を所持しており、覚信の子慶信も書簡に「『弥陀経義集』を読んだ」と記しているので、これらの弟子には漢文の読解能力があったことが知られる。彼らは、これら以外にも親鸞の書簡や和文聖教を多数与えられている。(43)(44)

これらの高弟たちに比して親鸞は弟子一般に対しては、寛喜二年（一二三〇年）以来たびたび聖覚の『唯信鈔』を書写、寛元四年（一二四六年）には隆寛の『自力他力事』も書写して、これらを送付しその熟読を勧めている。

『唯信鈔』をよく〳〵御覧さふらふべし。　（『御消息集』（広本）第三通、『定親全』三、書簡篇、一三二頁）

さきにくだしまいらせさふらひし『唯信鈔』・『自力他力』などのふみにて御覧さふらふべし。

（『末灯鈔』第十九通、『定親全』三、書簡篇、一〇七頁）

また、宝治二年（一二四八年）には『浄土和讃』『高僧和讃』も完成しており、建長二年（一二五〇年）に覚信尼に与えるのであれば、むしろこれらの和文聖教の方が妥当であったと思われる。

第五項　聖教としての「三夢記」

このような筆者の見解に対して、「たとえ読解不能の漢文文書ではあっても形見として娘が父に懇望した可能性はある」との指摘が上がるかもしれない。

親鸞の青年期の三つの「夢告」を記した「建長二年文書」だけを覚信尼が懇望したのであれば、父の行実・生涯を偲ぶよすがとして欲したと理解できなくもない。

しかし、覚信尼は同時に『四十八誓願』をも懇望しており、父の信仰・思想を偲ぶというのであれば、他に適当な父の著作が既にあったにもかかわらず、読めもしない漢文の、それも『四十八誓願』をあえて望むというのはいかなる心境にもとづくものか、疑問と言わざるを得ない。

覚信尼の懇望はやはり歴史的事実ではなかったと判断せざるを得ない。

仮に懇望があったとしても、親鸞が覚信尼にこれらを与えることはあり得なかったと筆者は考える。

それが前述したように、「建長二年文書」や『四十八誓願』が「かたみ」として、いわば私的に贈与されるべき性格の文書であるかという問題なのである。

元久二年（一二〇五年）、親鸞は法然から『選択集』の書写と真影の図画を許されており、おそらくその形式を継承したのであろう、建長七年（一二五五年）、専信に自著『教行信証』の書写を許し、同じく自らの影像「安城御影」と本尊「黄地十字名号」を与えている。(45)専信臨写本『教行信証』を真仏が転写（現「専修寺本」(46)）したことからみて、この時の授与には「高田門徒総体への」という意味も含まれていたとは思われるが。

親鸞にとって著作の授与や書写の許可は、門弟への教化指導の一環であったと同時に、信頼のおける人物にこれらを付嘱して後代への流通（伝持と公開）を託すという、いわば「無辺の生死海を尽くさん」(47)（『安楽集』）との志願に立った行為であったと思われる。

また、「京［筆者注・親鸞］よりふみ（文）をえたる」と詐称した「あいみむばう（哀愍房）」の例(48)から知られるように、親鸞自筆の書簡・聖教を所持することは、門弟においても、その高弟であることの対外的な証明となり得たのである。

『四十八誓願』はもちろん、「建長二年文書」も単なる夢の記録や父の思い出を偲ぶよすが（形見）ではなくあくまで「聖教」であり、その授与は私的な贈与ではなく、付法という公的な行為であると見なければならない。

真仏書写の「親鸞夢記」の文が、その『経釈文聞書』に『蓮華面経』『法事讃』『教行信証』等の文と共に収められていることからもそれは知られるのである。

「行者宿報偈」は現在、真仏筆の『経釈文聞書』「親鸞夢記」の文および「六角堂夢想偈文」（断簡）に伝えられており、筆者は『経釈文聞書』の「親鸞夢記」『観世音菩薩往生浄土本縁経』の文および「六角堂夢想偈文」（断簡）は、真仏が親鸞のもとに滞在していた康元元年（一二五六年）十月下旬から翌正嘉元年閏三月下旬頃までの間に書写されたものと考えている。

またこの「行者宿報偈」は現在、親鸞の吉水入室の契機となった「九十五日のあかつき（暁）の御じげん（示現）のもん（文）」[49]（『恵信尼書簡』第三通）であると見做されている。

今井雅晴氏は、同じ第三通の吉水入室の記事の助動詞「き」（自分の過去の体験を表わす）の用法から見て、親鸞の吉水参学を恵信尼自身が直接見聞していた、つまり恵信尼自身が当時吉水の法座に参席していたことが窺われるとしている。[50]

恵信尼は自らの念仏往生の確信を、

わが身はごくらく（極楽）へたゞいま（只今）にまいり（参）り候はむずれ。なに（何）事もくら（暗）からずみそなはしまいらすべく候へば、かまへて御念仏申させ給て、ごくらくへまいりあはせ給べし。なほ〳〵ごくらくへまいりあひまいらせ候はんずれば、なにごともくらからずこそ候はんずれ。

（『恵信尼書簡』第十通、『定親全』三、書簡篇、二〇九〜二一〇頁）

と語り、娘に対しても「念仏申して共に極楽に生まれん」と勧めている。また、この「極楽へ参れば暗からず」との記述から、親鸞の「土は亦是無量光明土なり」[51]（『真仏土巻』）の教説を連想することも可能である。

つまり、恵信尼は親鸞にとって妻ではあるが、同時に吉水以来の「同朋」であり、いわば信頼すべき「専修念仏のともがら」[52]（『歎異抄』第六章）として「夢記」を与えたと考えるべきではなかろうか。西念寺本『親鸞聖人門侶交名牒』には親鸞面授の「尼慧信御房」として「尊証・道証・妙信」の弟子があったと記されているという[53]。

真仏書写の『四十八誓願』を所持した覚信（?〜一二五八）も、この他親鸞真蹟の『尊号真像銘文』（略本）、真仏書写本の『指南抄』を与えられており、上洛の途次「一日市《ひといち》」で発病した際、帰郷を勧める同行に、

死するほどのことならば、かへるとも死し、とゞまるとも死し候はむず。またやまひはやみ候ば、かへるともやみ、とゞまるともやみ候はむず。おなじくばみもとにてこそおはり候はゞ、おわり候はめ、とぞんじてまいりて候也と、

（専修寺蔵「蓮位添状」『定親全』三、書簡篇、二一〇頁）

と上洛を果たした道心の堅固さや、臨終の際の、

おはりのとき、南無阿弥陀仏・南無無碍光如来・南無不可思議光如来ととなえられて、て（手）をく（組）みてしづかにおわられて候しなり。

（『定親全』三、書簡篇、二一一頁）

といった態度、さらには彼の死を悼んで親鸞が落涙したとまで伝えられるほど[54]、親鸞から深く信頼された弟子であったことが知られている。

彼らと比較して、建長二年（一二五〇年）、二十七歳の覚信尼が「建長二年文書」『四十八誓願』の付嘱に値する親鸞高弟の専修念仏者であったと言えるだろうか。筆者は、はなはだ疑問であると言わざるを得ない。

弘長二年（一二六二年）十一月二十八日の親鸞の死を書簡で知らせてきた覚信尼に対して、恵信尼はその返信をまず、

　こぞ（去歳）の十二月一日の御ふみ、同はつか（二十日）あまりに、たしかにみ（見）候ぬ。なによりも殿［筆者注・親鸞］の御わうしやう（往生）、中々はじめて申におよ（及）ばず候。

（『恵信尼書簡』第三通、『定親全』三、書簡篇、一八七頁）

と書き出し、自身と親鸞とにまつわる出来事を記した後、

　されば御りんず（臨終）はいか（如何）にもわたらせ給へ、うたが（疑）ひ思まいらせぬうへ、

（『定親全』三、書簡篇、一九〇頁）

と結んで、臨終の様子がどうであろうとその往生は疑いないことであるとしている。

これらの記述からは、父の死を看取った覚信尼がその往生に疑問を抱いたことが窺われるし、その理由として、高僧の臨終に現れるとされた奇瑞が親鸞の臨終にはなかったこと、「糸引き」等の臨終行儀[55]を行わなかったこと、それどころか臨終にかなり苦しんだことすら想像されるのである。

『恵信尼書簡』や『教行信証』専修寺本の識語から、親鸞の死には覚信尼、益方（有房）、門弟では顕智や専信が立ち会ったことが知られる。

福井県浄得寺蔵本『教行信証』（「西本願寺本」系の写本）の識語には、亡くなった翌日の二十九日東山に葬送され、三十日に収骨が行われたと記されている。[56]（ただし、「専修寺本」には二十九日に専信・顕智が収骨したとある[57]）その翌十二月一日に覚信尼は急ぎ母に父の訃報を認《したた》めている。

発病後の看護、死後の葬送・収骨といった多忙を極めたスケジュールが一段落し、高弟の顕智や専信には聞けな

かったであろう、しかし深刻な疑問を、この日覚信尼は書簡で母親に密かに漏らしたのではなかろうか。

この手紙は同月の「はつかあまり」（二十日頃）に恵信尼に届いているが、これに対して恵信尼は翌年二月十日に返信を認め、

このもん（文）をか（書）きしる（記）してまいらせ候も、い（生）きさせ給て候しほどは、申てもえう（要）候はねば申さず候しかど、いま（今）はかゝる人にてわたらせ給けりとも、御心ばかりにもおぼしめ（思召）せ、とてしるしてまいらせ候也。　（『恵信尼書簡』第四通、『定親全』三、書簡篇、一九二～一九三頁）

と、親鸞が存命であれば書く必要もなかったが、没後の今、生前どのような人として生き、そして往生したかを少しでも理解して欲しくて書き記した、と結んでいる。

言うまでもなく、親鸞の信念の特質は「現生正定聚」にあり、臨終の善悪は問わないというものであった。

来迎は諸行往生にあり、自力の行者なるがゆへに、臨終といふことは諸行往生のひとにいふべし、いまだ真実の信心をゑざるがゆへなり。また十悪・五逆の罪人のはじめて善知識にあふて、すゝめらるゝときにいふことばなり。真実信心の行人は、摂取不捨のゆへに正定聚のくらゐに住す。このゆへに臨終まつことなし、来迎たのむことなし。信心のさだまるとき往生またさだまるなり。来迎の儀式をまたず。

（『末灯鈔』第一通、『定親全』三、書簡篇、五九～六〇頁）

まづ善信が身には、臨終の善悪をばまふさず、信心決定のひとは、うたがひなければ正定聚に住することにて候なり。さればこそ愚痴無智のひとも、おはりもめでたく候へ。如来の御はからひにて往生するよし、ひと〴〵まふされ候ける、すこしもたがはず候なり。としごろ、をの〳〵にまふし候しこと、たがはずこそ候へ。かまへて学生沙汰せさせたまひ候はで、往生をとげさせたまひ候べし。

（『末灯鈔』第六通、『定親全』三、書簡篇、七五頁）

御同行の、臨終を期してとおほせられさふらふらんは、ちからをよばぬことなり。信心まことにならせたまひてさふらふひとは、誓願の利益にてさふらふうへに、摂取してすてずとさふらへば、来迎・臨終を期せさせたまふべからずとこそおぼえさふらへ。いまだ信心さだまらざらんひとは、臨終をも期し来迎をもまたせたまふべし。（『末灯鈔』第十八通、『定親全』三、書簡篇、一〇五頁。以上、傍点筆者）

これらの教説に比して、『恵信尼書簡』の記述からは、父の信仰・思想や行実に暗い娘の姿が浮かび上がってくる。

「建長二年文書」を与えられたとされる建長二年（一二五〇年）より十二年後の弘長二年（一二六二年）、三十九歳の時点においてすら、覚信尼には父親鸞に対してこの程度の理解しかなかったのであり、まして建長二年時点の覚信尼に親鸞が安易に「建長二年文書」等を与えたとは到底考えられないのである。

第六項　「夢告」の重さ

もし「建長二年文書」の授与が史実であるならば、覚信尼は父親鸞が六角堂の救世観音から「玉女として汝に随伴し、その一生涯を荘厳し、臨終には引導して極楽に生まれさせよう」との予言（記別）を授かった人間だと知っていたことになる。しかも添付「書簡」の文面は、覚信尼が三夢の事実を知った上で「文書」の授与を懇望した可能性すら示している。

父が観音の授記を受けたことを知っていた娘が、果たしてその往生を疑うであろうか。

実はこれが、筆者が「三夢記」を偽作と考える最大の理由なのである。中世当時、「夢」は、現代人の考えるような深層意識の表れなどではなく、人間を超えた世界の、神仏その他からのメッセージであり、未来を予言するものでもあった。当時「夢」を乞う人は沐浴斎戒・精進・断食などの準備をし、一定の期間（三日、七日、二七日、三七日、九十日、百日）、聖所に通夜参籠して祈念した。「暁」「丑の時」「寅の時」といった他界と俗界、生と死が交差する聖なる時間に念願かなって「夢の告げ」を得た人々は、その「夢」が伝えんとするメッセージを知るべく「夢あわせ」「夢解き」をし、良き未来ならば「夢語り」して周囲と共有し、悪しき未来ならば変更（「夢違え」）すべく、「夢祭」等の宗教的措置を行ったのである。[58]

『書簡』で恵信尼が親鸞往生の確証として示したのも「夢」に関わる三つの出来事であった。

（1）建仁元年（一二〇一年）、親鸞に吉水入室を促した六角堂参籠九十五日目の暁の「夢」。

（2）恵信尼自身が見た常陸国下妻境郷での堂供養の「夢」。

（3）寛喜三年（一二三一年）、病臥中の親鸞が見た『大経』の「夢」。

いずれの「夢」も親鸞によって「夢解き」がなされている。[59]これらの「夢」によって恵信尼は、親鸞が聖徳太子に導かれて法然に入門し、以後折々の夢に励まされて専修念仏の自信教人信に生涯を捧げた人であり、自分を間違いなく導いてくれる観音菩薩の化現であるとの確信を得たのである。それゆえ恵信尼においては親鸞の往生も、また自身の往生も疑いのないことであった。

恵信尼は、これら三つの「夢」に、父の行実を知らない娘の疑惑を打ち消すに足る権威と説得力があると考えたのであろうし、後年親鸞廟堂の草創と護持に尽くしたことからみて、覚信尼もこの時の母の説諭に納得して疑惑を撤回したものと思われる。

これに対して、親鸞が門弟に「行者宿報偈」を書写させていたことから見て覚信尼は既に「行者宿報偈」を熟知しており、『恵信尼書簡』の記述は「都の人々が『親鸞往生』に疑問をもっていた」[60]などの、身内（恵信尼）の証言、「身内の側から語られた親鸞の行状を知る必要があった」覚信尼周辺の事情を反映したものであって、覚信尼自身の疑問に応えたものではない、とする見解もある。[61]

しかし、覚信尼が手紙を認めたのは親鸞の死からわずか三日後であり、覚信尼自身もその間葬送の準備等に忙殺され、周囲の風聞を斟酌する余裕があったとも思われない。

身内の証言が必要というが、幸便を得てそれに託すという当時の郵便事情からすれば、恵信尼の返信を得るのに多くの時間を要することは誰しも自明のことであったであろう。現に恵信尼のもとに親鸞の訃報が届くのにさえ二十日もかかっている。

また、早急な返信を要請されたであろうはずの恵信尼は受信後、翌年の二月十日まで筆を執っていない。

親鸞の往生に疑問を抱いた者がいたとしても、拾骨に立ち会った門弟専信・顕智が当然否定したであろうし、それが親鸞遺弟としての責務ですらある。専信・顕智までが親鸞の死に動転した、とも思われない。

あえて身内の証言を、というならば、娘である覚信尼が自身の知る「行者宿報偈」とそれにまつわる吉水入室の伝承を語れば、「夢」の神秘性が信じられていた当時のこと、充分な説得力を持って受け入れられたと思われる。

これらの点から、恵信尼の証言を必要とする外的状況はなく、余人を前には口にできなかった自身の疑問を母親にならば、と密かに書き送ったと筆者は考えざるを得ないのである。

第七項　『正統伝』『正明伝』との関連

以上の考察の結果、「建長二年文書」が実際に建長二年に覚信尼に付与された可能性はきわめて低く、筆者はこれを後代の偽作と判断せざるを得ない。

また、本節第一項で若干言及した『正明伝』等の後代の親鸞伝も、『恵信尼書簡』『存覚一期記』等の記述と齟齬をきたす内容である。

伝存覚作『正明伝』巻一下・巻二上は、正治二年冬、三七日（二十一日間）の大乗院参籠を開始し、結願の前夜四更に「夢告」を受けて六角堂百日参籠を発願。翌正治三年（二月に改元して建仁元年）正月十日より参籠を開始し、中途の三月十四日、吉水を訪ね法然に入門。「綽空」の名を授けられたが、その後も参籠を続けて四月五日五更に「夢告」を受けたとしている。[62]

良空作『正統伝』巻二・三[63]にも同様の経緯（大乗院参籠が『正明伝』では「冬」とのみ記しているのに対して『正統伝』は「十二月上旬」）が述べられており、『正明伝』『正統伝』のいずれもが、親鸞の専修念仏帰入の経緯を六角堂参籠→九十五日目の「夢告」→吉水入室と伝える『恵信尼書簡』の存在を知らずに制作されたことが窺われる。

古田氏は、親鸞は正治二年十二月終日（二十九日、十二月は小の月）の前夜（二十八日）四更に無動寺大乗院において「夢告」を受け、翌二十九日から六角堂百日参籠を開始し、『恵信尼書簡』の記した「九十五日の暁」に当たる翌建仁元年四月五日寅の時に「夢告」を受けた、として「三夢記」の信憑性を強調している[64]が、夜明けをもって一日の始めとし次の日の夜明けを翌日の始めとする当時の慣習からすれば、「十二月二十八日四更」は現在の二十九日未明（午前二時～四時）であり、翌二十九日の夜から一月一日の朝までを参籠第一日目とすると、「四月五日夜、寅の時」（現在の四月六日午前四時）は、既に山田雅教氏が指摘している通り、十二月（小の月）の二十九日の「一日」プラス一月（大の月）の「三十日」プラス二月（小の月）の「二十九日」プラス三月（小の月）の「二十九日」プラス四月の「五日」の計九十四日目にしかならず、「建長二年文書」の信憑性は『恵信尼書簡』の記述によってむしろ否定されていると言わなければならない(65)。

これに対して「三夢記」は『恵信尼書簡』の記述と矛盾しないという主張もいくつかは存在する。しかし、それらを注意深く読めば、四月五日を九十五日目にするために「当時の四月五日は現在の六日にあたる」からと四月分を「六日」と計算したり(66)、大乗院での「夢告」を得て直ちに祈願の場所を六角堂に換えたとして「大乗院夢告」の「十二月二十八日」を六角堂参籠の第一日目として十二月分を「二日」と計算するなど(67)、古田氏説を擁護したい余りの牽強附会としか言いようのない操作がなされている。

また、『正明伝』巻一は、「応長・正中年中に高田第四祖専空が上洛した折に存覚が岡崎の旧房・善法院において授けられた親鸞伝を記した(68)」と記しており、良空の『高田山専修伝灯実録』巻一（『正統伝後集』所収）は専空による伝授を応長元年（一三一一年、存覚二十二歳）と正中二年（一三二五年、三十六歳）の二回としているが(69)、いずれも『存覚一期記』にそのような記録は存在しない。

これらの点から見て、「善信善信真菩薩」の一句を持つ建久二年の「太子廟夢告」が史実とは思われず、「後序」の記した元久二年の改名の契機ではないと考えざるを得ない。元久二年の改名が「善信」へのそれであるとする旧来の説はその根拠の一つを失ったのである。

最後に、「三夢記」制作の背景・理由について筆者の推論を述べたい。

山田雅教氏は、史料の上での「三夢記」の初見は宝暦十二年（一七六二年）の専修寺蔵『御宝物目録』（「三夢の記一箱」の記述あり）であり、前年宝暦十一年の宗祖五百回忌の宝物展観に併せて制作されたのではないかと推測されている[70]が、これは三夢の伝承が記された良空の『正統伝』の刊行（享保二年・一七一七年）、良空による伝存覚作『正明伝』の刊行（享保十八年・一七三三年）よりも後である。

良空は『正統伝』制作に当たって本願寺系の存覚の作とされる『正明伝』を参考としたと述べ、後にその出版まで行っているが、同じ本願寺系の覚信尼名のある「三夢記」には言及していない。三夢の伝承が存覚の曾祖母で本願寺草創の祖である覚信尼にまで起源を遡れるとなれば『正統伝』の信憑性が一挙に増すであろうにもかかわらず、である。『正明伝』にも同様に「三夢記」への言及はない。

山田氏の考察によれば、良空の他の著述等に照らしても良空が「三夢記」を見た形跡はない[71]。また、三つの「夢告」における『正統伝』「三夢記」両者の表現の類似から見て、一方が他方を参照した可能性、つまりは「三夢記」が『正統伝』の記述を承けて制作された可能性が高いとされている[72]。

以上の点から見て、『正統伝』執筆時に「三夢記」はいまだ存在していなかったことが窺われる。

享保二年に『正統伝』が刊行されるや、享保六年（一七二一年）に林聴（慧空、一六四四～一七二一）によって『正統伝鉄関』が著された。これに対して良空も享保七年（一七二二年）に『鉄関踏破』等（『正統伝後集』所収）を著して応酬したが、この他にも『正統伝弾文』、独秀の『親鸞聖人正統伝金剛鎚』など『正統伝』批判の書が相次いだ[73]。

また、良空は享保十八年に『正明伝』を刊行したが、これに対しても大谷派の先啓（一七一九～一七九七）の

『御伝絵指示記』（安永七年・一七七八年）、本願寺派の玄智（一七三四〜一七九四）の『非正統伝』（大慶との共著、天明四年・一七八四年）等が、「『正明伝』は『正統伝』補強のための良空の偽作」と批難したという(74)。

これら本願寺系からの『正統伝』批判に対して、覚信尼宛の「三夢記」を宗祖五百回忌に併せて制作公開することによって三夢の伝承の信憑性、高田派相伝の親鸞伝承の信頼性、ひいては高田派専修寺の正統性そのものを主張しようとしたのが「三夢記」制作の動機ではないか、と筆者は推測するのである。

なお、「建長二年四月五日」という「三夢記」の日付であるが、『正統伝』には、

七十七歳、七十八歳、七十九歳
七十七歳より同九歳の時迹、本伝旧記に所見なし。已上私　（『真史集』七、三六一頁下段）

とあり、建長二年（親鸞七十八歳）が当時の親鸞伝史料の上で事績の記録がない、いわば「空白期間」だったことによるのではないかと思われる。また、「四月五日」の日付からは当然「六角堂夢告」の「建仁元年四月五日」が連想され、これも筆者の想像であるが、「往時の『夢告』を憶念しながら記した」といった「由緒（口上）」が「三夢記」展示の際に用意されていたのではないか、とも考えるのである。

註

（1）山田雅教「『親鸞聖人正明伝』の成立」『平松令三先生古稀記念論集　日本の宗教と文化』（平松令三先生古稀記念会編、同朋舎、一九八九年）参照。

（2）古田氏は、「親鸞夢記」とは「すでに成立していた各時点の『夢告文書』を、原形のままの形で、並載した形式をとっていたもの」であり、「［筆者注・「親鸞夢記」に］すでにそれぞれ書き記していた、三時点の自筆文書（夢告）を、まとめてみずから書写した」部分と「建長二年奥書」、「釈覚信尼へ」の宛書までを「建長二年文書」、冒

頭の「親鸞夢記に云わく」の一句をも含めた全体を「三夢記」と定義した（『古田武彦著作集（親鸞・思想研究編）二　親鸞思想』（明石書店、二〇〇三年）、六五～六七頁参照）。しかし筆者は、古田氏が建長二年以前に既に存在していたとした「親鸞夢記」、建長二年に覚信尼に与えられたとされた「建長二年文書」のいずれもが架空の存在であって、実在するのは、江戸中期に親鸞に仮託して制作されたと思しき「三夢記」のみであると考えている。本書において筆者は、専修寺に現存する文書を「三夢記」、建長二年に制作されたとされる現「三夢記」の祖本を「建長二年文書」と呼ぶこととする。

（3）『古田武彦著作集（親鸞・思想研究編）二　親鸞思想』一〇八～一一〇頁。一三六～一三九頁参照。

（4）以上、『古田武彦著作集（親鸞・思想研究編）二　親鸞思想』六七～七四頁参照。

（5）赤松俊秀『本願寺聖人伝絵　序説』（真宗大谷派出版部、一九七三年）、三九頁。

（6）山田雅教「伝親鸞作『三夢記』の真偽について」『高田学報』七五（高田学会、一九八六年）、六四～六五頁。

（7）重見一行『教行信証の研究――その成立過程の文献学的考察――』（法藏館、一九八一年）、五七～五八頁。

（8）『古田武彦著作集（親鸞・思想研究編）二　親鸞思想』七二頁、八九頁・註（3）参照。

（9）平松令三『親鸞真蹟の研究』（法藏館、一九八八年）一四六～一四七頁参照。

（10）『古田武彦著作集（親鸞・思想研究編）二　親鸞思想』七六八～七六九頁。

（11）『定親全』二、和讃篇、三三二頁。

（12）『定親全』二、和讃篇、六二頁。

（13）『古田武彦著作集（親鸞・思想研究編）二　親鸞思想』七二～七三頁。

（14）平松令三『親鸞の生涯と思想』（吉川弘文館、二〇〇五年）二七一～二七四頁。

（15）この寛元四年の『唯信鈔』（専修寺蔵顕智書写本）の奥書署名について、古田氏は「『定親全』六、写伝篇(2)」の「解説」（二三四頁）の記述に従い「愚禿親鸞」としているが、原本には「愚禿釈親鸞七十四歳之を写す」（『影高古』四、四三二頁）とある。

（16）『古田武彦著作集（親鸞・思想研究編）二　親鸞思想』七〇～七二頁〈親鸞の自署名と年時様式〉。『親鸞聖人行実』（真宗大谷派教学研究所編、二〇〇八年）参照。

(17)『定親全』二、和讃篇、七頁。
(18)『定親全』二、和讃篇、三三頁。
(19)『定親全』二、和讃篇、七五頁。
(20)山田雅教「再論　伝親鸞作『三夢記』の真偽について」『高田学報』九二（二〇〇四年）、四二～四三頁参照。
(21)山田雅教「伝親鸞作『三夢記』の真偽について」六五頁参照。
(22)註(2)にも記したように、古田氏は「建長二年文書」は、「すでにそれぞれ書き記していた、三時点の自筆文書（「夢告」）を、まとめて自ら書写した」（『古田武彦著作集（親鸞・思想研究編）二　親鸞思想』六六頁）ものである、としている。
(23)同様の記述は、法然の命終を記す「源空讃」の「建暦第二壬申歳　初春下旬第五日」（『定親全』二、和讃篇、一三六頁）にも見られる。
(24)山田雅教「再論　伝親鸞作『三夢記』の真偽について」四八頁参照。
(25)『古田武彦著作集（親鸞・思想研究編）二　親鸞思想』八五～八六頁参照。
(26)以上、『真史集』八、四一九頁上段参照。
(27)『真史集』一、九六九頁上段～下段参照。
(28)『真史集』八、四一九頁下段～四二〇頁上段参照。
(29)『真史集』八、四二〇頁上段参照。
(30)『真史集』一、九六八頁上段参照。
(31)北西弘『覚信尼の生涯』（東本願寺、一九八四年）、一二〇～一二四頁、「覚信尼略年譜」参照。
(32)北西弘『覚信尼の生涯』四五～五二頁、一二〇～一二四頁、「覚信尼略年譜」参照。
(33)『定親全』三、書簡篇、一八三頁、一八五頁参照。
(34)『定親全』三、書簡篇、一〇～一一頁参照。
(35)『定親全』三、書簡篇、一八六頁。
(36)赤松俊秀『本願寺聖人伝絵　序説』四〇頁参照。

(37) 『古田武彦著作集（親鸞・思想研究編）二　親鸞思想』七七二～七七六頁参照。
(38) 『定親全』四、言行篇(2)、三九～四〇頁。
(39) 『日国辞』四、「かたみ（形見）」の項。
(40) 『日国辞』二〇、「わざと　わざとも」の項。
(41) 今井雅晴『恵信尼消息に学ぶ』（東本願寺、二〇〇七年）、五四～六六頁。
(42) 『定親全』二、和讃篇、五八頁。
(43) 『影高古』一参照。
(44) 専修寺蔵「慶信上書」『定親全』三、書簡篇、一五頁参照。
(45) 平松令三『親鸞真跡の研究』（法藏館、一九八八年）、一〇三～一〇四頁参照。
(46) 平松令三『親鸞真跡の研究』八九～一一二頁参照。
(47) 『定親全』一、三八三頁。
(48) 「善鸞義絶状」『定親全』三、書簡篇、四〇頁参照。
(49) 『定親全』三、書簡篇、一八六頁。
(50) 今井雅晴『恵信尼消息に学ぶ』五四～五七頁。
(51) 『定親全』一、二二七頁。
(52) 『定親全』四、言行篇(1)、九頁。
(53) 恵信尼が所持していた「御示現の文」の形態については本章第三節を参照のこと。
(54) 『定親全』三、書簡篇、二〇～二三頁参照。
(55) 『往生要集』巻中末、第六大文・別時念仏・臨終行儀、『真聖全』一、八五四～八六一頁参照。
(56) 『親鸞聖人行実』二八五頁参照。
(57) 『専修寺本　顕浄土真実教行証文類』上・下、二二頁、三七六頁、五一四頁参照。
(58) 酒井紀美『夢解き・夢語りの中世』（朝日新聞社、二〇〇一年）参照。
(59) 恵信尼の見た「堂供養の夢」を親鸞は「実夢」と判じているし、病臥中の「『大経』の夢」を「みやうがう（名号）のほか（外）にはなにごと（何事）のふそく（不足）にて、かならずきやう（経）をよまんとする」「人のしうしんじりき（執心自力）のしん（心）」（『恵信尼書簡』第五通、『定親全』三、書簡篇、一九五～一九六頁）の所産であるとしている。「六角堂の夢告」も、「夢告」の直後すぐさまに法然を訪ねたことからみて、「夢告」を「法然を訪ねよ」との促しに他ならないと親鸞が判断したことが窺われる。

(60) 西口順子『中世の女性と仏教』（法藏館、二〇〇六年）、一三一頁。

(61) 西口順子『中世の女性と仏教』一五〇～一五一頁。

(62)『真史集』七、一〇二頁下段～一〇四頁上段参照。

(63)『真史集』七、三二四頁上段～三二九頁上段参照。

(64)『古田武彦著作集（親鸞・思想研究編）二　親鸞思想』一〇〇二～一〇〇四頁参照。

(65) 山田雅教「再論　伝親鸞作『三夢記』の真偽について」四四頁参照。

(66) 畑龍英『親鸞・中　女犯の夢告』（春秋社、二〇〇一年）、一三五～一三六頁参照。

(67) 西山深草『親鸞は源頼朝の甥　親鸞先妻・玉日実在説』（白馬社、二〇一一年）、二六五～二六九頁参照。

(68)『真史集』七、一〇〇頁上段～下段参照。

(69)『真史集』七、三七九頁上段参照。

(70) 山田雅教「再論　伝親鸞作『三夢記』の真偽について」三九頁、四九頁参照。

(71) 山田雅教「伝親鸞作『三夢記』の真偽について」五九～六二頁参照。

(72) 山田雅教「伝親鸞作『三夢記』の真偽について」六五～六六頁参照。

(73)『真史集』七、三〇頁下段～三二頁下段、「解題10～12」参照。

(74) 山田雅教「『親鸞聖人正明伝』の成立」『平松令三先生古稀記念論集　日本の宗教と文化』八一〇～八一一頁参照。

第三節　「六角堂夢告」について——親鸞の生涯を貫いた課題——

第一項　「親鸞」改名説の問題点

筆者は旧稿「『善信』と『親鸞』——元久二年の改名について（上・下）——」（『親鸞教学』七五・七六、二〇〇〇年）以来、『教行信証』「後序」の元久二年（一二〇五年）閏七月二十九日の改名の記事、

又夢の告に依って、綽空の字を改めて、同じき日、御筆を以て名の字を書かしめたまい畢りぬ。

（『定親全』一、三八二頁）

に記された「名の字」は、従来考えられてきたような「善信」ではなく「親鸞」であると考え、種々論考を発表してきた。

ただ、「名の字」を「釈の親鸞」と考える上において、旧稿発表の時点では、

（1）改名の契機となった「夢告」がいつ、どこで、誰が見た、どのような内容のものであるかが不明であること。

（2）従来、「親鸞」への改名は、『歎異抄』流罪記録の「流罪以後、愚禿親鸞と書かしめ給うなり」[1]の記述に基づき、越後流罪中のことと考えられてきたが、善導の学びに沈潜していたとされる吉水修学のこの時期に、天親・曇鸞に依拠《よ》るという方向性が親鸞の中で既に明確に自覚されていたと言えるのか。

という問題が残されていた。

本節で筆者は、（2）の問題を視野に入れつつ、主に（1）の問題について考察を進めていきたい。

旧稿において筆者は、親鸞に改名を促した「夢告」について、「記録自体がなされなかったか、時間の経過とともに散逸したのか、いずれにせよ覚如の時点で既に伝承が途切れており、新史料の発見を待つ他ない」と記し、「夢告」の時期も『選択集』の書写を許されてから真影に讃文を書き入れてもらうまでの間であろうと考えていた。

しかし、現在筆者の考えは次のように変化している。

人生の一大転機である改名の契機となった「夢告」を、親鸞が記録しないということがあり得ただろうか。信頼のおける弟子にそれを伝え、散逸を防ぐためにその記録文書を託すことをしなかったのだろうか、と。

この「夢告」を、親鸞ではなく法然が見た「夢」とする見解もあるが[2]、法然が見た「夢」だとしても親鸞が詳しくそれを尋ねて記録しなかったのかという、同様の疑問が残る[3]。

また、「夢告」の時期を選択付嘱・真影図画の頃とする必要はなく、その内容も、必ずしも天親・曇鸞の名が登場していると考えなくてもよいのではないか、と。実際、建仁元年（一二〇一年）に親鸞を法然のもとへと促した六角堂での「夢告」と現在考えられている「行者宿報偈」にしても、法然の名も、「法然を訪ねよ」という直接的な指示も記されていない。

筆者は現在、「夢告」自体が伝わらなかったのではなく、「夢告」の背景が伝わらなかった。途切れてしまったのは「親鸞に改名を促した」という伝承の方であり、私たちは現在その「夢告」をそれと知らずに目にしているのではないか、と考えているのである。本章第一節において言及したように、「行者宿報偈」をめぐる正確な伝承はきわめて早い時期に途切れている。

『教行信証』の各所に施された振りがな、左訓、字訓、圏発（四声点）等からは、読者の理解を助けるための親鸞の並々ならぬ配慮が窺われる。

また、「名の字」を「善信」とする先入見を廃して読めば、「愚禿釈親鸞集」の撰号からして「名の字」は当然「釈の親鸞」と読めると、親鸞自身は考えたと思われるが、同様に、「夢の告」と書けば、どの「夢告」を指すのか、面授の門弟たちならすぐに理解できると、親鸞は考えたのではないだろうか。

親鸞の生涯において史実と確認できる「夢告」は二つしかない。

一つは、真仏によって、『経釈文聞書』の「親鸞夢記」の文、およびかつて親鸞真蹟の「浄肉文」の紙背に記されていたこれも真仏筆の「六角堂夢想偈文」（断簡）に伝えられる、六角堂の救世観音から「行者宿報偈」を与えられたとするそれであり、もう一つは『正像末和讃』に、

康元二歳丁巳二月九日の夜寅時夢告にいはく

弥陀の本願信ずべし　本願信ずるひとはみな

摂取不捨の利益にて　無上覚おばさとるなり

この和讃をゆめにおほせをかふりてうれしさにかきつけまいらせたるなり

正嘉元年丁巳壬三月一日　愚禿親鸞八十五歳　之を書す

（「草稿本」『定親全』二、和讃篇、一五一〜一五二頁）

と、「夢告讃」として記される康元二年（一二五七年）二月九日夜のそれである。

八十五歳時の「夢告讃」が三十三歳時の改名を促したはずはなく、現在確認できる文献中親鸞に改名を促した「夢告」として考え得るのは、建仁元年（一二〇一年）、六角堂において「行者宿報偈」を授けられた「夢」であり、筆者はこの「玉女として行者に随順し臨終に引導して極楽に生ぜしめん」という救世観音の「誓願」を「一切群生

に説き聞かす可し」と命じられた親鸞が、その課題に応えて「数千万の有情にこれを聞かしむ」るべく「親鸞」と改名したと、考えざるを得ないのである。

この仮説が成り立つか否かを検討すべく、本節において筆者は建仁元年（一二〇一年）の「六角堂夢告」が「行者宿報偈」に他ならないこと、親鸞がなぜ「行者宿報偈」に促されて法然のもとに赴いたのかというその理由、そして、「夢告」が親鸞にいかなる課題をもたらし、それが改名とどう関連していったかについて考究していく。

第二項　吉水入室の契機としての「行者宿報偈」

『恵信尼書簡』第三通は、親鸞の吉水入室の光景を次のように伝えている。

やま（山）をい（出）で丶、六かくだう（角堂）に百日こも（籠）らせ給て、ごせ（後世）をいの（祈）らせ給けるに、九十五日のあか月（暁）、しやうとくたいし（聖徳太子）のもん（文）をむす（結）びて、じげん（示現）にあづからせ給て候ければ、やがてそのあか月いでさせ給て、ごせのたす（助）からんずるえん（縁）にあいまいらせんとたづねまいらせて、ほうねん（法然）上人にあいまいらせて、又六かくだうに百日こもらせ給て候けるやうに、又百か日、ふ（降）るにもて（照）るにもいかなるだい（大）事［筆者注・「ぶ」（風）と見る説もあり］にもまいりてありしに、たゞごせの事は、よ（善）き人にもあ（悪）しきにも、おな（同）じやうにしやうじ（生死）い（出）づべきみち（道）をば、ただ一すぢ（筋）におほ（仰）せられ候しを、うけ給はりさだ（定）めて候しかば、しやうにん（上人）のわたらせ給はんところ（処）には、人はいか（如何）にも申せ、たとひあくだう（悪道）にわたらせ給べしと申とも、せ丶しゃうじやう（世々生々）にもまよ

（迷）ひければこそありけめとまで思まいらするみ（身）なればと、やう〳〵（様々）に人の中候し時もおほ（仰）せ候しなり。

（『定親全』三、書簡篇、一八七～一八八頁）

そしてこの第三通には、

このもん（文）ぞ、殿のひへ（比叡）のやま（山）にだうそう（堂僧）つとめておはしましけるが、やまをい（出）で、、六かくだう（角堂）に百日こも（籠）らせ給て、ごせ（後世）の事いの（祈）り申させ給ける、九十五日のあかつき（暁）の御じげん（示現）のもん（文）なり。ごらん（御覧）候へとて、か（書）きしる（記）してまい（参）らせ候。

（『定親全』三、書簡篇、一八六頁）

の端書からも知られるように、親鸞を法然のもとへ誘った「御示現の文」、つまりは「六角堂夢告」の文がかつて添えられていた。

現在は失われてしまっているこの「御示現の文」は、現在、「行者宿報偈」であると考えられている。かつては『上宮太子御記』に「文　松子伝に云わく」として引かれ、金沢市専光寺に親鸞真蹟の一部が伝わる「廟窟偈」、

〈大慈大悲の本誓願をもって、衆生を愍念すること一子の如し。
是の故に方便して西方より片州に誕生して正法を興す。
我が身は救世観世音。定慧の契女は大勢至。
我が身を生育せる大悲の母は、西方教主弥陀尊なり。
真如真実、本は一体なり。一体を三に現ずるも同一の身なり。

片城の化縁、亦已に尽き、西方我が浄土に還帰す。
末世の諸の有情を度さんが為に、父母所生の血肉身を
勝地たるこの廟崛に遺留し、三骨一廟にするは三尊の位なり。
過去七仏の法輪の処、大乗相応の功徳の地なり。
一度参詣すれば悪趣を離れ、決定して極楽界に往生す。
印度には勝鬘夫人と号し、晨旦には恵思禅師と称す。〉
（『定親全』五、転録篇、三九四～三九五頁）

とする説もあったが、「廟窟偈」では法然を訪ねる必然性が見出せない等の理由(4)から、現在は「行者宿報偈」説が主流である。

ただ、筆者は別の観点から『恵信尼書簡』の「御示現の文」は「行者宿報偈」であると考えている。

前掲の真仏筆「親鸞夢記」の文には「夢告」の日時、場所等が記載されておらず、また、白衲の袈裟を着し広大の白蓮に端座した僧形の救世観音が告命したとあり、「しやうとくたいし（聖徳太子）のもん（文）をむす（結）びて、じげん（示現）にあづからせ給て候け(5)る」とした『恵信尼書簡』の記述とは若干の相違がある。

しかし、筆者には、両者の記述の相違が逆に「行者宿報偈」が「御示現の文」であることを物語っているように思える。

『恵信尼文書』に『書簡』と共に伝えられた「音読み・かな書き」の『大経』の文からも知られるように、恵信尼を含めて当時の女性に漢文の読解能力はなく、親鸞が恵信尼に与えた「御示現の文」は、おそらくは前後の文のない偈文のみであったであろう。

またその偈文も、真仏書写の「六角堂夢想偈文」（断簡）、

行者宿報にて設い女犯すとも
我玉女の身と成りて犯せられん
一生の間能く荘厳して
臨終に引導して極楽に生ぜしめん　文

（行者宿報設女犯《キヤウシヤシウホウセチニヨホム》　我成《カシヨウ》二玉女《キヨクニヨノミト》身《シン》一被《ラレム》二犯《ホム》一
一生之間能荘厳《ノアヒタヨクシヤウコムシテ》　臨終引導生《リムシユニインタウシテシヨウセシメム》二極楽《コクラクニ》一文）

（『定親全』六、写伝篇、二二七頁）

と同様、返り点・送りがな付きの漢文ではあるが、書き下し（延書）にはせずに音読みの振りがなを付した形態から見て、読解よりむしろ音読・暗唱を主眼として書かれたものであり[6]、その背景・由来について恵信尼は、親鸞から口頭で聞かされたと思われる。

この「聖徳太子の文を結びて」の文は、「太子の」の「の」が主格を表す「聖徳太子が文を結んだ」との意であるのか、「聖徳太子の文」（太子関連の文）を親鸞が「結んだ」のか、そして「文を結ぶ」とはどういう意味なのか、等の点で解釈が分かれているが、山田雅教氏は文保元年（一三一七年）の成立とされる『聖法輪蔵』四十七の記事、

太子御一期の本地垂跡の利生を、廿句の文に結び給ひて、自ら株沙《しゅしゃ》に御筆を染め、岩屋の内、西の立て石の壁に書き注し給へる碑文に云わく、［以下、「廟窟偈」］（傍点筆者、『真史集』四、五二三頁上段）

をもとに、「の」は主格、「文を結びて」は「文を作って」の意であるとしている[7]。

また、救世観音は聖徳太子の本地であり、当時、両者は同一の存在と見做されていた[8]。

つまり「聖徳太子の文を結びて、示現にあずからせ給いて」という『恵信尼書簡』の記述は、

ろうか。

《「夢」の中に（本地である救世観音菩薩の姿の）聖徳太子が現れて文を作って示された（＝告命された）のに出遇って……》

と解釈でき、真仏の「夢記」の文との記述の相違は、親鸞が「救世観音が告命した」と語ったものを恵信尼が「聖徳太子が文を作って示した」と記した、あるいは親鸞自身が「聖徳太子が文を示した」と語ったという、些細な「誤差」の範囲内であり、「親鸞夢記」と『恵信尼書簡』は同じ情景を伝えていると見ることができるのではないだろうか。

やま（山）をい（出）で丶、六かくだう（角堂）に百日こも（籠）らせ給て、ごせ（後世）をいの（祈）らせ給けるに、

（『定親全』三、書簡篇、一八七頁）

と伝える『恵信尼書簡』によれば、二十年間に及ぶ比叡山での親鸞の修学は、六角堂で「後世を祈ら」ざるを得ない結果に終わった。

親鸞は在叡期の具体相については何も語ってはいない。わずかに『恵信尼書簡』の「殿の比叡の山に堂僧つとめておわしましける」の記述が、常行三昧堂の「堂僧」であったことを窺わせる貴重な史料となっている。『恵信尼書簡』のこの記述と、「とこしなへに楞厳横川の余流をたゝへて」[9]と語る覚如の『親鸞伝絵』の記述から、若き日の親鸞が叡山浄土教の伝統の中で勉学修行を続けてきたことが推察できる。

当時の叡山浄土教の内実は、建久八年（一一九七年）、聖光房弁長入門の際に法然が語った「三重の念仏」からも窺われる。

上人答への給はく、なんぢは天台の学者なれば、すべからく三重の念仏を分別してきかしめむ。一には摩訶止観にあかす念仏、二には往生要集にすゝむる念仏、三には善導の立給へる念仏なりとて、くはしくこれをの

べ給ふ。

（『法伝全』二九六頁）

『法然上人行状絵図』巻四十六によれば法然は弁長に対して、天台宗における「念仏」を「摩訶止観にあかす念仏」、「往生要集にすすむる念仏」、そして「善導の立て給える念仏」の三種に分類し詳説した。「善導の立て給える念仏」とは、「偏依善導一師」を標榜した法然が説いた選択本願の行としての称名念仏に他ならない。

ちなみに、この法然の善導理解は旧仏教から見れば「異端」的とも呼べるものであった。事実、法然没後の建暦二年（一二一二年）に平基親によって開版された『選択集』を読んだ明恵は、『於一向専修選択集中摧邪輪』（以下、『摧邪輪』）巻上において、

唯我も念仏宗に入って、善導・道綽等の所製を以て依憑とす。此の選択集に於て、設い何《いか》なる邪偽有りと雖も、若し善導等の説に相順ぜば、何ぞ強《あなが》ちに汝を嘖《せ》めんや。然るに善導の釈を披閲するに、全く此の義無し。汝、自らの邪心に任せて、善導の正義を黷《けが》せり。

（『日本思想大系15　鎌倉旧仏教』岩波書店、一九七一年、三二八頁下段）

汝、観経并びに善導の釈を観じて、実の如く所説の義を解すること能わずして、是の如きの見を起す。唯称名の一行、是を往生の正因と為す。若し是の如く是を知るを善導の宗義と為す。称名所依の菩提心に於て、撥して往生の正因に非ずと為す。然るに菩提心を離れては、念仏の業、成立せず。

（『日本思想大系15　鎌倉旧仏教』三三八頁上段。以上、傍点筆者）

と、「菩提心を離れては、念仏の業、成立せず」であるにもかかわらず、「唯称名の一行、是を往生の正因と為」すのが「善導の宗義」であると、「称名所依の菩提心に於て、撥して往生の正因に非ずと為」す法然を、「観経並びに

善導の釈を観じて、実の如く所説の義を解すること能わずして」「自らの邪心に任せて、善導の正義を黷」す者であると批難している。

これに対して「摩訶止観にあかす念仏」とは、智顗『摩訶止観』に説かれる四種三昧の中の「常行三昧」。『般舟三昧経』に基づいた、行道の中で阿弥陀仏の現前を見ようとする不断念仏の行である。前掲の『恵信尼書簡』の記述から推すると、在叡期の親鸞が横川の常行三昧堂においてまさしくこれを行じていたとも考えられる。

また、「往生要集にすすむる念仏」とは、当時比叡山で主流であった観仏を勝、称名を劣とする『往生要集』理解に基づいた念仏、すなわち観想念仏を指すものであったと思われる。たとえば『古徳伝』巻三は、法然の師叡空が観仏を勝れた往生の行とした自らの『往生要集』理解を述べた際、称名を勝れた行と主張する法然と激論になり、激怒した叡空が木枕を投げつけたという逸話を伝えている。[10]

後年親鸞は、『高僧和讃』「源空讃」で師法然の恩徳を讃える中に、

善導源信すゝむとも　本師源空ひろめずば
片州濁世のともがらは　いかでか真宗をさとらまし
（『定親全』二、和讃篇、一二八頁）

という一首を制作している。

筆者は、この和讃が在叡期の親鸞の思想的遍歴を暗示していると考える。

親鸞が「善導源信すすむとも」と語った折の「善導源信」とは、法然の択法眼による善導・源信理解ではなく、おそらくは当時比叡山を含む旧仏教で一般的であったいわゆる「観勝称劣」の念仏理解を指すものであろう。

親鸞は堂僧として時に不断念仏に努め、時に『往生要集』[11]の、あるいは善導の学解に沈潜しながら、ひたすら「もろこし我朝もろ〳〵の智者たちの沙汰し申さるゝ観念の念」（「一枚起請文」）に励んでいたのではないだろうか。

しかし、観仏に励む親鸞に見えてきた自己の現実相は、後に存覚が「定水をこらすといへども識浪しきりにうごき、心月を観ずといへども妄雲なをおほふ」[12]（『歎徳文』）と記した散乱粗動する身心の有り様であり、その真摯な修行によって親鸞は、後に自らが「化身土巻（本）」に、

然るに常没の凡愚、定心修し難し、息慮凝心の故に。散心行じ難し、廃悪修善の故に。是を以て立相住心尚成じ難きが故に、「縦い千年の寿を尽くすとも法眼未だ曽て開けず」と言えり。何に況や無相離念誠に獲難し。故に「如来懸かに末代罪濁の凡夫を知ろしめす。立相住心尚得ること能わじと。何に況や相を離れて事を求むるは、術通なき人の、空に居て舎を立てんが如きなり」と言えり。（『定親全』一、二八九頁）

と記したような、「無相離念」（理観）はおろか「立相住心」（事観）すらも覚束ない、無限の時間を費やしても智慧の眼を獲得することの不可能な自身を思い知らされたのである。

二十九歳の親鸞は「いづれの行もおよびがたき身[13]」、「いづれの行にても生死をはなるゝことあるべからざる」「煩悩具足[14]」（以上、『歎異抄』）の者との歎きを抱え、叡山仏教の「失格」者としての絶望感の中でひたすら「後世を祈」る他はなかったのであろう。

ただ、この「後世の祈り」であるが、親鸞にとって「後世を祈る」ことは、ひたすら死を恐れ、順次生の悪趣を恐れ、人天への転生を願うことだったのであろうか。しかし、それならば、「臨終に引導して極楽に生ぜしむ」の授記によって問題は解決し、その後に法然を訪ねるという必然性が見出せないのではないだろうか。

また、熊谷直実の法然入門の動機も「まことに後世を恐たる[15]」（『行状絵図』巻二十七）と伝えられてはいるが、その堕地獄の恐れの根底には「一所懸命」――恩賞（所領）を求め、その安堵に自らの生命を賭した――の、合戦と殺戮に明け暮れた己の半生への痛切な悔恨がある。

筆者はこの「後世」の語から、当時の親鸞が抱えていたであろう痛みと怯え――「二十年間の叡山修学は徒労に終わり、未来に何らの希望をも持ち得ない。自分の人生はこのまま空過してしまう他ないのか」――を想起せざるを得ない。

法然は自身の求道を後年、

およそ仏教おほしといへども、詮ずるところ戒・定・慧の三学をばすぎず、……こゝにわがごときは、すでに戒・定・慧の三学のうつは物にあらず、この三学のほかにわが心に相応する法門ありや。わが身にたへたる修行やあると、よろづの智者にもとめ、もろ〳〵の学者にとぶらふしに、おしふる人もなく、しめすともがらもなし。しかるあひだ、なげき〳〵経蔵にいり、かなしみ〳〵聖教にむかひて、てづから身づからひらきて見しに、……

（『和語灯録』巻五、『真聖全』四、六七九～六八〇頁）

と述懐している。

法然における「三学のほか」の「法門・修行」の模索は、具体的には一切経の披閲であったと伝えられるが、親鸞もまた、「三学」に替わる新しい仏道修行の指針を求めて六角堂に参籠したのではないだろうか。

『梁塵秘抄』巻二（嘉応元年・一一六九年頃成立）所収の今様、

観音験《しるし》を見する寺、清水石山長谷の御山、粉河近江なる彦根山、間近く見ゆるは六角堂、

（『日本古典文学大系73　和漢朗詠集　梁塵秘抄』岩波書店、一九六五年、四〇〇頁）

験仏《げんぶち》の尊きは、東の立山美濃なる谷汲の彦根寺、志賀長谷石山清水、都に真近き六角堂

（『日本古典文学大系73　和漢朗詠集　梁塵秘抄』四二〇頁）

に拠れば当時六角堂は「観音験を見する寺」、本尊は霊験の著しい「験仏」として諸人の信仰を集めており、六角

堂とともに詠われる石山寺、長谷寺、清水寺などはいずれも参籠の者に対して「験を見する」、つまりは「夢」で託宣を与える聖所であった。

このことから見て、親鸞における「後世の祈り」とは、空過徒労に終わった自己の前半生を「なげきなげき」「かなしみかなしみ」ながら「ごせ（後世）のたす（助）からんずるえん（縁）」（『恵信尼書簡』）[16]──空過を超える手がかり──を求め、ひたすら観音の「夢告」を請うたものではなかったのだろうか。

そして、親鸞のこの六角堂参籠における「後世の祈り」は、最終的には、法然のもとを尋ねるべきか否かを問うものとなっていったと思われる。

法然は安元元年（一一七五年）以来既に二十年以上も専修念仏の伝道を続けており、その間大原談義（文治二年・一一八六年）、東大寺三部経講説（建久元年・一一九〇年）等も行われており、その盛名は当然比叡山の親鸞の耳にも届いていたはずである。

現世をすぐべき様は、念仏の申されん様にすぐべし。念仏のさまたげになりぬべくば、なになりとよろづをいとひすてゝ、これをとゞむべし。いはく、ひじりで申されずば、め（妻）をまうけて申すべし。妻をまうけて申されずば、ひじりにて申すべし。……これすなはち自身安穏にして念仏往生をとげんがためには、何事もみな念仏の助業也。（『和語灯録』巻五、『真聖全』四、六八三〜六八四頁）

比叡山での修学に躓いてなお「戒・定・慧の三学」という理念に囚われ、「破戒（女犯）が念仏往生の妨げとはならない」と説く法然を訪ねることを躊躇逡巡する親鸞を、最終的に発遣したのが「行者宿報偈」ではなかったかと、筆者は考えるのである。

九十五日のあか月（暁）、しやうとくたいし（聖徳太子）のもん（文）をむす（結）びて、じげん（示現）にあづからせ給て候ければ、やがてそのあか月いでさせ給て、ごせ（後世）のたす（助）からんずるえん（縁）にあいまいらせんとたづねまいらせて、ほうねん（法然）上人にあいまいらせて、……

（『定親全』三、書簡篇、一八七頁）

という『恵信尼書簡』の記述に拠れば、参籠九十五日目の「あか月」――「夜半過ぎから夜明け近くのまだ暗いころまで。未明。また、夜明けに近い時分」[17]――に親鸞は「夢告」を得て、「やがて」――〈ある事態・状態から、格別の事柄を間にはさむことなく、あるいは、時間を経過することなく、次の事態・状態が出現するさまを表わす語。すぐさま。ただちに〉[18]――その「あか月」に、つまりは「夢告」からさほど時をおかずに六角堂を出発して法然を訪ねたと言う。

この記述から、親鸞にとって吉水訪問は「夢告」を獲た直後の即時の決断による行動であり、「夢告」の直前、親鸞の胸中を占めていた問題が、「法然を訪ねるべきか否か」であったことが窺われるのである。もし、「後世の助からんずる縁にあいまいらせんと、たずねまいらせて……」の文を、親鸞が何人かの師を訪ねた後に法然を訪ねたと解釈すると、「夢」の意味や、誰にそれを尋ねるべきかなどを熟慮する時間が必要だったはずであり、「ただちに」六角堂を出発したとする記述とは矛盾することになる。

ただ、この「行者宿報偈」を「御示現の文」とする上で問題となったのは、親鸞が法然を訪ねる必然性がこの偈文自体からは明瞭に読み取れない、という点にあった。

そもそも親鸞は「後世」を祈っていたはずなのに、いわば「女犯」を許可した「夢告」によってなぜその問題が解決したのであろうか。

また、なぜ親鸞は「夢告」の後、法然を尋ねたのであろうか。

六角堂を創建した聖徳太子が敬虔な仏教徒でありながら妻子を持った在俗の身であったこと、六角堂の本尊救世観音は当時、『覚禅抄』巻四十九如意輪下に、

〈本尊王の玉女変ずる事

又云く。邪見心を発して、婬欲熾盛にして世に堕落す可きに、如意輪、我、王の玉女と成りて、其の人の親しき妻妾と為りて共に愛を生じ、一期生の間荘厳するに福貴を以てす。無辺の善事を造らしめ、西方極楽浄土に仏道を成ぜしめん。疑を生ずること莫れ、と云々〉

（『大正蔵』図像部四、八六六頁b）

と記されるように、婬欲の虜となって罪を犯した者を転輪王の「玉女」となって救済する如意輪観音としても信仰を集めており、当時親鸞は臨終に悪趣に赴くとされる不淫戒を破る、つまりは結婚の問題に悩んでいたとする見解もある。

もしそうであるならば、「女犯」の認可を得た親鸞は法然のもとではなく「玉女」のもとに赴き、直ちに結婚生活を開始したはずであるが、親鸞はそういった行動を取ってはいない。

また、親鸞は六角堂の本尊をあくまで「救世大菩薩」と記しており、「如意輪観音」とは記していない。

筆者は、この「女犯」の語が親鸞個人の性欲の問題ではなく、一切衆生の罪業性を象徴したものであるとする諸氏の論考に着目したい。

平雅行氏は、前掲の『覚禅抄』の文と「行者宿報偈」の文との相違点に着目し、『覚禅抄』の「女犯」が「邪見の心」「婬欲の熾盛さ」といったいわば本人の意志薄弱さに起因するのに対して、「行者宿報偈」の「女犯」は「宿報」による不可避的な――「本人の意志の如何にかかわらず、彼の女犯はすでに前世で決まっている」――ものであり、「女犯」は「単なる女犯ではなく、本人の意志を超えた、絶対的で普遍的なあらゆる罪業の象徴表現」であ

るとしている。(19)

また、井上尚美氏は、「『行者宿報設女犯』が親鸞の個人的な性欲の問題に言及しているのではなく、有情の断ちがたい宿業煩悩を表している」として、真仏の『経釈文聞書』に「夢記」に続いて、

『観世音菩薩往生浄土本縁経』に言わく。若し重き業障有りて浄土に生まるる因無からんものは、弥陀の願力に乗じぬれば、必ず安楽国に生ず。

又言わく。若し人多くの罪を造れば、応《まさ》に地獄の中に堕つべし。纔《わずか》に弥陀の名を聞けば、猛火清涼と為る。

『観仏三昧経』に言わく。無始より已来《このかた》の無量の罪、今世に犯す所の極重悪、日日夜夜に作す所の罪、念念歩歩に起こす所の罪、念仏の威力にて皆消滅す。命終して決定して極楽に生ず、と。文

(『影高古』一、一二八〜一三一頁)

との文が引かれていることに着目して、親鸞は「夢記」『観世音菩薩往生浄土本縁経』『観仏三昧経』の文を並べて真仏に、

「夢の三昧の中に、六角堂の救世観音菩薩が白衣の僧形で示現して、偈文を誦して私に示された。その意味するところを解釈するなら次のようである。仏道を歩もうとする行者が、もし宿世の業の報いによって愛欲のように根深い煩悩を断てないなら、そのために犯す罪の報いに苦しむことなく、弥陀の本願念仏によって必ず浄土に往生するように教え導こう。この偈文を読誦した救世菩薩は、これは自分の誓願であるから、一切群生に説き聞かせなさいと私に命じられた。その告命を受けて、数千万の有情に誓願を聞かせようと覚えたところで、夢は悟め了った。その夢告が真実であることは、経典にも符号する証拠がある。法然上人のもとに通い詰めて聴聞したところ、確かに本願念仏の教えこそ、罪悪深重の凡夫が生死輪廻の世界を出ることがかなう道である

という確信を得た。こうして私は雑行を棄てて本願に帰し、ただ念仏する身となったのだ。」と語り伝えたのではないか、としている。(20)

また、長野量一氏は、親鸞の「行者」の用語例に着目して、「行者宿報偈」の「行者」を従来理解されているような親鸞自身、あるいは修行者全般ではなく、法然のもとに集う専修念仏者であるとしている。(21)

想像をたくましくすれば、当時親鸞は法然に対する世上の風評およびその教説の断片を耳にして、法然自身の教説というよりは、むしろ「女犯」「肉食」等の破戒行為を恣にする門下の風潮に対して抵抗、もしくは反発を覚えていたのではないだろうか。

その親鸞に対してこの「夢告」は、「女犯」や「肉食」が「宿報」によって否応なしに戒を破らざるを得ない境遇に置かれた者の哀しい営みであり、専修念仏者の「造悪無碍（造悪無慚）」の行動は、既成仏教からは救済の埒外に置かれてきた者たちが初めて自分たちを救済の正機とした仏法に出逢い得た歓びの余りの「暴走」であるという視点すら与えたのではないだろうか。

この「夢」を見た親鸞は「後世の助からんずる縁にあいまいらせん」――必ずや後世の助かる縁に出逢えるに違いない――という確信にも近い期待を胸に吉水に向かったのではないだろうか。

専修寺に伝来する真仏筆「六角堂夢想偈文」（断簡）は、元々は親鸞真蹟の「浄肉文」の紙背にあったことが知られている。真仏が紙の裏面右端から四句二行分の「偈文」を書いた後、親鸞が別の紙の表右端から「浄肉文」を十一行分記した後、最後の二行分を、背裏に「偈文」（真仏筆）の書かれた紙を貼り足して書いている。「夢想偈文」が剝ぎ取られ別軸に表装されるまで「夢想偈文」と「浄肉文」は同じ一枚の紙の裏表にあったことが知られている。

反古紙の裏面を再利用しただけという可能性はあるものの、親鸞は片面に「女犯」に関した「夢告」を記し、片面に「十種不浄肉」「三種浄肉」といった「肉食」に関した『涅槃経』『十誦律』の文、それも殺されるのを見ず、自分に供するために獲られたと聞かず、またその疑いもないものを「三種のきよき肉食」とするといった、すべての「肉食」が禁じられていたわけではないとする経文を記したメモ、

涅槃経に言わく、人・蛇・象・馬・師子・狗・猪・狐・獼猴《さる》・驢《うさぎむま》十種不浄肉食。

又言わく、三種浄肉。

見・聞・疑。見といふは、わかめのまへにて殺す肉を食《しき》するなり。聞といふは、わかれうにとりたるを食するをいふ。疑といふは、わかれうかとうたかひなから肉食するをいふなり。この三つの肉食を不浄といふ。この三つのやうをはなれたるを、三種のきよき肉食といふなり。　（『定親全』六、写伝篇(2)、二二二頁）

を制作所持していたわけである。

二尊院蔵『七箇条制誡』『興福寺奏状』にある、

一、念仏門に於て戒行無しと号して、専ら婬酒食肉を勧め、適《たまたま》律儀を守る者、雑行の人と名づけて、弥陀の本願を憑む者、造悪を恐るること勿《なか》れと説くを停止す可き事、　（『昭法全』七八八頁。「原本」には訓点無し）

専修の云わく、「囲碁双六は専修に乖かず、女犯肉食は往生を妨げず、末世の持戒は市中の虎なり、恐る可し、悪む可し。若し人、罪を怖れ、悪を憚らば、是仏を憑まざるの人なり」と。此の如きの麁言、国土に流布す、人の意を取らんが為に、還って法の怨と成る。（『日本思想大系15　鎌倉旧仏教』、三一五頁上段。以上、傍点筆者）

といった当時の専修念仏者の問題行動（造悪無碍）――「女犯肉食は往生を妨げず」と説くにとどまらず、「もし人、罪を怖れ、悪を憚らば、是仏を憑まざるの人なり」とむしろ積極的にそれらを勧め、持律持戒の人を「雑行の

人」と罵った——を指弾した記録とも符合し、前掲の諸氏の論考と考え併せると大変興味深い事実である。

第三項　吉水における親鸞の課題——「一切群生に説き聞かすべし」——

吉水において親鸞は、法然の語る「たゞ念仏して弥陀にたすけられまひらすべし」[22]（『歎異抄』第二章）の教言に深い感動を覚え、自らの上に「念仏まふさんとおもひたつこゝろ」[23]（『同』第一章）の発起を体験した。

寺川俊昭師は、親鸞自身が「後序」に記した回心の記述、

然るに愚禿釈の鸞、建仁辛の酉の暦、雑行を棄てて本願に帰す。（『定親全』一、三八一頁）

を、法然が自らの回心を『選択集』に記した、

是に於て貧道、昔茲《こ》の典を披閲して粗《ほぼ》素意を識る。立ちどころに余行を舎《とど》めて云《ここ》に念仏に帰す。其より已来今日に至るまで、自行・化他唯念仏を縡《こと》とす。（『浄聖全』一、一三一八頁）

との文と比較し、「念仏申さんと思い立つ心」の発起を端的に示す法然の「念仏に帰す」との表現に比して、善導の用語に拠って親鸞が回心を「如来の本願に帰す」と表現するまでに至る、長く深い思索があったことを指摘している。それは自らに起きた回心の体験の根拠を求めての思索であり、なおかつ日課六万遍ないしは七万遍と言われる念仏の人法然を法然たらしめているその根源を尋ねる営みでもあったであろう。

親鸞は法然の念仏の源泉を、おそらくは法然自身の述懐、

善導和尚の『観経の疏』にいはく、「〈一心に専ら弥陀の名号を念じて、行住坐臥時節の久近を問わず、念念に捨てざる者、是を正定の業と名づく。彼の仏の願に順ずるが故に〉」といふ文を見えてのち、われらがごとく

の無智の身は、ひとへにこの文をあふぎ、もはらこのことはりをたのみて、念念不捨の称名を修して、決定往生の業因にそなふべし。たゞ善導の遺教を信ずるのみにあらず、又あつく弥陀の弘願に順ぜり。「順彼仏願故」の文ふかくたましゐにそみ、心にとゞめたる也。
（『和語灯録』巻五、『真聖全』四、六八〇～六八一頁）

から、本願への純粋な帰依であることを知り、元久二年（一二〇五年）に親鸞が図画を許された法然の「真影」に、

同じき日、空の真影申し預かりて、図画し奉る。同じき二年閏七月下旬第九日、真影の銘に、真筆を以て「南無阿弥陀仏」と「若我成仏十方衆生　称我名号下至十声　若不生者不取正覚　彼仏今現在成仏　当知本誓重願不虚　衆生称念必得往生」の真文とを書かしめたまう。
（『定親全』一、三八一～三八二頁）

と法然自身の筆で讃文として記された、名号と『往生礼讃』の文がはからずも象徴するような、「彼の仏、今現にましまして成仏したま」いて「本誓重願虚しから」ざるがゆえに「称念すれば必ず往生を得」た本願成就の機（存在）を、まさしく法然の上に見――「当に知」[24]っ――たのであろう。

また、法然が「選択本願」――称名念仏を唯一の往生の行として選択した本願――として表現したこの如来の本願を、親鸞はやがて「本願招喚の勅命」[25]（「行巻」）――「如来の本願真実にましますを、ふたごゝろなくふかく信じてうたがはざれ」[26]、「わが真実なる誓願を信楽すべし」[27]、「他力の至心信楽のこゝろをもて安楽浄土にむまれむとおもへ」[28]（『尊号真像銘文』）と衆生を「招喚」[29]（善導『観経疏』「散善義」、二河譬）する本願――として了解し直すにいたるのであるが、現存する『観無量寿経註』『阿弥陀経註』、吉水期の修学ノートを後に書写したと思われる『愚禿鈔』などからみて、この時期親鸞が善導教学の学び直しに鋭意専心していたことが窺われる。[30]

前に挙げた「源空讃」の一首、

善導源信すゝむとも　本師源空ひろめずば

片州濁世のともがらは　いかでか真宗をさとらまし

（『定親全』二、和讃篇、一二八頁）

はおそらく、比叡山においては観想念仏を説くものとしか理解できなかった――教えられてこなかった――善導・源信の教えが、法然の択法眼を通して本願の行としての称名念仏をこそ勧める教えとして親鸞の前に新たに立ち現われてきたことを示しているのではなかろうか。

こうして法然の膝下で「綽空」の名を授けられて新たな学びを開始した親鸞であったが、法然への入門で親鸞が「夢告」において授かった課題が終わったわけではない。

救世観音は「行者宿報偈」をもって親鸞を法然のもとへと発遣したが、同時に「吾が誓願を一切群生へ説き聞かす可し」とも命じたのである。

「夢告」によって親鸞は、自らの出離生死の道を指授されたのと同時に、「法然の専修念仏こそが宿報として罪を犯さざるを得ない者の救われる道であり、救世観音がその行者の守護を約束された」と一切の群生に説き伝え教え導くべし、との課題もまた与えられたのである。

吉水入室後の親鸞の学びは、救世観音から授けられた使命の達成に向けて、「専修念仏とはいかなる仏道であるのか」をまず明らかにすべく励まれたものであったと言えよう。

しかし、その親鸞の眼に映ったものは、「造悪無碍」の風潮や他宗を排撃する姿勢が「偏執」として外部からの厳しい批判に曝され、一方内部では、専修念仏の理解をめぐって一念多念等の門弟間の激しい対立が展開されていた吉水の現状であった。

たとえば聖覚は『唯信鈔』に、

念仏を信ずる人のいはく、往生浄土のみちは、信心をさきとす。信心決定しぬるには、あながちに称念を要とせず。『経』にすでに「乃至一念」ととけり。このゆへに、一念にてたれりとす。偏数をかさねむとするは、かへりて仏の願を信ぜざるなり。念仏を信ぜざる人とて、おほきにあざけりふかくそしると。
（『定親全』六、写伝篇(2)、六七～六八頁）

という一念義による多念義批判をあげ、

往生の業一念にたれりといふは、その理まことにしかるべしといふとも、偏数をかさぬるは不信なりといふ、すこぶるそのことばすぎたりとす。一念をすくなしとおもひて、偏数をかさねずば往生しがたしとおもはば、まことに不信なりといふべし。……一念決定しぬと信じて、しかも一生おこたりなくまふすべきなり。これ、正義とすべし。
（『定親全』六、写伝篇(2)、六八～六九頁）

と、これを戒めている。

『唯信鈔』の記述によれば当時、一念義は「往生の業は信の一念で足り、それ以上の称名は不要」として多念義を「遍数をかさぬるは不信」と批判し、他方多念義は「一念をすくなし」「遍数をかさねずは往生しがたし」と一念義を批判していたことが窺い知られる。

一念義とはいわば自らの一念の信の発起を絶対化する体験主義であり、多念義とは獲信の体験を持ちながらあくまで自らの努力を信ずる積善主義であると抑えることができよう。

獲信の後の念仏は本願への不信でありむしろ往生の妨げであるとする前者は、必然的に「悪をつくりたるものをたすけんといふ願にてましませばとて、わざとこのみて悪をつくりて往生の業とすべき」[31]（『歎異抄』第十三章）と積極的な造悪を勧める「造悪無碍」へ、対する後者も「善悪のふたつにつきて、往生のたすけさはり二様におもふ」[32]（『歎異抄』第十一章）て避悪造善を勧める「専修賢善」へと展開していく。

法然自身、一念義に対しては、

ちかごろ愚痴・無智のともがらおほく、ひとへに十念・一念なりと執して、上尽一形を廃する条、無慚・無愧のことなり。……これひとへに、懈怠・無道心・不当・不善のたぐひの、ほしいまゝに悪をつくらむとおもひて、また念ぜずば、その悪かの勝因をさえて、むしろ三途におちざらむや。……もし精進のものありといふとも、この義をきかば、すなわち懈怠になりなむ。まれに戒をたもつ人ありといふとも、この説を信ぜば、すなわち無慚なり。おほよそかくのごときの人は、附仏法の外道なり。師子のみの中の虫なり。またうたがふらくは、天魔波旬のために、精進の気をうばわるゝともがらの、もろ〳〵の往生の人をさまたげむとするなり。あやしむべし、ふかくおそるべきもの也。（『指南抄』下巻本、『定親全』五、転録篇、二七〇〜二七二頁）

と厳しく戒め、

まことに十念・一念までも、仏の大悲本願なほかならず引接したまふ無上の功徳なりと信じて、一期不退に行ずべき也。（『定親全』五、転録篇、二七〇頁）

信おば一念に生るととり、行おば一形をはげむべしと、（『定親全』五、転録篇、二八四頁）

と念仏の相続を勧めている。

後年、親鸞は『一念多念文意』において、

一念多念のあらそひをなすひとおば、異学・別解のひととまふすなり。異学といふは、……別解は、念仏をしながら、他力をたのまぬなり。別といふは、ひとつなることを、ふたつにわかちなすことばなり、解はさとるといふ、とくといふことばなり、念仏をしながら自力にさとりなすなり。かるがゆへに、別解といふなり。……自力といふは、わがみをたのみ、わがこゝろをたのむ、わがちからをはげみ、わがさまざまの善根をたのむひとなり。

（『定親全』三、和文篇、一四一～一四二頁）

として、一念義多念義いずれも「念仏をしながら他力をたのまぬ」「念仏をしながら自力にさとりなす」ものと批判しており、関東で起きたこれらを含む様々な異義に対して、

また他力と申ことは、弥陀如来の御ちかひの中に、選択摂取したまへる第十八の念仏往生の本願を信楽するを他力と申なり。如来の御ちかひなれば、他力には義なきを義とすと、聖人のおほせごとにてありき。義といふことは、はからうことばなり。行者のはからひは自力なれば義といふなり。他力は本願を信楽して往生必定なるゆへにさらに義なしとなり。……自力の御はからいにては真実の報土へむまるべからざるなり。行者のおおのの自力の信にては、懈慢・辺地の往生、胎生・疑城の浄土までぞ、往生せらるゝことにてあるべきとぞ、うけたまはりたりし。

（『真蹟書簡』一、『定親全』三、書簡篇、三～四頁）

弥陀の本願を信じさふらひぬるうへには、義なきを義とすとこそ大師聖人のおほせにさふらへ。かやうに義のさふらふらんかぎりは、他力にはあらず、自力なりときこへてさふらふ。また、他力とまふすは、仏智不思議にさふらふなるときに、煩悩具足の凡夫の無上覚のさとりをえさふらふなることをば、仏と仏とのみ御はからひなり、さらに行者のはからひにあらずさふらふ。しかれば義なきを義とすとさふらふなり。義とまふすことは自力のひとのはからひをまふすなり。他力にはしかれば義なきを義とすとさふらふなり。

（『御消息集』（広本）第十通、『定親全』三、書簡篇、一五六頁）

と法然の「他力には義なきをもって義とす」との法語に依拠しつつ、

たゞ不思議と信じつるうへは、とかく御はからひあるべからず候。わうじやう（往生）のごう（業）には、わたくし（私）のはからひはあるまじく候也。

（『古写書簡』一、『定親全』三、書簡篇、三七～三八頁）

他力と申候は、とかくのはからいなきを申候也。

（『古写書簡』二、『定親全』三、書簡篇、三八頁）

と、如来の不可思議の誓願他力に対して「（自力・私の）はからい」を挟むこと、おのおの価値判断に基づいて念仏に「義」（解釈）を立てて固執することを強く戒めている。

前掲の『一念多念文意』で親鸞が「別」の字に施した「ひとつなることをふたつにわかちなす」との解説が、本願の念仏との値遇において本願と自己が一つになるいわゆる「機法一体」の体験をもちながら、やがて機〈自己〉と法〈念仏〉とが分裂し、「念仏をしながら自力にさとりなす」、つまりは解釈する自分を念仏の上位に置き、「みづからのはからひをさしはさみて、……誓願の不思議をばたのまずして、わがこゝろに往生の業をはげみてまふすところの念仏をも自行になす」(33)（『歎異抄』第十一章）頽落が生じることを象徴しているものと思われる。

また、この一念多念の他にも、人間の持つ様々な価値意識を反映して、当時念仏をめぐる様々な「義」の対立が生じていたことが、「信巻」の、

凡そ大信海を案ずれば、貴賤・緇素を簡ばず、男女・老少を謂わず、造罪の多少を問わず、修行の久近を論ぜず、行に非ず・善に非ず・頓に非ず・漸にあらず・定に非ず・散に非ず、正観に非ず・邪観に非ず・有念に非ず・無念に非ず、尋常に非ず・臨終に非ず、多念に非ず・一念に非ず、唯是不可思議・不可説・不可称の信楽なり。譬えば阿伽陀薬の能く一切の毒を滅するが如し。如来誓願の薬は、能く智愚の毒を滅するなり。

（『定親全』一、一三二頁）

の文から窺われる。

このような「義」の対立をいかにして止揚し、法然興隆の「浄土宗」——選択本願の念仏——の真実義を開顕するか。これが親鸞にとっての課題となったことは疑いない。筆者は「信心一異の諍論」「信行両座の決判」等の吉

水期のエピソードがよくそれを伝えていると考える。

「自力のはからい」を差し挟む必要のない「他力」の念仏がいかにして人間に成り立つのか、そしてそれを仏教の伝統の中のいかなる言葉で表現すればよいのか。これがその後の親鸞にとっての大きな課題となったのではなかろうか。

「信心一異の諍論」に関連して言えば、弁長に語ったとされる法語、

われらはこれ烏帽子もきざるおとこ也。十悪の法然房が念仏して往生せんといひてゐたる也。又愚痴の法然房が念仏して往生せんといふ也。安房の助といふ一文不通の陰陽師が申す念仏と、源空が申す念仏とまたくかはりめなしと。（『和語灯録』巻五、『真聖全』四、六七七〜六七八頁）

あの阿波介も仏たすけ給へとおもひて南無阿弥陀仏と申す。源空も仏たすけ給へとおもひて南無阿弥陀仏とこそ申せ。更に差別なきなり（『行状絵図』巻十九、『法伝全』九八頁）

源空が念仏もあの阿波の介の念仏に全くをなじことなり。もしさりともすこしはかはりたるらんと、おもはん人は、つやつや念仏をしらざる人なり。金はにしきにつつめるも、わらつとにつゝめるも、おなじこがねなるがごとし。（『法然聖人絵』（弘願本）巻二、『法伝全』五三一頁上段）

からも知られるように、法然自身も同一の「念仏」を語っている。

しかし、「行」と表現される限り、そこに自力修行の要素が混入し、結果門弟間に見られるような念仏解釈の相違が生じてくることもまた避けられない。『和語灯録』巻五によれば、弁長でさえ「上人の御念仏は智者にてましませば、われらが申す念仏にはまさりてぞおはしまし候らん」と語って法然の厳しい叱責を受けている。(34)

それゆえ、「信心一異の諍論」の場において、親鸞は念仏の「行」を本願に帰する「信」に根源化して、

善信が信心も聖人の御信心もひとつなり、

（『歎異抄』『定親全』四、言行篇(1)、三四～三五頁）

と述べたのであるが、勢観房・念仏房らには「信」も「行」と同様に、環境や状況に左右され、個人の資質、能力や性格によっても質・量ともに差違を生じるいわゆる「諸機各別の自力の信心」として受け取られ、「師と自分を同等視するなど不遜の極みである」と批難されたのである。

これに対して法然はその親鸞の真意を見抜き、

源空が信心も如来よりたまはりたる信心なり、善信房の信心も如来よりたまはらせたまひたる信心なり、さればたゞひとつなり、別の信心にておはしまさんひとは、源空がまひらんずる浄土へは、よもまひらせたまひさふらはじと、

（『歎異抄』『定親全』四、言行篇(1)、三五～三六頁）

として、親鸞が言わんとする「信」を「如来よりたまわりたる信心」、つまりは如来回向の信であると端的に言い当てたのである。既に言及したように、この「信心一異の諍論」の時期を筆者は元久二年閏七月の改名以前と考えている。この点は第四章第二節に詳述する。

寺川俊昭師は、元久二年四月十四日に『選択集』の書写が終わってから、真影に讃文と新しい名を書き入れてもらう閏七月二十九日までの百三十三日間、親鸞は『選択集』の身読を重ねながら、時に法然に疑問を尋ね、師弟間の活発な質疑応答と忌憚のない対話が繰り返されたであろうとしている。(35)

このような論議問答を通して、法然が『選択集』「二行章」の「五番相対・第四不回向回向対」に、「縦令《たとひ》別に回向を用ゐざれども、自然に往生の業と成る(36)」と説いた選択本願の念仏を「凡聖自力の行にあら」ざる「不回向の行(37)」（以上、「行巻」）、すなわち如来の本願力回向の行として明らかにするべく天親・曇鸞の学びへと向かうという学びの具体的方向性が、親鸞の中で次第に明らかになってきたのではないだろうか。

そして太子の「夢告」が与えた課題に応えるべく、法然から授けられた「綽空」の名を改めて「親鸞」と名のる必然性が明らかになってきたのではないだろうか。

もちろんそこには法然による適切な教授指導があったことが窺われる。

第四項　法然における天親・曇鸞

法然自身、『選択集』「教相章」において、

初めに正しく往生浄土を明かすの教というは、謂わく三経一論是なり。……一論とは、天親の『往生論』是なり。

（奈良県当麻寺奥院蔵元久元年書写本・往生院本、『浄聖全』一、一二五五頁）

として天親の『浄土論』の名を挙げているし、曇鸞に関しても同じく「教相章」に、

凡そ此の『集』の中に、聖道・浄土の二門を立つる意は、聖道を捨てて浄土門に入らしめんが為なり。此に就きて二の由《ゆえ》有り。一には大聖を去れること遙遠なるに由る。二には理深く解微なるに由る。此の宗の中に二門を立つることは、独り道綽のみに非ず。曇鸞・天台・迦才・慈恩等の諸師、皆此の意有り。且《しばら》く曇鸞法師の『往生論の注』に云わく。「謹みて龍樹菩薩の『十住毗婆娑』を案ずるに云わく、菩薩、阿毗跋致を求むるに二種の道有り。一には難行道、二には易行道なりと。難行道とは、謂わく五濁の世に無仏の時に於て、阿毗跋致を求むるを難とす。此の難に乃ち多くの途有り。粗五三を言いて以て義意を示さん。一には外道の相善、菩薩の法を乱る。二には声聞の自利、大慈悲を障う。三には無顧の悪人、他の勝徳を破す。四には顚倒の善の果、能く梵行を壊《やぶ》る。五には唯し是自力のみにして他力の持つ無し。斯くの如き等の事、目に触るるに皆是なり。

譬えば陸路より歩行するは則ち苦しきが如し。易行道とは、謂わく但仏を信ずる因縁を以て浄土に生ぜんと願ずれば、仏の願力に乗って便ち彼の清浄の土に往生することを得。仏力住持して即ち大乗正定の聚に入る。正定は即ち是阿毗跋致なり。譬えば水路より船に乗って則ち楽なるが如し」と。已上　此の中の難行道は即ち是聖道門なり。易行道は即ち是浄土門なり。難行・易行、聖道・浄土、其の言異なりと雖も、その意是同じ。天台・迦才之に同じ、知る応し。

（『浄聖全』一、一二五六〜一二五七頁）

として『論註』難易二道判の文を引き、

浄土宗の学者、先ず須く此の旨を知るべし。設い先より聖道門を学する人と雖も、若し浄土門に其の志有らば、須く聖道を棄てて浄土に帰すべし。例するに、彼の曇鸞法師は四論の講説を捨てて一向に浄土に帰し、道綽禅師は涅槃の広業を閣《さしお》きて偏に西方の行を弘めしが如し。上古の賢哲猶以て此くの如し。末代の愚魯寧ろ之に遵わざらんや。

（『浄聖全』一、一二五八頁）

と、曇鸞を道綽と共に「聖道を棄てて浄土に帰」した「上古の賢哲」とし、「四論の講説を捨てて一向に浄土に帰し」たその事績を讃えている。

また、『指南抄』「法然上人御説法事」の、

曇鸞法師は、梁魏両国の無双の学生也。はじめは寿長して仏道を行ぜむがために、陶隠居にあふて仙経をならふて、その仙方によて修行せむとしき、のちに菩提流支三蔵にあひたてまつりて、仏法の中に長生不死の法の、この土の仙経にすぐれたるや候ととひたてまつりたまひければ、三蔵唾を吐てこたえたまふやう、「とえることばをもていひならぶべきにあらず、この土いづれのところにか長生の方あらむ。命ながくしてしばらくしなぬやうなれども、ついにかへて三有に輪廻す。たゞこの『経』によて修行すべし。すなわち長生不死の所にい

たるべし」といふて、『観経』を授たまへり。そのときたちまちに改悔のこゝろをおこして、仙経を焼て自行化他一向に往生浄土の法をもはらにしき。『往生論の註』また『略論安楽浄土義』等の文造《つくれる》也。

（『定親全』五、転録篇、七八～七九頁）

の記事に拠れば、曇鸞の「仙経を焼きて、自行化他、一向に往生浄土の法を専らにし」た事績にも注目していたことが知られる。

そして法然は、それらを承けてさらに、

聖道家の血脈の如く、浄土宗に亦血脈有り。但し浄土一宗に於て諸家亦不同なり。所謂廬山の慧遠法師、慈愍三蔵、道綽・善導等是なり。今且《しばら》く道綽・善導の一家に依りて、師資相承の血脈を論ぜば、此れに亦両説有り。一には菩提流支三蔵・慧寵法師・道場法師・曇鸞法師・大海禅師・法上法師。已上、『安楽集』に出でたり。二には菩提流支三蔵・曇鸞法師・道綽禅師・善導禅師・懐感法師・小康法師。已上、『唐』『宋』両伝に出でたり。

（『浄聖全』一、一二五八頁）

として曇鸞を浄土宗の「師資相承の血脈」の中に位置付けている。

この他、『逆修説法』五七日には、

次に五祖とは、曇鸞法師・道綽禅師・善導禅師・懐感法師・小康法師、是なり。

（『漢語灯録』巻八、『真聖全』四、四七一頁）

として五祖の筆頭に挙げ、「類聚浄土五祖伝」には道宣『続高僧伝』、道綽『安楽集』、迦才『浄土論』、『往生西方浄土瑞応伝』、『新修往生伝』、『龍舒浄土文』の六編の曇鸞伝を挙げている(38)。

法然は自らの修学について「北陸道に遣わす書状」に、

抑も貧道、山修山学の昔より五十年の間、広く諸宗の章疏を被閲して、叡岳に無き所の者、之を他門に尋ねて、必ず一見を遂ぐ。鑚仰年積みて、聖教殆んど尽くす。

（『漢語灯録』巻一〇、『真聖全』四、五四〇頁）

と記しており、比叡山にないものは他所に赴いて求めるなど、広く仏教典籍を蒐集読破し研鑽に努めたことを述べている。

源信『往生要集』の「第十問答料簡・助道の人法」には、

問う。何等《ら》の教文か念仏に相応せるや。答う。前に引く所の西方の証拠の如きは、皆是其の文なり。然れども正しく西方の観行並びに九品の行果を明かすことは、『観無量寿経』一巻、畺良耶舎訳すには如かず。弥陀の本願並びに極楽の細相を説くことは、『双巻無量寿経』二巻、康僧鎧訳すには如かず。諸仏の相好並びに観相の滅罪を明かすことは、『般舟三昧経』三巻或いは二巻、支婁迦訳す『観仏三昧経』十巻或いは八巻、覚賢訳すには如かず。色身・法身の相並びに三昧の勝利を明かすことは、『念仏三昧経』六巻或いは五巻、功徳直、玄暢と共に訳すには如かず。修行の方法を明かすことは、上の三経並びに『十往生経』一巻、『十住毘婆娑論』十四巻或いは十二巻、龍樹造り、羅什訳すには如かず。日々に読誦せんには、『小阿弥陀経』一巻、羅什訳すには如かず。偈を結びて惣じて説くことは、『無量寿経優婆提舎願生偈』或いは『浄土論』と名づけ、或いは『往生論』と名づく、世親造り、菩提留支訳す、一巻には如かず。修行の方法は多く『摩訶止観』十巻及び善導和尚の『観念法門』並びに『六時礼讃』各一巻に在り。問答料簡は多く天台の『十疑』一巻、道綽和尚の『安楽集』二巻、慈恩の『西方要決』一巻、懐感和尚の『群疑論』七巻に在り。往生の人を記するは多く迦才師の『浄土論』三巻並びに『瑞応伝』一巻に在り。其の余は多しと雖も要は此れに過ぎず。

（傍点筆者、『真聖全』一、九二三頁）

と「念仏に相応せる教文」を列挙しており、「偈を結びて惣じて説くことは『無量寿経優婆提舎願生偈』には如かず」と『浄土論』の名を挙げているが、曇鸞の著作は見られず、源信当時の比叡山にはいまだそれらは伝来していなかったものと思われる。

保元元年（一一五六年）、二十四歳の法然は嵯峨の清凉寺（釈迦堂）に七日間参籠した後、南都に赴き、顕密諸宗の碩学を歴訪した、と多くの法然伝が伝えている。

法然が遊学した南都には浄土教、殊に三論宗系の浄土教の伝統があり、醍醐寺の開基聖宝（八三二〜九〇九）によって三論宗の研鑽道場として創建された東大寺東南院には浄土教信仰が伝承されていた。

周知のごとく法然は造東大寺大勧進俊乗房重源と親交が深く、彼の招請で文治六年（一一九〇年）には東大寺において三部経の講説を行っている。

東大寺の『正倉院文書』には、天平二十年（七四八年）六月十日付の「写章疏目録」中に「往生論私記　巻請留(39)」、天平勝宝四年（七五二年）十月二十二日付の「奉請経論疏目録」中に「『請』往生論私記一巻『婆藪盤豆述(40)』」等の記載が見られ、早くから曇鸞の『論註』が伝来していたことが知られる。

法然は、

此朝には元興寺の智光頼光、本宗をすてて〈浄土門に入る〉、智光往生論の疏を造れり、近くは永観、往生の一門に入て、往生十因を作れり。此等も猶本宗の意にては往生を沙汰せす、皆本宗を捨て浄土には入也。

（傍点筆者、「法然上人御説法事」『昭法全』二二五頁）

と述べて、「本宗を捨てて浄土門に入」った祖師として智光、永観を挙げている。

智光（七〇九〜?）には『浄土論』を註釈した『無量寿経釈論』五巻（原書は散逸。良源『極楽浄土九品往生義』、源信『往生要集』、『安養集』等十五部の著述に引用あり）があり、主に『論註』に基づき、浄影寺慧遠『観経疏』、伝智顗『十疑論』、吉蔵『観経疏』、道綽『安楽集』、迦才『浄土論』等の渉猟し得る限りの典籍を参照しながら『浄土論』を註釈したとされる(41)。

永観（一〇三三〜一一一一）は禅林寺で出家受戒した後、東大寺東南院で三論教学を学び、三十二歳から八年間、浄土教信仰を持った東大寺三論宗の学僧が籠居した東大寺別所・山城国光明山寺に幽居し、その後禅林寺に移って寂しており、『往生拾因』一巻、『往生講式』一巻等の浄土教関連の著書がある。

法然は「無量寿経釈」（以下、「大経釈」）に、

次に感師・智永等に依って善導の義を補助せば、是に七有り。一には智永、二には信仲、三には感師、四には天竺の覚親、五には日本の源信、六には禅林、七には越州。……六に禅林とは即ち当寺［筆者注・東大寺］の権律師永観なり。即ち善導・道綽の意に依って『往生十因』を作りて、永く諸行を廃して、念仏の一門に於て、十因を開す。豈に但念仏の行に非ず哉《や》。（『漢語灯録』巻一、『真聖全』四、二九一〜二九二頁）

として、その著『往生拾因』に着目しているが、『往生拾因』には『論註』の八番問答、浄摩尼宝珠の譬喩、犀牛の譬喩等の文が引かれ、巻末尾題の後には、

念仏宗六祖

流支三蔵　恵寵法師　道場法師

曇鸞法師　大海禅師　齊朝上交

（『大正蔵』八四、一〇二頁b）

として曇鸞の名が記されている[42]。

法然が永観とともに「大経釈」に「善導の義を補助」し「往生の行業に於いて、専雑の二修を論じて、雑行を捨てて、専ら正行を修する[43]」祖師として、

七に越州とは、亦同じく当寺の三論の碩徳・越洲の珍海なり。是亦同じく『決定往生集』一巻を作りて、十門を立てて、往生の法を明かす。其の中に亦善導の前の文に依って、傍らに諸行を述ぶと雖も正しくは念仏往生

（『漢語灯録』巻一、『真聖全』四、二九二～二九三頁）

を用いる。

とその名および著書『決定往生集』を挙げた珍海（一〇九一～一一五二）は、東大寺、醍醐寺等で学び東大寺禅那院に住したが、後年醍醐寺に移り没した。

『決定往生集』には『論註』八番問答、「善巧摂化章」の「無上菩提心」の文等が引かれ、決定往生を勧める諸師として智顗、窺基、懐感、道綽、永観、源信とともに、

〈迦才師の云わく、曇鸞法師、『往生論』を注解し、『無量寿讃』並びに『問答』一巻を撰して、道俗等に決定往生を勧む、と。〉　（『大正蔵』八四、一一五頁c）

と曇鸞の名を挙げている。

聖宝が創建し珍海が住した醍醐寺であるが、『源空聖人私日記』（以下、『私日記』）には、

爰《ここ》に醍醐寺の三論宗の先達、聖人其の所に往きて意趣を述す。先達、総じてもの言わずして、座を起《たっ》て内に入て、文函十余合を取り出だして云はく。我が法門に於ては余の念ひ無く。永く汝に付属せしむ、と云々。

（『指南抄』中巻末、『定親全』五、転録篇、一七五～一七六頁）

と、法然が「醍醐寺の三論宗の先達」を訪ねて「文函十余合」を授かったと記されている。

また、多くの法然伝は、法然が実範（一〇八九？～一一四四）を訪ね、実範は法然に鑑真伝来の具足戒を授け(44)、あるいは「許可灌頂をさづけ、宗［筆者注・真言宗］の大事、のこりなくこれをつた」えたと記している(45)。『行状絵図』にいたっては、実範が後に法然に「二字をたてまつ」って——弟子の礼を取って——法然から逆に鑑真相伝の戒を受けたとまで記している(46)。

実範は諸宗を学んだ後、大和国中川《の》に成身院を開いて真言・天台・法相兼学の道場とし、唐招提寺の荒廃を嘆い

て戒律復興を唱えるなど活動した後、晩年には浄土教を信仰して光明山寺に移り、その地で入寂した。

佐藤哲英氏によれば、『元亨釈書』巻十三に、実範は「横川の明賢の所に之《ゆ》き台教を問う」[47]たとあり、長西の『浄土依憑経論章疏目録』（以下、『長西録』）に拠れば明賢は『往生論五念門私行儀』[48]一巻等を著しており、おそらくは源信の流れを汲む念仏者であろうこの明賢から叡山浄土教を学んで、実範は『般舟三昧経観念阿弥陀仏』[49]、『眉間白毫集』一巻、『病中修行記』一巻等[50]とともに『往生論五念門行式』一巻[51]を著した、とされている[52]。

佐藤氏はまた、巻首の一部を失い首題も撰号も不明の龍谷大学図書館所蔵の『念仏式』（長承四年・一一三五年書写）がこの『往生論五念門行式』であり、源信『往生要集』「正修念仏門」に基づく行法を説き、現存部分に『往生要集』、善導『観念法門』『往生礼讃』『定善義』、道綽『安楽集』とともに曇鸞『論註』から二回の引用あるとされている[53]。

実範が没した天養元年（一一四四年）に法然（長承二年・一一三三年生まれ）は十二歳――法然が比叡山に上ったのは『私日記』に拠れば翌天養二年、十三歳[54]。『行状絵図』巻三では久安三年、十五歳[55]――であり、両者の対面は史実ではあり得ない。にもかかわらずこのような伝説が伝えられているのは、法然が実範の遺蹟中川寺成身院、あるいは終焉の地光明山寺を訪れた可能性を示唆していると思われる。

行観（一二四一～一三二五）の『選択本願念仏集秘抄』（以下、『選択集秘抄』）には、法然が「善導の釈を尋ね玉うに、宇治の法蔵より『観経四帖の疏』を尋ね出して一向専修に入」[56]ったとの記述があるが、宇治は平等院南泉房において源隆国（一〇〇四～一〇七七）が数名の延暦寺阿闍梨の協力の元に延久二年（一〇七〇年）四月から翌三年二月までの間に『安養集』十巻を著した地であり、『安養集』には智光の『無量寿論釈』が三十八回、天親の『浄土論』が四回、曇鸞の『論註』が六回、『讃阿弥陀仏偈』が九回、『略論安楽浄土義』が三回引用されていると言う[57]。

また、文治二年（一一八六年）、法然は後の天台座主顕真（一一三〇～一一九二）の招請を受け、大原勝林院において諸宗の碩学と法論を交わしている（大原談義）が、比叡山の別所大原は常行三昧堂の堂僧であった融通念仏宗の祖良忍（一〇七三～一一三二）が居住した地であり、来迎院の経蔵「如来蔵」に現存する良忍所蔵本十四点の中には、康和元年（一〇九九年）と翌康和二年（一一〇〇年）に薬源が大原独身房でそれぞれ写した曇鸞の『讃阿弥陀仏偈』『略論安楽土義』を良忍が入手して愛読した良忍手択本があるという(58)。

このように法然が来訪した伝承をもつ地の多くに曇鸞の著述が伝わり、また学ばれていた形跡があるのである(59)。

前述の行観の『選択集秘抄』の文、

> 次に又『往生要集』下末に云わく。問う。若し凡下の輩亦往生を得ば、云何ぞ近代彼の国土に於て求むる者は千万なれども、得る者は一二も無し。答う。……導和尚の云わく。若し能く上の如く念念相続して畢命を期とする者は、十即十生百即百生す。若し専を捨て雑業を修せんと欲する者は、百の時希に一二を得、千の時希に三五を得。「如上」と言うは、『礼讃』等の五念門、至誠等の三心、長時等の四修を指すなり。此の釈文を見て、是より善導の釈を尋ね玉うに、宇治の法蔵より『観経四帖の疏』を尋ね出して一向専修に入り玉うなり。故に『往生要集』を先達と為して『善導の疏』に尋ね入り玉える心地を以て、此の『選択』をば作りたまう。（『浄宗全』八、三四〇頁下段）

によれば、法然は『往生要集』に引かれた「善導の釈」、すなわち『往生礼讃』の原典を探し求める過程で、「宇治の法蔵」で『観経疏』を発見したという。

つまり法然はある典籍に別の典籍の引用があれば、その一節だけでは満足せず、原典を探し出してその全文を読むことを繰り返してきたと言うのである。

法然はこれらの地のいずれかで曇鸞の『論註』『讃阿弥陀仏偈』『略論安楽浄土義』を探し当て、以来精読してきたのであろう。

『私日記』は、

> 捴《すべ》て本朝に渡る所の聖教乃至伝記・目録、皆一見を加えられ了りぬ。然りと雖も出離の道に煩いて、身心安からず。抑も始め曇鸞・道綽・善導・懐感の御作より、楞厳先徳の『往生要集』に至るまで、奥旨を窺うこと二反すと雖も、拝見せしの時は往生猶易からず。第三反の時、乱想の凡夫は称名の一行に如かず、是則ち濁世の我等が依怙なり、末代衆生の出離開悟せしめ訖《おわ》りぬ。況んや自身の得脱に於てを乎《や》。
>
> （『指南抄』中巻末、『定親全』五、転録篇、一七六～一七七頁）

と記して、法然が曇鸞を始めとするあらゆる浄土教系の典籍を三度読み返して、ついに称名念仏こそが「濁世の我等が依怙」であるとの確信を得たことを伝えている。

このような修学研鑽の末、法然は『選択集』「本願章」において、第十八願において如来が諸行を捨てて念仏を往生の行と選び取った理由について、いったんは「聖意測り難し。輒《たやす》く解すること能わず[60]」としながらも「今試みに二の義を以て之を解[61]」す、として勝劣・難易の二義を挙げ、

> 初の勝劣とは、念仏は是勝、余行は是劣なり。所以は何んとならば、名号は是万徳の帰する所なり。然れば則ち弥陀一仏の所有の四智・三身・十力・四無畏等の一切の内証の功徳、相好・光明・説法・利生等の一切の外用の功徳、皆悉く阿弥陀仏の名号の中に摂在せり。故に名号の功徳、最も勝と為るなり。余行は然らず、各一隅を守る、是を以て劣れりと為るなり。……之を以て応に知るべし。然れば則ち仏の名号の功徳、余の一切の功徳に勝れたり。故に劣を捨てて勝を取りて、以て本願としたまえるか。
>
> （『浄聖全』一、一二七〇頁）

として「名号は万徳の帰する所」であるがゆえに「勝」であると述べる。

そして名号に万徳が摂在するその理由を、

我湏は衆生のために永劫の修行をゝくり、僧祇の苦行をめぐらして万行万善の果徳円満し、自覚覚他の覚行窮満して、その成就せんところの万徳無漏の一切の功徳をもて、わが名号として、衆生にとなへしめん。衆生もしこれにおいて、信をいたして称念せば、わが願にこたへてむまるゝ事をうべし。名号をとなへばむまるべき別願をおこして、その願成就せば、仏になるべきがゆへ也。この願もし満足せずば、永劫をふともわれ正覚をとらじ。

（『登山状』『拾遺語灯録』巻中、『真聖全』四、七二一頁）

として因位法蔵菩薩永劫修行に求める。

さらに、『三部経大意』の文、

弥陀如来は因位のとき、もはら我名《が》をとなえむ衆生をむかへむとちかひたまひて、兆載永劫の修行を衆生に回向したまふ。濁世の我等が依怙《えこ》、生死の出離これあらずば、なにおか期せむ。

（『定親全』六、写伝篇(2)、五頁）

に拠れば、如来は因位修行によって成就した内証・外用一切の功徳を「もはら我が名をとなえむ衆生」に回向するのであり、それゆえに一声の称念に、

念仏利益の文

『無量寿経』の下に云わく。「仏、弥勒に語りたまわく。其れ彼の仏の名号を聞くことを得ること有りて、歓喜踊躍し、乃至一念せん。当に知るべし。此の人は大利を得とす。則ち是無上の功徳を具足す」と。

（『浄聖全』一、一二八〇頁）

と『大経』流通分が説くような大利・無上の功徳が実現するとしたのである。

法然が『選択集』で称名念仏を顕揚する根幹には、以上の『登山状』『三部経大意』にみられる『大経』「勝行段」の理解があったことが窺われる。

このような法然の『大経』理解を承け、さらには曇鸞の、

「真実功徳相」は、二種の功徳有り。……二つには、菩薩の智慧・清浄の業より起こりて仏事を荘厳す。法性に依って清浄の相に入れり。是の法顚倒せず、虚偽ならず、真実の功徳と名づく。云何が顚倒せざる、法性に依り二諦に順ずるが故に。云何が虚偽ならざる、衆生を摂して畢竟浄に入るが故なり。

（「行巻」所引『論註』『定親全』一、三七頁）

の教説との値遇によって、親鸞は、

大行は、則ち無碍光如来の名を称するなり。斯の行は、即ち是諸の善法を摂し、諸の徳本を具せり。極速円満す、真如一実の功徳宝海なり。故に大行と名づく。

（「行巻」『定親全』一、一七頁）

真実功徳とまふすは、名号なり、一実真如の妙理円満せるがゆへに、大宝海にたとえたまふなり。一実真如とまふすは、無上大涅槃なり。涅槃すなわち法性なり。法性すなわち如来なり。宝海とまふすは、よろづの衆生をきらはず、さわりなくへだてず、みちびきたまふを、大海のみづのへだてなきにたとへたまへるなり。

（『一念多念文意』『定親全』三、和文篇、一四五頁）

といった、称名念仏の行者の上に、真如一実・無上涅槃の功徳が極速に円満するという大行理解を展開するのである。

安田理深師は「大行釈」のこの「即ち是諸の善法を摂し、諸の徳本を具せり」の文は、『大経』に還せば、「勝行段」の、

是を以て『大経』に言わく。欲覚・瞋覚・害覚を生ぜず、欲想・瞋想・害想を起こさず。色・声・香・味の法に著せず。忍力成就して衆苦を計らず。少欲知足にして、染・恚・痴無し。三昧常寂にして、智慧無碍なり。虚偽諂曲の心有ること無し。和顔愛語にして、意を先にして承問す。勇猛精進にして、志願惓きこと無し。専ら清白の法を求めて、以て群生を恵利しき。三宝を恭敬し師長に奉事しき。大荘厳を以て衆行を具足して、諸の衆生をして功徳成就せしむ、とのたまえりと。已上（傍点筆者、「信巻」所引、『定親全』一、一一七〜一一八頁）

の「大荘厳を以て衆行を具足して、諸の衆生をして功徳成就せしむ」の文に該当し、「摂諸善法」は『大経』で言えば「具足衆行」、すなわち法蔵菩薩の五念門行であり、「具諸徳本」を「令諸衆生功徳成就」、すなわち衆生に成就する五功徳門であると抑えており[62]、親鸞は、『入出二門偈頌』において因位法蔵菩薩の不可思議兆載永劫の修行を五念門、その成就を五功徳門、入出二門、自利利他の行成就として、明瞭に詠い上げている。

菩薩は五種の門を入出して、自利利他の行、成就したまえり。
不可思議兆載劫に、漸次に五種の門を成就したまえり。
何等をか名づけて五念門とすると。礼と讃と作願と観察と回となり。……
菩薩の修行成就というは、四種は入の功徳を成就したまう、
自利の行成就したまうと、知る応し。
第五に出の功徳を成就したまう。菩薩の出第五門というは、……
本願力の回向を以ての故に、利他の行成就したまえり、知る応し。
無碍光仏、因地の時、斯の弘誓を発し、此の願を建てたまいき。
菩薩已に智慧心を成じ、方便心・無障心を成じ、

妙楽勝真心を成就して、速やかに無上道を成就することを得たまえり。
自利利他の功徳を成じたまう、則ち是を名づけて入出門とすとのたまえり。
（傍点筆者、『定親全』二、漢文篇、一一四〜一二〇頁）

法然は真影に自らの筆で「釈の親鸞」と記すること、つまりは「親鸞」の名を授けることをもって、当時親鸞が抱いていた教学の方向性――法然から与えられた教言「如来よりたまはりたる信心」の深意を天親・曇鸞の「回向」の教説に尋ねることを通して、本願念仏の仏道の真実性・普遍性を明らかにする――を是とし、「浄土宗」の新たな教学的展開という課題を親鸞に託したのではなかろうか。

改名二年後の建永二年（一二〇七年）、親鸞は「承元の法難」に連座して越後流罪となった。

流罪後の親鸞をして越後の過酷な自然や妻子を抱えての生活に耐えさせたものは、聖徳太子から授けられた「法然興隆の仏道を説き広めよ」という使命と、法然から与えられた「天親・曇鸞に依って専修念仏の真実義を明らかにせよ」という教学的課題ではなかったのだろうか。

法難によって非僧非俗の「禿」を自らの姓と選び取り、越後での生活を通して自らを「愚」と確かめた親鸞は、太子と法然の恩徳に報いるべく、「愚禿釈の親鸞」の名のもとにその後の教化と著述とに邁進していったのである。

第五項　「六角堂夢告」と文明版「皇太子聖徳奉讃」

文明五年（一四七三年）、蓮如によって開版された文明版『正像末和讃』には、正嘉二年（一二五八年、親鸞八十六歳）制作の『正像末法和讃』（顕智本）にはない「皇太子聖徳奉讃」（十一首）が載せられ、聖徳太子、すなわち救世観音菩薩の恩徳が讃嘆されている。

親鸞はその恩徳を、

救世観音大菩薩　　聖徳皇と示現して
多々のごとくすてずして　　阿摩のごとくにそひたまふ
（『定親全』二、和讃篇、二〇二頁）

無始よりこのかたこの世まで　　聖徳皇のあはれみに
多々のごとくにそひたまひ　　阿摩のごとくにおはします
（『定親全』二、和讃篇、二〇三頁）

大慈救世聖徳皇　　父のごとくおはします
大悲救世観世音　　母のごとくにおはします
（『定親全』二、和讃篇、二〇四頁）

として父母のごとき護持養育の恩徳と説くのであるが、救世観音が父母のごとくに「捨てず」に「添いたまう」のは誰に対してであろうか。

他でもない、宿報として女犯等の罪を犯さざるを得ない専修念仏の行者に、である。

これらの和讃は、いわば「行者宿報偈」に示された救世観音の「誓願」をまさしく「一切群生に説き聞か」せた和讃であると言える。

この「聖徳奉讃」以前にも親鸞は既に、念仏の信を獲得した者が賜る現世の利益として、観音・勢至の同伴護持を説いている。

南無阿弥陀仏をとなふれば　　観音勢至はもろともに
恒沙塵数の菩薩と　　かげのごとくに身にそへり（『浄土和讃』「現世利益和讃」『定親全』二、和讃篇、六五頁）

「観音勢至自来迎」といふは、南無阿弥陀仏は智慧の名号なれば、この不可思議光仏の御なを信受して憶念すれば、観音・勢至はかならずかげのかたちにそえるがごとくなり。この無碍光仏は観音とあらわれ勢志としめす。……自来迎といふは、自はみづからといふなり、弥陀無数の化仏・無数の化観音・化大勢至等の無量無数の聖衆、みづからつねにときをきらはず、ところをへだてず、真実信心をえたるひとにそひたまひて、まもりたまふゆへに、みづからとまふすなり。（『唯信鈔文意』『定親全』三、和文篇、一五八〜一五九頁）

これらの教言を記す親鸞の念頭には当然、大勢至菩薩の化現としての師法然と救世観音菩薩の化現としての太子があったであろう。

そしてこの救世観音の同伴随順の目的は、

仏智不思議の誓願の　聖徳皇のめぐみにて
　正定聚に帰入して　補処の弥勒のごとくなり（『定親全』二、和讃篇、二〇二頁）

聖徳皇のあはれみて　仏智不思議の誓願に
　すゝめいれしめたまひてぞ　住正定聚の身となれる（『定親全』二、和讃篇、二〇三頁）

久遠劫よりこの世まで　あはれみましますしるしには
　仏智不思議につけしめて　善悪浄穢もなかりけり（『定親全』二、和讃篇、二〇五頁）

から知られるように、善悪浄穢を選ばぬ如来の「仏智不思議の誓願」に一切の有情を帰入せしめ、正定聚に住する身とならしめることにあった。

さらに尋ねれば、太子の出世の本意は、

上宮皇子方便し　和国の有情をあはれみて
　如来の悲願を弘宣せり　慶喜奉讃せしむべし（『定親全』二、和讃篇、二〇六頁）

と如来の悲願の弘宣にこそあったことが知られ、「だからこそ、我らは一心に尽十方無碍光如来に帰命することを

もって太子の恩徳を褒め称えねばならないのだ」と親鸞は説くのである。

和国の教主聖徳皇　広大恩徳謝しがたし
一心に帰命したてまつり　奉讃不退ならしめよ
（『定親全』二、和讃篇、二〇五頁）

多生曠劫この世まで　あはれみかふれるこの身なり
一心帰命たへずして　奉讃ひまなくこのむべし
（『定親全』二、和讃篇、二〇六頁）

しかし、このように太子の恩徳を讃嘆するこれら一連の和讃のその第五首目には、

他力の信をえんひとは　仏恩報ぜんためにとて
如来二種の回向を　十方にひとしくひろむべし
（『定親全』二、和讃篇、二〇四頁）

という、如来の往還二種回向に関する和讃が唐突に存在している。

この「如来二種の回向」とは、『三経往生文類』（広本）の、

如来の二種の回向によりて、真実の信楽をうる人は、かならず正定聚のくらゐに住するがゆへに、他力とまふすなり。しかれば、〈『無量寿経優婆提舎願生の偈』に曰わく。「云何が回向したまえる。一切苦悩の衆生を捨てずして、心に常に作願すらく、回向を首として大悲心を成就することを得たまえるが故にとのたまえり」〉これは『大無量寿経』の宗致としたまへり。これを難思議往生とまふすなり。（『定親全』三、和文篇、二八頁）

あるいは『正像末和讃』の、

如来二種の回向を　ふかく信ずるひとはみな
等正覚にいたるゆへ　憶念の心はたえぬなり
（『定親全』二、和讃篇、一七〇頁）

往相還相の回向に　まうあはぬみとなりにせば
流転輪回もきわもなし　苦海の沈淪いかゞせむ
（『定親全』二、和讃篇、一八一頁）

無始流転の苦をすて丶　無上涅槃を期すること
如来二種の回向の　恩徳まことに謝しがたし
（『定親全』二、和讃篇、一八二頁）

といった用例から見て、「一切苦悩の衆生を捨てずして、心に常に作願すらく、回向を首として大悲心を成就することを得たまえるが故に」[63]（「信巻」所引『論註』）、如来が「己が功徳を以て一切衆生に回施したまいて、作願して共に彼の阿弥陀如来の安楽浄土に往生せしめたまう」[64]（「信巻」所引『論註』）往相の回向と、同じく如来が「彼の土に生じ已りて、奢摩他・毘婆舎那・方便力成就することを得て、生死の稠林に回入して、一切衆生を教化して、共に仏道に向かえしめたまう」[65]（「信巻」所引『論註』）還相の回向の「如来二種の回向」との値遇によって衆生に成就する無上涅槃道である「浄土真宗」そのものを指すと考えられるが、太子の恩徳を奉讃する中になぜ、あえて「如来二種の回向を伝え広めよ」と説く和讃が、それも第五首目に挿入されているのか、と筆者は違和感を感じないではいられない。

「聖徳奉讃」は、各首の配列順序が必ずしも整理されていない。

これは第二章第三節で考究した〝「文明版」の成立事情〟に起因するものであろうが、第五首は内容から言えば、「聖徳奉讃」全十一首の最後に位置する、

聖徳皇のおあはれみに　護持養育たへずして
如来二種の回向に　す丶めいれしめおはします
（『定親全』二、和讃篇、二〇七頁）

の和讃を承けたものである。

第十一首は「聖徳太子がその護持養育によって有情を『如来二種の回向』（つまりは『浄土真宗』）に帰入せしめた」という意であり、それゆえに「(太子の恩徳によって）他力の信心を獲得した者は仏恩報謝のために『如来二種の回向』（『浄土真宗』）を十方に広めなければならない」と説く第五首へと展開していくのであるが、なぜ親鸞はここで太子が「浄土真宗に」誘引した、あるいは「本願の念仏に」誘引したではなく、あえて「如来二種の回向に」誘引したと説いたのであろうか。

なぜ「聖徳奉讃」にこれらの、天親・曇鸞の教説である「如来二種の回向」に言及した和讃が含まれているのであろうか。

この第十一首を読む時、筆者は親鸞が「後序」に、

又夢の告に依って、綽空の字を改めて、同じき日、御筆を以て名の字を書かしめたまい畢りぬ。

（『定親全』一、三八二頁）

と記した元久二年（一二〇五年）閏七月二十九日の情景を想起せずにいられない。

筆者は、この和讃で親鸞がまさしく、

《建仁元年（一二〇一年）、聖徳太子の「夢告」に導かれて法然の門に入った私は、「夢告」の命に従うべく元久二年に「親鸞」と改名し、天親・曇鸞の「如来二種の回向」の教説に尋ね入ることとなった。》

という自身の来歴を語っていると考えるのである。

そしてまた親鸞は、第五首の、

他力の信をえんひとは　仏恩報ぜんためにとて

如来二種の回向を　十方にひとしくひろむべし

（『定親全』二、和讃篇、二〇四頁）

の和讃に、「太子の護持養育によって他力信心を獲得した私は、法然興隆の『浄土宗』を『浄土真宗』――如来の二種回向の仏道――として明らかにし、それを十方に広めるべく生涯奮励努力してきた」との意を込めているのではないだろうか。

このように考える以外、如来の二種回向に関する二首の和讃が「聖徳奉讃」に含まれている必然性を、筆者は見出し得ないのである。

以上見てきたように、「聖徳奉讃」の和讃各首は、建仁元年（一二〇一年）、親鸞が六角堂で聖徳太子から授けられた「夢告」と完全に呼応したものである、と考えざるを得ない。

晩年を迎えた親鸞が自らの生涯を回顧し、「六角堂夢告」の意義を憶念して、あらためて太子の恩徳を報謝讃嘆せざるを得ない想いで記されたもの、それがこの「聖徳奉讃」十一首であったと筆者は考えるのである。

註

（1）『定親全』四、言行篇(1)、四二頁。
（2）佐藤正英『親鸞入門』（ちくま新書　筑摩書房、一九九八年）八五～六頁、他参照。
（3）親鸞は後年、『西方指南抄』に法然が見た「半身金色の善導」の「夢」を記している。『指南抄』中巻本、「法然聖人御夢想記　善導御事」（『定親全』五、転録篇、一一七～一二〇頁）。『指南抄』中巻末「私日記」（『定親全』五、転録篇、一七六～一七八頁）参照。
（4）赤松俊秀『人物叢書　親鸞』四六～四九頁。平松令三『歴史文化ライブラリー　親鸞』六四～六五頁。草野顕之『シリーズ親鸞六　親鸞の伝記――『御伝鈔』の世界――』七三～七六頁等参照。
（5）『定親全』三、書簡篇、一八七頁。
（6）遠藤一「坊守以前のこと　夫と妻、真宗史における女性の属性」大隅和雄・西口順子編『シリーズ女性と仏教3

信心と供養』（平凡社、一九八九年）、七三頁【注】6参照。
(7) 山田雅教「六角堂夢告私考」『真宗研究』四九（二〇〇五年）、一六五～一六六頁参照。
(8) 藤井由紀子『聖徳太子の伝承――イメージの再生と信仰――』（吉川弘文館、一九九九年）、一二一～一三五頁参照。
(9) 『定親全』四、言行篇(2)、四～五頁。
(10) 『真聖全』三、六七九～六八〇頁参照。
(11) 『真聖全』四、四四頁。
(12) 蓮如延書『嘆徳文』『定親全』四、言行篇(2)、一八六頁。
(13) 『定親全』四、言行篇(1)、六頁。
(14) 『定親全』四、言行篇(1)、七頁。
(15) 『法伝全』、一六七頁。
(16) 『定親全』三、書簡篇、一八七頁。
(17) 『日国辞』一、「あかつき（暁）」の項。
(18) 『日国辞』一九、「やがて（軈・頓）」の項。
(19) 以上、平雅行『親鸞とその時代』（法藏館、二〇〇一年）、一〇六～一〇七頁。
(20) 以上、井上尚美「六角堂夢告　再考」『親鸞教学』八六（二〇〇五年）、三五～三七頁。
(21) 長野量一「行者宿報偈」『法語から読む宗祖親鸞聖人――第三章・第四章――』（真宗大谷派宗務所、二〇〇六年）、五六～五九頁参照。
(22) 『定親全』四、言行篇(1)、五頁。
(23) 『定親全』四、言行篇(1)、四頁。
(24) 以上、「行巻」所引『往生礼讃』『定親全』一、四五頁。
(25) 『定親全』一、四八頁。
(26) 『定親全』三、和文篇、七四頁。
(27) 『定親全』三、和文篇、七四頁。

(28)『定親全』三、和文篇、七四頁。
(29)「信巻」『定親全』一、一一二頁。
(30)以上、寺川俊昭『親鸞讃歌』(真宗大谷派出版部、二〇〇八年)、一一三〜一一六頁参照。
(31)『定親全』四、言行篇(1)、二二頁。
(32)『定親全』四、言行篇(1)、一五頁。
(33)『定親全』四、言行篇(1)、一五頁。
(34)『真聖全』四、六七八頁参照。
(35)寺川俊昭「親鸞の名をめぐって」『寺川選』別巻、一三五〜一三六頁参照。また、『明義進行集』巻二には、元久元年(一二〇四年)三月、法然が隆寛に『選択集』の書写を許した際、法然が「もし不審な点があれば尋ねよ」と語り、書写後、隆寛も不審な点がある度に法然を訪ね直接それらを問い質した、との記述がある(『明進集』一二一〜一二二頁参照)。
(36)『浄聖全』一、一一六三頁。
(37)『定親全』一、六七頁。
(38)『漢語灯録』巻九、『真聖全』四、四七七〜四八四頁参照。
(39)『大日本古文書』三、八七頁。
(40)『大日本古文書』一二、三八二頁。
(41)戸松憲千代「智光の浄土教思想に就いて(上・中・下)」『大谷学報』一八・一、一八・四、一九・一(一九三七〜一九三八年)参照。凝然(一二四〇〜一三二一)の『浄土法門源流章』も、

〈浄土所依本論
無量寿経優婆提舎一巻　亦浄土論と名づく。亦往生論と名づく。亦無量寿経論と名づく。此の論は天親菩薩の所造なり。後魏の菩提留支三蔵訳す。東魏の曇鸞法師、往生論を註して二巻を成す。日本元興寺の智光法師、往生論の疏五巻を作す。彼、曇鸞を取りて以て義節と為す。曇鸞・智光倶に是三論なり。右の三経一論を以て浄土の所依と為す。此れに拠て義を立て宗旨を荘厳す。〉

(傍点筆者、『大正蔵』八四、一九三頁b)

と、智光が「曇鸞を取りて以て義節と為」した、と述べている。

(42)「念仏宗六祖」の記述は天永三年（一一一二年）の古写本、および宝治二年（一二四八年）の古版本等にはあるが、寛文九年版（一六六九年）以降の版本には記されていない。『国訳一切経　和漢撰述部』諸宗部五、解説補注四三〇～四三六頁参照。

(43)『漢語灯録』巻一、『真聖全』四、二九三頁。

(44)『法然上人伝記』（九巻伝）巻一下、『法伝全』三四五頁上段。『本朝祖師伝記絵詞』巻一、『法伝全』四七三頁。『法然上人伝絵詞』（琳阿本）巻三、『法伝全』五五〇頁下段、参照。

(45)『行状絵図』巻五、『法伝全』二〇頁。

(46)『行状絵図』巻五、『法伝全』二〇頁参照。

(47)『日仏全』一〇一、一五九頁下段。

(48)『日仏全』一、三四四頁下段。明賢の名の下に「山僧谷あさり」の注記あり。

(49)『長西録』『日仏全』一、三四五頁上段。

(50)以上、『長西録』『日仏全』一、三四九頁下段。

(51)『長西録』『日仏全』一、三四四頁下段。

(52)佐藤哲英『叡山浄土教の研究・研究編』（百華苑、一九七九年）、四〇一頁、四〇三頁参照。

(53)佐藤哲英『叡山浄土教の研究・研究編』四〇三～四〇四頁参照。

(54)『指南抄』中巻末、『定親全』五、転録篇、一七四頁参照。

(55)『法伝全』九頁。

(56)『浄宗全』八、三四〇頁下段。

(57)梯信暁『奈良・平安期浄土教展開論』（法藏館、二〇〇八年）、二五三～二七三頁参照。ただし、『讃阿弥陀仏偈』『略論安楽浄土義』（『安養集』文中では『安楽土義』）は著者「羅什」とされている。

(58)横田兼章「良忍と融通念仏」（佐藤哲英『叡山浄土教の研究・研究編』所収）、三四八～三五二頁参照。

(59)本明義樹「日本浄土教における曇鸞著述の受容と展開――親鸞の思想形成に関する一考察――」『真宗教学研究』

二六（真宗教学学会、二〇〇五年）、六九～七一頁参照。
(60)『浄聖全』一、一二七〇頁。
(61)『浄聖全』一、一二七〇頁。
(62)『願生偈聴記・解義分（三）』『安田選』一四上、一五七～一五八頁参照。
(63)『定親全』一、一二八頁。
(64)『定親全』一、一二八頁。
(65)『定親全』一、一二八～一二九頁。

第四章　「愚禿釈の親鸞」

第一節　「禿の字を以て姓とす」——「親鸞」改名説の蓋然性——

周知のごとく「後序」の真影図画の記事には、元久二年（一二〇五年）閏七月二十九日に法然によって記された「名の字」が明記されてはいない。

既に述べてきたように筆者はこれを、あらためて挙げる必要がなかったための「省略」であると見ている。つまり、この名は、各巻の撰号「愚禿釈親鸞集」（「後序」の含まれる「化身土巻（末）」にも存在）として、また本文中に自らの名のりとして既に幾度となく記載された法諱「親鸞」であり、「後序」の、

然るに愚禿釈の鸞、建仁辛の酉の暦、雑行を棄てて本願に帰す。元久乙の丑の歳、恩恕を蒙りて『選択』を書しき。同じき年の初夏中旬第四日に、「選択本願念仏集」の内題の字、並びに「南無阿弥陀仏　往生之業　念仏為本」と、「釈の綽空」の字と、空の真筆を以て、之を書かしめたまいき。同じき日、空の真影申し預かりて、図画し奉る。同じき二年閏七月下旬第九日、真影の銘に、真筆を以て「南無阿弥陀仏」と「若我成仏十方衆生　称我名号下至十声　若不生者不取正覚　彼仏今現在成仏　当知本誓重願不虚　衆生称念必得往生」の真文とを書かしめたまう。又夢の告に依って、綽空の字を改めて、同じき日、御筆を以て名の字を書かしめたまい畢りぬ。本師聖人、今年は七旬三の御歳なり。……爾るに既に製作を書写し、真影を図画せり。是専念正業

の徳なり、是決定往生の徴なり。仍って悲喜の涙を抑えて由来の縁を註す。（『定親全』一、三八一～三八二頁）

といった文章の流れからすれば、「名の字」とは、吉水入室と選択付嘱・真影図画の体験を語る主体的名のりである「（愚禿）釈の親鸞」に他ならないからである。

しかし、「名の字」はあくまで「善信」であり、流罪の際に罪名を「藤井善信」とされたことを憚って伏せたとする見解も根強いものがある。

そこで筆者はまず、改名の記録が記された「後序」の文自体の精読を通して、親鸞が元久二年に「親鸞」と改名すること、「名の字」が「親鸞」であることの必然性、もしくは蓋然性を論証していきたい。

第一項　末法について

「後序」はまず、

竊《ひそ》かに以《おもん》みれば、聖道の諸教は行証久しく廃《すた》れ、浄土の真宗は証道今盛なり。然るに諸寺の釈門、教に昏くして真仮の門戸を知らず、洛都の儒林、行に迷うて邪正の道路を弁《わきま》うること無し。斯を以て興福寺の学徒、太上天皇諱尊成、今上諱為仁　聖暦・承元丁の卯の歳、仲春上旬の候に奏達す。主上臣下、法に背き義に違し、忿《いかり》を成し怨《うらみ》を結ぶ。茲《こ》れに因って、真宗興隆の大祖源空法師、並びに門徒数輩、罪科を考えず、猥《みだ》りがわしく死罪に坐《つみ》す。或いは僧儀を改めて姓名を賜うて、遠流《おんる》に処す。予は其の一なり。爾れば已に僧に非ず俗に非ず。是の故に「禿」の字を以て姓とす。空師並びに弟子等、諸方の辺州に坐《つみ》して五年の居諸《きょしょ》を経たりき。　皇帝諱守成　聖代、建暦辛の未の歳、子月の中旬第七日に、勅免を蒙りて、入洛して已後、空、洛陽の東山の西の麓、鳥部野の北の辺、大谷に居たまいき。同じき二年壬申寅月の下旬第五日午の時、入滅したまう。奇瑞称計す可からず。『別伝』に見えたり。　（『定親全』一、三八〇～三八一頁）

として、建永二年（十月に改元して承元元年・一二〇七年）二月に執行された「専修念仏停止《ちょうじ》」、いわゆる「承元の法難」の経緯・顚末を述べているのであるが、親鸞はここで自らが「禿の字を以て姓と」したその由来について語っている。

この記録は、歴史的事実としては、承元の法難に連座した親鸞が、赦免に際して、流罪の際に与えられた「藤井」の姓を「禿」と改め、「(官)僧」への復帰を公的に拒否したことを示している(1)。

それでは、この時親鸞が「禿」の字を「姓」として選び採ったことにはどのような意味があるのであろうか。「後序」の文に拠れば、「禿」の姓を親鸞は、法難を通して獲得した「非僧非俗」の自覚の主体的表明であると抑えている。

筆者は、「後序」のこの文章展開から見て、「非僧」の「僧」とは「教に昏くして真仮の門戸を知ら」ぬ「諸寺の釈門」であり、「非俗」の「俗」とは「行に迷うて邪正の道路を弁うること無」き「洛都の儒林」――「みやこ／みやこ／そくかくしやう（俗学生・匠）なり」の左訓(2)あり――を指すものである、と考える(3)。

「後序」冒頭において親鸞はまず、

竊かに以みれば、聖道の諸教は行証久しく廃れ、浄土の真宗は証道今盛なり。　（『定親全』一、三八〇頁）

という自身の歴史認識、時代把握を語る。

親鸞は「化身土巻（本）」において、

三時教を案ずれば、如来般涅槃の時代を勘うるに、周の第五の主、穆王五十一年壬申に当れり。その壬申より我が元仁元年甲申に至るまで、二千一百八十三歳なり。又『賢劫経』・『仁王経』・『涅槃』等の説に依るに、已に以て末法に入りて六百八十三歳なり。

（『定親全』一、三一四頁）

と、『末法灯明記』（以下、『灯明記』）の、

一つには法上師等、『周異』の説に依って言わく、「仏、第五の主、穆王満五十一年壬申に当りて入滅したまう」と。若し此の説に依らば、其の壬申より我が延暦二十年辛巳に至るまで、一千七百五十歳なりと。二つには費長房等、魯の『春秋』に依らば、「仏、周の第二十一の主、匡王班四年壬子に当りて入滅したまう」。若し此の説に依らば、其の壬子より我が延暦二十年辛巳に至るまで、一千四百十歳なり。故に今の時の如きは、是最末の時なり。彼の時の行事、既に末法に同ぜり。

（『定親全』一、三一七頁）

の記述、すなわち『周書異記』に依った法上らの、釈尊の誕生を周の昭王甲寅、入滅を穆王壬申（紀元前九四九年）とする「昭穆間在世説」[4]と魯『春秋』に依った費長房らの、誕生を荘王九年癸巳、入滅を匡王四年壬子（紀元前六〇九年）とする「荘匡間在世説」[5]のうち、前者に拠って「如来涅槃の時代を勘決」（「化身土巻（本）」[6]）し、

是を以て、玄中寺の綽和尚の云わく。……『大集の月蔵経』に云わく、「仏滅度の後の第一の五百年には、我が諸の弟子、慧を学ぶこと堅固を得ん。第二の五百年には、定を学ぶこと堅固を得ん。第三の五百年には、多聞読誦を学ぶこと堅固を得ん。第四の五百年には、塔寺を造立し福を修し懺悔すること堅固を得ん。第五の五百年には、白法隠滞して多く諍訟有らん。微しき善法有りて堅固を得ん」。今の時の衆生を計るに、即ち仏、世を去りたまいて後の第四の五百年に当れり。正しく是懺悔し福を修し、仏の名号を称す応き時の者なり。一念阿弥陀仏を称するに、即ち能く八十億劫の生死の罪を除却せん。一念既に爾なり、況や常念を修するは、即ち是恒に懺悔する人なり。又云わく。経の住滅を弁ぜば、謂わく釈迦牟尼仏一代、正法五百年、像法一千年、

末法一万年には衆生減じ尽き、諸経悉く滅せん。如来、痛焼の衆生を悲哀して、特に此の経を留めて、止住せんこと百年ならん、と。
又云わく。『大集経』に云わく、「我が末法の時の中の億億の衆生、行を起こし道を修せんに、未だ一人も得る者有らじ」と。当今、末法にして是五濁悪世なり。唯浄土の一門有りて通入す可き路なり、と。已上

（傍点筆者、『定親全』一、三一一～三一三頁）

とある『安楽集』の正法五百年・像法千年説に依って、元仁元年（一二二四年）は仏滅後二千百八十三年を過ぎた入末法後六百八十三年であると「正像末の旨際を開示」（「化身土巻（本）」）[7]した。（ただし、正確には元仁元年は仏滅後二千百七十三年、入末法後六百七十三年）

『安楽集』『灯明記』の説に依って、当今は既に末法であり、聖道の諸教においては行証が廃れて既に永く久しいと親鸞は述べる。

もちろん持戒堅固の清僧も、真摯な学僧・修行者も少数ながら存在していた。しかし、外見上真摯な彼らの修学も、その実態は、それらが間違いなく生死流転を超克し得るものであるという自信も確証もなく、また、当時の「顕密体制」の中での栄達という名聞利養と不可分離に結びついたものであった。

文治二年（一一八六年）の大原勝林院での談義・問答、いわゆる「大原談義」の発端を『法然聖人伝』（十巻伝）他、各種の法然伝は次のように記す。

顕密兼学の高徳の僧として知られ、後に天台座主に就いた顕真（一一三一～一一九二）は、承安三年（一一七三年）に官職を辞して以来大原に籠居していたが、寿永二年（一一八四年）、師明雲（一一一五～一一八四）の法住寺合戦——木曽義仲が後白河法皇の法住寺殿を襲撃——での横死を耳にして忽然と道心を発した。

文治元年（一一八五年）春、永弁法印から「出離解脱のことは法然房に尋ねるのがよい」と聞かされた顕真は、翌文治二年、法然に使いを送り、比叡山滞留の際の対面を懇望した。

近江坂本で法然と対面した顕真は、

〈天台一心三千の観道・真言三密同体の修行、心の及ぶ所まで之を修し、力の堪ゆる所まで之を行ず。然れども未だ決定出離の要術を思い定めず。〉（傍点筆者、『法然聖人伝』巻三、『法伝全』六六八頁下段）

と、聖道門における自らの顕密修行の結果を「いまだ決定出離の要術を思い定めず」（自らの実践にこれこそが間違いのない出離の道であるとの確信が持てない）と吐露し、遁世の先達である法然に出離生死の道を尋ねた。

法然の念仏往生の信念を無言で聞いた顕真は、法然と別れた後、「法然房は智慧深遠なりといへども聊《いささか》偏執のとがあり[8]」との感想を漏らしたが、これを伝え聞いた法然の「わがしらざることをいふには必疑心をおこすなり[9]」との言葉を耳にして、

誠に然也。我、顕密の教に稽古を積といへども、併これ名利のためにして、浄土を心に欣ぬ故に、道綽、善導の釈義をうかゞはず。法然房にあらずば、誰の人か此の如くいはんや。恥べし〳〵とて、

（傍点筆者、『法然上人伝記』巻二下、『法伝全』三五四頁下段）

と、「これまでの自分の聖道門の修学は畢竟名利のために過ぎず、出離解脱を求めると言いながらいかにも不徹底であった。その証拠に自分はこれまで浄土教の法門を尋ねることをしなかったし、あれほど熱のこもった法然房の勧めを一顧だにしなかった」と深く慚愧した。その後、顕真は大原に戻って百日間浄土教の章疏を渉猟・熟読した後、法然に書状を送り、法談に招請したという。

正法・像法・末法の三時史観は、窺基の『大乗法苑義林章』巻六に、

〈仏滅度の後、法に三時有り。謂わく正・像・末なり。教・行・証の三を具するを名づけて正法と為す。但教・行のみ有るを名づけて像法と為す。教のみ有りて余無きを名づけて末法と為す。〉

（『大正蔵』四五、三四四頁b）

と抑えられている。

正法においては、教と行ずる者と証果とが正しく承け継がれるが、像法においては、教と行ずる者はあっても証果を得ることがなく、像（＝形）のみが承け継がれている。そして、末法においてはただ言教のみが残って、それを行ずる者もおらず、当然証果を得る者もないとされている。

しかし、親鸞にとって正像末の三時史観とは、釈尊在世から時が隔たり、衆生の根機が衰えて真摯な修行者が激減していくという単なる時と機の衰亡史観ではなかったのではないだろうか。

親鸞は『正像末和讃』の冒頭に、

釈迦如来かくれましく〵て　　二千余年になりたまふ
正像の二時はおはりにき　　如来の遺弟悲泣せよ

（『定親全』二、和讃篇、一五九頁）

の一首を掲げている。

「釈迦如来かくれましまして」の「かくれ」とは、第一義的には「（「おかくれ」の形で）死ぬことを、その人を敬っていう語[10]」、すなわち釈尊の入滅を敬って表現した語であろう。

しかし、文語の自動詞「かくる」にはまた、「物の陰にはいったり、おおわれたりして、しぜんに見えなくなる」「人目につかないような所にひそむ。また、逃げて姿を消す」「周囲の状況や他の物の影響である物事の存在が感じられなくなる[11]」といった意味がある。

「末法」とはすなわち釈尊の存在が文字通り「隠れ」――見喪われ――てしまった時代を言うのではなかろうか。「在世・正法」とはすなわち「釈尊」という証果の正しき具体相（目標・モデル）を直接眼に、あるいは正確に耳にすることができた時代であり、釈尊という先駆者、もしくはその正しき後継者の威神力（感化力）、つまりは正しき指導と感化のもとで多くの者がそれに到達できた時代であったのだろう。

これに対して「大聖を去ること遥遠なる」[12]（『安楽集』）「末法」とは、釈尊の実像は歴史の彼方に埋没し、釈尊の人格も人間的関心の中で超人化され、その証果もまた難行の末、三大阿僧祇劫の果ての究極の「理想」として、「底下の凡愚」[13]（『正像末和讃』）という機の現実とは遊離した、高尚かつ難解――「理深く解微なる」[14]（『安楽集』）――抽象的論議の中に溶解してしまった時代を言うのではなかろうか。正像末の三時史観とはいわばそのような仏教の退転、変容の歴史を語るものなのではなかろうか。

親鸞は「化身土巻（本）」に、

信に知りぬ、聖道の諸教は、在世・正法の為にして、全く像末・法滅の時機に非ず。已に時を失し機に乖けるなり。浄土真宗は、在世・正法・像末・法滅、濁悪の群萠、斉しく悲引したまうをや。

（『定親全』一、三〇九〜三一〇頁）

と記している。

法然は聖道門を「智慧をきわめて生死をはな」[15]（「浄土宗大意」）る、あるいは「自力断惑出離生死」[16]（「浄土宗大意」）と抑えるが、親鸞の眼を通した時、聖道門の説くこれらの証果とは、実は「在世正法の時機」という限定された状況下においてのみ成り立つものでしかなかったのである。

聖道門の証果は、

即身成仏は真言秘教の本意、三密行業の証果なり。六根清浄はまた法華一乗の所説、四安楽の行の感徳なり。
これみな難行上根のつとめ、観念成就のさとりなり。（『歎異抄』『定親全』四、言行編(1)、二七～二八頁）

として、あたかも自明の事柄のごとく語られているものの、実際には誰も到達しておらず、修行経験の延長線上に漠然と夢想されるものでしかなかったのではなかろうか。

解脱房貞慶は、建暦三年（一二一三年）二月三日の死を目前にした正月十七日、『観心為清浄円明事』を著しているが、真言密教の月輪観について貞慶は、

〈但、予が如き愚人は観念に堪えず。只、心を以て心に繋《か》け想す、我が心清浄にして猶満月の如し、と。分別漸く少じ、散乱聊《いささ》か止む。心清く身涼し。滅罪の源と為るか。〉（『日本蔵』九、二二頁下段）

として、観念に堪え得ない自分のような愚人の不完全な行でも、分別が次第に減じ、心の散乱がとりあえず治まり、心身が清涼となる等の功能があるのだから、この行を継続徹底させていけば必ずや無漏の種子が現行し、「大功徳」[17]（＝滅罪）が成就するに違いないとしている。

しかし、これに対して法然は、『和語灯録』巻五の「一百四十五箇条問答」に、

一。この真如観はし候べき事にて候か。答。これは恵心のとて申て候へども、わろき物にて候也。おほかた真如観をば、われら衆生は、えせぬ事にて候ぞ、往生のためにもおもはれぬことにて候へば、無益に候。
一。又これに計算して候ところは、何事もむなしと観ぜよと申て候。空観と申候は、これにて候な。されば観じ候べきやうは、たとへばこの世のことに執着して思ふまじきとおしへて候と見へて候へば、おほやう御らんのためにまいらせ候。答。これはみな理観とてかなはぬ事にて候也。僧のとしごろならひたるだにもえせず、まして女房なんどの、つや〳〵案内もしらざらんは、いかにもかなふまじく候也。御たづねまでも無益

に候。

（傍点筆者、『真聖全』四、六四六頁）

として、真如観・空観といった「理観」を、数年来行じた僧でも達成できない「無益」な行であると、まず切り捨てているし、「近代の行人」（当時の僧）の行じる観法は、「事観」（色相観）であっても、

近代の行人、観法をもちゐるにあたはず。もし仏像等を観ぜむは、運慶・快慶が所造にすぎじ。もし宝樹等を観ぜば、桜梅・桃李之花果等にすぎじ。

（『指南抄』中巻末、『定親全』五、転録篇、一二一頁）

と、所詮自分が見たことのある経験範囲内のもの（「運慶・快慶が所造」「桜梅・桃李の花果等」）が現じる程度であって、畢竟「断惑証理の正智」[18]「無漏の正智」[19]を開発しない「いたづら事」[20]であると捨離している。

親鸞にいたっては、

罪業もとよりかたちなし　妄想顚倒のなせるなり
心性もとよりきよけれど　この世はまことのひとぞなき

（傍点筆者、『正像末和讃』『定親全』二、和讃篇、二一五頁）

と「心性本浄・客塵煩悩」の聖道門の仏教観をいわば〝有名無実〟と一刀両断しているのである。

法然が『選択集』冒頭に引いた『安楽集』の文、

問いて曰わく。一切衆生は皆仏性有り。遠劫より以来《このかた》応に多仏に値いたてまつるべし。何に因りてか今に至るまで、仍《なお》自ら生死に輪廻して火宅を出でざるや。答えて曰わく。大乗の聖教に依らば、良《まこと》に二種の勝法を得て以て生死を排《はら》わざるに由るに、是を以て火宅を出でざるなり。何者をか二と為る。一には謂わく聖道、二には謂わく往生浄土なり。其れ聖道の一種は今の時証し難し。一には大聖を去ること遥遠なるに由る、二には理深く解は微なるに由る。

（『浄聖全』一、一二五三頁）

は、実はこのような事実を語っていたのではないだろうか。

仏滅後二千年という時間の経過によって釈尊の正覚の内実が不明になり、その間の膨大な、しかし煩瑣な議論とそれによって神秘化され歪曲・肥大化された証果像しかないという状況の中では、当然、仏教者間において「何が真の仏教か」「何が真の悟りか」を巡っての熾烈な議論が、さらには「誰が真の釈尊の後継者（集団）か」を巡って、利得・権益争いまで絡んだ、激越な――当然暴力をも伴った――勢力争いが展開されることとなる。

それが、『正像末和讃』に、

　大集経にときたまふ　この世は第五の五百年
　　闘諍堅固なるゆへに　白法隠滞したまへり
（『定親全』二、和讃篇、一六〇頁）

と詠われた、闘諍《とうじょう》堅固の「第五の五百年」であり、親鸞は、この仏教者同士が相争い傷付け合う「闘諍」の相、すなわち仏法者（聖道諸宗）によって専修念仏者が禁圧された「承元の法難」によって、現在がまさしく「末法」の世であることを如実に認識したのではなかろうか。

そして、その不毛な争いを止め、正す権威（釈尊）はもはや存在しない。

また、そのような状況下で真摯に仏教者たらんとすれば、自らの道がこれで正しいのか、自らの修する行が間違いなく涅槃に究竟《くきょう》するのかという「不安」と、いかなる修行によっても釈尊のごとくには成り得ないという「嘆き」に潜在的に脅かされ続けなければならない。

前述した顕真の述懐は、まさしくその内心の吐露に他ならない。また貞慶は先に挙げた『観心為清浄円明事』において、『心地観経』『菩提心論』を引いて菩提心の相を観じることを説きながら、「確かな出離の道があると聞いていないわけではなく、実際に修行してはいるものの自らの中に菩提心が起きて来ない。自らの機が教と乖離しているのではないかと悩んで先達に尋ねたけれども誰一人答えてはくれなかった」と述懐している。

〈出離の道、取身惘然として其の法を聞かざるには非ず、只其の心を発さざるなり。是則ち機と教と乖き、与の分を望めども之と違うが故なるか。心広大の門に入らんと欲すれば、我が性堪えず。微少の業を修せんと欲すれば、自心頼り難し。賢老に遇う毎《ごと》に問うと雖も答えざるなり。〉（傍点筆者、『日本蔵』九、二三頁上段～下段）

『摧邪輪』『同荘厳記』に「菩提心撥去の失」を挙げて法然を糾弾した明恵の場合も同様であり、『摧邪輪』巻下に、

〈問うて曰わく。爾らば汝に菩提心有りや。答う。設い之無しと雖も、此の如く知る、是正見なり。既に正見あらば、欣う可きを欣い、厭う可きを厭う。菩提心は是仏道の正因と知るが故に、念念に之を愛楽す。〉

（傍点筆者、『日本思想大系15　鎌倉旧仏教』三七三頁下段）

と記し、「汝（明恵）に菩提心有りや」との問いに対して、「これ無し」と自身に菩提心がないことを半ば認めつつも、「菩提心が仏道の正因であることを自分は知っている。この知見こそが正見であるがゆえに何を欣び何を厭うべきかを知っている。だからこそ菩提心を愛楽し勧めるのだ」と語っている。

声高に「菩提心」を主張しながら自身にそれが発起しないという「後ろめたさ」のゆえに、彼らは持戒堅固である――少なくとも戒を尊重する意識のある――こと、あるいは「勅許」（国家の承認）という外的権威の下にあることによって「仏教」であること、自らが「正統な仏教者」であることを絶えず弁解していかなくてはならないのである。法然に対する旧仏教側の批難がきわめて暴力的であったのは、このような聖道門仏教界全体が抱える「後ろめたさ」が「過剰防衛」の形で発現したと見ることも可能ではないだろうか。

そしてこれが、貞応三年（一二二四年、十一月に改元して元仁元年）五月の比叡山の奏状（『停止一向専修記』）に、

一　諸教の修行を捨てて弥陀仏を専念す、広行流布の時節、未だ至らざる事。……
何に況や如来の出世、更に異説有り。天台の『浄名疏』等の如きは、周の荘王他の代を以て、釈尊出世の時と為す。其の代より以来、未だ二千年を満たず。像法の最中なり。末法と言う可からず。設い末法の中に入ると雖も、尚、是証法の時なり。若し修行を立てば、盍ぞ勝利を得ざらむ。

（傍点筆者、『佛教大学研究紀要』三九、二〇二～二〇四頁）

として、釈尊誕生を周の荘王九年癸巳、入滅を匡王四年壬子（紀元前六〇九年）とする「荘匡間在世説」（元仁元年は仏滅後千八百三十三年）を採って、「（正法千年・像法千年の正像二千年説を採れば）今は「像法の最中」であり、いまだ「諸教の修行を捨てて専ら弥陀仏を念ず」べき末法の時機は到来していない。また、たとえ（正像千五百年説を採って）既に末法に入っているとしても、（末法一万年のうちの前半五千年の）証法の時であって、修行すれば必ず勝利を得ることができる」と主張して専修念仏者を弾劾した聖道門のまぎれもない実態だったのである。

これに対して、このような意味での「末法」の悲歎――「コンプレックス」（精神的病根）――は親鸞には見られない。

「後序」の「浄土の真宗は証道今盛りなり」「真宗興隆の大祖源空法師[21]」といった記述や、

本師源空は仏教に明らかにして、善悪の凡夫人を憐愍せしむ。
真宗の教証、片州に興す。選択本願、悪世に弘む。

（「行巻」『定親全』一、九〇～九一頁）

智慧光のちからより　本師源空あらわれて
浄土真宗をひらきつゝ　選択本願のべたまふ

（『高僧和讃』『定親全』二、和讃篇、一二七頁）

といったその師法然の事績に対する讃嘆、本来教主釈尊に冠せられるべき「本師」の尊称から、真の仏教（＝真宗）、真の知識に値遇することができた親鸞の喜びが窺われるのである。

このような聖道門の「行証久廃」の事実に僧界・俗界いずれもが無自覚であり、何が真実の仏教（真宗）であるのか、何が真実の仏道の行であるかもわからなくなっている、と親鸞は語る。

第二項　「非僧非俗」の自覚

然るに諸寺の釈門、教に昏くして真仮の門戸を知らず、洛都の儒林、行に迷うて邪正の道路を弁うること無し。

（『定親全』一、三八〇頁）

そしてその結果、「興福寺の学徒」（僧）は真実の仏教である法然の「他力本願念仏宗」[22]（『歎異抄』流罪記録）を禁圧せよと奏達し、「主上臣下」（俗）は「法に背き義に違し、忿りを成し怨みを結ぶ」、すなわち後鳥羽上皇の私憤によって、法然上人並びに弟子七人が流罪、四人が死罪に処されるといういわゆる「承元の法難」が惹起したと語るのである。

斯を以て興福寺の学徒、　太上天皇諱尊成、今上諱為仁　聖暦・承元丁の卯の歳、仲春上旬の候に奏達す。主上臣下、法に背き義に違し、忿を成し怨を結ぶ。茲れに因って、真宗興隆の大祖源空法師、並びに門徒数輩、罪科を考えず、猥りがわしく死罪に坐す。或いは僧儀を改めて姓名を賜うて、遠流に処す。予は其の一なり。爾れば已に僧に非ず俗に非ず。是の故に「禿」の字を以て姓とす。

（『定親全』一、三八〇〜三八一頁）

「禿」とは、法難による還俗・流罪を通して、真実の仏教、真実の仏道の行に無智な在り方（僧・俗）とその仏教理解とに完全に訣別したとの表明ではないだろうか。

そして「禿」とはまた、「総序」に、

爰《ここ》に愚禿釈の親鸞、慶ばしいかな、西蕃・月支の聖典、東夏・日域の師釈に、遇い難くして今遇うことを得たり。聞き難くして已に聞くことを得たり。真宗の教行証を敬信して、特《こと》に如来の恩徳の深きことを知りぬ。斯を以て、聞く所を慶び、獲る所を嘆ずるなりと。　（『定親全』一、七頁）

とあるように、真に仏道と呼べる仏教と確かに値遇し得たという歓喜の名のりでもある。

親鸞が「非僧非俗」の語において語る「僧」を、筆者は「教に昏くして真仮の門戸を知ら」ざる「諸寺の釈門」と考えるのであるが、この「僧」における仏教理解とは、法然が自ら、

およそ仏教おほしといへども、詮ずるところ戒・定・慧の三学をばすぎず、……こゝにわがごときは、すでに戒・定・慧の三学のうつは物にあらず、この三学のほかにわが心に相応する法門ありや。わが身にたへたる修行やあると、　（『和語灯録』『真聖全』四、六七九～六八〇頁）

と捨離・放下した「戒・定・慧の三学」をもって正統とするものであった。

「戒・定・慧の三学」とは、戒律をもって自らの身心を浄く持ち、禅定・止観を行じて三昧に入って智慧を開発し、諸法の実相を如実知見する行であり、なかんずく「定」、止観こそがいわば仏教の正統正道とされてきた修道方法であった。

『興福寺奏状』（元久二年・解脱房貞慶筆）における法然批判も、このような伝統的仏教理解に基づいている。

今、『興福寺奏状』の指摘する専修念仏の九の過失を挙げてみる。

九箇条の失の事

第一　新宗を立つる失。　第二　新像を図する失。　第三　釈尊を軽んずる失。

第四　万善を妨ぐる失。　第五　霊神に背く失。　第六　浄土に暗き失。
第七　念仏を誤る失。　第八　釈衆を損ずる失。　第九　国土を乱る失。
（『日本思想大系15　鎌倉旧仏教』三一二頁）

戒こそが仏道の大前提であり、それゆえ、たとえ「実の如くに受けずと雖も、説の如くに持せずと雖も、之を怖れ、之を悲しみて、須く慚愧を生ずべきの処[23]」であるのに、専修念仏者は「剰《あまつさ》え破戒を宗として[24]」戒の存在そのものをも無視する。それゆえその姿勢は「仏法の滅する縁、此れより大なるは無し[25]」と批難されねばならない（「第八　釈衆を損ずる失」）。

禅定・止観こそが仏道の本来の行であるとするがゆえに、『大経』第十八願の本意は「観念を以て本として、下口称に及び、多念を以て先として、十念を捨て[26]」ない、いわゆる〝観勝称劣〟にある、と法然の本願理解に疑義を挟み、称名は行の「最下を挙ぐる[27]」、すなわち「下機を誘《こしら》うるの方便[28]」の行に過ぎないと貶め（「第七　念仏を誤る失」）、法然の専修念仏、すなわち称名一行への「偏執」が、諸行を「唯に棄置するのみにあらず、剰え軽賤に及[29]」び、「都《すべ》て出離の要路を塞[30]」いで仏法を毀滅に導くと説くのである（「第四　万善を妨ぐる失」）。

それゆえ親鸞における「非僧」とは、何より先師法然が『選択集』に、

何ぞ余行を棄てて唯念仏と云うや。答えて曰わく。此れに三の意有り。一には諸行を廃して念仏に帰せしめんが為に而も諸行を説くなり。……一に、諸行を廃して念仏に帰せしめんが為に而も諸行を説くというは、善導の『観経疏』の中に、「上より来《このかた》定散両門の益を説くと雖も、仏の本願に望むるに、意、衆生をして一向に専ら弥陀仏の名を称ぜしむるに在り」と云う釈の意に准じて、且く之を解せば、上輩の中に菩提心等の余行を説くと雖も、上の本願に望むるに、意、唯衆生をして専ら弥陀仏の名を称ぜしむるに在り。而るに本願の中に更

に余行無し。三輩共に上の本願に依るが故に、「一向専念無量寿仏」と云うなり。「一向」は二向・三向等に対するの言なり。……初めの義は即ち是廃立の為に説く。謂わく諸行は廃せんが為に説く、念仏は立せんが為に説く。……今若し善導に依らば、初めを以て正と為《す》まくのみ。（「三輩章」『浄聖全』一、一二七六～一二七九頁）

「仏の本願に望むるに、意、衆生をして一向に専ら弥陀仏の名を称せしむるに在り」と云う。定散の諸行は本願にあらず。故に之を付属せず。亦其の中に於て、観仏三昧は殊勝の行と雖も、仏の本願に非ず。故に付属せず。念仏三昧は是仏の本願なるが故に、以て之を付属す。「仏の本願に望む」と言うは、『双巻経』の四十八願の中の第十八の願を指すなり。「一向専称」と言うは、同じき『経』の三輩の中の「一向専念」を指すなり。本願の義、具《つぶさ》に前に弁ずるが如し。……倩《つらつ》ら経の意を尋ぬれば、此の諸行を以て付属流通せず。唯念仏の一行を以て、即ち後世に付属流通せしむ。知る応し、釈尊の諸行を付属したまわざる所以は、即ち是弥陀の本願に非ざるの故なり。亦念仏を付属する所以は、即ち是弥陀の本願の故なり。今又善導和尚、諸行を廃して念仏に帰する所以は、即ち弥陀の本願たる上、亦是釈尊の付属の行なり。故に知りぬ、諸行は機に非ず時を失す。念仏往生は機に当り、時を得たり。感応豈に唐損せむ哉《や》。（「付属章」『浄聖全』一、一三一四～一三一六頁）

と提唱した、「廃立」の継承であることが知られるのである。

これに対して親鸞においてその仏教理解を「行に迷うて邪正の道路を弁うること無し」と看破された「俗」、すなわち「洛都の儒林」の在り方は、いわゆる「顕密仏教」（黒田俊雄）の語で抑えることができると思われる。「顕密仏教」、いわゆる顕密体制・権門体制下において期待・要求されてきた仏教とは、端的に言えば「護国」の仏教である。

律令体制下においては僧は官度僧として国家の管理下にあったが、領地（荘園）の私的領有によって律令制が有名無実化していくとともに、寺家・公家、後には武家もが権門勢家としてそれぞれに荘園を保持し、そこからの収益（年貢）によってそれぞれの家門を維持運営していくこととなった。

朝廷は諸寺を「宗」として勅許・公認し、諸寺は八宗の別こそあれ、基本的には密教的な「鎮護国家」の加持・祈禱施設の役割を担っていたのである。

個人的なレベルで言えばそれは、九条兼実が法然を、建礼門院が明恵を招いて授戒を要請した例に見られるように、現世利益的な効験を仏教者に期待するといった形で現れている。

そしてそれは『興福寺奏状』、あるいは『停止一向専修記』にそれぞれ、

仏法・王法猶し身心の如し、互に其の安否を見、宜しく彼の盛衰を知るべし。

（『日本思想大系15　鎌倉旧仏教』三一五頁下段）

仏法・王法互に守り互に助く。喩えば鳥の二翅の如し。猶、車の両輪に同じ。

（『佛教大学研究紀要』三九、二〇七頁）

とあるように、王法と仏法が鳥の両翼、車の両輪の如く相互に扶助し合い、身心の如く安否・盛衰を共にするというわゆる「仏法王法両輪論・王法仏法相依論」として語られてきたのであるが、それに対して、「ただ念仏」を標榜した専修念仏教団の勃興は、第一に「護国の諸宗」(31)（『停止一向専修記』）を自認してきた既成教団（諸寺）の権威を著しく傷つけるものであった。

法然が『七箇条制誡』において堅く戒めたものは、そのような既存の宗教的権威を否定する「余宗誹謗・神祇不拝」や、破戒造悪を勧めて戒律を否定する「造悪無碍」の振る舞いであった。

一、未だ一句文をも窺がわず、真言・止観を破し奉り、余の仏・菩薩を謗することを停止す可き事。……

一、別解・別行の人に対して、愚痴偏執の心を以て、当に本業を棄て置くべしと称して強ちに之を嫌い嗤《わら》うことを停止す可きの事。……

一、念仏門に於て戒行無しと号して、専ら婬酒食肉を勧め、適《たまたま》律儀を守る者、雑行の人と名づけて、弥陀の本願を憑む者、造悪を恐ること勿れと説くを停止す可き事。

（以上、二尊院蔵「原本」、『昭法全』七八七～七八八頁。「原本」には訓点無し）

しかもこれらの行為は、単なる風紀の紊乱、既成教団の権威の失墜というにとどまらず、寺社の領有する荘園における年貢（仏貢）・労役（公事）――これらは諸仏諸神の霊威、具体的には滞納者への神罰仏罰の名のもとに徴収されていた(32)――の忌避といった経済的実害をもたらしたのである。

専修念仏の流行によって「護国」の装置である諸寺が衰退すれば、ひいては国家の存立自体をも危うくするというのが、奏達に際しての旧仏教側の主張であり、『興福寺奏状』が冒頭に、勅許を得ずに一宗を名のることの過失（「第一　新宗を立つる失」）を挙げ、「摂取不捨の曼陀羅」を重用して余宗の高僧たちを侮辱する過失（「第二　新像を図する失」）、神明不拝の過失（「第五　霊神に背く失」）を挙げた後、最後に「第九　国土を乱る失」を挙げたのは、これらの事情に基づくものである。

この「非俗」の自覚を親鸞の行実に照らして見れば、建保二年（一二一四年）の「さぬき（佐貫）」での浄土三部経千部読誦の中止、あるいは寛喜三年（一二三一年）のいわゆる〝寛喜の内省〟に端的にそれを見ることができるのではないだろうか。

『恵信尼書簡』は、これらの出来事を次のように記している。

ふ（臥）して二日と中日より、大きやう（経）をよ（読）む事ひまもなし、たま〳〵め（目）をふさげば、きやう（経）のもんじ（文字）の一時（字）ものこらず、きららかにつぶ（具）さにみ（見）ゆる也。さてこれこそ心へ（得）ぬ事なれ、念仏の信じん（心）よりほか（外）には、なにごと（何事）か心にかゝるべきと思て、よく〳〵あん（案）じてみれば、この十七八ねん（年）がそのかみ、げに（実）〳〵しく三ぶきやう（部経）をせんぶ（千部）よ（読）みて、すざうりやく（衆生利益）のため（為）にとてよ（読）みはじめてありしを、これはなにごと（何事）ぞ、じしんけう人しんなんちうてんきやうなむ（自信教人信・難中転更難）とて、身づか（自）ら信じ、人をおし（教）へて信ぜしむる事、まことの仏おん（恩）をむく（報）ゐたてまつ（奉）るものと信じながら、みやうがう（名号）のほか（外）にはなにごと（何事）のふそく（不足）にて、かなら（必）ずきやう（経）をよ（読）まんとするや、と思かへしてよ（読）まざりしことの、さればなほもすこ（少）しのこ（残）るところのありけるや、人のしうしんじりき（執心自力）のしん（心）は、よく〳〵しりよ（思慮）あるべしとおも（思）ひなしてのち（後）は、きやう（経）よ（読）むことはとゞ（止）まりぬ。

（『定親全』三、書簡篇、一九五〜一九六頁）

『恵信尼書簡』に拠れば、親鸞は三部経読誦の動機を「衆生利益の為」と語っている。

親鸞は「自ら信じ人を教えて信ぜしむ、難きが中に転《うた》た更《また》難し。大悲、弘く普く化する、真に仏恩を報ずるに成る」[33]（『往生礼讃』）の善導の教言を引いて、「名号の外には何事の不足にて、必ず経を読まんとするや」と、「四五日ばかりありて、思かへして」[34]読経を中止したとあるから、ここで言われる「衆生利益」は、本願の名号の教人信とは全く別の次元のそれを示していると考えられる。

覚如はこれを、『口伝鈔』中巻・第十一条に「一、助業をなをかたわらにしまします事」[35]として、善導『観経疏』「散善義」の五正行の第一である「一心に専ら此の『観経』・『弥陀経』・『無量寿経』等を読誦する」[36]読誦正行を助業と差し置いて、あくまで正定業である「一向専念の一義を御弘通」[37]されたとしているが、読誦等の五正行はあくまで自身の往生の行であることがその第一義であるから、「衆生利益」のための三部経読誦がそれに当たるとは考えがたい。

そこで当時の世相を尋ねてみると、これらはいずれも飢饉の年の出来事であることが知られる。

鎌倉幕府の公式記録『吾妻鏡』は、建保二年（一二一四年）二月七日、四月三日にまず大地震があったことを記している。[38]

五月以降に諸国が「炎旱」（旱魃）に見舞われたとの記事が頻出し、五月二十八日には鶴岡八幡宮で降雨祈願の祈禱が修され、[39]六月三日には諸国の炎旱を憂う将軍源実朝の要請によって「葉上僧正」（栄西）が「祈雨の為に八戒を持ち、法華経を転読」し、また北条義時以下「鎌倉中の緇素貴賤、心経を読誦」[40]したことが記されている。また、六月十三日には、早々に秋の年貢の軽減が布告されてもいる。[41]また、八月七日には今度は豪雨洪水のため、大倉新御堂の惣門が倒壊しており、[42]九月二十二日、十月六日にも大地震があった[43]ことが記録されている。

また寛喜三年（一二三一年）も、同年三月十九日条に載せられた、

今年世上飢饉し、百姓多くもつて餓死せんと欲す。よつて武州、伊豆・駿河両国の間に出挙米《すいこまい》を施し、その飢《うえ》を救ふべきの由、倉廩《そうりん》を有する輩《ともがら》に仰せ聞けらる。豊前中務丞これを奉行す。件の奉書に御判を載せらると云々。

今年世間飢饉の間、人民餓死の由風聞す。もつとももつて不便《ふびん》なり。ここに伊豆・駿河両国出挙《すいこ》を入るるの輩、施しを始めざるによつて、いよいよ計略を失ふと云々。早く出挙を施行せしむべきの由、仰せ下さるるところなり。兼ねてはまた後日もし対捍《たいかん》あらば、注し申すに随ひて御沙汰有るべきの由に候なり。よつて執

達件のごとし。

寛喜三年三月十九日　　　中務丞實景奉

矢田六郎兵衛尉殿

（『全訳吾妻鏡』四、新人物往来社、一九七七年、一〇四～一〇五頁）

との「奉書」の文面から、諸国に深刻な飢饉が発生しており、執権北条泰時が飢民救済のため伊豆・駿河両国へ早急に出挙米（貸与用の種籾）を放出するよう指示したことが知られる。

また、親鸞が病臥した四月から翌五月にかけては、「天変の御祈等を行はるべきの旨仰下さる」[44]（四日）、「天変御祈として御修法之を始行す」[45]（十一日）、「風雨水旱の災難を祈らんがために、諸国国分寺において最勝王経を転読すべきの旨、宣旨状去夜到著す」[46]（十九日）、「御所の四角四境の鬼気の御祭等これを行はる」[47]（五月四日）、「綸旨に任せて国分寺において最勝王経を転読すべきの由、関東御分の国々に仰せらる」[48]（五日）、「大進僧都観基、薬師護摩を修す、天変の御祈なり」[49]（七日）、「駿河二郎泰村、奉幣の御使として常陸国鹿嶋社に進発す、これ天下泰平の御祈のためなり、また御所において、一万巻の心経このうち一千巻は書写す。供養を遂げらる。導師は安楽房法眼行慈。これ同じき御祈と云々」[50]（九日）、「またこの間炎旱旬に渉り、疾疫国に満つ。よつて天下泰平国土豊稔《ほうじん》のために、今日鶴岳八幡宮において、供僧已下三十口の僧をして大般若経を読誦せしむ。また十ヶ日が程、問答講を修すべきの由、定め仰せらる」[51]（十七日）といった飢饉・疫病の終息を祈った修法・読経の記事が頻出している。

これが七月十六日条に、

今月天下大飢饉。また二月以来洛中城外疾疫流布し、貴賤多くもつて亡卒すと云々。

（『全訳吾妻鏡』四、新人物往来社、一一〇頁）

と、春二月以来秋七月に至っても一向に衰えを見せず、八月一日条でようやく、世上やうやくに豊饒、死骸徐《おもぶる》に散失すと云々。

（『全訳吾妻鏡』四、新人物往来社、一一〇頁）

とその終息が記され、『百錬抄』巻十三の六月十七日条では、

〈去る春より天下飢饉。此の夏、死骸道に満つ。治承以後、未だ此くの如きの飢饉有らず。〉

（『国史大系』一四、二二三頁）

と記され、治承年間（一一七七～一一八一）以降最大規模と評された「天下大飢饉」、いわゆる「寛喜の大飢饉」である。

『恵信尼書簡』が伝える三部経読誦、あるいは夢中の『大経』読誦は、このような旱魃・飢饉を背景としたものであり、「衆生利益」とは、上野国佐貫の地で飢饉によって「老少男女おほくのひと〳〵のしにあひて候らん」[52]（『末灯鈔』第六通）ありさまを目にした親鸞が、読経による効験（炎旱・天変の終息）を期して修した、各地の寺社で修された「天下泰平・国土安穏」の祈禱と軌を一にしたものであったことが推察される。

寛喜の内省における夢中の『大経』読誦の理由は、『恵信尼書簡』に、「名号の外には何事の不足にて、必ず経を読まんとするや、と思かへして読まざりしことの、さればなほも少し残るところのありけるや」[53]とあることから一見、十七年前の読誦中止が気がかりとして親鸞の心の奥底に残っていたようにも読めるが、その後に、「人の執心自力の心は、よく〳〵思慮あるべしと思ひなして後は、経読むことは止まりぬ」[54]とあるから、「よくよく思慮あるべ」き「人の執心自力の心」の「なおも少し残るところのありけるや」と親鸞は語っているのであり、十七年前と同じような飢饉の惨状を目にした親鸞に、十七年前と同様の「念仏の信心より外」[55]の「衆生利益」[56]の関心が動いたことを示すものだと思われる。

「人の執心自力の心」とは、具体的には、読経の功徳を衆生利益（天下泰平・国土安穏）のために回向しようと

する、中世当時で言えばごく普通の宗教的関心である。

『選択集』「教相章」には、『法華経』（鳩摩羅什訳『妙法蓮華経』）・『仁王経』（羅什訳『仁王般若波羅蜜経』、不空訳『仁王護国般若波羅蜜経』）・『金光明経』（曇無讖訳『金光明経』、義浄訳『金光明最勝王経』他）の「鎮護国家の三部[57]」、いわゆる「護国の三部経」が挙げられている。

『法華経』「観世音菩薩普門品」では、「観世音」の名の由来を尋ねた無尽意菩薩の問いに対して釈尊が「若し無量百千万億の衆生有りて、諸の苦悩を受けんに、是の観世音菩薩を聞きて、一心に名《みな》を称えば、観世音菩薩は、即時に其の音声を観じて皆、［筆者注・諸の苦悩、大火・洪水・刀杖・杻械《かせ》・枷鎖《くさり》等の種々の災難、夜叉・羅刹等の諸の悪鬼等から］解脱《まぬが》るることを得せしめ[58]」ることによる、と説いている。

『仁王経』「二諦品」には、国王が『仁王経』を受持すれば無量の功徳、なかんずく「城塹・牆壁・刀剣・鉾楯の如」く堅固に国土・舎宅とその衆生が護られるという功徳が得られると説かれている[59]。

「護国品」では「若し国土乱れんと欲する時、先ず鬼神乱る。鬼神乱るるが故に即ち万民乱る[60]」と、あらゆる災厄の原因にはまず「鬼神の乱れ」があるので、もし国土が乱れ、諸の災難が降りかかり、外賊が来襲して国土を破壊し焼き払おうとした時、道場に百体ずつの仏・菩薩像等を置き、百人の法師を招請してそれぞれの座の前を灯火・香・華で荘厳し、衣服・臥具・飲食・湯薬・房舎・床座を供養して『仁王経』を講説させ、毎日二度この経を読誦・講説するのを国王・大臣、比丘・比丘尼、優婆塞・優婆夷が聴聞・受持・読誦するならば、国中の無量の鬼神がこの経を聴聞し歓喜して国土を護り、諸の災厄から逃れることができるとされている[61]。

『金光明経』「四天王品」には、四天王が釈尊に対して、もし王がその宮殿においてこの経を講説すれば、我ら四天王を始め、梵天、帝釈天、吉祥天、弁才天、鬼子母神、竜王、夜叉、天龍八部衆、十二神将、二十八部衆らとその眷属である無量の諸鬼神は姿を隠して講経の場に到る。経法を聴聞し、この王を善知識として甘露の法味楽を味わい充分に満足したならば、我らはこの王を擁護し、その衰患を除いて安穏を得しめ、その宮殿・城邑・国土から諸の悪災を悉く消滅せしむることを誓うが、もし王がこの経を厭い、聴聞しようとする心を失い、この経を受持・読誦・講説する四衆を恭敬供養しないのであれば、正法を聞いて善根を植える機会を失った我ら四天王・諸天および余の眷属・無量の鬼神はその勢力・威徳を失い、天衆は減損し悪趣は増長する。我ら四天王および無量の鬼神、並びに旧来その国土を守護してきた無量の善神もこの国土を見捨て、結果、その国には種々の災異が生じ、人民は善心を失い互いに殺傷し合い、疫病が蔓延し、天候は乱れて飢饉が起き、他国から怨賊が侵掠し、人民は多く苦しみを受け、その地に愛し楽しむべき場所は無くなると述べられている[62]。

これら二経に共通するのは、国王が自らの国を護りその人民の平安を願うのであれば、国王自らがこれら経法を受持聴聞し、正法に順じて国を治め、自ら、あるいは法師によって経文を読誦・講説して広くその教を国内に流布せしめねばならない。なぜなら四天王・梵天・帝釈天ら諸天善神、堅牢地祇、龍王、他化自在天の魔王、無数の善鬼神等はその読誦・講経を聴聞歓喜し、聞法の善根によって勢力・威徳を増長し、その王の国土と人民を諸の災厄から守護する存在となる、という点である。

ここで重要なのは、鬼神は経法を聴聞することを喜び、それゆえに仏法興隆の国土とその人民を守護するということ、つまり鬼神とはあくまで仏教に帰依する存在であるということである。

しかし、親鸞の見た当時の状況は逆であった。

親鸞は「化身土巻（末）」冒頭に、

夫れ、諸の修多羅に拠って真偽を勘決して、外教邪偽の異執を教誡せば、『涅槃経』に言わく。仏に帰依せば、

終に更《また》其の余の諸天神に帰依せざれ、と。略出

『般舟三昧経』に言わく。優婆夷、是の三昧を聞きて学ばんと欲わば、乃至自ら仏に帰命し、法に帰命し、比丘僧に帰命せよ。余道に事《つか》うることを得ざれ、天を拝することを得ざれ、鬼神を祠ることを得ざれ、吉良日を視ることを得ざれ、と。已上

又言わく。優婆夷、三昧を学ばんと欲わば、乃至天を拝し神を祠祀することを得ざれ、と。略出

（『定親全』一、三二七頁）

と述べ、その後も『地蔵十輪経』『集一切福徳三昧経』『本願薬師経』『法界次第』（智顗）等の文を引いて仏法者が、余の諸天神・鬼神に帰依することを厳に戒めているのであるが、親鸞の見た当時の仏教界の実情は、後に親鸞が「悲歎述懐讃」に、

五濁増のしるしには　この世の道俗こと〴〵く
外儀は仏教のすがたにて　内心外道を帰敬せり
かなしきかなや道俗の　良時吉日えらばしめ
天神地祇をあがめつゝ　卜占祭祀つとめとす
外道梵士尼乾志に　こゝろはかわらぬものとして
如来の法衣をつねにきて　一切鬼神をあがむめり
かなしきかなやこのごろの　和国の道俗みなともに
仏教の威儀をもとゝして　天地の鬼神を尊敬す

（以上、傍点筆者、『正像末和讃』二、和讃篇、二一一〜二一三頁）

と詠ったような、仏法者が鬼神を「崇（あが）め」――尊いものとして敬い――「事（つか）える」――目上に見て、その意向を承け、時に忖度して進んでその用を勤め、奉仕・奉事する(63)――という、まさしく「本末転倒」の様相を呈していた。

貞応三年（一二二四年）の比叡山奏状（『停止一向専修記』）にも、

一　一向専修の党類、神明に向背する不当の事

右、吾が朝は神国なり。神道を敬ひ、国の勤めと為す。謹みて百神の本を討《たづ》ぬれば、諸仏の迹に非ざるは無し。……而るに今専修の輩、事を念仏に寄せて、永く明神を敬ふこと無し。既に国の礼を失す。何ぞ神の咎無からむ。当に知るべし、有勢の神祇、定んで降伏の鬼魄《かむ》を回《めぐ》らさんことを。

（傍点筆者、『佛教大学研究紀要』三九、一九七～一九八頁）

とあり、諸仏の垂迹である諸神を専修念仏者が蔑ろにするのは謗法の行いであると批難しながら、その実、「何ぞ神の咎無からん」と神罰を怖れて、明らかに仏法（念仏）よりも神明を上位に置いているのである。

「後序」の直前に親鸞は、

『論語』に云わく。季路問わく、「鬼神に事えんか」と。子の曰わく、「事うること能わず。人焉んぞ能く鬼神に事えんや」と。已上抄出（『論語』云《ニ》　季路問　事《トハクツカヘムカト》二鬼神《ニ》一　子曰《ノク》　不三能《ス》二事《コト》一　人焉《イツクンソ》　能事《クヘムヤト》二鬼神《ニ》一　已上抄出）

（『定親全』一、三八〇頁）

と『論語』先進篇の一段を引いている。

しかしこの一段は『論語』の原文においては、

季路、鬼神に事えんことを問う。子の曰わく、未だ人に事うること能わず。焉んぞ能く鬼に事えん。（季路問

事鬼神、子曰、未能事人、焉能事鬼、）

【現代語訳】季路が神霊に仕えることをおたずねした。先生はいわれた、「人に仕えることもできないのに、どうして神霊に仕えられよう。」

（『ワイド版岩波文庫6　論語』金谷治訳注、岩波書店、一九九一年、一四六頁。以上、傍線筆者）

として、孔子の「怪力乱神を語らず」[64]――怪異・勇力・悖乱《はいらん》・鬼神等の、理屈では説明しきれないような不思議な現象や存在については語らない、頼りとしない、振り回されない――の姿勢に基づいて語った「未だ人に事うること能わず。焉んぞ能く鬼に事えん（未能事人、焉能事鬼）」をあえて「事うること能わず。人焉んぞ能く鬼神に事えんや（不能事、人焉能事鬼神）」と読んで「人が鬼神に奉事すること自体が不可能である」ことを強調している。[65]つまり、災厄をもたらす鬼神[66]の跳梁跋扈を人はどうすることもできないのである。

儒教の祖孔子は、「化身土巻（末）」引用の法琳『弁正論』において、

夫れ「仏陀」は漢には「大覚」と言うなり。……『註』に云わく、「夫子、子游と未だ言うことを忘れて神解すること能わず、故に大覚に非ざるなり。」君子の曰わく、「孔丘の談、茲《ここ》に亦尽きぬ。」……夫子、聖なりと雖も、遙かに以て功を仏に推《ゆず》れり。

（『定親全』一、三七二～三七三頁）

老子・周公・孔子等、是如来の弟子として化を為すと雖も、既に邪なり。止《た》だ是世間の善なり。凡を隔てて聖と成ること能わず。

（『定親全』一、三七六頁）

と、如来の弟子として「世間の善」（倫理・道徳）を説くことにおいては「聖人《せいじん》」と呼べるが、出世間の真理を覚った仏陀には遠く及ばないとされている。

その孔子ですらそう説いたにもかかわらず、その学徒である「儒林」（俗学匠）が仏教の存在理由として第一に

期待したものは、鬼神に事えてその乱れを鎮め、護国・病気平癒等の「現世利益」をもたらすことであり、彼らが主催した行事は外見こそ法会の体をなしてはいたものの、その内実はと言えば、「未だ世を逃れ」ざる「祭祀」[67]に他ならなかったのである。

これが親鸞が見た、専修念仏の停止を実行した「洛都の儒林」の「行に迷うて邪正の道路を弁うること無」き実態であった。

そしてまた、このような読経・授戒等による「衆生利益」[68]とは、本来持戒堅固、三昧発得の清僧にして初めて可能な営為であり、『吾妻鏡』治承四年八月十八日条に拠れば、事実当時は「一生不犯」の僧尼が特別な霊力・呪力をもつと信じられ広く一般の尊敬を集めていたと言う[69]。

諸寺の釈門（僧）が努める三学の修行、洛都の儒林（俗）が求める護国の祈禱、それらいずれの根底にも、自らが「自余の行もはげみて、仏になるべかりける身」[70]（『歎異抄』第二章）であるとする錯覚・盲信、善行を行じて善根を積み得る自己であるという自己への無意識裏の楽天的な信頼・執著、すなわち「わがみをたのみ、わがこゝろをたのむ、わがちからをはげみ、わがさま〴〵の善根をたのむ」[71]（『一念多念文意』）根深い自力我執があることが知られる。

そのような〝積善可能な自己〟という盲目的無自覚的な自己信頼に対する徹底的な断念、いかなる善をも積み得ない自己という諦観、すなわち「いづれの行もおよびがたき身」[72]、「煩悩具足のわれらは、いづれの行にても生死をはなるゝことあるべからざる」[73]「地獄は一定すみか」[74]（以上、『歎異抄』）の機の自覚をくぐって獲得されたものが、親鸞における「念仏の信心」なのである。

そのような「地獄一定」の衆生に開かれた唯一の教行が、法然の選択本願念仏の教説であり専修念仏であった。

それゆえに親鸞は、本願念仏の自信教人信こそが真の「衆生利益」であるとして、二度（建保二年・寛喜三年）にわたって経の読誦による「衆生利益」を中止したのである。

以上のことから、「非僧非俗」とは何よりもまず如来の本願に帰した自覚であり、法然によって示された「廃立」の、親鸞における具体的実践であったことが知られる。

親鸞は、当時の僧界・俗界双方の常識的仏教理解に「非」を唱え、旧仏教の標榜する三学を修して〝断惑証理〟を目指す自力聖道門を棄て、顕密体制下において国家権力から期待される「護国」の役割をも棄て、本願の名号の自信教人信一つに生きたのである。

第三項　「禿」の隠喩――アイロニー――

三学の修行においても、護国の祈禱においても、その出発点は持戒にある。それゆえ「禿」の字もやはり戒との関連において考えられるべきであろう。

『大般涅槃経』「金剛身品」には、ある比丘が「涅槃経の中に諸の比丘を制して、奴婢・牛羊・非法の物を畜養す応《べ》からず。若し比丘有りて是《かく》の如き等の不浄の物を畜えば、応当《まさ》に之を治すべし。如来先に異部経の中に於て、比丘是の如き等の非法の物を蓄うる有らば、某甲《それがし》、国王、法の如く之を治して、駆つて俗に還らしめよと説きたまう」と獅子吼するのを聞いて瞋恚してこの法師を害した「破戒にして、法を護らざる者」としての「禿居士《とくこじ》」[75]、あるいは、仏涅槃の後、国土が荒廃し掠奪が横行、多くの人民が飢餓に苦しむ際、「飢餓の為の故に、発心出家」し、「持戒・威儀具足せる清浄比丘の正法を護持する有るを見て、駆逐して出でしめ若しは殺し若しは害す」る「禿人《とくにん》」[76]が説かれている。

親鸞は「禿」の字に「かふろなり」と左訓を振っているが[77]、この『涅槃経』が語る「禿人」「禿居士」を、無住は『沙石集』において、

経には「我滅後に、飢餓の為に出家し、戒行を持《たも》つものあるべし。是を意楽《いぎょう》損害（の者）とす」（といへり）。解脱の為にあらず。是は猶人天有属《うぞく》の善也。破戒無慚なるを、禿居士《かぶろこじ》とも云《いひ》、袈裟を着たる賊とも云へり。はづかしかるべし。

（『日本古典文学大系85　沙石集』一八六頁）

として、「禿居士《かぶろこじ》」として語っており、このことから、当時、〝禿居士イコール飢餓による出家者・破戒無慚の者・袈裟を着た賊〟という通念が存在していたことが知られる。

このような「禿」に対する共通理解が存在する時代に、『歎異抄』の流罪記録等が伝えるように、「禿」を姓とすると奏上したならば、自らを「道心もないまま飢餓のために出家し、清浄持戒の比丘を見ては害をなし、その結果国王によって還俗せしめられた破戒・不護法の者」と公言したこととなり、赦免後、官僧に復帰しなかったことと併せて、専修念仏者として「真言・止観を破し奉り、余仏・菩薩を謗[78]」し、「念仏門に於て戒行無しと号して、専ら婬酒食肉を勧め、適律儀を守る者、雑行の人と名づけ[79]」（以上、『七箇条制誡』）たことへの深刻な反省の表明と受け取られたとしても不思議ではない。

『血脈文集』が、

〈愚禿は、流罪に坐するの時、勅免を望むの時、藤井の姓を改めて、愚禿の字を以て〉、中納言範光卿をもて勅免をかふらんと、〈奏聞を経るに〉、範光の卿をはじめとして、諸卿みな愚禿の字にあらためかきて奏聞をふること、めでたくまうしたりとてありき。そのとき、ほどなく聖人もゆるしまし〳〵しに御弟子八人あひ具して

ゆるされたりしなり。京中にはみなこの様は、しられたるなり。（傍点筆者、『定親全』三、書簡篇、一七七頁）

と記し、『伝絵』下巻本が、

皇帝諱守成号佐渡院聖代建暦辛未歳子月中旬第七日、岡崎中納言範光卿をもて、勅免、此時聖人右のごとく、禿字を書て奏聞し給ふに陛下叡感をくだし、侍臣おほきに褒美す、（傍点筆者、『定親全』四、言行篇(2)、三一～三二頁）

と伝えた宮廷の好意的な評価も、あながちただの美辞麗句とは言えなくなる。

ここで親鸞が名のった「禿」の姓は、一見既存の権威に恭順の意を表したかのごとくに見える。しかしその真意からすれば、戒を仏道の前提のみならず全体、必要条件のみならず十分条件と捉えた既存の仏教の破壊者であるとの宣言であり、同時に、仏法の何たるかも知らず、仏法の仏法たる所以も考えることなく、真に帰すべき仏法を弾圧し、真の和合衆である「専修念仏のともがら」(80)（『歎異抄』第六章）を打罵し、殺害したのはいったいどちらであるのかと糾弾し、弾圧する側の「行証久廃」の内実を逆に照射していくという皮肉《アイロニー》に満ちた名のりであるとも言えるのである。

そしてそのことは、「信巻」の掉尾で『往生拾因』の文を引く中に、

二つには大乗の五逆なり。『薩遮尼乾子経』に説くが如し。……三つには、一切出家の人、若しは戒・無戒・破戒のものを打罵し呵責して、過を説き禁閉し、還俗せしめ、駆使債調し断命せしむ。四つには、父を殺し、母を害し、仏身より血を出し、和合僧を破し、阿羅漢を殺すなり。（傍点筆者、『定親全』一、一九二頁）

として、無戒・破戒の出家者への迫害を「五逆罪」と規定することからも知られる。

また、この他にも、

五濁増のときいたり　疑謗のともがらおほくして

道俗ともにあひきらひ　修するをみてはあだをなす（『高僧和讃』『定親全』二、和讃篇、一一八頁）
本願毀滅のともがらは　生盲闡提となづけたり
大地微塵劫をへて　ながく三途にしづむなり（『高僧和讃』『定親全』二、和讃篇、一一九頁）
五濁の時機いたりては　道俗ともにあらそひて
念仏信ずるひとをみて　疑謗破滅さかりなり（『正像末和讃』『定親全』二、和讃篇、一六四頁）
菩提をうまじきひとはみな　専修念仏にあだをなす
頓教毀滅のしるしには　生死の大海きはもなし（『正像末和讃』『定親全』二、和讃篇、一六五頁）

といった和讃等からも親鸞の真意は窺われる。

明恵・貞慶といった、ごく一部の真摯な持戒堅固の清僧ならいざ知らず、

末代には、妻もたぬ上人、年を逐て希にこそ聞し。後白川の法皇は、かくすは上人、せぬは仏と仰られけると かや。このひじりは、かくすまでもなかりけり。今の世には、かくす上人、猶すくなく、せぬ仏いよいよ希なりけり。（市立米沢図書館蔵古写本『沙石集』巻四、『日本古典文学大系85　沙石集』四八〇頁下段）

と揶揄されるほどの圧倒的多数の破戒者という現実の前で、「実の如くに受けずと雖も、説の如くに持せずと雖も、之を怖れ、之を悲しみて、須く慚愧を生ずべき」(81)（『興福寺奏状』）という戒意識の有無のみを問題にすることは、越後・関東で、生活のために破戒（殺生）を余儀なくされた「あさましき愚痴きわまりなき」「いなかのひと〴〵」(82)（以上、『一念多念文意』『唯信鈔文意』跋文）と生活を共にしてきた親鸞からすれば、笑止な偽善・自己弁護でしかなかったとさえ考えられるのである。

第四項　「禿」の現実態――無戒名字の比丘――

この「禿」の具体相は、「化身土巻（本）」に「最澄制作」として引かれる『灯明記』において、

然れば則ち末法の中に於ては、但言教のみ有りて行証なけん。若し我法有らば破戒有る可し。既に戒法無し、何の戒を破せんに由ってか破戒あらんや。破戒尚なし、何に況や持戒をや。故に『大集』に云わく、「仏涅槃の後、無戒洲《くに》に満たん」と、云云。……設い末法の中に持戒あらば、既に是怪異《けい》なり、市に虎有らんが如し。此れ誰が信ずべきや。

（『定親全』一、三一七～三一八頁）

と説かれる「末法」に、「無戒」（戒自体が無く当然戒を受けた人もいない）にして「後の末世に、我が法の中に於て、剃除鬚髪し、身に袈裟を著《き》たらむ名字の比丘」[83]、すなわち沙弥――半僧半俗の在家の入道者に他ならない。

『灯明記』によればこの沙門は、「酒の因縁」[84]によって仏弟子となり、「正しく妻《め》を蓄え子を俠《わきばさ》み」[85]「己が手に児の臂《ひじ》を牽《ひ》きて、共に遊行して、彼の酒家より酒家に至」[86]りて「我が法の中に於て非梵行を作」[87]す「末法の名字」[88]「無戒名字」[89]でありながらも、「我が法の為に、剃除鬚髪し、袈裟を被服」[90]した末法における唯一無二の仏弟子であるがゆえに、「設い戒を持たずとも、彼等は悉く已に涅槃の印の為に印せら」[91]れ、「世の真宝」[92]「世の福田」[93]「世の尊師」[94]として「舎利弗、大目連等の如く」[95]尊重されねばならない存在であり、「若し破戒を打罵し、身に袈裟を着たるを知ること無からん罪は、万億の仏身より血を出だすに同じ」[96]とされている。

また、「化身土巻（末）」に引かれる『月蔵経』（『大方等大集経』「月蔵分」）巻五十三の文、

『月蔵経』巻第八「忍辱品」第十六に言わく。仏の言わく、是の如し、是の如し、汝が言う所の如し。若し己

が苦を厭い楽を求むるを愛すること有らん、応当《まさ》に諸仏の正法を護持すべし。此れより当に無量の福報を得べし。若し衆生有りて、我が為に出家し鬚髪を剃除して袈裟を被服せん。設い戒を持たざらん、彼等悉く已に涅槃の印の為に印せらるるなり。若し復出家して戒を持たざらん者、非法を以てして悩乱を作し、罵辱し毀呰せん、手を以て刀杖打縛し斫截すること有らん。若し衣鉢を奪い、及び種種の資生の具を奪わん者、是の人、則ち三世の諸仏の真実の報身を壊するなり。則ち一切天人の眼目を排《はら》うなり。是の人、諸仏所有の正法三宝種を隠没せんと欲うがための故に、諸の天人をして利益を得ざらしむ。地獄に堕せん故に、三悪道増長し盈満を為すなり、と。已上

又言わく。爾の時に復一切天・龍、乃至一切迦吒富単那・人非人等有りて、皆悉く合掌して、是の如きの言を作さく、「我等、仏一切声聞弟子、乃至若し復禁戒を持たざれども鬚髪を剃除し袈裟を片に着ん者に於いて、師長の想を作さん。護持養育して諸の所須を与えて乏少無からしめん。若し余の天・龍、乃至迦吒富単那等、其れ悩乱を作し、乃至悪心をして眼を以て之を視ば、我等悉く共に、彼の天・龍・富単那等、所有の諸相欠減し醜陋ならしめん。彼をして復、我等と共に住し共に食を与うることを得ざらしめん。亦復同処にして、戯笑を得じ。是の如く擯罰せん」と。已上

（傍点筆者、『定親全』一、三五四～三五六頁）

では、釈尊の教化を受けた一切天・龍、乃至一切迦吒富単那・人非人等からの尊崇と護持養育を受ける存在であるとされている。

親鸞にこのような「無戒名字の比丘」の自覚、「禿」の名のりを促したものは越後での流人生活であろう。

親鸞は越後国府で足掛け五年の間流人として暮しているが、『延喜式』の規定によれば、流人には、男女老少貴賤を問わず日に米一升、塩一勺の粮（食糧）と流刑地到着の年の春の種子（種籾）の支給があるものの、秋の収穫

の後には粮種いずれも停止されるため、流人は必然的に自給自足の生活を余儀なくされたのである。(97)

建永二年（一二〇七年）正月十三日に叔父日野宗業が越後権介に任ぜられたこと、(98)流刑地への妻妾の同行が許されていたこともあって、(99)親鸞の流人生活はかつて想像されていたよりはかなり恵まれたものであったと思われる。

しかし、そうであったとしても、親鸞（藤井善信）は流人として自らの手で、あるいは人や牛馬を使役して耕作したであろうし、収穫の一部は市で売買、または交換して食料や生活必需品を入手し、残りは翌年の種籾として蓄えるということをしなければならなかったのではないだろうか。

本来、「行乞」を宗とすべき比丘の身が、「八不浄物〔筆者注・田宅、田園、穀粟米麦、奴婢、群蓄、金銀財宝、象牙刻鏤、釜鍋〕を貪蓄」(100)すること、「奴・僕使・牛羊象馬・乃至銅鉄・釜錫・大小銅盤・所須の物を受畜し、耕田種販売市易して、穀米を儲くること」(101)は在世・正法・像法の比丘においては許されない行為であった。前に挙げたように、『涅槃経』「金剛身品」には、「釈尊は奴婢・牛・羊、非法の物を畜養してはならないと諸の比丘を戒め、それら不浄の物を蓄えた比丘を国王によって還俗させると説いた」と発言した比丘が禿居士に害されたとする記述がある。(102)

このように私有財産の所有は戒律によって堅く禁じられているのであるが、それらを所有せざるを得ない背景には妻子の存在がある。親鸞は、越後流罪中の建暦元年（一二一一年）三月三日に、恵信尼との間に信蓮房明信をもうけている。(103)

恵信尼との生活がいつ開始されたかについては諸説あるが、妻子、殊に子を持てば、たえず「利養」を貪求し、飢饉ともなれば「わが身は次にして人を労《いた》はしく思ふあいだ、まれ〳〵得たる食物《ひ》をも彼に譲るによりて」、「去りがたき妻《め》・夫《おとこ》持ちたる物は、その思ひまさりて深き物、必《ず》先立ちて死ぬ」。「親子ある物は、定まれる事にて、親ぞ先立ちける」[104]（以上、『方丈記』）と語られるような「恩愛」に繋縛される生活が否応なく開始される。「信巻」が語る「愛欲の広海に沈没し」「名利の太山に迷惑して」[105]（以上、愚禿悲歎述懐）とは、このような親鸞の家庭生活の内実を物語ったものではないだろうか。

そしてもしこの生活を批難し侵害する者が出現すれば、夫であり父親である親鸞は全力を挙げて抵抗し、これを排除せざるを得ないのである。あたかも「非法の物を蓄えた比丘は国王によって還俗させられなければならない」と獅子吼した比丘を「禿居士」が害したように。

そしてこのような末法の比丘（聖・沙弥）が「世の真宝・福田・尊師」であり得る根拠を『灯明記』は、『大悲経』において釈尊が阿難に向って、

阿難、我が法の中に於て、但性は是沙門の行にして、自ら沙門と称せん、形は沙門に似て尚《ひさ》しく袈裟を被着すること有らしめんは、賢劫に於て弥勒を首として乃至盧至如来まで、彼の諸の沙門、是の如きの仏の所にして、無余涅槃に於て次第に涅槃に入ることを得ん。遺余有ること無けん。何を以ての故に。如来、一切沙門の中に、乃至一たび仏の名を称し、一たび信を生ぜん者の所作の功徳、終に虚設ならじ。我仏智を以て法界を惻知するが故なり、と云云。（傍点筆者、『定親全』一、三三四～三三五頁）

と説いたこと、たとえわずかに「一たび仏の名を称し、一たび信を生ぜん者」であってもその功徳によって畢竟「涅槃に入る」と証誠したその仏言にあるとしている。

このような「一たび仏の名を称し、一たび信を生」じて「已に涅槃の印の為に印せら」[106]（「化身土巻（末）」所引『月蔵経』）れた無戒名字の比丘こそがまさしく法然のもとに参集して、弥陀の本願を信じその名号を称える「専修念仏のともがら」[107]（『歎異抄』第六章）、すなわち無数の聖・沙弥、そして名もなき庶民であった。

親鸞は『教行信証』の撰号に「愚禿釈親鸞集」と記して、「禿」、すなわち無戒の沙弥である自らの名に「釈」を冠している。

親鸞は『尊号真像銘文』（広本）に、

> 釈といふは、釈尊の御弟子とあらはすことば也、　（『定親全』三、和文篇、九一頁）

と、「釈」が仏弟子の称号であることを抑えている。

この「釈」は、慧皎『高僧伝』巻五が伝えるように釈道安（三一四～三八五）が、当時中国仏教界で行われていた受戒の師の姓を承け継ぐという慣習を改め、「〈大師の本は釈迦より尊きは莫し〉」とそれに代わる共通の姓として提唱し[108]、大河が大海に入れば元の名を失うがごとく、出家して釈尊の門下に入った者は、以前の四姓（カースト）が何であれ、本の名字を滅していずれも「沙門釈迦の子」「釈迦子」「沙門釈種子」（『増一阿含経』）「沙門釈子」（『四分律』）と称したという釈尊在世の故実[109]にその起源を尋ねることのできる沙門の共通の姓であるが、この「釈」は元来戒を受けた出家者が名のるものであった。

にもかかわらず、親鸞はその「釈」を、

> 然るに愚禿釈の鸞、建仁辛の酉の暦、雑行を棄てて本願に帰す。　（傍点筆者、「後序」『定親全』一、三八一頁）

として、愚禿（＝無戒名字の比丘）の自覚のもとに名のったのである。

親鸞は『唯信鈔文意』に、

> 浄戒は、大小乗のもろ〳〵の戒行、五戒・八戒・十善戒、小乗の具足衆戒、三千の威儀、六万の斎行、『梵網』の五十八戒、大乗一心金剛法戒、三聚浄戒、大乗の具足戒等すべて道俗の戒品、これらをたもつを持といふ。かやうのさま〴〵の戒品をたもてるいみじきひと〴〵も、他力真実の信心をえてのちに真実報土には往生をと

ぐるなり。みづからのおの〳〵の戒善、おの〳〵の自力の信、自力の善にては実報土にはむまれずとなり。

（傍点筆者、『定親全』三、和文篇、一六五～一六六頁）

と、持戒が報土往生の因とはなり得ないことをまず抑えているが、親鸞が「愚禿釈」として用いる「釈」の姓には、仏弟子の仏弟子たる根拠は「戒」にではなく他力真実の信心の獲得、すなわち善導が、

又深信する者、仰ぎ願わくは、一切行者等、一心に唯仏語を信じて身命を顧みず、決定して行に依って、仏の捨てしめたまうをば即ち捨て、仏の行ぜしめたまうをば即ち行ず。仏の去《す》てしめたまう処をば即ち去つ。是を「仏教に随順し、仏意に随順す」と名づく。是を「仏願に随順す」と名づく。是を「真の仏弟子」と名づく。

（「信巻」所引「散善義」『定親全』一、一〇三～一〇四頁）

と説いたごとく、「仏の捨てしめたまうをば即ち捨て、仏の行ぜしめたまうをば即ち行」じ「仏の去てしめたまう処をば即ち去」てて「（釈尊の）仏教に随順し、（諸仏の）仏意に随順」し「（弥陀の）仏願に随順」し、諸行を廃して「決定して［筆者注・称名念仏の］行に依る」「深信」の獲得にこそあり、その「但能く此の経に依って行を深信する者[110]」（「散善義」）こそが、「則ち我が善き親友なり[111]」（『大経』）と釈尊が讃嘆《ほ》め、「諸の聖尊に重愛せらるることを獲[112]」（『無量寿如来会』）る「真の仏弟子」であるという確信が、込められているのである。

そして、もし本願の信以外の要件によって仏弟子であると自認するならば、それは実は仏意に昏い者であり、それゆえ、

聖道権仮の方便に　衆生ひさしくとゞまりて
諸有に流転の身とぞなる　悲願の一乗帰命せよ

（『浄土和讃』『定親全』二、和讃篇、四四頁）

と「聖道の諸機、浄土の定散の機[113]」（「信巻」）を翻して速やかに本願に帰すべし、と発遣される者、あるいは既に、

五濁増のしるしには　この世の道俗ことごとく

外儀は仏教のすがたにて　内心外道を帰敬せり

（『正像末和讃』『定親全』二、和讃篇、二一一頁）

と悲歎されるべき者、外見や本人の意識はどうあれ実質は「六十二見、九十五種の邪道」[114]（「信巻」）に帰した、仏いわゆる「真仏弟子釈・義釈」の、弟子と呼ばれるに値しない存在であるといった、彼の厳しい主張が、「信巻」の

「真仏弟子」と言うは、「真」の言は偽に対し、仮に対するなり。「弟子」とは釈迦・諸仏の弟子なり、金剛心の行人なり。斯の信行に由って、必ず大涅槃を超証す可きが故に、「真仏弟子」と曰う。

（『定親全』一、一四四頁）

の文に込められているのではないだろうか。

親鸞はここで、「仮の仏弟子」「偽の仏弟子」と対比されるような「真の仏弟子」ではなくあえて「真仏弟子」と記しているのであるが、筆者はこの「御自釈」は、「『(真仏）弟子』とは釈迦諸仏の弟子なり」「『真（仏弟子）』の言は偽に対し、仮に対する」と補って読むべきではないかと考える。

本願に帰した「金剛心の行人」以外に真に「仏弟子」と呼び得る存在はなく、本願に帰することによって人は必然的に、外見上真摯な仏弟子に見える「道俗」の内に潜む「仮・偽」を峻別し、結果それら対峙・対決する智慧を賜ることとなるというのが、この文に込められた親鸞の主張ではないだろうか。

そして、この「一たび仏の名を称し、一たび信を生」じた「真仏弟子」を禁圧することは、「末代の旨際を知らず」[115]、「己が分を思量」することなき「穢悪濁世の群生」「今の時の道俗」の「僧尼の威儀を毀る」（以上、「化身土巻（本）」）行為であり、『願文』に「愚が中の極愚。狂が中の極狂。塵禿の有情。底下の最澄」[116]と自らを語り、『灯明記』に『大集経』『賢愚経』『大悲経』等を引いて、

此れ等の諸経に、皆年代を指して、将来末世の名字比丘を世の尊師とすと。若し正法の時の制文を以て、末法世の名字僧を制せば、教・機相乖き、人・法合せず。此れに由って『律』に云わく、「非制を制するは、則ち三明を断ず。記説する所是罪有り」と。（「化身土巻（本）」所引、『定親全』一、三二五頁）

と、「正法の時の制文を以て末法世の名字僧を制してはならない」と記した比叡山の祖最澄の意に背く行為に他ならないというのが、『灯明記』の引文および「禿」の字に込められた親鸞の主張なのではないだろうか。「禿」の姓は正しく「末世の名字比丘」の象徴であるが、既に「一たび仏の名を称し、一たび信を生ぜ」る「釈」（真仏弟子）の意義を内包している。

それゆえ、無戒でありながら仏弟子であり得る、というよりむしろ無戒なるがゆえに真の仏弟子と成り得、真の仏弟子であるがゆえに無戒に安んじ得るとさえ親鸞は言うのであろう。末法であるからせめて無戒名字の比丘なりとも尊重せよではなく、末法無戒という状況を通して逆に、仏弟子を真に仏弟子たらしめる「要件」が明らかになったとさえ言えるかもしれない。

第五項　法然・親鸞における「愚」の内実

本書冒頭「はじめに」でも述べたように、「後序」は『教行信証』撰述の「事由」（「縁起」）を語るものであると同時に、『教行信証』の撰号「愚禿釈親鸞集」の名のりの由来をも語るものであると筆者は考えている。「竊かに以みれば聖道の諸教は行証久しく廃れ」以下の「承元の法難」の記事が「禿」姓の由来であるのに対して、「然るに愚禿釈の鸞、建仁辛の酉の暦、雑行を棄てて本願に帰す」以下の選択付嘱・真影図画の記事が「釈の親鸞」名の由来であり、元久二年（一二〇五年）閏七月二十九日に法然真影の讃文に記された新たな「名の字（親鸞）」には、四月十四日に『選択集』に記された「釈の綽空」の旧名と同様、「釈」の字が冠せられていたと思われる。

しかし、途中「愚禿釈の鸞」と名のりながら、この「後序」では「愚」の由来は取り立てて述べられていない。筆者はそれが「禿」の字に、親鸞における「愚」の自覚が既に内包されていることによると考える。親鸞における「愚」の自覚には、第一に先師法然におけるいわゆる「還愚」の思想の継承があると思われる。法然は、

われらはこれ烏帽子もきざるおとこ也。十悪の法然房が念仏して往生せんといひてゐたる也。又愚痴の法然房が念仏して往生せんといふ也。

（『和語灯録』巻五、『真聖全』四、六七七～六七八頁）

我は烏帽子もきぬ法然房也。黒白をも知らざる童子の如く、是非も知らざる無智の者なり。

（『西宗要』巻四、『昭法全』四九一頁）

として自らを「十悪の法然房」「愚痴の法然房」と称した。

これらの自称から窺われる法然の自己覚知は、『和語灯録』に、

およそ仏教おほしといへども、詮ずるところ戒・定・慧の三学をばすぎず、……しかるにわがこの身は、戒行において一戒をもたもたず、禅定において一もこれを得ず、智慧において断惑証果の正智をえず、これによて戒行の人師釈していはく、「尸羅清浄ならざれば、三昧現前せず」といへり。又凡夫の心は物にしたがひてうつりやすし、たとふるにさるのごとし、ま事に散乱してうごきやすく、一心しづまりがたし。無漏の正智なに丶よりてかおこらんや。もし無漏の智剣なくば、いかでか悪業煩悩のきづなをた丶むや。悪業煩悩のきづな

をたゝずば、なんぞ生死繋縛の身を解脱する事をえんや。かなしきかなく、いかゞせんく。こゝにわがごときは、すでに戒・定・慧の三学のうつは物にあらず、

（『真聖全』四、六七九～六八〇頁）

とある自らの三学修行の蹉跌とその後の一切経披閲を経た善導の教言との値遇によって獲得されたものである。

この述懐において、法然は自らを「一戒をもたもたず、禅定において一もこれを得ず」と述べているが、実際の法然は一生不犯の清僧であり、師慈眼房叡空から天台菩薩戒・円頓戒を相承した「一心金剛の戒師」[117]（『高僧和讃』）として九条兼実、その娘宜秋門院任子らの貴顕に授戒を行っているし、「三昧発得記」に拠れば、日課六万遍ないしは七万遍の念仏の中、浄土の水想・地想・宝樹・宝池・宝殿、阿弥陀仏・観音菩薩・勢至菩薩の相の示現を見ている[118]。

にもかかわらず法然が自らを「三学非器」と表白したのは、戒行・禅定の実践が必ずしも無漏の智慧の開発、断惑証理をもたらさなかったことにあると思われる。

『和語灯録』巻五に拠れば法然は、

乗願上人のいはく、ある人問ていはく、色相観は『観経』の説也。たとひ称名の行人なりといふともこれを観ずべく候か、いかん。上人答ての給はく、源空もはじめはさるいたづら事をしたりき。いまはしからず、但信の称名也と。

（『真聖全』四、六七三頁）

と、乗願房宗源の問いに対しても、色相観（事観）をも「いたずら事」――「何の役にも立たないこと。無益、無用な行為。くだらないこと。むだごと」[119]、「本来の目的、意図などを果たさないで終わること。むなしく事を終えること。成果があがらないさま」[120]――であると答えている。

つまり、法然にとって色相観は、三昧中に極楽の荘厳が現前することはあっても、往生には直結しない、空しい

行だったのである。むしろその実践によって法然は、一たび三昧から出れば元のままの散乱粗動、猿猴のごとき自心の有り様を如実に知ることとなったのではないだろうか。

法然の心を惑乱し続けたものが具体的に何であったのかについて、法然は何の言葉も残していない。

各種の法然伝は、法然の出家の要因として、九歳の折の明石定明の夜襲による父漆間時国の横死とその遺言を伝えている。

> 汝さらに会稽の恥をおもひ、敵人をうらむる事なかれ。これ偏に先世の宿業也。もし遺恨をむすばゞ、そのあだ世々につきがたかるべし。しかじはやく俗をのがれいゑを出で我菩提をとぶらひ、みづからが解脱を求にはといひて端座して西にむかひ、合掌して仏を念じ眠がごとくして息絶にけり。
>
> （『行状絵図』巻一、『法伝全』六頁）

法然の修道を妨げた「悪業煩悩のきずな」とは、復讐を禁じた父のこの遺訓によってもなお消えることのなかった仇敵への怨念、瞋憎の心であったかもしれない。あるいは、故郷に独り残し再会も叶わぬまま亡くなった母への哀惜、恩愛の念であったかもしれない。

法然の入洛・比叡山登山の年時については天養二年（一一四五年）十三歳説（『私日記』『本朝祖師伝絵詞』『法然上人伝絵詞』他）と久安三年（一一四七年）十五歳説（『行状絵図』『法然上人伝記』（九巻伝）他）とがあるが、『行状絵図』巻三では登山の年、久安三年（十五歳）の十一月八日に出家受戒したその直後、早くも、

> すでに出家の本意をとげ侍ぬ。いまにをきては跡を林藪にのがれむとおもふよし、
>
> （『行状絵図』『法伝全』一〇頁）

と遁世・隠遁の志を師の皇円に告げたとされている。ちなみに『誕生寺縁起』はこの年の十一月十二日に法然の母

が亡くなったと伝えている[121]。

親鸞は「源空和讃」に、

源空三五のよはひにて　　無常のことはりさとりつゝ

厭離の素懐をあらはして　　菩提のみちにぞいらしめし

（『高僧和讃』『定親全』二、和讃篇、一二九頁）

と詠っているが、四十三歳での善導『観経疏』「散善義」の文との値遇まで続いた一途に「速やかに生死を離れんと欲[122]」（『選択集』総結三選の文）う法然の粘り強い修学の出発点には、父母との別離（愛別離苦）によって無常の世を痛感させられたこの原体験があったとする想像はあながち荒唐無稽とは言えないのでなかろうか。

後に、

われ聖教を見ざる日なし、木曽の冠者、花洛に乱入のとき、たゞ一日聖教を見ざりきと。

（『行状絵図』巻五、『法伝全』二三頁）

「聖教を読まなかったのは木曽義仲が入京した寿永二年（一一八三年、五十一歳）七月二十八日の一日だけだった」と述懐した真摯な修学にもかかわらず、いやその真摯な修学のゆえに三学非器の自身に苦しみ、尋ねるべき師も共に歩んでくれる朋友もない孤独な模索と試行錯誤の果てに邂逅したのが「わが心に相応する法門」「わが身にたえたる修行」を明かした「一心に専ら弥陀の名号を念じて、行住坐臥時節の久近を問わず、念念に捨てざる者、是を正定の業と名づく。彼の仏の願に順ずるが故に[123]」の「善導の遺教」であり、「弥陀の弘願」であった[124]。

このような回心の歴程を踏まえて語られたものが、

聖道門の修行は、智慧をきわめて生死をはなれ、浄土門の修行は、愚痴にかへりて、極楽にむまると云々。

（『指南鈔』巻下本、『定親全』五、転録篇、二九〇頁）

念仏を信ぜむ人は、たとひ一代の法をよく〳〵学すとも、一文不知の愚鈍の身になして、尼入道の無智のともがらにおなじくして、智者のふるまひをせずして、たゞ一向に念仏すべし。

（『黒谷聖人起請文』『真聖全』四、四四頁）

との「還愚」の勧めである。

修学の末の自己覚知を法然は「三学非器」と語り、親鸞は「地獄一定」と語る。いずれも善導の「自身は現に是罪悪生死の凡夫、曠劫より已来、常に没し常に流転して、出離の縁有ること無し[125]」のいわゆる「機の深信」の教説を背景とした述懐ではあるものの、両者の表現に若干のニュアンスの違いがあることも否定できない。

法然にとって「愚」とは「愚痴にかえりて……」「愚者になりて往生す[126]」（『末灯鈔』第六通）と伝えられるように、「かえる」「なる」と表現されるものであった。もちろん「愚痴にかえる」ことも「愚者になる」ことも本願との値遇を抜きにしては真の意味で成り立たない。如来の大悲本願の眼によって見出された自己の覚知であるがゆえに衆生は初めて愚の自身に安んずることができるのである。

しかし、「一代の法をよくよく学す」とあるように、法然は学問や行を実践する可能性自体は否定していない。実践可能でありながらも、あえて「智者のふるまいをせず」――それらを廃捨して、「一文不知の愚鈍の身になして」専ら念仏せよ、と法然は勧めるのである。

これに対して親鸞の表白からは、仏道の実践そのものがもはや不可能であるというニュアンスが伝わってくる。それは両者の生きた境遇・主体の相違によるものと思われる。

法然は生涯不犯の清僧として生き、官僧から遁世した聖ではあってもあくまで天台宗に属する「沙門源空」（『七箇条制誡[127]』、『送山門起請文[128]』）であると自らを位置付けた。そして、その対告衆は京畿内の名もなき庶民もあったものの、九条兼実らの貴顕、公胤、聖覚、隆寛らの官僧、あるいは「念仏の上人」[129]（『七箇条制誡』）と呼ばれる多数の聖・沙弥であり、いずれも仏法に心を寄せ、聖教を学んだ経験を持つ者たちであった。

それに対して親鸞は、自らが肉食妻帯の沙弥であり、その対告衆は越後・関東で生活を共にした「文字のこゝろもしら」ぬ「いなかのひと〴〵」[130]（以上『一念多念文意』『唯信鈔文意』跋文）であった。

彼らは生活のために破戒（殺生）を余儀なくされ、戒を意識すれば生命の維持そのものが成り立たなくなるような生活の中で、「屠沽の下類」[131]（『唯信鈔文意』）、

屠はよろづのいきたるものをころしほふるものなり。これはれうしといふものなり。沽はよろづのものをうりかうものなり。これはあき人なり。これらを下類といふなり。

（『唯信鈔文意』『定親全』三、和文篇、一六八頁）

と賤視され、来世の果報を怖れながらも、

儚《はかな》き此の世を過ぐすとて、海山稼《かせ》ぐとせし程に、万《よろず》の仏に疎まれて、後生我が身を如何《いか》にせん。

（『梁塵秘抄』『日本古典文学大系73　和漢朗詠集　梁塵秘抄』三八六頁）

と、いかなる諸仏諸菩薩による救済をも断念せざるを得ない人々であった。

日々の生活に追われる彼らは、『大経』が説く「少長・男女、共に銭財を憂」い、「念いを累ね慮りを積みて、心の為に走使せられ、安き時有ること無」く、「田有れば田を憂」い、「田無ければ亦憂えて、田有らんと欲」い、「思想して益無く、身心倶に労して坐起安から」ざる存在[132]、すなわち「具縛の凡愚」[133]（『唯信鈔文意』）に他ならなかった。

具縛はよろづの煩悩にしばられたるわれらなり。煩はみをわづらはす、悩はこゝろをなやますといふ。

（『唯信鈔文意』『定親全』三、和文篇、一六八頁）

善導は「在家」生活を、

又在家の者は、五欲を貪求す、相続して是常なり、縦《たと》い清心を発すとも、猶水に画《えが》くが如し。

（『観経疏』「序分義」『定親全』九、加点篇(3)、四八頁）

と定義しているが、清心を発すこと自体まれであり、たまたま発したとしても持続困難であるというのが在家生活の宿命である。「在家」である以上、人は「愚縛の凡愚」であることを免れ得ない。

此の五濁・五苦・八苦等、六道に通じて受く、未だ無き者有らず、常に之を逼悩す。若し此の苦を受けざる者は、即ち凡数の摂に非ず也。

（『観経疏』「序分義」『定親全』九、加点篇(3)、一〇四頁）

したがって発心修行を第一義とする仏道に対しては自ずから、

正法の時機とおもへども　底下の凡愚となれる身は
清浄真実のこゝろなし　発菩提心いかゞせむ

（『正像末和讃』『定親全』二、和讃篇、一六五頁）

自力聖道の菩提心　こゝろもことばもおよばれず
常没流転の凡愚は　いかでか発起せしむべき

（『正像末和讃』『定親全』二、和讃篇、一六六頁）

と嘆息、抗議せざるを得ない人々であった。

そして親鸞は、そのような人々こそが『大経』が「十方衆生よ」と呼びかけた本願の機――「凡小」「群萌」(134)（以上、「教巻」）であり、ともに本願に帰していくべき者であるとの共感《シンパシー》をもって「われら」と呼んだのである。

「十方衆生」といふは、十方のよろづの衆生也。すなわちわれらなり。「願生我国」といふは、安楽浄刹にむまれむとねがへと也。

（『尊号真像銘文』（広本）『定親全』三、和文篇、九四～九五頁）

「凡夫」はすなわちわれらなり、本願力を信楽するをむねとすべしとなり、

（『一念多念文意』『定親全』三、和文篇、一四八頁）

ひとすぢに具縛の凡愚屠沽の下類、無碍光仏の不可思議の本願、広大智慧の名号を信楽すれば、煩悩を具足しながら無上大涅槃にいたるなり。……れうし・あき人さま〴〵のものは、みないし・かわら・つぶてのごとくなるわれらなり、

（『唯信鈔文意』『定親全』三、和文篇、一六八～一六九頁。以上、傍点筆者）

親鸞は赦免に際し官僧への復籍を拒否して「禿」の字を姓とし、以後、それに「愚」の字を冠して自らを「愚禿」と称した。その「愚」とはまさしく親鸞が越後において経験した、「生活者」において露呈する生の現実態であった。

既にふれたように『教行信証』において親鸞が「愚禿釈の親鸞」の名を用いる時、そこにはいずれも真実の仏教、畢竟法然興隆の選択本願念仏の教説との値遇の感動、喜びが語られている。

しかしそれは、「信巻」愚禿悲歎述懐に、

誠に知りぬ。悲しき哉、愚禿鸞、愛欲の広海に沈没し、名利の太山に迷惑して、定聚の数に入ることを喜ばず、真証の証に近づくことを快《たの》しまざることを、恥ず可し、傷む可し、と。

（『定親全』一、一五三頁）

とあるように、煩悩に繋縛されて仏道を歩むことを必ずしも喜ばず快しまない、恥ずべき傷むべき身であるという、悲傷を伴った自覚であり、それと同時に、はからずも無上仏道に召された、喜ばず快しまざるに正定聚の数に入らしめられ真証の証に近づけしめられたという、歓喜でもあるのである。[135]

親鸞が悲傷と歓喜をもって出遇った「愚」をして「釈」たらしめる仏道、すなわち「禿」の仏道とは、人間に何らの資格・能力・努力をも要求しない、本願との値遇にのみその成立根拠をもついわば「非行・非善」[136]（『歎異抄』第八章）の仏道である。

親鸞はこの「禿」の仏道を明らかにすべく、「愚禿釈の親鸞」の名のもと、『大経』、天親・曇鸞の教説に尋ね入ったのであり、その探究の発端となった出来事を語るものこそが「後序」の「然るに愚禿釈の鸞……」以降の選択付嘱・真影図画の一段である、と筆者は考えるのである。

註

（1）『歎異抄』流罪記録、『定親全』四、言行篇(1)、四二頁。『血脈文集』流罪記録、『定親全』三、書簡篇、一七七頁参照。

（2）『定親全』一、三八〇頁。

（3）加来雄之氏は、「非僧非俗」をめぐる解釈として（1）生活形態（儀）をあらわす、つまり「非僧儀・非俗儀」を意味するとする見解。（2）親鸞における仏弟子の自覚を表明しているとする見解。（3）当時の社会権力や支配に対する批判とする見解。（4）歴史的状況以上の普遍的な仏道の立場を読み取ろうとする見解。という四つの見方を挙げている。現在はそのうちの（2）「僧儀を改めたのだから、律令制度のうえの仏弟子ではないことが『非僧』であり、また姓名を与えられたからといってもなお仏弟子であって世俗に埋没する俗人ではないから『非俗』であるとする。つまり『非俗』とは、世俗にありながらなお仏教者として踏み留まる自覚をあらわす」という見解が主流となっていると思われる。しかし、筆者は「非僧非俗」はあくまで「後序」の文脈の中で了解されるべきであると考えており、この点加来氏も「『非僧非俗』という成句は、親鸞の著述において『教行信証』の所謂〈後序〉以外にはどこにも見いだすことができない」ことを指摘されている。加来雄之「已に僧に非ず俗に非ず」『親鸞教学』九〇（二〇〇八年）、参照。

（4）親鸞が釈尊入滅の年時を「周の第五の主、穆王五十一年壬申」と記する際に依拠した『灯明記』（「化身土巻（本）」所引本）では穆王壬申は即位五十一年となっているが、三重県来迎寺所蔵刊本『灯明記』では「仏、第五の主、穆王満の五十三年壬申に当りて入滅す、と」（傍点筆者、『伝教大師全集』一、比叡山専修院附属叡山学院編、比叡山図書刊行所、一九二六年、四一七頁）となっている。

また、親鸞は「化身土巻（末）」に法琳（五七二～六四〇）の『弁正論』を引いているが、そこでは「是を以て河池涌き浮かぶ、昭王、神を誕ずることを懼る。雲霓色を変じ、穆后、聖を亡わんことを欣ぶ。『周書異記』に云わく、昭王二十四年四月八日、江河泉水悉く泛張せり。穆王五十二年二月十五日、暴風起ちて樹木折れ、天陰り雲黒し、白虹の怪有り。」（傍点筆者、『定親全』一、三七〇頁）と「穆王五十二年」とされており、『大正新脩大蔵経』所収の『弁正論』も同じく「穆王五十二年二月十五日」（『大正蔵』五二、五三〇頁ａ）である。

同じ法琳の『破邪論』巻上には「〈周書異記に云わく。周昭王即位二十四年甲寅の歳四月八日……此の時に当たりて、仏、初めて王宮に生まるるなり。……穆王五十二年壬申の歳二月十五日平旦……此の時に当たりて、仏、涅槃に入りたまうなり〉」（傍点筆者、『大正蔵』五二、四七八頁ｂ）とあり、穆王壬申はやはり即位五十二年とされている。このように「昭穆間在世説」においては穆王壬申が即位何年であるのかが一定していない。

（5）費長房（生没年不詳）の『歴代三宝紀』（隋開皇十七年・五九七年撰）巻一には「〈仏、荘王九年癸巳四月八日を以て、白象の形を現わして兜率従り中天竺国・迦毘羅城・浄飯大王第一夫人摩耶の右脇に降りたまう。……仏、匡王四年壬子二月十五日後夜を以て、中天竺・拘尸那城に於て般涅槃に入りたまう。自爾已来《これよりこのかた》今の開皇十七年丁巳に至る一千二百五年、世間眼滅したまえり〉」（傍点筆者、『大正蔵』四九、一二三頁ａ～ｃ）とある。

（6）『定親全』一、三二一頁。

（7）『定親全』一、三二一頁。

（8）『法然上人伝絵詞』（琳阿本）巻三、『法伝全』五五三頁上段。

（9）『法然上人伝絵詞』（琳阿本）巻三、『法伝全』五五三頁上段。

（10）『日国辞』四、「かくれ（隠）」の項。

（11）『日国辞』四、「かくれる（隠）」の項。

（12）『真聖全』一、四一〇頁。

（13）『定親全』二、和讃篇、一六五頁。

（14）『真聖全』一、四一〇頁。

(15)『指南抄』下巻本、『定親全』五、転録篇、二九〇頁。
(16)『指南抄』下巻本、『定親全』五、転録篇、二八九頁。
(17)『日本蔵』九、二二頁上段。
(18)『和語灯録』巻五、『真聖全』四、六八〇頁。
(19)『和語灯録』巻五、『真聖全』四、六八〇頁。
(20)『和語灯録』巻五、『真聖全』四、六七三頁。
(21) 以上、『定親全』一、三八〇頁。
(22)『定親全』四、言行篇(1)、四〇頁。
(23)『日本思想大系15 鎌倉旧仏教』(岩波書店、一九七一年)三一五頁上段。
(24)『日本思想大系15 鎌倉旧仏教』三一五頁上段。
(25)『日本思想大系15 鎌倉旧仏教』三一五頁下段。
(26)『日本思想大系15 鎌倉旧仏教』三一四頁下段。
(27)『日本思想大系15 鎌倉旧仏教』三一四頁下段。
(28)『日本思想大系15 鎌倉旧仏教』三一五頁上段。
(29)『日本思想大系15 鎌倉旧仏教』三一三頁上段。
(30)『日本思想大系15 鎌倉旧仏教』三一三頁上段。
(31)『佛教大学研究紀要』三九、二〇六頁。
(32) 平雅行『親鸞とその時代』三〇~四一頁等参照。
(33)「信巻」所引、『定親全』一、一四八頁。
(34)『恵信尼書簡』『定親全』三、書簡篇、一九六頁。
(35)『定親全』四、言行篇(2)、九二頁。
(36)『真聖全』一、五三七頁。
(37)『定親全』四、言行篇(2)、九四頁。

(38)『全訳吾妻鏡』（新人物往来社、一九七七年）三、二四三頁参照。
(39)『全訳吾妻鏡』三、二四五頁参照。
(40)『全訳吾妻鏡』三、二四六頁参照。
(41)『全訳吾妻鏡』三、二四六頁参照。
(42)『全訳吾妻鏡』三、二四八頁参照。
(43)『全訳吾妻鏡』三、二四九頁参照。
(44)『全訳吾妻鏡』四、一〇五頁。
(45)『全訳吾妻鏡』四、一〇五頁。
(46)『全訳吾妻鏡』四、一〇五～一〇六頁。
(47)『全訳吾妻鏡』四、一〇七頁。
(48)『全訳吾妻鏡』四、一〇七頁。
(49)『全訳吾妻鏡』四、一〇七頁。
(50)『全訳吾妻鏡』四、一〇七頁。
(51)『全訳吾妻鏡』四、一〇八頁。
(52)『定親全』三、書簡篇、七四頁。
(53)『定親全』三、書簡篇、一九五～一九六頁。
(54)『定親全』三、書簡篇、一九六頁。
(55)『定親全』三、書簡篇、一九五頁。
(56)『定親全』三、書簡篇、一九五頁。
(57)『浄聖全』一、一二五六頁参照。
(58)『大正蔵』九、五六頁c。
(59)鳩摩羅什訳、『大正蔵』八、八二九頁c参照。
(60)不空訳、『大正蔵』八、八四〇頁a。

(61) 鳩摩羅什訳、『大正蔵』八、八三〇頁a。不空訳、『大正蔵』八、八四〇頁a参照。
(62) 曇無讖訳、『大正蔵』一六、三四三頁b～c。義浄訳、『大正蔵』一六、四二九頁c～四三〇頁a参照。
(63) 「目上の人のそばにいて、その用をする。その人に奉仕する。また、目上の人のために、ある事柄に奉仕する。」『日国辞』一三、「つか‐える」の項。「仕・事の別。仕は仕官。主人を取って奉公すること。『ツカヘ』也。事は奉事してつかふると。『事レ君』・『事レ親』の類。我役目・目上につかへ奉ると。故に仕于公とかき仕君とはかかず。君と定れば我主人なる故也。『事君』、『事師』とかき『仕親』、『仕師』とかかず。」上田万年他編『大字典』（講談社、一九一七年初版）、「仕」【同訓異義】の項。
(64) 金谷治訳注『ワイド版岩波文庫6　論語』（岩波書店、一九九一年）、九八頁。
(65) 『現代教学』一〇・一一（真宗教学研究所東京分室編、一九八五年）、一二二頁。一八七～一八八頁参照。
(66) 「化身土巻（末）」所引、「神は謂わく鬼神なり。惣《すべ》て四趣・天・修・鬼・獄に収む、と」（元照『盂蘭盆経疏新記』）。「鬼は病悪を起こす、命根を奪う」（源信『往生要集』）等。以上、『定親全』一、三七九頁参照。
(67) 以上、「化身土巻（末）」所引『楽邦文類』『定親全』一、三七八頁。
(68) 『全訳吾妻鏡』一、五六～五七頁参照。
(69) 松野純孝『親鸞――その生涯と思想の展開過程――』（三省堂、一九五九年）、四六～四七頁参照。
(70) 『定親全』四、言行篇(1)、五頁。
(71) 『定親全』三、和文篇、一四二頁。
(72) 『定親全』四、言行篇(1)、六頁。
(73) 『定親全』四、言行篇(1)、七頁。
(74) 『定親全』四、言行篇(1)、六頁。
(75) 『大正蔵』一二、三八三頁c、六二三頁b～c参照。
(76) 『大正蔵』一二、三八四頁a～b、六二四頁a参照。
(77) 『定親全』一、三八一頁。
(78) 『昭法全』七八七頁。

(79)『昭法全』七八八頁。
(80)『定親全』四、言行篇(1)、九頁。
(81)『日本思想大系15　鎌倉旧仏教』三一五頁上段。
(82)『定親全』三、和文篇、一五二頁、一八三頁。
(83)『定親全』一、三三三頁。
(84)『定親全』一、三三四頁。
(85)『定親全』一、三三四頁。
(86)『定親全』一、三三四頁。
(87)『定親全』一、三三四頁。
(88)『定親全』一、三一八頁。
(89)『定親全』一、三一九頁。
(90)『定親全』一、三三四頁。
(91)『定親全』一、三三四頁。
(92)『定親全』一、三一八頁。
(93)『定親全』一、三三三頁。
(94)『定親全』一、三三五頁。
(95)『定親全』一、三三四頁。
(96)『定親全』一、三三四頁。
(97)『延喜式』巻二十六、『新訂増補国史大系　延喜式・中篇』（吉川弘文館、一九七二年）、六六四頁参照。
(98)『公卿補任』建保五年（一二一七年）の条「〈従三位　同〔筆者注・藤原〕宗業　正月六日叙。式部大輔、元の如し。……実は阿波権守経尹の男なり。……承元々〔筆者補・年〕正〔月〕五〔日〕、従四〔位〕上。（策）、同十三日、越後権介。……〉」（傍点筆者、『国史大系』九、六一九頁上段）。
(99)『養老律令』「獄令」「凡そ流人科断すること已に定まらむ、及び移郷の人は、皆妻妾棄放して配所に至ることを得じ。如し妄りに逗留を作して私に還り、及び逃亡すること有らば、随ひて即ち太政官に申せ。」（傍点筆者、『日本思想大系3　律令』四五七頁）。

(100)「化身土巻（本）」所引『灯明記』『定親全』一、三三二頁。

(101)「化身土巻（本）」所引『灯明記』『定親全』一、三三一頁。

(102)『大正蔵』一二、三八三頁c、六二三頁b～c参照。

(103)『恵信尼書簡』第五通、『定親全』三、書簡篇、一九六～一九七頁参照。

(104)以上、『新日本古典文学大系39　方丈記　徒然草』（岩波書店、一九八九年）、一二～一三頁。

(105)『定親全』一、一五三頁。

(106)『定親全』一、三五四頁。

(107)『定親全』四、言行篇(1)、九頁。

(108)『大正蔵』五〇、三五二頁c～三五三頁a参照。

(109)『増一阿含経』巻二一、『大正蔵』二、六五八頁c。『四分律』巻三六、『大正蔵』二二、八二四頁c参照。

(110)「信巻」所引、『定親全』一、一〇四頁。

(111)「信巻」所引、『定親全』一、九八頁、一四五頁。

(112)「信巻」所引、『定親全』一、九九頁。

(113)『定親全』一、一五二頁。

(114)『定親全』一、一五三頁。

(115)『定親全』一、三一三頁。

(116)『原典日本仏教の思想2　最澄』（岩波書店、一九九一年）、三九五頁下段。

(117)『定親全』二、和讃篇、一二九頁。

(118)『指南抄』中巻本、『定親全』五、転録篇、一一三～一一七頁参照。

(119)『日国辞』二、「いたずら‐ごと（徒事）」の項。

(120)『日国辞』二、「いたずら（徒・悪戯）」の項。

(121) 梶村昇編『法然上人行実』(浄土宗、二〇〇五年)、三二頁参照。
(122) 『浄聖全』一、一三二四頁。
(123) 『選択集』所引「散善義」『浄聖全』一、一二五九頁。
(124) 『和語灯録』巻五、『真聖全』四、六七九～六八一頁参照。
(125) 「信巻」所引「散善義」『定親全』一、一〇三頁。
(126) 『定親全』三、書簡篇、七五頁。
(127) 『昭法全』七九〇頁。
(128) 『昭法全』七九五頁。
(129) 『昭法全』七八七頁。
(130) 『定親全』三、和文篇、一五二頁、一八三頁。
(131) 『定親全』三、和文篇、一六八頁。
(132) 以上、『真聖全』一、三一頁。
(133) 『定親全』三、和文篇、一六八頁。
(134) 『定親全』一、九頁。
(135) 曾我量深「暴風馳雨　一〇〇　聖教の曲読」『曾我選』四、三三一～三三二頁参照。
(136) 『定親全』四、言行篇(1)、一一頁。

第二節　吉水期の親鸞

第一項　『浄土論註』との邂逅

吉水期の親鸞の足跡を伝えるものとして、真蹟『観無量寿経註』（以下、『観経註』）『阿弥陀経註』が西本願寺に伝わっている。

当初『観阿弥陀経』(1)（『観経阿弥陀経集註』）として一冊の冊子であったこれらは、文中に建暦元年（一二一一年、親鸞三十九歳）に泉涌寺俊芿によって将来された宗暁の『楽邦文類』が引用されていることや、建保五年（一二一七年、四十五歳）に禅林寺静遍によって仁和寺宝庫から発見され、貞永元年（一二三二年、六十歳）に開版された善導の、『般舟讃』が引用されていないことなどから見て、吉水時代から漸次に註釈を書き入れて、三十九歳以降のまもなくに脱稿されたと考えられている。(2)

また、専修寺には、永仁元年（一二九三年）十月六日に顕智が書写した『愚禿鈔』が伝わっており、奥書は「建長七歳乙卯八月廿七日、之を書す。愚禿親鸞八十三歳」(3)とあるものの、村上専精氏はこれを吉水期の覚書を後年整理して「愚禿鈔」の名を冠したものとされている。(4)

これらのことから見て、吉水の門下に加わった当初、親鸞は法然の指導の元、善導教学の学び直しに専一したものと考えられる。

しかし、『観経註』には一箇所だけ曇鸞の『論註』の文が引用されている。

それは、『観経』第八像観の、

諸仏如来は是法界の身なり。一切衆生の心想の中に入りたまう。……是の故に汝等心に仏を想う時、是の心即ち是三十二相・八十随形好なり。是の心作仏す。是の心是仏なり。……諸仏正遍知海は心想より生ず。

（『定親全』七、註釈篇、九五〜九七頁）

の文への注記（裏書）として記された上巻・身業功徳の文、

『註論』に云わく。問うて曰わく。『観無量寿経』に言わく。「諸仏如来は是法界身なり、一切衆生の心想の中に入る。心に仏を想う時、是の心即ち是三十二相・八十随形好なり。是の心作仏す、是の心是仏なり。諸仏正遍知海は心想より生ず」。是の義云何ぞや。答えて曰わく。身を集成と名づく、界を事別と名づく。……是心作仏とは、心能く作仏すと言うなり。是心是仏とは、心の外に仏ましまさざるなり。譬えば火は木より出でて火、木を離ることを得ざるなり。木を離れざるを以ての故に則ち能く木を焼く。木、火と為る。木を焼くは即ち是火となるが如しなり。諸仏正遍知海は心想より生ずとは、正遍知は真なり、正なり。法界の如くにして知るなり。法界無相なるが故に諸仏無知なり。無知を以ての故に知らざること無しなり。無知にして知る者を、是を正遍知というなり。是に知りぬ、深広にして測量すべからず、故に海に譬えるなり。

（『定親全』七、註釈篇、三二一〜三二三頁。親鸞真蹟本に訓点は無い）

である。

この『論註』の文のうちの「是心作仏、是心是仏」に対する註釈を、親鸞は後年「信巻」「一念転釈」にも、又云わく、「是心作仏」は、言うこころは、心能く作仏するなり。「是心是仏」は、心の外に仏ましまさずとなり。譬えば、火、木より出でて、火、木を離るることを得ざるなり。木を離れざるを以ての故に、則ち能く木を焼く。木、火の為に焼かれて、木即ち火と為るが如きなり。（『定親全』一、一四〇頁）

として引用しており、親鸞が早くからこの文に着目していたことが知られる。

また、『論註』親鸞加点本（版本）では当該箇所は、

問うて曰わく『観無量寿経』に言わく。諸仏如来は是法界身なり、一切衆生の心想の中に入る。是の故に汝等《なんだち》心に仏を想う時、是の心即ち是三十二相八十随形好なり。是の心作仏す、是の心是仏なり。……「是心作仏」というは、心能く作仏すと言うなり。「是心是仏」というは、心の外に仏ましまさざるなり。譬えば、火は木より出でて、火、木を離るることを得ざるなり。木を離れざるを以ての故に、則ち能く木を焼く。木、火と為る。木を焼きて即ち火と為るが如しとなり。

（『定親全』八、加点篇(2)、四五〜四七頁。以上、網掛け・傍線筆者）

となっており、『観経註』、「信巻」、「加点本」の三者を比較すると、『観経』「雑観」の文の「是故汝等心想仏時……」の「是故汝等」四文字が、『観経註』の『観経』本文部分にはあるものの、註釈の『論註』部分には無い。「信巻」には当該箇所は引かれておらず、「加点本」には「是故汝等」の文字はある。

『観経註』の「譬如……木為火焼木即是火也」の箇所が、「信巻」・「加点本」では「譬如……木為火焼木即為火也」とあり、「是」と「為」が異なっている。

この二箇所の違いが何に起因するものなのか、『観経註』制作時と『教行信証』撰述時、『論註』加点時に親鸞が依用した本が違うのか、それとも『観経註』への釈文書入れの際の誤写なのかは判断が付かない。

また、『観経註』の「『註論』に云わく」の語からは、「経・論・釈」の区分からすれば本来「釈」に当たる『論

註』を、「云」の字こそ用いてはいるものの、「『註論』」、すなわち「論」と見做しており、『論』『論註』を一連の書と捉えて、『論註』を通して『浄土論』を読むという親鸞の姿勢が既に成立していたことが窺われる。

前述したように、『観阿弥陀経』は親鸞三十九歳（建暦元年・一二一一年）以後のまもなくに脱稿されたと考えられるが、親鸞は建永二年（一二〇七年）春以降、越後に配流されており、『論註』を容易に入手できる環境にあったとは思えない。

当時親鸞以外で『論註』を重視した者は、著書に『論註』『略論安楽浄土義』等を多く引用した隆寛（一一四八〜一二二八）、金沢文庫蔵『論註上巻釈』（『論註疑芥』）、あるいは『浄土論注要文抄』を著した覚明房長西（一一八四〜一二六六）であるが、彼らがいずれも法然門下であることから延塚知道氏は、彼らに『論註』を読むことを勧めたのは法然であり、親鸞もまた吉水入室直後に法然から勧められたであろうと推測されている。[5]

抑も貧道、山修山学の昔より五十年の間、広く諸宗章疏を被閲して、叡岳に無き所の者、之を他門に尋ねて、必ず一見を遂ぐ。鑽仰年積みて、聖教殆んど尽くす。　（『漢語灯録』巻一〇、『真聖全』四、五四〇頁）

と「北陸道に遣わす書状」にあるように、法然は叡山以外からも広く仏典を蒐集しており、『私日記』に、

捴《すべ》て本朝に渡る所の聖教乃至伝記・目録、皆一見を加えられ了りぬ。然りと雖も出離の道に煩いて、身心安からず。抑も始め曇鸞・道綽・善導・懐感の御作より楞厳先徳の『往生要集』に至るまで、奥旨を窺うこと二反すと雖も、拝見せしの時には往生猶易からず。第三反の時、乱想の凡夫は称名の一行に如かず、是則ち濁世の我等が依怙なり、末代衆生の出離開悟せしめ訖《おわ》りぬ。況んや自身の得脱に於てを乎《や》。

（『指南抄』中巻末、『定親全』五、転録篇、一七六〜一七七頁）

とあるように、曇鸞を始めとするあらゆる浄土教系典籍を再三熟読したと述べている。

隆寛に関して言えば、親鸞との直接の交流は確認されていないものの、隆寛の処女作『弥陀本願義』四巻は「承元の法難」の翌承元二年（一二〇八年、隆寛六十一歳）の成立、『滅罪劫数義』一巻は同四年（一二一〇年、六十三歳）の成立である。また、その著述には曇鸞の文が数多く引用されており、山田行雄氏に拠れば、引用経論釈中最も多く引かれているのが『論註』であり、『弥陀本願義』には三十五文、『滅罪劫数義』には一文がそれぞれ引用されているという(6)。

当然隆寛は承元の法難以前、つまりは親鸞の吉水修学時代から曇鸞の思想にふれていたものと思われる。親鸞自身、「法然聖人の御をしへを、よく〳〵御こゝろえたる(7)」「この世にとりてはよきひと〴〵(8)」（『末灯鈔』第十九通、他）と隆寛を尊敬し、その著書『自力他力事』『後世物語聞書』等を書写送付して東国門弟にその熟読を勧めている。

また親鸞も偏頗あるもののときゝさふらへば、ちからをつくして『唯信鈔』・『後世物語』・『自力他力の文』のこゝろども、二河の譬喩なんどかきて、かた〴〵へひと〴〵にくだしてさふらふも、

（『御消息集』（広本）第十一通、『定親全』三、書簡篇、一四五頁）

たゞ詮ずるところは『唯信鈔』・『後世物語』・『自力他力』、この御文どもをよく〳〵つねにみて、その御こゝろにたがへずおはしますべし。

（『御消息集』（広本）第六通、『定親全』三、書簡篇、一二五〜一二六頁）

また、法然においては、

又云、真実心といふは、行者願《は》往生之心なり。矯飾なく、表裏なき相応の心也。

（『指南抄』中巻本、『定親全』五、転録篇、一二四〜一二五頁）

至誠心といふは、余仏を礼せず、弥陀を礼し、余行を修せず、弥陀を念じて、もはらにしてもはらならしむる

也。

（『指南抄』下巻末、『定親全』五、転録篇、三〇四頁）

その解行といふは、罪悪生死の凡夫、弥陀の本願によりて十声・一声決定してむまると、真実にさとりて行ずる、これなり。ほかには、本願を信ずる相を現じて、うちには疑心をいだく、これは不真実のさとりなり。ほかには精進の相を現じて、うちには懈怠なる、これは不真実の行なり。虚仮の行なり。

（『三部経大意』『定親全』六、写伝篇(2)、一三頁）

として、衆生心における至誠、真実の域を出ないものと表現されていた『観経』三心の至誠心（真実心）に関して隆寛は『具三心義』巻上に、

問う。凡夫の心念を尋ぬれば心々顚倒ならざると云う事莫《な》し、虚偽ならざると云う事莫し。曇鸞の『注』に云わく、人天の諸善、若しは因、若しは果、皆是顚倒なり。皆是虚なり。……此の心念の中に真実を得んと欲せば、譬えば水の底に火を求めんが如し。又火の中に水を求めんが如し。難が中の難、誰か之を得可きや。

（『隆寛律師全集』一、真宗典籍刊行会、一九三九年、二七頁）

と『論註』上巻・不実功徳の文を根拠に、「凡夫の顚倒・虚偽の心念において真実を得ることなどできないのではないか」という問いを設け、それに対して、

答う。凡夫の心を以て真実と為すにはあらず。弥陀の願を以て真実と為す。真実の願に帰するの心なるが故に、所帰の願に約して真実心と名づく。

（『隆寛律師全集』一、二七頁）

として、凡夫の心を真実と言うことはできないが、如来の真実の願に帰する心であるがゆえに願に約して真実心と呼ぶと答え、次の問答、

問う。弥陀の本願真実なる義、何を以てか定むることを得るや。答う。曇鸞法師、『往生論』の「偈」の真実

功徳相の文を解して云わく。菩薩私に云わく、法蔵比丘なり。の智慧・清浄の業より起これる荘厳仏事は、法性に依りて清浄の相に入る。是の法顛倒せず、虚偽ならざれば、名づけて真実功徳相と為す。又云わく。法蔵菩薩、世自在王仏の所に無生忍を悟る。爾の時の位を聖種性と名づく。是の性の中に於て四十八の大願を発して、此の土を修したまえり。已上

（『隆寛律師全集』一、二七～二八頁）

で、弥陀の本願が真実であることの文証として上巻・真実功徳の文、性功徳の文を挙げている。

そしてさらに、

曇鸞の『注』に云わく。譬えば浄摩尼珠、之を濁水に置けば、水即ち清浄なるが如し。若し人無量の生死の罪濁有りと雖も、彼の阿弥陀如来の至極無生・清浄宝珠の名号を聞きて、之を濁心に投ぐれば、念々の中に罪滅し、心浄くして即ち往生することを得。已上　所発の願已に真実なるが故に所施の他力亦真実なり。他力真実の故に能帰の心に当って能く真実の益を招く。是の故に曇鸞は此れを以て如実の行と名づけて、如光明智相如名義相得を挙ぐ。

（『隆寛律師全集』一、二八～二九頁）

と下巻・浄摩尼珠の譬えを挙げて、真実の願に基づいて衆生に施される真実なる他力であるがゆえに衆生に真実の利益をもたらすと述べ、

而して今真実心とは、利他真実の願に帰するの心なり。利他の願に帰すとは、蓋し彼の仏名を称ずる是なり。

（『隆寛律師全集』一、四〇頁）

として、「南無阿弥陀仏」と称する衆生の至誠心は、如来の利他真実の願に帰する心であるがゆえに真実心であると結論している。

また、隆寛は、同じく『具三心義』において、『大経』本願の三心、『観経』の三心、『小経』の一心の一異を問

う中で、

問う。一心不乱を以て至誠心の義を為すは如何。答う。曇鸞の云わく、一心とは、彼の如来の名を念じて安楽国に生まれんと願ず。心々相続して他想間雑無し。已上 一日七日の称名、本願に帰して他無し。之を名づけて一心と為す。豈に至誠心に非ず哉。……明らかに知りぬ、一心と至心と其の義是同じ。

（『隆寛律師全集』一、二〇〜二一頁）

と、『論註』の註釈を通して天親の『浄土論』の一心と『大経』の至心、『観経』の至誠心、『小経』の一心が同じであるとし、さらには、善導「散善義」に説く五種正行（読誦・観察・礼拝・称名・讃嘆供養）に「一心に専ら彼の仏を礼する」「一心に専ら彼の仏を称する」……とある一心をも、

問う。一心の義如何。答う。曇鸞、『往生論』の「我一心」の文を解して云わく、無碍光如来を念じて安楽に生まれんと願ぜんこと、心々相続して他想間雑すること無けり。善導、『弥陀経』の「一心不乱」を解して云わく、七日七夜心間無し。已上 無間は『礼讃』に云わく、心々相続して余業を以て間来たらざるが故に、と。已上

（『隆寛律師全集』一、五四頁）

と、『浄土論』の一心、さらには『阿弥陀経』の一心と同じであると抑えている。

これら隆寛の思索が、後年の親鸞の、

光明寺の『観経義』に云わく。……『経』に云わく、「一者至誠心」。「至」は真なり。「誠」は実なり。一切衆生の身・口・意業の所修の解行、必ず真実心の中に作したまえるを須いることを明かさんと欲う。……正しく彼の阿弥陀仏因中に菩薩の行を行じたまいし時、乃至一念一刹那も、三業の所修、皆是真実心の中に作したまいしに由ってなり。凡そ施したまう所趣求を為す、亦皆真実なり。……又、若し善の三業を起こさば、必ず真

実心の中に作したまいしを須いて、内外・明闇を簡ばず、皆真実を須いるが故に、「至誠心」と名づく、と。

（傍点筆者、「信巻」所引「散善義」『定親全』一、一〇一～一〇三頁）

といった「至誠心」理解[9]、あるいは、

今三心の字訓を案ずるに、真実の心にして虚仮雑わること無し、正直の心にして邪偽雑わること無し。真に知りぬ、疑蓋間雑無きが故に、是を「信楽」と名づく。「信楽」は即ち是一心なり。一心は即ち是真実信心なり。是の故に論主建《はじ》めに「一心」と言えるなり、と。知る応し。

（『定親全』一、一一六頁）

信に知りぬ。「至心」・「信楽」・「欲生」、其の言異なりと雖も、其の意惟《これ》一なり。何を以ての故に、三心已に疑蓋雑わること無し。故に真実の一心なり、是を「金剛の真心」と名づく。金剛の真心、是を「真実の信心」と名づく。

（『定親全』一、一三二頁）

是を以て、四依弘経の大士、三朝浄土の宗師、真宗念仏を開きて濁世の邪偽を導く。三経の大綱、顕彰隠密の義有りと雖も、信心を彰して能入とす。故に『経』の始めに「如是」と称す。「如是」の義は則ち善く信ずる相なり。今三経を案ずるに、皆以て金剛の真心を最要とせり。真心即ち是大信心なり。大信心は希有・最勝・真妙・清浄なり。……今将に一心一異の義を談ぜんとす。当に此の意なるべしとなり。三経一心の義、答え竟《おわ》りぬ。

（『定親全』一、二九四頁）

といった「三心即一心」[10]「三経一心の義」理解に大きな影響を与えたであろうことは想像に難くない。

これらのことから見て、親鸞が『論』『論註』に出遇ったのは吉水時代であり、『観経註』への『論註』の文の書き入れは、他の文献からの「孫引き」ではなく、『論註』全文を通読した上での抜き書きであったろうと思われる。ただし、吉水時代、それも元久二年の改名以前の親鸞が、それが将来自らの思索の中核をなすものであると確信

できるほど、そして後年『教行信証』の中で自在に駆使、展開させていったほど、『論註』を自家薬籠中の物としていたとは考え難い。

当時の法然門下は、元久元年（一二〇四年）に比叡山大衆が座主真性に専修念仏停止を訴え、これに対して吉水側も十一月七日に『七箇条制誡』を門下に示して署名を求め、同日付の法然の起請文（『送山門起請文』）とともに叡山に提出、十三日には九条兼実も書状を認《したた》め座主に送るなどの対応によっていったんは沈静化した（元久の法難）ものの、翌年十月二十三日には興福寺の衆徒が朝廷に奏請し、その結果、建永二年（一二〇七年）二月に専修念仏の停止が重ねて宣下され法然および門弟への死罪・流罪が執行される（承元の法難）という騒然とした状況下にあり、『論註』を熟読して思索に沈潜できる環境であったとも思われない。

親鸞が『論』『論註』、そして『大経』に沈潜し、真にそれら血肉化し得たのは越後流罪以降であったと思わざるを得ない。この点に関してだけは筆者は、越後時代に「親鸞」と改名したとする通説と同意見なのである。

『観経註』には『往生礼讃』前序の文が裏書されてあり、そこには、

> 『往生礼讃』に云わく。「問うて曰わく。今人を勧めて往生せしめんと欲するは、未だ知らず、若為《いかん》が安心・起行・作業して定《さだ》んで彼の国土に往生するを得るや。答えて曰わく。必ず彼の国土に生れんと欲はん者は、『観経』の説の如き三心を具して必ず往生することを得。何等をか三と為る。一には至誠心、所謂身業に彼の仏を礼拝し、口業に彼の仏を讃嘆・称揚す。意業に彼の仏を専念し観察するなり。凡そ三業を起すに、必ず真実を須いるが故に至誠心と名づく。二には深心、即ち是真実の信心なり。自身は是煩悩を具足せる凡夫、善根薄少にして三界に流転して火宅を出でずと信知し、今弥陀の本弘誓願は、名号を称すること下至十声・一声等に及ぶまで、定んで往生を得と信知して、乃至一念も疑心有ること無し。故に深心と名づく。三には回向発願心、所作

の一切の善根、悉く皆回して往生を願う。故に回向発願心と名づく。此の三心を具して必ず往生を得るなり。若し一心少《かけ》ぬれば即ち生を得ず。『観経』に具《つぶさ》に説くが如し。応に知るべし。

又、天親の『浄土論』に云うが如し。若し彼の国に生れんと願ずること有らん者は、五念門を修せしむること を勧む。五門若し具しぬれば定んで往生を得ん。何者をか五と為る。一には身業礼拝門、所謂一心専至し恭敬し合掌し香華をもって供養し、彼の阿弥陀仏を礼拝するなり。礼するには即ち専ら彼の仏を礼りて、命畢《おわ》るを期と為して余の礼を雑えざれ。故に礼拝門と名づく。二には口業讃嘆門、所謂意を専らにして、彼の仏の身相・光明、一切の聖衆の身相・光明、及び彼の国の中の一切の宝荘厳・光明等を讃嘆す。故に讃嘆門と名づく。三には意業憶念観察門、所謂意を専らにして、彼の仏及び一切の聖衆の身相・光明、国土の荘厳等を念観す。『観経』に説くが如し。唯し睡時を除きては、此の事等を恒に憶し恒に念じ恒に想し恒に観ず。故に観察門と名づく。四には作願門、所謂心を専らにして、若しは昼、若しは夜、一切の時、一切の処に、三業・四威儀、所作の功徳、初中後を問わず、皆須く真実心の中に願を発して、彼の国に生ぜんと願ずべし。故に作願門と名づく。五には回向門、所謂心を専らにして、若しは自作の善根、及び一切の三乗五道、一一の聖凡等の所作の善根、深く随喜を生ずること、諸仏・菩薩の所作の随喜の如く、我も亦是の如き随喜す。此の随喜の善根、及び己が所作の善根を以て、皆悉く衆生と之を共に、彼の国に回向す。故に回向門と名づく。又彼の国に到り已って、六神通を得、生死に回り入りて衆生を教化し、後際を徹窮して心に厭足無く、乃至成仏までにす。亦回向門と名づく。五門既に具して定んで往生を得ん。一一の門、上の三心と合して、随いて業行を起さば、多少を問はず、皆真実の業と名づくるなり、応に知るべし。」

（『定親全』七、註釈篇、三一〇〜三一三頁）

として『浄土論』の五念門が「安心」（三心）に対する「起行」として挙げられている。

善導はここで『浄土論』の五念門の礼拝・讃嘆・作願・観察・回向の順序を、礼拝・讃嘆・観察・作願・回向と入れ替えて、至誠心をもって、身業に阿弥陀仏を礼拝し、口業に讃嘆し称揚し、意業に専念し観察せよ。深心をもって「自身は是煩悩を具足せる凡夫、善根薄少にして三界に流転して火宅を出でず、今弥陀の本弘誓願は名号を称すること下至十声・一声等に及ぶまで定んで往生を得しむ」と疑心なく信知せよ。回向発願心をもって、心を専らにして往生を作願し、所作の一切の善根を悉く皆回向せよ、と説いている。

この注記から延塚知道氏は、吉水時代の親鸞が『浄土論』の五念門を善導に倣って「衆生の実践行」であると了解していた可能性を指摘されている(11)。

第二項　信心一異の諍論

一、「諍論」の時期

善導教学の学びに専念していた親鸞が、『論註』に傾倒していく重大な契機となった出来事と筆者が考えるのが、『歎異抄』の「後序」、覚如の『親鸞伝絵』上巻末の第七段「信心諍論」が伝えるいわゆる「信心一異の諍論」である。

乗専の『慕帰絵詞』巻三は、

将又、安心をとり侍るうへにも、なを自他解了の程を決せんがために、正応元年冬のころ、常陸国河和田唯円房と号せし法侶上洛しけるとき、対面して日来不審の法文にをいて善悪二業を決し、今度あまたの問題をあげて、自他数遍の談にをよびけり。かの唯円大徳は鸞聖人の面授なり、鴻才弁説の名誉ありしかば、これに対してもますます当流の気味を添けるとぞ。（『真聖全』三、七八〇頁）

と、覚如が正応元年（一二八八年、親鸞入滅二十六年後）冬に上洛した唯円と対面し、法義に関して種々質問したことを記している。

この折おそらく覚如は唯円から『歎異抄』を授けられ、その記述に基づいて永仁三年（一二九五年）十月中旬、『伝絵』初稿本を制作したと思われる。

ここで問題となるのが、「諍論」の時期が元久二年（一二〇五年、親鸞三十三歳）閏七月の改名の前なのか、それとも後なのかである。

「諍論」がいつ行われたかについては従来これといった定説はなく、『歎異抄』も『伝絵』もその時期を明記してはいない。

ただ、覚如以来、親鸞は元久二年に「善信」と改名したと考えられてきており、『伝絵』が第五段「選択付嘱」の後に第六段「信行両座」、第七段「信心諍論」が来る構成であることと併せて、「信心一異の諍論」は改名以降の出来事であると見られてきた。

良空の『正統伝』も「三十四歳［筆者注・建永元年］八月十六日」の出来事とし、良空開版の伝存覚『正明伝』でも「建永元年丙寅秋のころ」とされている。[12][13]

しかし、「善信」が吉水入室以来の房号であり、元久二年の改名が「親鸞」へのそれであるとすれば、論争の時期が元久二年閏七月以前である可能性も当然生じてくる。

春木憲文氏は、当時の史料から見て「元久元年十一月を境として法然門下の議論は内外を問わず避けられる傾向にあった」とされている。

元久元年（一二〇四年）十一月七日付の『七箇条制誡』には、

一、無智の身を以て有智の人に対し、別行の輩に遇いて、好みて諍論を致すことを停止す可き事。……

一、別解・別行の人に対し、愚痴偏執の心を以て、当に本業を棄て置くべしと称して、強ちに之を嫌い嗤《わら》うことを停止す可きの事。

一、未だ是非を弁えざる痴人、聖教を離れ、師説に非ざる、恣に私義を述べ、妄りに諍論を企て、智者に咲《わら》われ、愚人を迷乱することを停止す可き事。（『昭法全』七八七～七八八頁）

といった「別解・別行の人」「有智の人」（法然門流以外）との「諍論」（論争）を禁じる制誡があり、これらの制誡の背後には、法然門人と門下外との間、あるいは門下内においても激しい論争、もしくは誹謗の応酬が交わされた状況が想像される。

事実、翌元久二年十月の『興福寺奏状』にも、

今一仏の名号を執して、都《すべ》て出離の要路を塞ぐ。唯に自行のみにあらず、普く国土を誡め、唯に棄置するのみにあらず、剰《あまつさ》え軽賤に及ぶ。而る間、浮言雲のごとく興り、邪執泉のごとく涌く。或いは法花経を読むの者は地獄に堕つと云い、或いは法花を受持して浄土の業因と云う者は、是大乗を謗る人なりと云々。（「第四　万善を妨ぐる失」『日本思想大系15　鎌倉旧仏教』三一三頁上段）

願う所は、只諸宗と念仏と、宛《あた》かも乳水の如く、仏法と王道と、永く乾坤《けんこん》に均しからん。而るに諸宗は皆念仏を信じて異心なしと雖も、専修は深く諸宗を嫌い、同座に及ばず。水火並び難く、進退惟谷《これきわ》まる。

（「第九　国土を乱る失」『日本思想大系15　鎌倉旧仏教』三一五頁下段）

といった「深く諸宗を嫌」って「法花経を読むの者は地獄に堕つ」「法花を受持して浄土の業因と云う者は、是大乗を謗る人なり」と誹謗する「専修」（法然門流）への批難が書き連ねられており、『三長記』の翌元久三年二月三十日条には、

今朝、源空聖人の一弟二人、念仏を弘通せんが為、諸仏諸教を謗るに依りて、罪名を勘せらる。中宮権大夫に宣下し了んぬ。其の状、此の如し。

元久三年二月卅日　宣旨

沙門行空、忽ちに一念往生の義を立つ。故に十戒毀犯の業を勧め、恣《ほしいまま》に余仏の願を謗り、還りて念仏行を失す。沙門遵西、専修と称し余教を毀破す。我執に任せ衆善を遏妨す。宜しく明法博士をして件の二人の罪名を勘申せしむべし。

蔵人頭左中弁藤原長兼　奉ず

件の両人、遵西は安楽房なり。行空は法本房なり。行空に於ては殊に不当なるに依りて、源空上人、一弟を放ち了んぬ。

（傍点筆者、『増補史料大成』三一、一八二頁下段～一八三頁上段）

として、法本房行空・安楽房遵西の言動を指弾し、両名の罪名を勘案上申せよと中宮権大夫に下された同日付の「宣旨」が記載されている。

元久元年十一月七日付に源空名で提出された『送山門起請文』には、

此等の子細、先年沙汰の時、起請を進じ了りぬ。其の後今に変らず、重ねて陳ぶるに能わずと雖も、厳誡既に重畳するの間、誓状又再三に及ぶ。

（『漢語灯録』巻十、『真聖全』四、五三六頁）

とあり、起請文の提出もこの時が最初ではなく既に何回か行われていたことが窺われるし、当然、門下外との論争を禁じる門弟への制誡もなされていたと思われる。

また、門弟間の議論においても、「没後起請」（一。葬家追善の事）に、

籠居の志有らん遺弟同法等《ら》、全く一所に群会する可からざるものなり。其の故何《いか》んとなれば、復和合するに似たりと雖も集まれば則ち闘諍を起こす、此の言誡《ことば》なるかな、甚だ謹み慎む可し。若し然らば我が同法等、我が没後に於て、各住各居して、会わざるには如かじ、闘諍の基なる由は、集会の故なり。羨《ねが》わくは我が弟子同法等、各閑《しずか》に本在の草案に住し、苦《ねんごろ》に我が新生の蓮台を祈る可しと、努々《ゆめゆめ》一所に群居すとも、諍論を致して忿怨を起こすこと莫れ。恩志を知ること有らん人は、毫末も違す可からざるものなり。

（傍点筆者、『指南抄』中巻末、『定親全』五、転録篇、一七一～一七二頁）

と自身亡き後の門弟の集会を固く禁じていることから見て、「没後起請」の記された建久九年（一一九八年）頃には既に門人同士の議論が激しい感情的対立を招き、没後の門弟間の分裂・対立が懸念される状況であったことが察せられる。

斎木一馬氏に拠れば、元久二年（一二〇五年）十二月または翌建永元年十二月のものと推定される奈良県興善寺所蔵の――昭和三十七年（一九六二年）、同寺阿弥陀如来立像胎内から発見された――正行房宛ての「源空書状断簡」「証空書状断簡」「親蓮書状」「欣西書状」からは、南都北嶺への無用の刺激を避けるために門人らの京都集住を禁じて地方へ分散させた法然の配慮が窺われるとされているし[14]、聖光房弁長の元久元年八月の唐突な離京、九州への帰郷も同様の事情によるものと思われる。

これらの点から、春木氏は、「元久元年十一月を境として法然門下の議論は内外を問わず避けられる傾向にあ」

り、『信心諍論』は弾圧への危機が高まる建永元年ではなく、元久元年十一月以前の出来事」ではなかったかと推察されている。(15)

「信心諍論」が選択付嘱・真影図画以前の事であったとすれば、この「諍論」こそが親鸞をして元久二年に「親鸞」と改名せしめる出発点であり、さらには後年『教行信証』における種々の思索を展開していく上での課題を授けられた、まさしく親鸞の「原点・原体験」とも言える出来事であったと考え得るのではないだろうか。

二、「諍論」の意義

『歎異抄』に拠れば、親鸞は同じ吉水の門侶の前で次のように発言した。

善信が信心も聖人の御信心もひとつなり、（『定親全』四、言行篇(1)、三四～三五頁）

この親鸞の発言に対して勢観房源智（一一八二～一二三八）、念仏房良鎮（一一五七～一二五一）らが、

いかでか聖人の御信心に善信房の信心ひとつにはあるべきぞ、（『定親全』四、言行篇(1)、三五頁）

と反駁したが、これに対して親鸞は、

聖人の御智慧才覚ひろくおはしますに一ならんとまふさばこそひがごとならめ、往生の信心においては、またくことなることなし、たゞひとつなりと（『定親全』四、言行篇(1)、三五頁）

と「御智慧才覚」といった個人的資質・属性に左右されることのない本願の信の等質性を主張した。

しかしこの返答に対してもなお、

いかでかその義あらん（『定親全』四、言行篇(1)、三五頁）

と疑義が挟まれたため、一同は法然に裁可を求めた。

これに対して法然は、

源空が信心も如来よりたまはりたる信心なり、善信房の信心も如来よりたまはらせたまひたる信心なり、さればたゞひとつなり、別の信心にておはしまさんひとは、源空がまひらんずる浄土へは、よもまひらせたまひさふらはじと、

（『定親全』四、言行篇(1)、三五～三六頁）

と答えたという。

「弁長に語った法語」

われらはこれ烏帽子もきざるおとこ也。十悪の法然房が念仏して往生せんといひてゐたる也。又愚痴の法然房が念仏して往生せんといふ也。安房の助といふ一文不通の陰陽師が申す念仏と、源空が申す念仏とまたくかはりめなしと。

（『和語灯録』巻五、『真聖全』四、六七七～六七八頁）

源空が念仏もあの阿波の介の念仏に全くをなじことなり。もしさりともすこしはかはりたるらんと、おもはん人は、つやつや念仏をしらざる人なり。金はにしきにつつめるも、わらつとにつゝめるも、おなじこがねなるがごとし。

（『法然聖人絵』巻二、『法伝全』五三一頁上段）

からも知られるように、法然自身も「念仏」の同一性、等質性を語っている。

しかし、一生不犯の清僧であり、比叡山において「智慧第一の法然房」と讃えられ、なおかつ日課六万遍乃至七万遍の念仏を修する法然という稀有な宗教的人格の個人的資質に還元され、『選択集』の付嘱を受けた弁長でさえ、法然の、

あの阿波介が申念仏と源空が申念仏と、いづれがまさる

との質問に対して、

いかでかさすがに御念仏にはひとしく候べき

と返答して、

【筆者試訳】さすがにあの阿波の介の念仏が聖人のお念仏に等しいとまでは言えないのではないでしょうか？

されば日来浄土の法門とてはなにごとをきかれけるぞ。あの阿波介も仏たすけ給へとおもひて南無阿弥陀仏と申す。源空も仏たすけ給へとおもひて南無阿弥陀仏とこそ申せ。更に差別なきなり

とその不興を買ったという(16)。

機の優劣を問題としない法然におけるこの念仏の同一性の主張は、第十八願を「念仏往生の願」、すなわち「弥陀如来、余行を以て往生の本願と為《せ》ず、唯念仏を以て往生の本願と為《し》たまえる」(17)「選択本願」であるとする本願理解にその根拠が求められる。

『選択集』「本願章」に、

乃至第十八の念仏往生の願は、彼の諸仏の土の中に於て、或いは布施を以て往生の行と為《す》るの土有り。或いは持戒を以て往生の行と為るの土有り。或いは忍辱を以て往生の行と為るの土有り。……即ち今前の布施・持戒、乃至孝養父母等の諸行を選捨して、専称仏号を選取す。故に選択と云うなり。……故に知りぬ、念仏は易きが故に一切に通ず。諸行は難きが故に諸機に通ぜず。然れば則ち一切衆生をして平等に往生せしめんが為に、難を捨て易を取りて、本願と為たまえるか。……然れば則ち弥陀如来、法蔵比丘の昔、平等の慈悲に催されて、普く一切を摂せんが為に、造像起塔等の諸行を以て往生の本願と為たまわず。唯称名念仏一行を以て其の本願と為たまえるなり。

(『浄聖全』一、一二六九～一二七二頁)

とあるように法然は第十八願を、弥陀が「平等の慈悲に催されて」「一切衆生をして平等に往生せしめんが為に」「一切に通じ」る「易き」念仏、「専称仏号」の一行を往生の行と選び取った本願と理解した。

問いて曰わく。何が故ぞ五種の中に独り称名念仏を以て正定の業と為るや。答えて曰わく。彼の仏の願に順ずるが故に。意は云わく、称名念仏は是彼の仏の本願の行なり。故に之を修すれば、彼の仏の願に乗じて必ず往生を得るなり。（「二行章」『浄聖全』一、一二六一頁）

称名念仏が本願の行、如来の本願において選択された往生行であるがゆえに必ず往生を得ることが可能であり、そこに機の優劣は問題とされないはずなのである。

だからこそ法然は阿波の介の念仏と自分の念仏とに違いがあると答えた弁長を、「日来浄土の法門とてはなにごとをきかれけるぞ」（お前は一体日頃何を学んできたのだ）と厳しく叱責したわけであるが、当時の吉水教団には、このような「機」の優劣と同時に、「行」の多寡を問題とするいわゆる「一念・多念」の激しい論争・対立も存在していた。

隆寛はこの対立を、

念仏の行につきて、一念多念のあらそひ、このごろさかりにきこゆ。これはきはめたる大事なり、よくよくつゝしむべし。一念をたて、多念をきらひ、多念をたて、一念をそしる、ともに本願のむねにそむき善導のをしへをわすれたり。（傍点筆者、『一念多念分別事』『定親全』六、写伝篇(2)、七五頁）

と、念仏が「本願の行」であることを忘れた、本願そのものに背離した所業であると批難している

そのような状況の下、親鸞は行の多寡ではなく仏願に順ずる信こそが問題であると看破し、仏願に順ずる行であるがゆえに同一である念仏を仏願に順ずる信心に根源化し、同一の信心を主張したのである。

後年親鸞は、「伝承の巻」（曾我量深）とされる「行巻」のいわゆる「名号釈」において、善導『観経疏』「玄義分」のいわゆる「六字釈」、

「南無」と言うは即ち是帰命なり、亦是発願回向の義なり。「阿弥陀仏」と言うは、即ち是其の行なり。斯の義を以ての故に必ず往生を得と。

（『定親全』九、加点篇(3)、三一頁）

を釈して、諸仏が称揚讃嘆する名号を次のように抑えている。

爾れば、「南無」の言は帰命なり。「帰」の言は至なり。又帰説《えつ》［左訓・よりたのむなり］なり、説字《えつ》悦音。又帰説《さい》［左訓・よりかかるなり］なり、説字税の音、悦税二つの音、告《つぐる》なり、述《のぶ》なり、人の意を宣《のぶる》述するなり。「命」の言は業なり、招引《まねきひく》なり、使なり、教なり、道なり、信《めし》なり、計《はからう》なり、召《めす》なり。是を以て、「帰命」は本願招喚の勅命なり。「発願回向」と言うは、如来已に発願して、衆生の行を回施したまうの心なり。「即是其行」と言うは、即ち選択本願是なり。

（『定親全』一、四八頁）

親鸞はまた、『尊号真像銘文』において、

「帰命尽十方無碍光如来」とまふすは、帰命は南無なり、また帰命とまふすは如来の勅命にしたがふこゝろ也、

（『定親全』三、和文篇、八六頁）

「言南無者」といふは、すなわち帰命とまふすみことば也。帰命はすなわち釈迦・弥陀の二尊の勅命にしたがひてめしにかなうとまふすことばなり。このゆへに「即是帰命」とのたまへり。

（『定親全』三、和文篇、九三頁）

と、帰命を「如来の勅命にしたがうこころ」「勅命にしたがいて、めしにかなう」としている。

如来の「選択本願」とは、衆生に行（称名）としての名号を与えて、「阿弥陀如来の本願に帰命せよ」と教え、招き引き、召し、信ぜし（使）め、「南無阿弥陀仏とたのませたまひてむかへむと、はから（計）はせたまひたる」(18)

（『獲得名号自然法爾御書』）「招喚の勅命」であり、その「勅命にしたが」う「帰命」の信心とは、その勅命を聞き取（至）った衆生のいわば「応答」（表白。告・述・宣言）であると言える。

しかし、その信心に関してもやはり行と同様、各人の資質・個性等に左右される人間の心理の一種と解釈されたのであろう。

『十二箇条の問答』には、法然が至誠心・深心・回向発願心の『観経』の三心について語った次のような法語が伝えられている。

法然は三心をそれぞれ、

はしめ（初）に至誠心といふ（云）は真実心也と釈するは、内外とゝのほ（調）れる心也。何事をするにもま事（誠）しき心なくては成就する事なし。……、ま事（誠）の心さし（志）をも（以）て、穢土をもいと（厭）ひ浄土をもねか（願）へと、おしふ（教）る也。次に深心といふ（云）は仏の本願を信する心也。われ（我）は悪業煩悩の身なれとも、ほとけ（仏）の願力にて、かなら（必）す往生するなりとい（云）ふ道理をき（聞）て、ふか（深）く信して、つゆちり（露塵）はかり（計）もうたか（疑）はぬ心也。人おほ（多）くさまたけ（妨）んとして、これ（是）をにくみ（悪）、これ（是）をさへきれとも、これ（是）により（依）て心のはたらかさるを、ふか（深）き信とは申也。次に回向発願心といふ（云）は、わか（我）修するところ（所）の行を回向して、極楽にむま（生）れんとねか（願）ふ心也。わか（我）行のちから（力）、わか（我）心のいみしくて往生すへしとはおも（思）はす、ほとけ（仏）の願力のいみしくおはしま（御坐）すによりて、むま（生）るへくもなき物もむま（生）るへしと信して、いのち（命）おは（終）らは仏かなら（必）すきた（来）りてむか（迎）へ給へと思ふ心を、金剛の一切の物にやふ（破）られさるかこと（如）く、こ（此）の心をふか（深）く信して、臨終まて（迄）もとおりぬれは、十人は十人なからむま（生）れ、百人は百人なからむま（生）るゝ也。（傍点筆者、『昭法全』六七六～六七七頁）

と、念仏往生を信ずる心に自然に至誠心・深心・回向発願心の『観経』の三心が具足すると説くのである。

内外相応して「矯飾なく、表裏なき」[19]（『指南抄』中巻本）「ま事しき心」「ま事の心ざし」（至誠心）、本願を深く信じて露・塵ほども疑わず、さまざまな人の誹謗中傷にも動転しない心（深心）、仏願力に依る来迎往生を深く信じて金剛のごとく一切の物に破られず、臨終まで貫徹する心（回向発願心）。

これらの表現から見れば本願に順ずる信心もまた、各人の機根によって差異、浅深を生じ、しかも外的状況によって刻々と変転する人間心理の一つ、つまりは日常意識内の信（自力各別の信）と理解されても致し方ない。また、日課六万遍ないし七万遍の称名に及んだ法然は比類なき「金剛」「堅固」の「深信」の人と理解されていたはずであり、勢観房・念仏房らの、

いかでか聖人の御信心に善信房の信心ひとつにはあるべきぞ、

といった発言も無理からぬものがある。

もちろん法然においても、そのような高弟たちの見方に対して、

たゞし、この至誠心はひろく定善・散善・弘願の三門にわたり釈せり。これにつきて惣別の義あるべし。惣といふは自力をもて定散等を修して往生をねがふ至誠心なり。別といふは他力に乗じて往生をねがふ至誠心なり。そのゆへは『疏の玄義分』の序題の下にいはく、「定はすなわちおもひをとゞめてこゝろをこらし、散はすなわち悪をとゞめて善を修す。この二善をめぐらして往生をもとむるなり。弘願といふは、『大経』にとくがごとし。一切善悪の凡夫、むまるゝことをうるは、みな阿弥陀仏の大願業力に乗じて増上縁とせずといふことな

し」といへり。自力をめぐらして他力に乗ずることあきらかなるものか。……すべてこの三心、念仏および諸行にわたりて釈せり。文の前後によりてこゝろへわかつべし。

（傍点筆者、『三部経大意』『定親全』六、写伝篇(2)、一五〜一七頁）

と至誠心に「惣別の義」を立て、その所以を、

善導和尚釈しのたまはく、「至といふは真なり、誠といふは実なり、一切衆生の身口意業に修するところの解行、必ず真実心の中になすべきことをあかさむとす。……真実に自他の諸悪及穢国等を制捨して、一切菩薩とおなじく、諸悪をすて諸善を修し、真実の中になすべし」といへり。このほかおほくの釈あり、すこぶるわれらが分にこえたり。

（『三部経大意』『定親全』六、写伝篇(2)、一三〜一五頁）

自他の諸悪をすて三界六道毀厭して、みな専真実なるべし。かるがゆへに、至誠心となづくといふ。これらは惣の義なり。ゆへはいかむとなれば、深心の下に「罪悪生死の凡夫、曠劫よりこのかた出離の縁あることなしと信ずべし」といへり。もしかの釈の如く、一切菩薩とおなじく諸悪をすて行住坐臥に真実をもちゐるは悪人にあらず、煩悩をはなれたるものなるべし。かの分断生死をはなれ初果を証したる聖者、なほ貪・瞋・痴等の三毒をおこす。いかにいはむや、一分の悪おも断ぜざらむ罪悪生死の凡夫、いかにしてかこの真実心を具すべきや。このゆへに、自力にて諸行を修して至誠心を具せむとするものは、もはらかたし、千が中に一人もなしといへる、これなり。

（『三部経大意』『定親全』六、写伝篇(2)、一六〜一七頁。以上、傍点筆者）

として、曠劫已来出離の縁なき罪悪生死の凡夫である自分が、一切の菩薩のごとく、自力の諸行において至誠心（真実心）を具することなど不可能に近い、すこぶる分を超えた営為に他ならないと述べているし、文中には「自力をめぐらして他力に乗ずる」といった、『歎異抄』第十六章が、

その回心は、日ごろ本願他力真宗をしらざるひと、弥陀の智慧をたまはりて、日ごろのこゝろにては往生かなふべからずとおもひて、もとのこゝろをひきかへて、本願をたのみまひらするをこそ、回心とはまふしさふらへ。（傍点筆者、『定親全』四、言行篇(1)、三〇頁）

と伝えるように、本願の念仏が日常意識の信の延長線上にではなく回心によって成立することを示唆する表現もないわけではない。

しかし、この場合にも、

◇惣＝定善・散善（諸行）＝自力を修して往生を願う至誠心
◇別＝弘願（念仏）＝他力に乗じて往生を願う至誠心

であり、あくまで諸行と念仏における自力他力の弁別であって、専修念仏そのものにおける自力性・他力性の差異が問題とされているわけではない。

また、法然は他力を、たとえば『念仏往生要義抄』の、

たゞひとすぢにわが身の善悪をかえり見ず、決定往生せんとおもひて申すを他力の念仏といふ。たとへば麒麟の尾につきたる蠅の、ひとはねに千里をかけり、輪王の御ゆきにあひぬる卑夫の、一日に四天下をめぐるがごとし。これを他力と申す也。又おほきなる石をふねにいれつれば、時のほどにむかひのきしにとづくがごとし。またくこれは石の力にはあらず、ふねのちからなり。それがやうに、われらがちからにてはなし。阿弥陀ほとけの御ちから也。これすなはち他力なり。（『和語灯録』巻二、『真聖全』四、五九一頁）

との記述、あるいは『往生浄土用心』の、

この様をふかく信じて、念仏おこたらず申て、往生うたがはぬ人を、他力信じたるとは申候也。世間の事にも

他力は候ぞかし、あしなえ、こしゐたる物の、とをきみちをあゆまんとおもはんに、かなはねば船車にのりてやすくゆく事、これわがちからにあらず、乗物のちからなれば他力也。あさましき悪世の凡夫の諂曲の心にて、かまへつくりたるのり物にだに、か丶る他力あり。まして五劫のあひだおぼしめしさだめたる本願他力のふね・いかだに乗なば、生死の海をわたらん事、うたがひおぼしめすべからず。しかのみならず、やまひをいやす草木、くろがねをとる磁石、不思議の用力也。……まして仏法不思議の用力ましまさゞらんや。

（『拾遺語灯録』巻下、『真聖全』四、七六五頁。以上、傍点筆者）

といった記述において、念仏して他力に乗ずる衆生を、「麒麟の尾に着きたる蝿」「輪王の行幸《みゆき》にあいぬる卑夫」「船に入れた大きなる石」「船・車に乗った足腰の萎えた者」、その仏法不可思議の力用を「病いを癒す草木」「鉄《くろがね》を採る磁石」等に譬えているが、これらの文において衆生を往生せしむる本願他力はあくまで乗ずべき「増上縁」――「すぐれたる強縁」[20]（『尊号真像銘文』）と抑えられている。

つまり法然において信心は、如来の本願他力に乗じて必ず往生をとげると深く信ずる心と表現されているのであるが、「信心諍論」においては、法然自らが「如来を信ずる信心」のみならず「如来よりたまわる信心」「如来よりたまわらせたる信心」として、他の発言と比較してきわめて〝跳躍〟した発言を行っているのである。

筆者は法然のこの発言こそが、親鸞が「他力の信」を、「他力を信ずる信心」ではなく「他力回向の信心」として開顕していく上での、言い換えれば『大経』『論』『論註』の教説へと沈潜していく上での欠かすことのできない原点となったのではないかと考える。

他力の信心とかう申しますことは、一応は他力を信ずる信心と云ふことでもある。即ち、信心はこれ能信、他力は即ち所信と云ふ様に解釈されてゐるものと思ふ。しかしながら、斯かる意味に於ての他力信心といふことがあるならば、これは浄土教一般の他力の意味であらうと思ふ。必ずしも浄土真宗に限らないのである。所信が他力の本願とすると、能信は自力か他力か未決定である。然れば浄土真宗に於ける他力信心の真実の意味は何れにありやといへば、他力より回向したまへる信心で、他力を単に信ずる信心といふことではない。他力回向の信心といふことになる。

（曾我量深『歎異抄聴記』『曾我選』六、五七頁）

周知のごとく、親鸞は「伝承の巻」（曾我量深）である「行巻」において衆生の信を如来の招喚に対する応答と抑えたにとどまらず、「己証の巻」（曾我量深）である「信巻」においてそれを、自らの内に発起した信心でありながら自分で起こしたもの（自力）と言うわけにはいかない信心、自分の内に発起の因を見出し得ない「無根の信」[21]（「信巻」）、「如来選択の願心より発起」せる「信楽」（以上、「別序」[22]）、すなわち「阿弥陀如来の清浄願心の回向成就したまう所[23]」（「真実信・総結」）の「本願力回向の信心[24]」（「信一念釈」）であると説いたのである。

この法然の発言こそが、親鸞における「真実信心」開顕の出発点となったのであり、親鸞がまさしく「釈の親鸞」となっていくための決定的な分岐点となった教言と言えるのではなかろうか。だからこそ親鸞はこの「信心諍論」を自己の人生における必須のエピソードとして門弟たちに語り続けたのではなかろうか。

また、この時法然は、

源空が信心も如来よりたまはりたる信心なり、善信房の信心も如来よりたまはらせたまひたる信心なり、さればたゞひとつなり、

（『定親全』四、言行篇(1)、三五頁）

と語るのみならず、

別の信心にておはしまさんひとは、源空がまひらんずる浄土へは、よもまひらせたまひさふらはじと、

（『定親全』四、言行篇(1)、三五～三六頁）

とまで語っている。

法然と同一の信心とはいかなるものであるかという課題とともに、法然とは「別の信心」とは何か。「源空がまいらんずる浄土」とは何か。「別の信心にておはしまさんひと」が往生する浄土とは何か。これらの課題もまた親鸞はこの時法然から与えられたのだと言える。

後年親鸞は、「かさまの念仏者のうたがひとわれたる事」と題する建長七年（一二五五年、八十三歳）十月三日付の「真蹟書簡」（専修寺蔵古写書簡「念仏者疑問」では建長八年四月十三日付）において、次のような「聖人のおほせごと」（法然の法語）を記している。

> また他力と申ことは、弥陀如来の御ちかひの中に、選択摂取したまへる第十八の念仏往生の本願を信楽するを他力と申なり。如来の御ちかひなれば、他力には義なきを義とすと、聖人のおほせごとにてありき。義といふことは、はからうことばなり。行者のはからひは自力なれば義といふなり。他力は本願を信楽して往生必定なるゆへにさらに義なしとなり。……自力の御はからいにては真実の報土へむまるべからざるなり。行者のおの〳〵の自力の信にては、懈慢・辺地の往生、胎生・疑城の浄土までぞ、往生せらるゝことにてあるべきとぞ、うけたまはりたりし。
>
> （傍点筆者、『真蹟書簡』一、『定親全』三、書簡篇、三～四頁）

「信心諍論」の際の法然の発言とこの「聖人のおおせごと」を対比してみると、「源空がまいらんずる浄土」が「真実の報土へうまる」に、「（源空と）別の信心」が「行者のおのおのの自力の信」に、「源空がまいらんずる浄土へは、よもまいらせたまいそうらわじ」が「真実の報土へむまるべからざるなり」「懈慢・辺地の往生、胎生・疑城の浄土までぞ、往生せらるる」と見事な対応をなしている。

念仏往生の本願を信楽する信心によって真実報土への往生がかなうのは、その信心が行者のおのおのの自力の信ではない「他力」の信、すなわち本願力回向成就の信であるからに他ならない。

専修念仏の行者が各々立てる種々の「義」、たとえば「専修賢善計」に対して、「わがみのわるければ、いかでか如来むかへたまはむとおもふべからず(25)」(「真蹟書簡」)「わがこゝろよければ往生すべし、とおもふべからず(26)」(「真蹟書簡」)と断言できるのは、往生が行者の自力のはからい(義)を超えた他力に依るものであるからに他ならない。

親鸞が『教行信証』の「己証の巻」、「信巻」から「化身土巻・本」までで展開した課題が、既にこの時法然によって与えられ、先駆的に開示されていたことが知られる。

「信心一異の諍論」からこの「書簡」が書かれるまでの約五十年間、親鸞は法然の教言を憶念し、思索し続けてきたのである。

周知のごとく、「源空がまいらんずる浄土」の開顕を主題とした「真仏土巻」には、『浄土論』からは「偈頌」の帰敬序・清浄功徳・量功徳が、、『論註』からは下巻・清浄功徳の文、上巻・性功徳の文等の六文と『讃阿弥陀仏偈』の文が引かれ、

又云わく。不可思議力は、揔《すべ》て彼の仏国土の十七種荘厳功徳力、不可得思議なることを指すなり。諸経に説きて言わく、「五種の不可思議有り。……五つには仏法力不可思議なり。此の中に仏土不可思議に二種の力有り。一つには業力、謂わく法蔵菩薩の出世の善根と大願業力の所成なり。二つには正覚の阿弥陀法王の善く住持力をして摂したまう所なり。」又云わく。「自利利他を示現すというは、略して彼の阿弥陀仏の国土の十七種の荘厳功徳成就を説きつ。如来の自身利益大功徳力成就と、利益他功徳成就とを示現したまえるが故に」とのたまえり。……「不虚作住持功徳成就」は、蓋し是阿弥陀如来の本願力なり。乃至 言う所の不虚作住持は、本《もと》法蔵

菩薩の四十八願と、今日の阿弥陀如来の自在神力とに依ってなり。
（「真仏土巻」所引、『論註』『定親全』一、二五二～二五四頁）

として、阿弥陀仏の浄土が「真仏土」、如来の「大悲の誓願に酬報」して国土の十七種荘厳功徳力を成就した「真の報仏土[27]」（以上、「真仏土巻」）であることを顕らかにしている。

また、「法然と『別の信心にておわしまさん人』が往生する浄土」、すなわち「大悲の願海に酬報」しながらも「仮の仏土の業因千差なれば、土も復千差」となる「方便化身・化土[28]」（以上、真仏土巻）を顕かにする「化身土巻（本）」で取り上げた胎生・辺地、仏智疑惑・不了仏智の問題を、曇鸞は早くに『略論安楽浄土義』で、『大経』下巻・「智慧段」の文を引いて取り上げている。

「信心諍論」の発端となった親鸞の「善信が信心も聖人の御信心もひとつ」との発言であるが、もしかしたらそれは、前掲の法然の「源空が念仏もあの阿波の介の念仏に全く同じ」（『法然聖人絵』）との発言に触発されてのものでなかっただろうか。

『浄土論』の「如来浄華の衆は正覚の華より化生す[29]」（眷属功徳）の偈文を註釈した『論註』の文には「同一に念仏して別の道無きが故に」の一句がある。

「荘厳眷属功徳成就」とは、「偈」に「如来浄華衆正覚華化生」と言えるが故に。
此れ云何ぞ不思議なるや。凡そ是雑生の世界には、若しは胎、若しは卵、若しは湿、若しは化、眷属若干なり、苦楽万品なり、雑業を以ての故に。彼の安楽国土は、是阿弥陀如来正覚浄花の化生する所に非ざること莫《な》し。同一に念仏して別の道無きが故に。遠く通ずるに、夫れ四海の内皆兄弟と為るなり。眷属無量なり。焉んぞ思議す可きや。
（『定親全』八、加点篇(2)、九八頁）

親鸞は「証巻」にこの全文を引くとともに「真仏土巻」掉尾に、

選択本願の正因に由って、真仏土を成就せり。……往生と言うは、……『論』には「如来浄華衆正覚華化生」と曰えり。又は「同一に念仏して無別の道故」と云えり。已上 又「難思議往生」と云える是なり。

（『定親全』一、二六五〜二六六頁）

と、それぞれを「難思議往生」を語る文として挙げている。

親鸞が吉水入室後早くにこの『論註』の文に目をとめていたとしたら、親鸞は法然の「源空が念仏もあの阿波の介の念仏に全く同じ」（『法然聖人絵』）との発言から即座にこの文を想起したのではないだろうか。あるいは法然のこの発言の後に『論註』を紐解いてこの文を発見し、これこそが法然の発言の根拠である、と一層『論註』への傾倒を深めたのではないだろうか。さらに想像を逞しくすれば、法然自身がこの一文を背景としてこの発言を行ったとさえ考え得るのではなかろうか。

いずれにしても、親鸞の『大経』『論』『論註』の学びは、通説のような越後流罪中にではなく、吉水期の法然の膝下で、それも「信心一異の諍論」を契機として開始されたと筆者は考える。

ただし、それらを親鸞が真に消化吸収し得たのはやはり越後流罪以降であり、

蛇蝎奸詐のこゝろにて　自力修善はかなふまじ
如来の回向をたのまでは　無慚無愧にてはてぞせむ

（『正像末和讃』『定親全』二、和讃篇、二一〇頁）

往相還相の回向に　まうあはぬみとなりにせば
流転輪回もきわもなし　苦海の沈淪いかゞせむ

（『正像末和讃』『定親全』二、和讃篇、一八一頁）

といった、我ら凡夫はひとえに如来の回向、往還二種の回向に由るべきであるという確固たる信念を獲得するには、

流罪地越後での、いかなる善根功徳をも積むことのできない「群萌」の現実に触れる体験が不可欠だったのではないだろうか。

「後序」に拠れば、元久二年四月十四日に『選択集』に法然が「題号・標挙の文」「釈の綽空」と書き入れてから、完成した法然真影の模本に讃文と「名の字」が記された閏七月二十九日まで、百三十三日が経過している。その間親鸞は『選択集』を再三再四熟読し、法然に質問を繰り返し、師弟間の活発な議論が行われたであろう[30]。「信心諍論」を端緒として芽生えた『論』『論註』への関心とその後の修学、さらには『選択集』の書写精読を通して、親鸞の学の方針・方向性が定まった。そしてその方向性を法然が承認して「親鸞」の名を授けた。それこそが法然の真影への「名の字」の書入れが意味するところではなかったか、と筆者は考えるのである。

註

（1）専修寺蔵・存覚書写本の表題による。『定親全』七、註釈篇、「解説」四一一頁参照。
（2）『定親全』七、註釈篇、「解説」四二三～四二五頁参照。
（3）『定親全』二、漢文篇、一九頁。
（4）村上専精『愚禿鈔の愚禿草』（村上専精博士功績紀念会、一九二八年）、七～一〇頁、一三～六九頁等参照。
（5）延塚知道『教行信証――その構造と核心――』（法藏館、二〇一三年）、一一一～一一三頁参照。
（6）山田行雄「隆寛の思想と曇鸞教学」『龍谷大学仏教文化研究所紀要』五（一九六六年）、七六～七七頁参照。
（7）『定親全』三、書簡篇、一〇八頁。
（8）『定親全』三、書簡篇、一〇七頁。
（9）『法然上人伝記』（醍醐本）所収の「三心料簡および御法語」には、第一条「一、三心料簡の事」に「『疏』の第四に付きて仰せに云わく」（善導『観経疏』第四「散善義」についての仰せ）として以下、先ず浄土には悪の雑じわる善は永く以て生ず可からずと知るべし。……次に選取する所の真実とは、本願の功徳即ち正行の念仏なり。是を以て「玄義分」に云わく。「弘願と言うは『大経』に説くが如し。一切善悪の凡夫生ずることを得る者は、皆阿弥陀仏の大願業力に乗じて増上縁と為さざるは莫きなり」と云々。是を以て今の文に「正しく彼の阿弥陀仏因中に菩薩の行を行ぜし時、乃至一念一刹那も、三業の修する所、皆是真実心の中に作すに由るべし」と云々。阿弥陀仏因中の真実心の中に作すに由る行こそ、悪雑じわらざる善なるが故に真実と云うなり。其の義何を以て知ることを得ん。次の釈に「凡そ施為・趣求する所、亦皆真実なり」の文。此の真実を以て施すとは何者に施すと云えば、深心の二種の釈の第一、「罪悪生死の凡夫」と云える此の衆生に施すなり。造悪の凡夫、即ち此の真実に由る可きの機なり。……

（傍点筆者、『法伝全』七八二頁上段～下段）

という、念仏は阿弥陀仏因位の真実心をもっての菩薩行に由った、衆生の貪瞋煩悩の雑じらない行として如来が造悪の凡夫に施したものである（それゆえに内外相応して一向に阿弥陀仏を念ずる衆生の心を真実心と呼ぶことができる）と説く法然の教説の文が続く。もしこの「三心料簡事」の文が法然の法語を忠実に伝えているとすれば、「一、善人尚以て往生す、況んや悪人をや口伝之有り」（『法伝全』七八七頁上段）から、長らく親鸞独自の説と考えられてきた『歎異抄』第三章のいわゆる「悪人正機説」が、実は法然からの口伝であるとする見解（梶村昇『法然の言葉だった「善人なをもて往生をとぐいはんや悪人をや」』大東出版社、一九九九年、他）が発表されたように、親鸞独自のものと見做されてきた「信巻」の「至誠心釈」の訓点も、むしろ法然の口伝がその起源であると言えるかもしれない。しかし、「三心料簡および御法語」が法然思想を忠実に伝えたものではないとする意見も多く、今後の議論の進展を待ちたいところである。

(10)「信巻」『定親全』一、一四〇頁。
(11)延塚知道『教行信証――その構造と核心――』一一五～一一六頁参照。
(12)『真史集』七、三三六頁上段～下段。
(13)『真史集』七、一〇八頁上段。
(14)「興善寺所蔵の源空・証空書状覚え書」『斎木一馬著作集三　古文書の研究』（吉川弘文館、一九八九年）、四一～

四二頁。「親蓮書状」（『斎木一馬著作集三　古文書の研究』）、七四頁。「欣西書状」（『斎木一馬著作集三　古文書の研究』）、八〇～八一頁参照。

（15）以上、春木憲文「信心諍論の一考察——法然門下の議論と関連して——」『真宗研究』五〇（二〇〇六年）参照。

（16）以上、『行状絵図』巻十九、『法伝全』九七～九八頁参照。

（17）『選択集』「本願章」『浄聖全』一、一二六六頁。

（18）『定親全』三、書簡篇、五五頁。

（19）『定親全』五、転録篇、一二四～一二五頁。

（20）『定親全』三、和文篇、九八頁。

（21）『定親全』一、一七四頁。

（22）『定親全』一、九五頁。親鸞は「別序」において「大聖の善巧より」には「従」の字を用いるのに対して「如来選択の願心より」では「自」の字を用いており、縁（増上縁）に対する因（親因縁）の意を託していると思われる。

（23）『定親全』一、一一五頁。

（24）『定親全』一、一三八頁。

（25）『定親全』三、書簡篇、四頁。

（26）『定親全』三、書簡篇、四頁。

（27）以上、『定親全』一、二二七頁。

（28）以上、『定親全』一、二六六頁。

（29）『浄聖全』一、四三四頁。

（30）証空『選択蜜要決』巻一の「此の集［筆者注・『選択集』］は口伝を以て之を見る可き書なり。暗《そら》に之を見る者、相伝無きの輩は其の元意に迷わん歟。其の意趣を覚るの人無き歟」（『浄宗全』八、二四七頁上段）の記述からもそれが窺われる。

第三節 親鸞における『浄土論註』の恩徳

第一項 「如実修行相応は信心ひとつにさだめたり」（「曇鸞和讃」）

親鸞が曇鸞の『論註』の教説から受けた影響は多々あるものの、第三節では第二節で触れた「如来よりたまわりたる信心」の問題を中心に考察していきたい。

親鸞は、曇鸞の教説の恩徳について第一に、

天親菩薩のみことをも　鸞師ときのべたまはずば
他力広大威徳の　心行いかでかさとらまし
（『高僧和讃』『定親全』二、和讃篇、九一頁）

論主の一心ととけるをば　曇鸞大師のみことには
煩悩成就のわれらが　他力の信とのべたまふ
（『定親全』二、和讃篇、九四頁）

として、天親『浄土論』の「我一心帰命尽十方無碍光如来」の信を、第十八本願三心の願に帰した「他力の信」であると位置付けたことを挙げる。

親鸞は天親の恩徳を、

天親菩薩、論を造りて説かく、無碍光如来に帰命したてまつる。
修多羅に依って真実を顕して、横超の大誓願を光闡す。

広く本願力の回向に由って、群生を度せんが為に、一心を彰す。　（「正信偈」『定親全』一、八八頁）

是を以て論主は広大無碍の一心を宣布して、普偏《あまねく》雑染堪忍の群萌を開化す。（「証巻」『定親全』一、二二三頁）

天親論主は一心に　無碍光に帰命す
本願力に乗ずれば　報土にいたるとのべたまふ　（『高僧和讃』『定親全』二、和讃篇、八三頁）

と群萌を救済するために「一心」を宣布したことにあるとするが、天親の教説をそのように了解する上で曇鸞の『論註』の指南が不可欠であったと言うのである。

親鸞は「正信偈」「天親章」では「一心を彰す」として、文の真意が文面に明確に現われていることを示す「顕」の字ではなく、「彰隠密」——密かに隠れている意味を掘り起こす——の際に用いる「彰」の字を使用しており、「論主の一心」が「他力の信」であることは『論』の文それだけでは必ずしも自明の事柄ではないことを示唆している。

曇鸞はまず、

「我一心」は、天親菩薩自督の詞なり。言うこころは、無碍光如来を念じたてまつりて、安楽に生ぜんと願うこと、心心相続して他の想い間雑すること無きとなり。　（『論註』親鸞加点本、『定親全』八、加点篇(2)、七頁）

として、天親は「我一心に、尽十方無碍光如来に帰命して、安楽国に生れんと願ず」[1]（『論』）と自らの帰命の信を明らかにするとともに、その帰敬の表白を通して普く衆生に対して「無碍光如来を念じたてまつりて、安楽に生まれんと願うこと、心心相続して他の想い間雑すること無」かれと督促し——勧め率い正し——たのである、と抑え、[2]さらに、

我論を作り偈を説きて、願わくは弥陀仏を見たてまつり、普く諸の衆生と共に、安楽国に往生せん、と。

此の四句は、是論主の回向門なり。回向は、己が功徳を回して普く衆生に施して、共に阿弥陀如来を見たてまつり、安楽国に生ずとなり。……

問うて曰わく。天親菩薩、回向の章の中に、「普共諸衆生往生安楽国」と言《のたま》えるは、此れは何等の衆生を共と指したまう耶《や》。

答えて曰わく。王舎城所説の『無量寿経』を案ずるに「仏阿難に告げたまわく。十方恒河沙の諸仏如来、皆共に無量寿仏の威神功徳不可思議なるを称嘆したまう。諸有の衆生、其れ名号を聞きて信心歓喜せんこと乃至一念せん。至心回向したまえり。彼の国に生まれんと願ぜば、即ち往生を得、不退転に住せんと。唯、五逆と誹謗正法を除く」と。此れを案じて言わく。一切外道凡夫人、皆往生を得ん。又、『観無量寿経』の如く九品の往生有り。「下下品の生とは、或は衆生有りて、不善業たる五逆十悪を作り、諸の不善を具せん。此の如きの愚人、悪業を以ての故に、悪道に堕《おち》て多劫を逕歴して、苦を受くること窮り無かるべし。此の如きの愚人、命終の時に臨みて、善知識種種に安慰して、為に妙法を説き、教えて念仏せしむるに遇わん。彼の人、苦に逼《せめ》られて、念仏に遑《いとま》あらず。善友告げて言わく。汝若し念ずるに能わずば、無量寿仏と称す応《べ》し。是の如き、心を至して声をして絶えざらしめて、十念を具足して、南無無量寿仏と称せん。仏の名を称するが故に、念念の中に於て、八十億劫の生死の罪を除く。命終の後に、金蓮華を見るに、日輪の猶如《ごと》くして、其の人の前に住せん。一念の頃《あいだ》の如きに、即ち極楽世界に往生を得ん。蓮華の中《うち》に於《し》て、十二大劫を満てて、蓮華方《まさ》に開けん。当に此を以て五逆の罪を償うべきなり。観世音・大勢至、大悲の音声を以て其《それ》が為に広く諸法実相の罪を除滅する法を説かん。聞き已りて、歓喜して、時に応じて則ち菩提の心を発せん。是を下品下生の者と名づく」。此の経を以て証するに、明らかに知りぬ。下品の凡夫、但正法を誹謗せざれば、仏を信ずる因縁をして皆往生を得しむ。

（『定親全』八、加点篇(2)、六〇～六二頁）

として、天親が論を作り共に安楽国土に生まれんと願って称名を勧めたその衆生は、『大経』第十七願・第十八願成就の文の説く「諸有の衆生」（「一切外道凡夫人」）、『観経』の説く「下品下生の者」（「下品の凡夫」）に他ならないことを明らかにし、

問うて曰わく。『業道経』に言わく。「業道は称《はかり》の如し。重き者先ず牽《ひ》く」と。『観無量寿経』に言うが如し。「人有りて、五逆十悪を造り、諸の不善を具せらん。悪道に堕して、多劫を逕歴して無量の苦を受く応し。命終の時に臨んで、善知識の教に遇いて、南無無量寿仏と称せん。是の如き心を至して、声をして絶えざらしめて、十念を具足して、便ち安楽浄土に得往生して、即ち大乗正定の聚に入りて、畢竟じて退せず、三塗の諸の苦と永く隔てん」。先ず牽くの義、理に於て如何ぞ。又、曠劫より已来、備《つぶさ》に諸の行を造りて、有漏の法は三界に繫属せり。但、十念、阿弥陀仏を念じたてまつるを以て、便ち三界を出ず。繫業の義、復、云何が欲《おもわ》んや。答えて曰わく。汝謂わく、五逆十悪の繫業等を重と為し、下下品の人の十念を以て軽と為して、罪の為に牽かれて、先ず地獄に堕て三界に繫在す応くは、今当に義を以て軽重の義を挍量すべし。心に在り、縁に在り、決定に在り。時節の久近多少には在らざるなり。云何が心に在る。彼の造罪の人は、自ら虚妄顚倒の見に依止して生ず。此の十念は、善知識、方便安慰して、実相の法を聞くに依って生ず。一は実なり、一は虚なり。豈に相比ぶることを得んや。……是を在心と名づく。云何が縁に在る。彼の造罪の人は、自ら妄想の心に依止し、煩悩虚妄の果報の衆生に依って生ず。此の十念は、無上の信心に依止し、阿弥陀如来の方便荘厳、真実清浄、無量の功徳の名号に依って生ず。……是を在縁と名づく。云何が決定に在る。彼の造罪の人は、有後心・有間心に依止して生ず。此の十念は、無後心・無間心に依止して生ず。是を決定と名づく。三の義を挍量するに、

十念は重し、重き者先ず牽きて能く三有を出ず。両経一義なるならくのみ、と。

（『定親全』八、加点篇(2)、六四～六七頁）

として、五逆・十悪を造った下品下生の衆生も、善知識が方便安慰して実相の法を説くのを聞くに依って生じる十念（在心）、無上の信心に依止し、阿弥陀如来の方便荘厳・真実清浄・無量の功徳の名号に依って生じる十念（在縁）、無後心・無間心に依止して生じる十念（在決定）、すなわち十声の念仏によって浄土に生まれることが可能であり、その凡夫往生の根拠として、

凡そ是彼の浄土に生まれんと及び彼の菩薩人天の所起の諸行は皆阿弥陀如来の本願力に縁るが故なり。何を以て之を言うとなれば、若し仏力に非ずは四十八願便ち是徒設ならん。今的《ひと》しく三願を取りて用いて義の意を証せん。願に言わく。「設い我仏を得んに、十方の衆生、至心信楽して我が国に生まれんと欲うて乃至十念せん、若し生を得ずば、正覚を取らじ。唯五逆と誹謗正法とを除く」と。仏願力に縁るが故に十念す、念仏すれば便ち往生を得ん。往生を得るが故に即ち三界輪転の事を勉《まぬ》がる。輪転無きが故に、所以《このゆえ》に速やかなることを得る。一の証なり。……斯を以て他力を推するに増上縁と為す、然らざることを得ん乎《や》。

（『定親全』八、加点篇(2)、一四九～一五一頁）

と、阿弥陀如来の本願他力増上縁があることを抑えているのである。

『無量寿経優婆提舎願生偈』をその正式な題号とする天親の『浄土論』であるが、その文を読む時、その当相からすれば、これを瑜伽行唯識派の論書として読むことができる。

『論註』下巻の冒頭の「願偈大意章」「起観生信章」に、

『論』に曰うは、……此の願偈は何の義をか明かす。彼の安楽世界を観じて、阿弥陀如来を見たてまつり、彼

の国に生まれんと願ずることを示現するが故なり。……云何が観じ、云何が信心を生ずる。若し善男子善女人、五念門を修して、行成就しぬれば、畢竟じて安楽国土に生じて、彼の阿弥陀仏を見ることを得るとなり。

（『定親全』八、加点篇(2)、六九〜七〇頁）

とあるように、『浄土論』は「安楽国土に生じて、彼の阿弥陀仏を見ることを得」るための行として礼拝・讃嘆・作願・観察・回向の五念門を説いている。

このうち、称名を勧める讃嘆門の文は、浄土教の伝統においては、

云何なるか讃嘆する。口業をして讃嘆したまいき。……彼の如来の名を称し、彼の如来の光明智相の如く、彼の名義の如く、実の如く修行し相応せんと欲するが故なり、と。（傍点筆者、『定親全』八、加点篇(2)、七三頁）

として、「欲如実修行相応」を「如実に修行し相応せんと欲する」と訓読してきたのに対して、瑜伽行唯識学派の論師としての世親からすれば「如実に相応を修行せんと欲する」と訓んで、「如来の名を称揚することによって、名義にしたがって如来の光明智相を感得し、相応（yoga 瑜伽）すなわち菩薩行の成就を目指す」ことを意味する文と理解すべきであるとされる。

つまり、前者が「（称名を）如実に修行することによって（如来の名義と）相応する」として、称名の功徳を前面に押し出そうとしているのに対して、後者は「称名は如実に相応を修行する手段」であるに過ぎない。ちなみに後者においては「如来の光明智相とは、受用身のはたらきを指すもの」であると言う[3]。

つまり、瑜伽唯識の論書としての『浄土論』においては、口業による称名讃嘆はいわば、

云何が作願する。心に常に作願したまえりき。一心に専念して、畢竟じて安楽国土に往生して、実の如く奢摩他を修行せんと欲うが故に、とのたまえり。

（『定親全』八、加点篇(2)、七六頁）

云何が観察する。智慧をして観察したまえりき。正念に彼を観ずることは、実の如く毘婆舎那を修行せんと欲うが故なり、と。

（『定親全』八、加点篇⑵、七七～七八頁。以上、傍点筆者）

とある作願・観察、すなわち奢摩他・毘婆舎那の止観行の前段階に過ぎない。

五念門の中心はあくまで作願・観察にあり、その観察の対象である阿弥陀の浄土の荘厳は、瑜伽行派の仏身説の三身（自性身・受用身・変化身）のうちの受用身所居の浄土（受用土）の相を示しており、『浄土論』は、奢摩他（śamatha　止）・毘婆舎那（vipaśyanā　観）の広略修行によって柔軟心を成就した菩薩として、自身の住持の楽を求めず（智慧）、一切衆生の苦を抜かんと欲し（慈悲）て、一切衆生を摂取して共に同じく彼の安楽仏国土に生まれんと作願して、礼拝等の五種の修行所集の一切の功徳善根をもって巧方便回向を行じ、智慧・慈悲・方便をもって三種の菩提門相違の法（我心貪著自身・無安衆生心・供養恭敬自身心）を遠離し、三種の随順菩提門の法（無染清浄心・安清浄心・楽清浄心）を得て、四心（智恵心・方便心・無障心・勝真心）を成就して清浄の仏国土に生ずる、という「瑜伽行派の立場に依拠して、受用土への往生を目指す行者のための仏道修行の体系が示されている」と言われる[4]。

これに対して浄土教の伝統においてこの文は前掲のごとく訓読され、親鸞は「信巻」にこの文を註釈した『論註』下巻の「讃嘆門釈」の文、

『論の註』に曰わく、「彼の如来の名を称し、彼の如来の光明智相の如く、彼の名義の如く、実の如く修行し相応せんと欲うが故に」といえりと。「称彼如来名」とは、謂わく無碍光如来の名を称するなり。「如彼如来光明智相」は、仏の光明は是智慧の相なり。此の光明、十方世界を照らすに障碍有ること無し。能く十方衆生の無明の黒闇を除く。日月珠光の但室穴《く》の中の闇を破するが如きには非ざるなり。「如彼名義欲如実修行相応」と

は、彼の無碍光如来の名号能く衆生の一切の無明を破す、能く衆生の一切の志願を満てたまう、然るに称名憶念有れども、無明由存《なお》して所願を満てざるは何《いか》んとならば、如実修行せざると、名義と相応せざるに由るが故なり。云何が不如実修行と名義不相応と為《す》る。謂わく如来は是実相の身なり、是物の為の身なりと知らざるなり。又三種の不相応有り。一つは信心淳《あつ》からず、存せるが若《ごと》し、亡ぜるが若きの故に。二つには信心一ならず、決定無きが故に。三つには信心相続せず、余念間《へだ》つるが故に。此の三句展転して相成ず。信心淳からざるを以ての故に決定無し、決定無きが故に念相続せず、亦念相続せざるが故に決定の信を得ず、決定の信を得ざるが故に心淳からざる可し。此れと相違せるを「如実修行相応」と名づく。是の故に論主建《はじ》めに「我一心」と言えり、と。已上

（『定親全』一、九九～一〇〇頁）

を引き、「曇鸞和讃」でも、

無碍光如来の名号と　かの光明智相とは
無明長夜の闇を破し　衆生の志願をみてたまふ
不如実修行といへること　鸞師釈してのたまはく
一者信心あつからず　若存若亡するゆへに……
決定の信をえざるゆへ　信心不淳とのべたまふ
如実修行相応は　信心ひとつにさだめたり

（『高僧和讃』『定親全』二、和讃篇、九九～一〇二頁）

と詠っている。

ここで注意すべきは、親鸞はあくまで「此れ（信心不淳・不一・不相続）と相違せるを如実修行相応と名づく」「如実修行相応は　信心ひとつにさだめたり」として、「如実修行と名づく」「如実修行は信心ひとつに……」とは

述べていない点である。

『論註』における「如実修行」の用例を確かめてみると、それらはまず浄土の荘厳菩薩功徳において説かれている。

菩薩を観ぜば、「云何が菩薩の荘厳功徳成就を観察する。菩薩の荘厳功徳成就を観察せば、彼の菩薩を観ずるに、四種の正修行功徳成就したまえること有りと、知る応し」。真如は是諸法の正体なり。体、如にして行ずれば、則ち是不行なり。不行にして行ずるを、如実修行と名づく。体は唯一如にして、義をして分かちて四とす。是の故に四行、一を以て正しく之を綜ぬ。「何者をか四と為《す》る。一には、一仏土に於て身動揺せずして十方に遍す。種種に応化して実の如く修行して、常に仏事を作す。『偈』に『安楽国は清浄にして、常に無垢の輪を転ず。化仏菩薩は、日の須弥に住持するが如きの故に』と言えり。諸の衆生の淤泥華を開くが故に」とのたまえり。八地已上の菩薩は、常に三昧に在りて、三昧力を以て、身本処を動ぜずして能く遍く十方に至りて、諸仏を供養し、衆生を教化す。「無垢輪」は仏地の功徳なり。仏地の功徳は、習気・煩悩の垢ましまさず。仏、諸の菩薩のために常に此の法輪を転ず。諸の大菩薩、亦能く此の法輪を以て、一切を開導して暫時も休息なけん。故に「常転」と言う。法身は日の如くして、応化身の光、諸の世界に遍ずるなり。「日」と言わば、未だ以て不動を明かすに足らざれば、復「如須弥住持」と言うなり。

（傍点筆者、「証巻」所引、『定親全』一、二〇六〜二〇八頁）

これによれば、「如実修行」とは諸法の正体である真如法性・寂滅平等の法を証得した平等法身・八地已上の浄土の大菩薩が、常に三昧に在って、その三昧の力をもって身は本処を動ぜずして能く遍く十方に至って諸仏を供養し衆生を教化して常に仏事を作しながら、「初めに往来の想《おもい》・供養の想・度脱の想無」(5)く（「証巻」所引『論註』）、

「常に修行すと雖も、実に修行する所無き」[6]（『論註』加点本・上巻）、不行にして行ずる修行であって、凡夫の身においては本来不可能な行である。

なぜなら「讃嘆門釈」の文が示すように、凡夫の心は不淳（若存若亡）・不一（不決定）・不相続（余念間雑）であり、

凡夫の心は物にしたがひてうつりやすし、たとふるにさるのごとし、ま事に散乱してうごきやすく、一心しづまりがたし。無漏の正智なに丶よりてかおこらんや。

（『和語灯録』巻五、『真聖全』四、六八〇頁）

という法然の述懐が如実に物語るように、静寂性・永続性を持たない。

また、実相を知る真実の智慧を持たない有漏・虚妄分別の凡夫は、当然如来が「実相の身・物の為の身」であること、言い換えれば、阿弥陀如来が一如法性より衆生済度のために形を現して法蔵比丘と名のり大悲の誓願を発して名号を成就した方便法身であることを覚知し得ない。その結果、如来を実体ある絶対者とし、名号を願望実現のための呪文と執著してしまうのである。

『論註』下巻は浄土の菩薩の無仏の世界への往生を語る段において、

「四には、彼十方一切の世界に、三宝ましまさぬ処に於て、仏法僧宝功徳大海を住持し荘厳して、遍く示して、如実の修行を解らしむ。『偈』に『何等の世界にか、仏法功徳宝ましまさざらん。我願わくは、皆往生して仏法を示して仏の如くせん』と言えるが故に」と。

（傍点筆者、「証巻」所引、『定親全』一、二〇九頁）

と説いて、浄土の菩薩は、無仏の世界において仏の如く衆生を教化して、衆生に「如実の修行を行ぜしむる」のではなく、「如実の修行を解らしむる」ことを課題とすると説いている。

この一文から、衆生の課題は自らが「実の如く修行する」ことではなく、浄土の菩薩に値遇して「菩薩の如実修

行を解する」ことにこそあることが知られる。

そしてまた『論註』は、「善巧摂化章」において、如実に奢摩他・毘婆舎那を広略修行し、諸法実相を如実に知見する智慧を開発し、三界の衆生の虚妄の相を知って真実の慈悲を生じ、浄土の荘厳を成就し、巧方便回向をもって五念門行所集の功徳を一切衆生に施与して、作願して衆生を摂取して、共に同じくかの安楽仏国に生ぜしめんとする菩薩を説いている。

親鸞はこれを、

「善巧摂化」とは、「是の如き菩薩は、奢摩他・毘婆舎那、広略修行成就して、柔軟心なり」とのたまえり。柔軟心とは、謂わく広略の止観、相順し修行して、不二の心を成ぜるなり。……「実の如く広略の諸法を知る」とのたまえり。「如実知」とは、実相の如くして知るなり。広の中の二十九句、略の中の一句、実相に非ざること莫きなり。「是の如き巧方便回向を成就したまえり」とのたまえり。「是の如き」というは、前後の広略、皆実相なるが如きなり。実相を知るを以ての故に、則ち三界の衆生の虚妄の相を知るなり。衆生の虚妄を知れば、則ち真実の慈悲を生ずるなり。……「何者か菩薩の巧方便回向。菩薩の巧方便回向は、謂わく礼拝等の五種の修行を説く。所集の一切の功徳善根は、自身住持の楽を求めず。一切衆生の苦を抜かんと欲《おぼ》すが故に、作願して一切衆生を摂取して、共に同じく彼の安楽仏国に生ぜしむ。是を菩薩の巧方便回向成就と名づく」とのたまえり。……凡そ回向の名義を釈せば、謂わく己が所集の一切の功徳を以て、一切衆生に施与して、共に仏道に向かえしめたまうなりと。巧方便は、謂わく菩薩願ずらく、「己が智慧の火を以て、一切衆生の煩悩の草木を焼かんと。若し一衆生として成仏せざることあらば、我仏に作らじ」と。而るに衆生未だ悉く成仏せざるに、菩薩已に自ら成仏せんは、譬えば火擿《てん》して、一切の草木を擿《つ》んで、焼きて尽くさしめんと欲するに、草木未だ尽きざるに、火摘已に尽きんが如し。其の身を後にして、身を先にするを以ての故に、方便と名づく。此の中に方便と言うは、謂わく作願して一切衆生を摂取して、共に同じく彼の安楽仏国に生ぜしむ。彼の仏国は、即ち是畢竟成仏の道路、無上の方便なり。

（傍点筆者、『定親全』一、二一三～二一五頁）

と、「証巻」「還相回向釈」に引いているが、「是の如き巧方便回向を成就したまえり」「凡そ回向の名義を釈せば、謂わく己が所集の一切の功徳を以て、一切衆生に施与して、共に仏道に向かえしめたまうなり」と、菩薩の「回向」に「……したまう」との敬語表現を付しており、このことから見て親鸞は、この菩薩を弥陀因位の法蔵菩薩と了解していることが窺われる。

ちなみに建長八年（一二五六年、親鸞八十四歳）七月二十五日に加点を終えた『論註』親鸞加点本の当該箇所には、

是の如く巧方便回向を成就せり。

（『定親全』八、加点篇(2)、一三一頁）

凡そ回向の名義を釈せば、謂わく、己が所集の一切の功徳を以て一切衆生に施与して、共に仏道に向わしむるなり。

（『定親全』八、加点篇(2)、一三二～一三三頁）

とあり、敬語表現は用いられていない。

繰り返しになるが、「実相を知る智慧」を持たず、如来を絶対化し名号を呪文化し、散乱粗動の心をもって救済を希求する凡夫の信心は必然的に、主客双方において「名義不相応」の「信心」とならざるを得ず、このような信心で「彼の名義の如く、実の如く修行し（名義と）相応せんと欲」してもその修行は必然的に不如実となり、「称名憶念あれども、無明由《なお》存して所願を満てざるは何《いか》ん」という歎きを惹起せざるを得ないのである。

これに対して無碍光如来の名号を称して如来の智慧の光明によって一切の無明を除かれ、一切の志願が満たされた「信心」。如来が実相の身・物（＝衆生）の為の身であることを知り、「名義と相応」した「信心」。不淳・不

一・不相続の凡夫の信心と相違した淳・一・相続の「三心」[7]（道綽『安楽集』）。『論註』はそれを「如実修行相応」――「（法蔵菩薩の）如実修行と相応する」――の「我一心」であるとしている。

この点を親鸞は『入出二門偈頌』（以下、『二門偈』）に、

如実修行相応は、名義と光明と随順するなり。

斯の信心を以て一心と名づく。（『定親全』二、漢文編、一二〇～一二一頁）

と明確に示している。

『二門偈』にしろ、『論註』、『高僧和讃』にしろ、親鸞は「実の如く修行し相応する」と訓み下すのではなく、あくまで「如実修行相応」と白文のままで引いている。

そして、この『論註』の文をもって親鸞は、

然るに常没の凡愚・流転の群生、無上妙果の成じ難きにあらず、真実の信楽実に獲ること難し。（「信巻」『定親全』一、九六～九七頁）

と、衆生の課題は正しく「信心」（一心）の獲得にこそあること、その信心こそが正しく「証大涅槃の真因」[8]（「信巻」）であることを抑えるのであるが、その「一心」が本願三心の成就であることを明らかにしたのが「三心一心問答」である。

今三心の字訓を案ずるに、真実の心にして虚仮雑わること無し、正直の心にして邪偽雑わること無し。真に知りぬ、疑蓋間雑無きが故に、是を「信楽」と名づく。「信楽」は即ち是一心なり。一心は即ち是真実信心なり。是の故に論主建めに「一心」と言えるなり、と。知る応し。（字訓釈・結釈、『定親全』一、一一六頁）

『論註』に曰わく。「如実修行相応」と名づく、是の故に論主建めに「我一心」と言えり。已上

信に知りぬ。「至心」・「信楽」・「欲生」、其の言異なりと雖も、其の意惟一なり。何を以ての故に、三心已に疑蓋雑わること無し。故に真実の一心なり、是を「金剛の真心」と名づく。金剛の真心、是を「真実の信心」と名づく。真実の信心は必ず名号を具す。名号は必ずしも願力の信心を具せざるなり。是の故に論主建めに「我一心」と言えり。又「如彼名義欲如実修行相応故」と言えり。

（仏意釈・信楽釈、『定親全』一、一二七頁）

（問答結帰・三心結釈、『定親全』一、一三二頁）

故に知りぬ。一心、是を「如実修行相応」と名づく。即ち是正教なり、是正義なり、是正行なり、是正解なり、是正業なり、是正智なり。三心即ち一心なり、一心即ち金剛真心の義、答え竟りぬ。知る可しと。

（三心一心総結、『定親全』一、一四〇頁）

そして、この「如実修行相応」の語を通して親鸞は、衆生の「一心」、「信心ひとつ」を場として、浄土の菩薩の「本処を動ぜずして遍く十方に至て種種に応化して実の如く修行して常に仏事を作」して衆生に「如実の修行を解らし」めんとしたその教化との値遇（如来の還相回向との値遇）、さらにそれを直接の契機として起こる、実の如く奢摩他・毘婆舎那を広略修行して浄土の荘厳を成就し、巧方便をもって名号を回向した法蔵菩薩の願心との値遇（如来の往相回向との値遇）、すなわち如来の往還二種回向との値遇による「（法蔵菩薩の）如実修行との相応」が成り立つことを暗示している、と筆者は考えるのである。

第二項　如来の二種の回向との値遇

法然が『選択集』「本願章」で、

> 即ち念仏往生の願成就の文に、「諸の衆生有りて、其の名号を聞きて、信心歓喜して、乃至一念、心を至して回向して彼の国に生ぜんと願ずれば、即ち往生を得、不退転に住す」と云う是なり。
>
> （『浄聖全』一、一二七三頁）

と訓んで、「念仏往生の願成就の文」と抑えた『大経』下巻の、

> 諸有衆生　聞其名号　信心歓喜　乃至一念　至心回向　願生彼国　即得往生　住不退転　唯除五逆　誹謗正法

の文を、親鸞は「本願成就の文」、

> 本願成就の文、『経』に言《のたま》わく。諸有《あらゆる》衆生、其の名号を聞きて、信心歓喜せんこと、乃至一念せん。至心に回向せしめたまえり。彼の国に生まれんと願ぜば、即ち往生を得、不退転に住せん。唯五逆と誹謗正法とをば除く、と。已上
>
> （「信巻」『定親全』一、九七〜九八頁）

と訓み、「信一念釈」において、

> 然るに『経』に「聞」と言うは、衆生、仏願の生起・本末を聞きて疑心有ること無し。是を「聞」と曰うなり。「信心」と言うは、則ち本願力回向の信心なり。「歓喜」と言うは、身心の悦予の貌《かおばせ》を形《あらわ》すなり。「乃至」と言うは、多少の言を摂するなり。「一念」と言うは、信心二心無きが故に「一念」と曰う。是を「一心」と名づく。一心は則ち清浄報土の真因なり。
>
> （『定親全』一、一三八頁。以上、傍点筆者）

と註釈して、「如実修行相応」の「一心」を「本願力回向の信心」と抑えている。

成就文の「乃至一念」を、

> 念声は是一なり。何を以てか知ることを得る。『観経』の下品下生に云わく、「声をして絶えざらしめて、十念を具足して、南無阿弥陀仏と称せば、仏の名を称するが故に、念念の中に於て八十億劫の生死の罪を除く」と。

> 今此の文に依るに、声は是念なり、念は則ち是声なり。其の意明らけし。……『経』に乃至と云うは、多より少に向うの言なり。多というは上一形を尽くすなり。少というは下十声・一声等に至るなり。
>
> （「本願章」『浄聖全』一、一二七三〜一二七四頁）

として一声の念仏と了解した法然に対して、親鸞は異訳の『無量寿如来会』（以下、『如来会』）に拠って「一念の浄信[9]」（「信巻」）と了解している。

法然が、「乃至一念、至心回向、願生彼国、即得往生、住不退転」を「臨終の一声に至るまで[10]、心を至して念仏を行じるならば、『別に回向を用ひざれども、自然に往生の業と成[11]』（「二行章」）って、命終の時、即時に来迎にあずかって『不退の浄土[12]』（『指南抄』巻下末）に往生することを得て……」と読んで、臨終来迎の往生の時点での願の成就を言うのに対して、親鸞はそれを「現生の、信の一念が発起するその時、即時に往生を得る（＝不退転に住する）」と読んで「信楽開発の時剋[13]」（「信巻」「信一念釈」）での成就と了解しているのである。

> 一念といふは、信心をうるときのきわまりをあらわすことばなり。……「即得往生」といふは、即は、すなわちといふ、ときをへず日おもへだてぬなり。また、即はつくといふ。そのくらゐにさだまりつくといふことばなり。得は、うべきことをえたりといふ。真実信心をうれば、すなわち無碍光仏の御こころのうちに摂取して、すてたまはざるなり。……おさめとりたまふとき、すなわち、とき日おもへだてず、正定聚のくらゐにつきさだまるを、往生をうとはのたまへるなり。……すなわち往生すとのたまへるは、正定聚のくらゐにさだまるを不退転に住すとはのたまへるなり。このくらゐにさだまりぬれば、かならず無上大涅槃にいたるべき身となるがゆへに、等正覚をなるともとき、阿毘抜致にいたるとも、阿惟越致にいたるともときたまふ。即時入必定ともまふすなり。この真実信楽は、他力横超の金剛心なり。しかれば、念仏のひとおば『大経』には、「次如弥

勒」とときたまへり。……他力信楽のひとは、このよのうちにて不退のくらゐにのぼりて、かならず大般涅槃のさとりをひらかむこと、弥勒のごとしとなり。（『一念多念文意』『定親全』三、和文篇、一二七〜一三一頁）

『大経』には、「願生彼国、即得往生、住不退転」とのたまへり。願生彼国は、かのくににむまれむとねがへとなり。即得往生は、信心をうればすなわち往生すといふ。すなわち往生すといふは不退転に住するをいふ。不退転に住すといふはすなわち正定聚のくらゐにさだまるとのたまふ御のりなり、これを即得往生とはまふすなり。即はすなわちといふ、すなわちといふはときをへず日をへだてぬをいふなり。

（『唯信鈔文意』『定親全』三、和文篇、一六一頁。以上、傍点筆者）

親鸞が本願成就の文をこのように了解した起点は、「至心回向」を「至心に回向せしめたまえり」「至心回向したまえり」（「信巻」）と訓んで、如来の回向を語るものと了解したことにあるのである。

一、如来回向の往還二種相

親鸞は「本願成就の文」の「至心」を、本願の三心と天親の一心の一異を論じた「信巻」「三一問答・仏意釈」の「至心釈」の文、

一切の群生海、無始より已来《このかた》乃至今日今時に至るまで、穢悪汚染にして、清浄の心無し。虚仮諂偽にして真実の心無し。是を以て如来、一切苦悩の衆生海を悲憫して、不可思議兆載永劫に於て、菩薩の行を行じたまいし時、三業の所修、一念・一刹那も清浄ならざること無し、真心ならざること無し。如来、清浄の真心を以て、円融無碍・不可思議・不可称・不可説の至徳を成就したまえり。如来の至心を以て、諸有の一切煩悩・悪業・

邪智の群生海に回施したまえり。則ち是利他の真心を彰す。故に疑蓋雑わること無し。斯の至心は則ち是至徳の尊号を其の体と為るなり。

（傍点筆者、『定親全』一、一一六〜一一七頁）

において、如来因位の「清浄の真心」と抑え、その至心をもって行じられた因位法蔵の永劫修行は「円融無碍・不可思議・不可称・不可説」の「至徳の尊号」を成就し、如来の至心はその名号をもって衆生に回向表現されると説いた。

「本願成就の文」に還せば、如来が「至心に回向せしめたまえ」るがゆえに、衆生に「其の名号を聞きて信心歓喜せんこと、乃至一念せん」という聞名の信心が成就するのである。

「信楽釈」に引かれた、

本願信心の願成就の文、『経』に言わく。諸有の衆生、其の名号を聞きて信心歓喜せんこと、乃至一念せん、と。已上

（『定親全』一、一一二頁）

の文に冠せられた「本願信心の願成就の文」の呼称と、『一念多念文意』においてなされた本願成就の文の解説、

「聞其名号」といふは、本願の名号をきくとのたまへるなり。きくといふは、本願をきゝてうたがふこゝろなきを、聞といふなり。またきくといふは、信心をあらわす御のりなり。「信心歓喜乃至一念」といふは、信心は、如来の御ちかひをきゝてうたがふこゝろのなきなり。……。「至心回向」といふは、至心は、真実といふことばなり。真実は阿弥陀如来の御こゝろなり。回向は、本願の名号をもて十方の衆生にあたへたまふ御のりなり。

（傍点筆者、『定親全』三、和文篇、一二六〜一二七頁）

がそれを如実に伝えている。

如来は衆生に名号を与えることをもってその至心を表現し、その真実心との値遇によって衆生は自らを「無始よ

り已来乃至今日今時に至るまで、穢悪汚染にして、清浄の心無し。虚仮諂偽にして真実の心無」き「群生海」と信知（回心懺悔）して、厚き自力の分別心を催破されて如来の大悲心と値遇し、真実の信心（信楽）を獲得する。曽我量深師が欲生を「根源的願心」と表現されたのに対して、筆者は至心をあえて「体験的・直接的願心」と呼びたいのである。

第十八願文、すなわち「至心信楽の本願の文」、

至心信楽の本願の文、『大経』に言わく。設い我仏を得たらんに、十方の衆生、心を至し信楽して我が国に生まれんと欲《おも》うて、乃至十念せん。若し生まれざれば正覚を取らじと。唯五逆と誹謗正法を除く、と。已上

（「信巻」『定親全』一、九七頁）

を解説するにあたって親鸞は、『尊号真像銘文』（広本）にこの間の次第を、

「至心信楽」といふは、至心は真実とまふすなり。真実とまふすは如来の御ちかひの真実なるを至心とまふすなり。煩悩具足の衆生はもとより真実の心なし、清浄の心なし。濁悪邪見のゆへなり。信楽といふは、如来の本願真実にましますを、ふたごゝろなくふかく信じてうたがはざれば、信楽とまふす也。この至心信楽は、すなわち十方の衆生をして、わが真実なる誓願を信楽すべしとすゝめたまへる御ちかいの至心信楽也、凡夫自力のこゝろにはあらず。

（『定親全』三、和文篇、七三〜七四頁）

と語っている。

ここでも如来の至心は「煩悩具足の衆生は、もとより真実の心なし、清浄の心なし。濁悪邪見のゆえなり」という回心における鮮烈な機の自覚と共に語られている。

衆生は名号を通して如来の「十方の衆生をしてわが真実なる誓願を信楽すべしとすすめたまえる御ちかい」を聞

いて、「如来の本願、真実にましますを、ふたごころなくふかく信じてうたがわざ」る信楽（一心・深信）を発起・獲得する。

これを親鸞は「信楽釈」において、

即ち利他回向の至心を以て、信楽の体と為るなり。（『定親全』一、一二〇頁）

と抑えたのであろう。

そして、その衆生の信心獲得の根拠として親鸞が見出したのが「欲生釈」に、

次に「欲生」と言うは、則ち是如来、諸有の群生を招喚したまうの勅命なり。即ち真実の信楽を以て欲生の体と為るなり。誠に是、大小・凡聖・定散・自力の回向に非ず。故に「不回向」と名づくるなり。然るに微塵界の有情、煩悩海に流転し、生死海に漂没して、真実の回向心無し、清浄の回向心無し。是の故に如来、一切苦悩の群生海を矜哀して、菩薩の行を行じたまいし時、三業の所修、乃至一念一刹那も、回向心を首として、大悲心を成就することを得たまえるが故に。利他真実の欲生心を以て諸有海に回施したまえり。欲生は即ち是回向心なり。斯れ則ち大悲心なるが故に、疑蓋雑わること無し。

是を以て本願の欲生心成就の文、『経』に言わく。至心回向したまえり。彼の国に生まれんと願ずれば、即ち往生を得、不退転に住せんと。唯五逆と誹謗正法とを除く、と。已上（『定親全』一、一二七～一二八頁）

とある「欲生我国」、すなわち「十方のよろづの衆生」よ、「他力の至心信楽のこゝろをもて安楽浄土にむまれむとおもへ[14]」（以上、『尊号真像銘文』）と「如来、諸有の群生を招喚したまうの勅命」としての「本願の欲生心」である。

そして「欲生はすなわちこれ回向心」、「回向心を首として大悲心を成就することを得たまえる」とあるように、

その「欲生我国」の勅命（大悲心）は「回向」という具体的方法によって、衆生の上に「回心」として実現される。衆生の回心において如来の回向は成就し、如来の回向は衆生の回心を待って初めて真に存在すると言える。（「回向は回心にあり」曾我量深）。

如来が「至心に回向せしめたまえ」るがゆえに「諸有衆生　聞其名号　信心歓喜　乃至一念」（本願信心の願成就）が成立し、如来が「至心に回向せしめたまえ」るがゆえに、その信心において「願生彼国　即得往生　住不退転」（本願の欲生心成就）、すなわち願生浄土が実現し、如来はその大悲心を充全に成就することを得る。

ではその如来の回向とは、具体的にどのようなものであるか。それを明らかにしたものが、「本願欲生心成就の文」に続いて引かれる『論註』下巻「起観生信章」の回向門の文、

『浄土論』に曰わく。「云何が回向したまえる。一切苦悩の衆生を捨てずして、心に常に作願すらく、回向を首として大悲心を成就することを得たまえるが故に」とのたまえり。回向に二種の相有り。一つには往相、二つには還相なり。往相は、己が功徳を以て一切衆生に回施したまいて、作願して共に彼の阿弥陀如来の安楽浄土に往生せしめたまうなり。還相は、彼の土に生じ已りて、奢摩他・毘婆舎那・方便力成就することを得て、生死の稠林に回入して、一切衆生を教化して、共に仏道に向かえしめたまうなり。若しは往・若しは還、皆衆生を抜きて生死海を渡せんが為に、とのたまえり。是の故に「回向為首得成就大悲心故」と言えり、と。已上

（『定親全』一、一二八～一二九頁）

である。

如来の回向は『一念多念文意』に、

回向は、本願の名号をもて十方の衆生にあたへたまふ御のりなり。

（『定親全』三、和文篇、一二七頁）

とあるように具体的直接的には本願の名号の施与であるが、その名号は第一には、因位法蔵菩薩の永劫修行の果徳として成就したものである。「欲生釈」所引の『論註』の文はそれを回向の往相、「己が功徳を以て一切衆生に回施したまいて、作願して共に彼の阿弥陀如来の安楽浄土に往生せしめたまう」相の回向として説いている。

親鸞は「起観生信章」の文に続いて、

又云わく。「浄入願心」は、『論』に曰わく、「又向《さき》に観察荘厳仏土功徳成就・荘厳仏功徳成就・荘厳菩薩功徳成就を説きつ。此の三種の成就は、願心の荘厳したまえるなりと、知る応し」といえりと。「応知」は此の三種の荘厳成就は、本四十八願等の清浄の願心の荘厳したまう所なるに由って、因浄なるが故に果浄なり、因無くして他の因の有るには非ざるなりと知る応しとなり、と。已上

（『定親全』一、一二九頁）

という文を引いている。

この「浄入願心章」の文からは、「起観生信章」の文に「回向に二種の相有り。一つには往相……往相は、己が功徳を以て一切衆生に回施したまいて」とある、如来が往相の回向において衆生に回施する「功徳」とは、因位法蔵菩薩が願心を因として成就した国土・仏・菩薩三種の浄土の荘厳功徳であることが知られる。

ただし、『論註』従来の訓み方では浄土の三種荘厳功徳を指すこの「功徳」の語に、親鸞は独自の了解を施している。

『尊号真像銘文』（広本）において親鸞は、

真実功徳相といふは、真実功徳は誓願の尊号なり、相はかたちといふことば也。

（傍点筆者、『定親全』三、和文篇、八八頁）

として、『浄土論』が語る「修多羅」（浄土三部経）の「真実功徳」を名号であるとしている。

「真実功徳相」の語を曇鸞が註釈した『論註』上巻の文は、従来、

真実功徳［筆者注・「建保本」に「相」の字無し］とは二種の功徳有り。一には……二には、菩薩の智慧・清浄の業より荘厳仏事を起こす。法性に依りて清浄の相に入る。是の法は顛倒にあらず、虚偽にあらず、名づけて真実功徳と為す。（傍点筆者、「建保本」[15]上巻、九帖左〜一〇帖右）

と訓まれ、「真実功徳」は「菩薩の智慧・清浄の業より」起こった「荘厳仏事（荘厳の仏事）」、すなわち因位の発願修行によって成就した浄土の二十九種荘厳と理解されてきた[16]。

それに対して親鸞は「行巻」所引『論註』で、

「真実功徳相」は、二種の功徳有り。一つには……二つには、菩薩の智慧・清浄の業より起こりて仏事を荘厳す。法性に依って清浄の相に入れり。是の法顛倒せず、虚偽ならず、真実の功徳と名づく。（傍点筆者、『定親全』一、三七頁）

と訓んで、「（法蔵）菩薩の智慧・清浄の業より起こりて仏事を荘厳す」る真実の功徳、すなわち「衆生を摂して畢竟浄に入[17]」らしむる「仏事」をなす名号と訓んだのである[18]。

また、親鸞は先に引用した「願心荘厳」の文に続く同じ「浄入願心章」の、

「略して入一法句を説くが故に」とのたまえり。上の国土の荘厳十七句と、如来の荘厳八句と、菩薩の荘厳四句とを「広」とす。入一法句は、「略」とす。（傍点筆者、『定親全』一、二一〇頁）

の文を「証巻」「還相回向釈」に引いている。

この「略説入一法句故」の文を親鸞は加点本では「略説して一法句に入るが故にと[19]」と訓んだのに対して、「証巻」では「略して入一法句を説くが故に」と訓んでいる。

従来この「一法句」の語は、その直後の、

何が故ぞ広略相入を示現するとならば、諸仏菩薩に二種の法身有り。一つには法性法身、二つには方便法身なり。法性法身に由って方便法身を生ず。方便法身に由って法性法身を出だす。此の二つの法身は、異にして分かつ可からず。一にして同じかる可からず。是の故に広略相入して、該ぬるに法の名を以てす。

（『定親全』一、一一〇頁）

の文の存在から、「一法は一如・真如の意。一は無二平等、法はダルマ。句はその真如が衆生を救済するはたらきとして世間的に顕現する態をあらわす[20]」「一法句は色も形もない真如そのもの[21]」、すなわち「清浄句」――浄土の妙境界相（方便法身）を示す二十九種荘厳（広）――に対して、一如法性・第一義諦（法性法身）を示す（略）と了解されてきたのであるが、親鸞はあえてこれを「入一法句」と訓むことによって、「一法（一如法性）に入らしめる句（言葉）」、すなわち名号と了解したとみるのは穿ち過ぎであろうか。

親鸞はこの後に、

「一法句は、謂わく清浄句なり。清浄句は、謂わく真実の智慧無為法身なるが故に」とのたまえり。此の三句は展転して相入る。……真実の智慧は実相の智慧なり。実相は無相なるが故に、真智は無知なり。無為法身は法性身なり。法性寂滅なるが故に、法身は無相なり。無相の故に能く相ならざること無し。是の故に相好荘厳即ち法身なり。

（『定親全』一、一一〇〜一一一頁）

の文を引くが、この文から筆者は親鸞の、

寂滅は即ち是無上涅槃なり。無上涅槃は即ち是無為法身なり。無為法身は即ち是実相なり。実相は即ち是法性なり。法性は即ち是真如なり。真如は即ち是一如なり。然れば弥陀如来は如より来生して、報・応・化種種の身を示し現わしたまうなり。

（「証巻」『定親全』一、一九五頁）

「涅槃」おば滅度といふ、無為といふ、安楽といふ、常楽といふ、実相といふ、法身といふ、法性といふ、真如といふ、一如といふ、仏性といふ、……仏性すなわち法性なり、法性すなわち法身なり、法身はいろもなし、かたちもましまさず。しかれば、こゝろもおよばれずことばもたへたり。この一如よりかたちをあらわして、方便法身とまふす御すがたをしめして、法蔵比丘となのりたまひて、不可思議の大誓願をおこしてあらわれたまふ御かたちおば、世親菩薩は尽十方無碍光如来となづけたてまつりたまへり。

（『唯信鈔文意』『定親全』三、和文篇、一七〇～一七二頁）

この一如宝海よりかたちをあらわして、法蔵菩薩となのりたまひて、無碍のちかひをおこしたまふをたねとして、阿弥陀仏となりたまふがゆへに、報身如来とまふすなり。これを尽十方無碍光仏となづけたてまつれるなり。この如来を南無不可思議光仏ともまふすなり。この如来を方便法身とはまふすなり。方便とまふすは、かたちをあらわし、御なをしめして、衆生にしらしめたまふをまふすなり。すなわち阿弥陀仏なり。

（『一念多念文意』『定親全』三、和文篇、一四五～一四六頁。以上、傍点筆者）

といった文を想起しないわけにはいかない。

言亡慮絶の法性法身（真実智慧無為法身）より方便法身の相を現し、法蔵菩薩と名のって四十八の本願を建てて浄土の荘厳（清浄句）を成就することは畢竟「（帰命）尽十方無碍光如来」「南無不可思議光仏」との名号（入一法句）を衆生に示し知らしめるためにこそあった。

だからこそ、

五濁悪世の有情の　選択本願信ずれば

不可称不可説不可思議の　功徳は行者の身にみてり

（『正像末和讃』『定親全』二、和讃篇、一七三頁）

大行は、則ち無碍光如来の名を称するなり。斯の行は……極速円満す、真如一実の功徳宝海なり。

（「行巻」『定親全』一、一七頁）

真実功徳とまふすは、名号なり、一実真如の妙理円満せるがゆへに、大宝海にたとえたまふなり。一実真如とまふすは、無上大涅槃なり、涅槃すなわち法性なり、法性すなわち如来なり。宝海とまふすは、よろづの衆生をきらはず、さわりなくへだてず、みちびきたまふを、大海のみづのへだてなきにたとへたまへるなり。

（『一念多念文意』『定親全』三、和文篇、一四五頁）

と、名号に帰した衆生の身に大宝海のごとき真如一実の功徳が満足する（はたらく）、すなわち、「一法（名号）に通じて清浄（荘厳）に入る。清浄に通じて法身（涅槃）に入る」[22]（「証巻」所引『論註』）ことが成り立つと親鸞は了解したのではなかろうか。

そして親鸞はまた、その「阿弥陀如来の方便荘厳、真実清浄、無量の功徳の名号」[23]（「信巻」所引『論註』）を、菩薩が「彼の土に生じ已りて、奢摩他・毘婆舎那・方便力成就することを得て、生死の稠林に回入して、一切衆生を教化して、共に仏道に向かえしめたまう」その教化の中核にあると了解しているのである。

曇鸞は『論註』において、『無量寿経』の経題を釈して、

「無量寿」は是安楽浄土の如来の別号なり。釈迦牟尼仏、王舎城及び舎衛国に在《ましま》して、大衆の中にして、無量寿仏の荘厳功徳を説きたまう。即ち仏の名号を以て経の体とす。後の聖者・婆藪槃豆菩薩、如来大悲の教を服膺して、経に傍えて願生の偈を作れり、と。

（傍点筆者、「行巻」所引『論註』『定親全』一、三三〜三四頁）

として、『浄土論』が言う「修多羅」とは康僧鎧訳『無量寿経』のみならず畺良耶舎訳『観無量寿経』・鳩摩羅什訳

『阿弥陀経』をも含むいわゆる三経通申であり、仏の名号をこそが三経の「体」――「ものをそのものたらしめている本質、要」(24)――であることを述べ、さらに、

仏の所説十二部経の中に論議経有り、優婆提舎と名づく。若し復仏の諸の弟子、仏の経教を解いて、仏義と相応すれば、仏亦許して優婆提舎と名づく、仏法の相に入るを以ての故に。　（『定親全』八、加点篇(2)、三頁）

と、仏義と相応した仏弟子の論（天親の『浄土論』）は、仏説に同じく「優婆提舎（論議経）」の名を冠することを仏が許したと抑えている。

また親鸞は、「真仏土巻」、『浄土和讃』「讃阿弥陀仏偈讃」において、

『讃阿弥陀仏偈』に曰わく。曇鸞和尚造　南無阿弥陀仏 釈して『無量寿傍経』と名づく。賛め奉りて亦安養と曰う。……

（『定親全』一、二五四頁。『定親全』二、和讃篇、四頁）

として、「釈して無量寿と名づく。経に傍えて賛め奉りて亦安養と曰う」と訓むべき「釈名無量寿傍経奉賛亦日安養」の文を、「釈して無量寿傍経と名づく」と訓み、曇鸞の『讃阿弥陀仏偈』を経に匹敵するものと位置づけている。

釈尊およびこれらの祖師を、親鸞は「生死の稠林に回入して、一切衆生を教化して、共に仏道に向かえしめたまう」教化地の菩薩の応化身と見たのであろう。

「浄入願心章」の文に続いて親鸞は、

又『論』に曰わく。「出第五門」は、大慈悲を以て一切苦悩の衆生を観察して、応化の身を示して、生死の園、煩悩の林の中に回入して、神通に遊戯し教化地に至る。本願力の回向を以ての故に。是を「出第五門」と名づくとのたまえり、と。已上

（『定親全』一、一二九～一三〇頁）

という『浄土論』「利行満足章」の「出第五門」の文を引いている。

親鸞は『如来二種回向文』において、「欲生釈」と同じく『浄土論』「起観生信章」の回向門の文を引いて、

〈『無量寿経優婆提舎願生偈』に曰わく。「云何が回向する。一切苦悩の衆生を捨てずして、心に常に作願すらく、回向を首として大悲心を成就することを得たまへるが故と」。文〉この本願力の回向をもて如来の回向に二種あり。一には往相の回向、二には還相の回向なり。（傍点筆者、『定親全』三、和文篇、二一七頁）

と述べている。

如来は「大慈悲をもって一切苦悩の衆生を観察し」、「一切苦悩の群生海を矜哀して、菩薩の行を行じたまいし時、三業の所修、乃至一念一刹那も、回向心を首として、大悲心を成就することを得たまえるが故に」、「本願力の回向を以て」、「己が功徳を以て一切衆生に回施したまいて、作願して共に彼の阿弥陀如来の安楽浄土に往生せしめたまえる相の回向、すなわち往相の回向と、「大慈悲を以て一切苦悩の衆生を観察して、応化の身を示して、生死の園、煩悩の林の中に回入して、神通に遊戯し教化地に至る」相、「彼の土に生じ已りて、奢摩他・毘婆舎那・方便力成就することを得て、生死の稠林に回入して、一切衆生を教化して、共に仏道に向かえしめたまう」相の回向、すなわち如来自らが還来穢国度人天したまえる相（還相）の回向の、往還二種の回向をもって衆生の本願の信を成就するのである。

往相回向・還相回向とは、従来、たとえば香月院深励（一七四九～一八一七）の『教行信証講義』によって、

回向と云ふは如来の方から施与し給ふが回向なり。……回は回転の義で。あちらにあるを。こちらに転ずること。向は趣向の義で。あちらからこちらに趣きむかはせること。如来の功徳を。これも衆生の為め。此れも衆生の為めと。衆生にめぐらし向はしむるが回向なり。また往相還相と云ふは、衆生の方にあることなり。往相

の往は。往生浄土のことで。娑婆に於いて信心をえて。浄土に往生して涅槃をさとる迄が往相なり。また還相の還は。還来穢国の義なり。浄土から穢土にたちかへり。あらゆる衆生を済度するなり。……その還相も往相も。凡夫自力の企ては少しもなく。みな如来の方からの回向ぢやといふことで。往相回向還相回向と云ふ。然れば。往還二相は衆生に約して名を得るなり。回向の言は弥陀に約して。衆生が娑婆より浄土に往生する往相も。浄土から立ち還りて。衆生を済度する還相も。皆な弥陀の他力回向なり。それを二種の回向と云ふ。

（『教行信証講義集成』一、法藏館、一九七五年、二四三～二四四頁）

と理解されてきたような如来回向によって衆生に成立する往生浄土・還来穢国度人天の二種の相、いわゆる「二回向二種相」、

《如　来》　《衆　生》

回向〈 往相……自利（不住生死）
　　　還相……利他（不住涅槃）

を語るものではなく、如来の回向そのものに往還二種の相があること、すなわち「如来の二種の回向」を示したものに他ならない。

《如　来》　《衆　生》

利他〈 往相回向 〉信心
　　　還相回向

「欲生釈」所引の『論註』「回向門」の最後の文、

若しは往・若しは還、皆衆生を抜きて生死海を渡せんが為に、とのたまえり。是の故に「回向為首得成就大悲

心故」と言えり、と。　（『定親全』一、一二九頁）

が何よりそれを雄弁に物語っている。

親鸞における往還二種相とはいずれも如来の大悲回向の相であると了解しなければならないし、この『論註』の文が「『浄土論』に曰わく……」として、如来の本願成就、まさしく本願の歴史的現実的態としての衆生の一心帰命の信を語る『論』の文として引かれていることにもまた注意を払わねばならない。

親鸞は、『論』『論註』の教説を以上のように了解して、「曇鸞讃」に、

弥陀の回向成就して　往相還相ふたつなり

これらの回向によりてこそ　心行ともにえしむなれ

（『高僧和讃』『定親全』二、和讃篇、九三頁）

と、これらの二種の回向との値遇によって衆生に本願の行信が成就し、その行信によって「難思議往生」と説かれる仏道（浄土真宗）が衆生に開始されると説くのである。

如来の二種の回向によりて、真実の信楽をうる人は、かならず正定聚のくらゐに住するがゆへに、他力とまふすなり。しかれば、〈『無量寿経優婆提舎願生の偈』に曰わく。「云何が回向したまえる。一切苦悩の衆生を捨てずして、心に常に作願すらく、回向を首として大悲心を成就することを得たまえるが故に」とのたまえり。〉これは『大無量寿経』の宗致としたまへり。これを難思議往生とまふすなり。

（『三経往生文類』（広本）、『定親全』三、和文篇、二八頁）

親鸞は『論註』の三文に続いて善導『観経疏』「散善義」の「回向発願心釈」の文、

光明寺の和尚の云わく。又回向発願して生まるる者は、必ず決定真実心の中に回向したまえる願を須いて、得生の想を作す。

（傍点筆者、『定親全』一、一三〇頁）

を引いているが、後で触れるように、この「回向したまえる願を須いて」の箇所は当初「回向したまえるを須いて願わくば得生の想を作せ（須《モチヰテ》二決定……回向《シタマヘルヲ》一願《ハ》作《セ》二得生《ノ》想《ヲ》一）」とあった訓点を、後に現行のように改めたものである。

ここに説かれる「真実心の中に回向したまえる願」とは、「往相回向の願」[25]（「行巻」）、「往相正業の願」[26]（『浄土文類聚鈔』）と説かれる第十七諸仏称名の願、「往相信心の願」[27]（「信巻」、『文類聚鈔』）と説かれる第十八至心信楽の願、「往相証果の願」[28]（『文類聚鈔』）と説かれる第十一必至滅度の願、そして第二十二「還相（の）回向の願」[29]（「証巻」、『文類聚鈔』）である。

これと同趣旨の文が『末灯鈔』第二十一通に、

安楽浄土にいりはつれば、すなはち大涅槃をさとるとも、また無上覚をさとるとも、滅度にいたるともまふすは、御名こそかはりたるやうなれども、これみな法身とまふす仏のさとりひらくべき正因に、弥陀仏の御ちかひを、法蔵菩薩われらに回向したまへるを、往相の回向とまふすなり。この回向せさせたまへる願を、念仏往生の願とはまふすなり。この念仏往生の願を、一向に信じてふたごゝろなきを、一向専修とはまふすなり。如来二種の回向とまふすことは、この二種の回向の願を信じ、ふたごゝろなきを、真実の信心とまふす。この真実の信心のおこることは、釈迦・弥陀の二尊の御はからひよりおこりたりとしらせたまふべし。

（傍点筆者、『定親全』三、書簡篇、一二〇～一二一頁）

と述べられており、衆生の真実信心とは第十八念仏往生の願を一向に信じて二心なき信心として一応は抑えられているが、再応言えば如来の二種の回向の願を信じて二心なき心であると抑えられている。

如来の往相の回向――「己が功徳を以て一切衆生に回施したまいて、作願して共にかの阿弥陀如来の安楽浄土に往生せしめたまう」相の回向——は、教・行・信・証の真実四法として衆生に実現する。

親鸞はそれを「教巻」のいわゆる「真宗大綱」の文、

> 謹んで浄土真宗を案ずるに、二種の回向有り。一つには往相、二つには還相なり。往相の回向に就いて、真実の教行信証有り。（『定親全』一、九頁）

から、「証巻」の「真実証釈・総結」、

> 夫れ真宗の教行信証を案ずれば、如来の大悲回向の利益なり。故に若しは因、若しは果、一事として阿弥陀如来の清浄願心の回向成就したまえる所に非ざること有ること無し。因浄なるが故に、果亦浄なり。知る応しとなり。（『定親全』一、二〇一頁）

までの思索を通して、真実四法が如来の大悲回向の利益、すなわち往相回向の願を根拠として成就する仏道（真宗）であることを明らかにしていく。

そしてこの真実四法、「浄土真宗」なる仏道は畢竟衆生の「往相の一心」[30]（「信巻」）の獲得において同時に実現するものである。

「一切衆生をして無上大般涅槃にいたらしめたまふ大慈大悲のちかひの御な」[31]を「十方微塵世界にあまねくひろまりてすゝめ行ぜしめ」[32]て「十方一切衆生をことゞくたすけみちびきたまふ」[33]がゆえに「十方無量の諸仏にわがなをほめられむとなえられむとちかひたまへる」[34]（以上、『唯信鈔文意』）第十七諸仏称名の願は、「行巻」の、

> 願成就の文、『経』に言わく。十方恒沙の諸仏如来、皆共に無量寿仏の威神功徳不可思議なるを讃嘆したまう。
> 已上
> 又言わく。無量寿仏の威神、極まり無し。十方世界無量無辺不可思議の諸仏如来、彼を称嘆せざるは莫し、と。

已上

又言わく。其の仏の本願力、名を聞きて往生せんと欲えば、皆悉く彼の国に到りて自ずから不退転に致る、と。已上

（傍点筆者、『定親全』一、一一八頁）

あるいは『三経往生文類』（広本）の、

〈称名信楽の悲願成就の文。『経』に言わく、「十方恒沙の諸仏如来、皆共に無量寿仏の威神功徳不可思議なるを讃嘆したまう。諸有衆生、其の名号を聞きて、信心歓喜して乃至一念せん。至心に回向したまえり。彼の国に生まれんと願ずれば、即ち往生を得、不退転に住せん。唯五逆、正法を誹謗するを除くと。」〉文

（傍点筆者、『定親全』三、和文篇、一二一頁）

の文からも知られるように、至心信楽の願の成就である衆生の真実信心の発起と同時に成就する。「無碍光如来の名を称する」[35]（「行巻」）真実の行は衆生の一念の信――「世尊、我一心に尽十方の無碍光如来に帰命したてまつりて、安楽国に生まれんと願ず」[36]（「真仏土巻」）――の表白・発露であり、その称名は「皆共に無量寿仏の威神功徳不可思議なるを讃嘆したまう」十方恒沙の諸仏の仏事の歴史への参画を意味する。

それゆえに、

謹んで往相の回向を案ずるに、大行有り、大信有り。

（「行巻」『定親全』一、一七頁）

凡そ往相回向の行信に就いて、行に則ち一念有り、亦信に一念有り。

（『定親全』一、六八頁）

爾れば、若しは行・若しは信、一事として阿弥陀如来の清浄願心の回向成就したまう所に非ざること有ること無し。因無くして他の因の有るには非ざるなりと。知る可し。

（「信巻」『定親全』一、一一五頁）

真実の信心は必ず名号を具す。名号は必ずしも願力の信心を具せざるなり。

（『定親全』一、一三二頁）

とあるように、真実行は必ず真実信心と共に語られるのである。

また、親鸞は真実証の根拠である必至滅度の願を「この真実の称名と、真実の信楽をえたる人は、すなわち正定聚のくらゐに住せしめむとちかひたまへる」[37]（『三経往生文類』（広本））願、もしくは「この真実信楽をえたらむ人は、すなわち正定聚のくらゐに住せしめむとちかひたまへ」[38]（『如来二種回向文』）る願と抑えている。

これらの記述から知られるように、親鸞は真実証を「利他円満の妙位、無上涅槃の極果」[39]（「証巻」）といった「果」よりもむしろ「この［筆者注・正定聚の］くらゐにさだまりぬれば、かならず無上大涅槃にいたるべき身となる」[40]（『一念多念文意』）といった「因」の成就、つまりは果に至る道程、「必ず滅度に至る」[41]（「証巻」）「必ず大涅槃を超証す可き」[42]（「信巻」）無上仏道、「本願一実の直道、大般涅槃無上の大道」[43]（「信巻」）の開始においてまず了解しており、「証巻」「真実証釈」の、

> 然るに煩悩成就の凡夫、生死罪濁の群萠、往相回向の心行を獲れば、即の時に大乗正定聚の数に入るなり。正定聚に住するが故に、必ず滅度に至る。（『定親全』一、一九五頁）

の文、「行巻」で第十七願成就の文と位置付けられた『大経』東方偈の文、

> 又言わく。その仏の本願力、名を聞きて往生せんと欲えば、皆悉く彼の国に到りて自ずから不退転に致る、と。
> （『定親全』一、一一八頁）

「信巻」で第十八願成就の文とされた『大経』下巻の文、

> 本願成就の文、『経』に言わく。諸有衆生、其の名号を聞きて、信心歓喜せんこと、乃至一念せん。至心に回向せしめたまえり。彼の国に生まれんと願ぜば、即ち往生を得、不退転に住せん。
> （「信巻」『定親全』一、九七～九八頁。以上、傍点筆者）

等から、第十一願の成就も第十七願・第十八願の成就と同時の出来事であることが知られる。

そして、また真実の教、すなわち「如来の本願を説きて、経の宗致と」し「仏の名号を以て、経の体とする」(44)（以上、「教巻」）『大経』もまた、「本願を信じ、念仏をまふさば仏になる」(45)（『歎異抄』第十二章）と信ずる衆生の信の発起を待って初めて「真実教」として衆生の上に実現する――「しち（実）といふはかならずもの（物）、みとなる」(46)――のである。

ただ、この「教」であるが、親鸞は後に制作した『往相回向還相回向文類（如来二種回向文）』においては、

この本願力の回向をもて如来の回向に二種あり。一には往相の回向、二には還相の回向なり。往相の回向につきて、真実の行業あり、真実の信心あり、真実の証果あり。　（『定親全』三、和文篇、二一七頁）

と、往相の回向に真実の教を含めておらず、『教行信証』も「教」を往相の回向の真実四法に挙げながら、「教巻」には、他の巻に、

諸仏称名の願　浄土真実の行
選択本願の行　（「行巻」『定親全』一、一六頁）

至心信楽の願　正定聚の機　（「信巻」『定親全』一、九五頁）

必至滅度の願
難思議往生　（「証巻」『定親全』一、一九四頁）

とあるような標挙の願名がない。

親鸞は、「教巻」に、

夫れ、真実の教を顕さば、則ち『大無量寿経』是なり。斯の経の大意は、弥陀、誓いを超発して、広く法蔵を開きて、凡小を哀れみて、選びて功徳の宝を施することを致す。釈迦、世に出興して、道教を光闡して、群萌

を拯い、恵むに真実の利を以てせんと欲すなり。是を以て、如来の本願を説きて、経の宗致とす。即ち、仏の名号を以て、経の体とするなり。
（傍点筆者、『定親全』一、九頁）

として、『大経』を「名号為体」の経と抑えている。

親鸞は『一念多念文意』『尊号真像銘文』（広本）において、

しかれば『大経』には、「〈如来、世に興出したまう所以は、群萌を拯い、恵むに真実の利を以てせんと欲してなり（如来所以、興出於世、欲拯群萌、恵以真実之利）」とのたまへり。この文のこゝろは、「如来」とまふすは諸仏をまふすなり。「所以」はゆへといふことばなり。「興出於世」といふは、仏のよにいでたまふとまふすなり。「欲」はおぼしめすとまふすなり。「拯」はすくふといふ。「群萌」は、よろずの衆生といふ。「恵」はめぐむとまふす。「真実之利」とまふすは、弥陀の誓願をまふすなり。しかれば、諸仏のよよにいでたまふゆへは、弥陀の願力をときて、よろづの衆生をめぐみすくはむとおぼしめすを、本懐とせむとしたまふがゆへに、真実之利とはまふすなり。
（『一念多念文意』『定親全』三、和文篇、一四三～一四四頁）

〈和朝愚禿釈の親鸞が『正信偈』の文。……如来、世に興出したまう所以《ゆえ》は、唯弥陀本願海を説かんとなり。（如来所以興出世　唯説弥陀本願海）〉……「如来所以興出世」といふは、諸仏の世にいでたまふゆへはとまふすみのり也。「唯説弥陀本願海」とまふすは、諸仏の世にいでたまふ本懐は、ひとへに弥陀の願海一乗のみのりをとかむとなり。しかれば『大経』には、……
（『尊号真像銘文』『定親全』三、和文篇、一一五～一一七頁。以上、傍点筆者）

として、弥陀の本願を説いて一切衆生を救わんと欲する如来を、釈尊独りにとどまらず、「諸仏」と抑えているし、現行の坂東本「正信偈」に拠れば、

> 如来、世に興出したまう所以は、唯弥陀本願海を説かんとなり。
> 五濁悪時の群生海、如来如実の言を信ず応し。
>
> （傍線筆者、『親真集』一、一四六頁）

とある最初の「如来」の語の右側には「釈迦」の二文字が墨で抹消された跡があり、次の「如来」は当初「釈迦」と書かれた二文字に墨で「如来」と上書きされ、それがさらに朱筆でなぞられている。(47)

これらの例から、親鸞が「如来」の語に、釈迦一仏にとどまらない「諸仏」の意を込めようとしていたことが窺われる。

この点から見れば、親鸞は、『大経』をまず「十方恒沙の諸仏如来、皆共に無量寿仏の威神功徳不可思議なるを讃嘆したまう」経、すなわち第十七願成就の教として捉えているように思える。

しかし、この点について、曾我量深師は大正六年（一九一七年）三月、『精神界』第十七巻第三号誌上に発表した論文「自己の還相回向と聖教」で次のように言及している。

> 古来の学者は、真実教は行をその体とするからして行と同じく十七願回向と、平等に決定して居られる。……しかし自分は久しく疑問を抱いて居つた。単に往相回向中に教行信証ありと、他の三法には各々回向の本願があるのに、独り教のみ別に本願が出してないのは、理屈は何でも学究的良心は少なからず、苦しむべき筈ではないか。……私は此頃考ふるに、真実教は誠に二十二願の回向と信ずる。十七願は専ら名号成就の大願である。諸仏称揚の言声の上に、如来は名号を成就し給ひた。決して自己免許の名号でなく、十方諸尊の平等に称讃して捧げられた真実の大行であると知せるが十七願ではないか。此れ弥陀の名号が十方世界に自在に流行して大行と名けらるる所以である。こんな所に教など成就してゐる筈がない。教は二十二願、還相回向利他教化地の大用の成就である。……釈尊は十七願の諸仏称名の願に応じ、第二十二願の還相回向の弘誓に乗じて、

此世に興出し、真実之利を恵まんと欲せられたのである。此欲の字は釈尊の本願を示す。彼の『大経』開説は静的には十七願に応じ、動的には二十二願に乗ずるのである。全体我々は教を静的に見るは不徹底である。教は直に教主の人格の表現である。教主の人格を離れて存在しないのではないか。

　しかし、教を発見し、選択し、信受奉行するは我である。されば教と云ひ教主と云ふも畢竟我信念の後景であり、自己の還相に外ならぬ。わが還相として、われに回向応現し給へる釈尊こそは純乎たる利他教化の人である。全く一如の自覚から還来し影向せられたもので、全く小なる自我主観を超越したる現実々在であらせられる。……何故に深く広く如来の本願を説くが〔筆者注・『大経』の〕経の宗致であるか、その本願は釈尊のそれに乗じて世に興出し給へる法であるからである。如来の本願弘誓船に乗じて出現せし教主世尊が、その本願を開説するを真実教の宗致とするは当然である。されば彼の「教巻」に提出されたる『大経』の宗は正しく下の「証巻」の終りの還相回向より反影し来りしものなることは疑を容れぬのである。而して名号の経体の釈は教を第二の行に摂帰せんとするものである。

　まことに教は往相の第一であつて、又還相の最後である。還相の最後と往相の最始との接触が教である。而して還相の教は動的であり、人格的であり、創造的であるのに対し、往相としての教は静的であり、教権的であり、既成的である。しかし全体としての教は還相往相の接触点である。

（傍点筆者、『曾我選』三、一六七～一七〇頁）


つまり曾我師に拠れば、親鸞は釈尊の『大経』の説示に「往相の第一」にして「還相の最後」、「還相往相の接触点」、つまり衆生に名号を聞かしめる諸仏の称名としての意義と同時に、生死の稠林に回入して衆生を教化して仏道に向かわしめる還相の応化身の成就、すなわち釈尊という宗教的人格の誕生の意味を見出しているとされるのである。真実教には第十七願――衆生に与えられる「行」――の成就と第二十二願――その行を衆生に与える「人」――の成就という二重の願成就の意義があり、それが親鸞が「教巻」に標挙の文として因願の名を挙げなかった理由であると曾我氏は言われるのである。前掲の『如来二種回向文』の記述も同様の理由によると筆者は考える。

また、曾我師は同論文中で、

彼の「教巻」に提出されたる『大経』の宗は正しく下の「証巻」の終りの還相回向より反影し来りしものなることは疑を容れぬのである。（『曾我選』三、一六九頁）

と述べている。

つまり、曾我師は、

二つに還相の回向と言うは、則ち是利他教化地の益なり。則ち是「必至補処の願」より出でたり。亦「一生補処の願」と名づく。亦「還相回向の願」と名づく可きなり。『註論』に顕れたり。故に願文を出ださず。『論の註』を披く可し。……（『定親全』一、二〇一頁）

以降の「還相回向釈」において親鸞は、その直前の「真実証釈・総結」の「如来の大悲回向」、すなわち如来の「往相の回向」の語を受けて、その因位法蔵菩薩の永劫修行の内景を明らかにすべく思索を展開していると述べるのである。

二、法蔵菩薩の五念門行

「還相回向釈」等に展開する親鸞の法蔵菩薩理解に先立つものとしては、本書第三章第三節に挙げた、弥陀如来は因位のとき、もはら我名《が》をとなえむ衆生をむかへむとちかひたまひて、兆載永劫の修行を衆生に回向したまふ。濁世の我等が依怙《えこ》、生死の出離これあらずば、なにおか期せむ。

（『三部経大意』『定親全』六、写伝篇(2)、五頁）

我須は衆生のために永劫の修行をゝくり、僧祇の苦行をめぐらして万行万善の果徳円満し、自覚覚他の覚行窮満して、その成就せんところの万徳無漏の一切の功徳をもて、わが名号として、衆生にとなへしめん。衆生もしこれにおいて、信をいたして称念せば、わが願にこたへてむまるゝ事をうべし。

（『登山状』『拾遺語灯録』巻中、『真聖全』四、七二一頁）

等の文に見られる、如来が因位の永劫修行によって成就した一切の功徳を「もはら我が名をとなえむ衆生」に回向するがゆえに衆生は称念によって必ず浄土に往生することを得るという、法然の『大経』「勝行段」理解がある。

親鸞は、

弥陀の誓のゆへなれば　不可称不可説不可思議の
功徳はわきてしらねども　信ずるわがみにみちみてり……
南無阿弥陀仏をとなふるに　衆善海水のごとくなり
かの清浄の善みにえたり　ひとしく衆生に回向せむ

衆善海水のごとしとまふすは、弥陀の御名のなかには、よろづの功徳善根をあつめ、おさめたまへることを、衆善とはまふすなり。海水といふは、うみのみづのごとく、ひろく、おほきにたとへたまへるなり。清浄の善みにえたりといふは、弥陀の御名をとなふれば、かのめでたき功徳善根をわがみにたまはるなり。

（『善導和尚言』『定親全』三、和文篇、二三七〜二三九頁）

と、この法然の「勝行段」理解を継承しつつ、因位の修行内容に関しては独自の見解を示している。

『大経』「勝行段」に、

阿難、時に彼の比丘、其の仏の所の諸天・魔・梵・龍神八部、大衆の中に於て、斯の弘誓を発し、此の願を建て已りて、一向に志を専らにして、妙土を荘厳す。修する所の仏国は、恢廓広大にして、超勝独妙なり。建立常然にして、衰無く変無し。不可思議の兆載永劫に於て、菩薩の無量の徳行を積植し、……国を棄て王を捐て、財色を絶去し、自ら六波羅蜜を行じ、人を教えて行ぜしむ。無央数劫に功を積み徳を累ぬ。其の生処に随いて意の所欲に在り。無量の宝蔵、自然に発応し、無数の衆生を教化し安立して、無上正真の道に住せしむ。……

（傍点筆者、『真聖全』一、一四～一五頁）

とあることから、法蔵菩薩の因位の行は、伝統的な菩薩の行である「六波羅蜜」と了解されてきた。[48]

しかし『二門偈』に、

菩薩は五種の門を入出して、自利利他の行、成就したまえり。
不可思議兆載劫に、漸次に五種の門を成就したまえり。
何等をか名づけて五念門とすると。礼と讃と作願と観察と回となり。（『定親全』二、漢文篇、一一四～一一五頁）

とあるように、親鸞はこれを五念門行と了解したのである。

このような親鸞の五念門行理解を主題的に取り扱っているのが、『教行信証』の「行巻」「他力釈」、「証巻」「還相回向釈」であり、『二門偈』の「世親章」であると筆者は考える。

親鸞は「行巻」「他力釈」で、

他力と言うは、如来の本願力なり。

（『定親全』一、七一頁）

と抑える際にまず、

『論』に曰わく。「本願力」と言うは、大菩薩、法身の中にして常に三昧に在《まし》して、種種の身・種種の神通・種種の説法を現じたまうことを示す。皆本願力より起こるを以てなり。譬えば阿修羅の琴の鼓する者無しと雖も、音曲自然なるが如し。是を教化地の第五の功徳相と名づく。乃至

（『定親全』一、七一頁）

として、『論註』下巻「利行満足章」の菩薩の出第五門・園林遊戯地門の「大菩薩」の「種種の身・種種の神通・種種の説法」の示現をもって「如来の本願他力」を語っている。

この「大菩薩」が、従来の説のように衆生の来生の利益としての浄土の菩薩であると見るならば、これをもって如来の本願他力を語ること自体が奇異と思わざるを得ない。

この文に続いて親鸞は、

「菩薩は四種の門に入りて、自利の行成就したまえりと、知る応し。」「成就」は、謂わく自利満足せるなり。「応知」というは、謂わく自利に由るが故に則ち能く利他す。是自利に能わずして能く利他するには非ざるなり、と知る応し。「菩薩は第五門に出でて、回向利益他の行成就したまえりと、知る応し。」「成就」は、謂わく回向の因を以て教化地の果を証す。若しは因、若しは果、一事として利他に能わざること有ること無きなり。「応知」は、謂わく利他に由るが故に則ち能く自利す、是利他に能わずして能く自利するには非ざるなり、と知る応し。「菩薩は是の如き五門の行を修して、自利利他して、速やかに阿耨多羅三藐三菩提を成就することを得たまえるが故に。」……問うて曰わく、何の因縁有りてか「速得成就阿耨多羅三藐三菩提」と言えるや。答えて曰わく、『論』に「五門の行を修して、以て自利利他成就したまえるが故に」と言えり。

（傍点筆者、『定親全』一、七一〜七三頁）

として、五念門を行ずる菩薩の自利利他の行成就、阿耨多羅三藐三菩提の成就を「自利の行成就したまえり」「回向利益他の行成就したまえり」「速やかに阿耨多羅三藐三菩提を成就することを得たまえる」「五門の行を修して以て自利利他成就したまえる」といずれも尊敬語をもって語っている。

ちなみに『論註』親鸞加点本においてこれらの文は、

> 菩薩は入四種の門をして自利の行成就すと、知る応し。……菩薩は出第五門の回向利益他の行成就したまえりと、知る応し。……菩薩是の如く五念門の行を修して、自利利他して、速やかに阿耨多羅三藐三菩提を成就したまえることを得たまえるが故に、と。……問うて曰わく。何の因縁有てか「速得成就阿耨多羅三藐三菩提」と言《のたま》うや。答えて曰わく。『論』に言わく。「五門の行を修して、自利利他成就するを以ての故なり」。然るに覈《まこと》に其の本を求むるに阿弥陀如来を増上縁と為す。（傍点筆者、『定親全』八、加点篇(2)、一四七～一四九頁）

と訓まれており、菩薩の行すべてに敬語表現が施されているわけでない。このことは、加点本の文脈においては五念門を行ずる「菩薩」が必ずしも因位法蔵を指していないことを示すものだと筆者は考える。

そして、その利他行について、

> 他利と利他と、談ずるに左右有り。若し自ずから仏をして言わば、宜しく利他と言うべし。自ずから衆生をして言わば、宜しく他利と言うべし。今将に仏力を談ぜんとす、是の故に利他を以て之を言う。当に知るべし、此の意なり。（『定親全』一、七三頁）

と、いわゆる「他利利他の深義」[49]（「証巻」）として、菩薩の利他とは徹頭徹尾仏力、すなわち如来の本願他力を指すものであると抑えられている。

「他力釈」の菩薩の五念門行を因位法蔵のそれと了解すべきであるのと同様に、「証巻」「還相回向釈」の『論註』

の文、ことに「善巧摂化章」以降の「菩薩」の文もやはりそのように解すべきであろう。

「善巧摂化」とは、「是の如き菩薩は、奢摩他・毘婆舎那、広略修行成就して、柔軟心なり」とのたまえり。……。「是の如き巧方便回向を成就したまえり」とのたまえり。……「何者か菩薩の巧方便回向。菩薩の巧方便回向は、謂わく礼拝等の五種の修行を説く。所集の一切の功徳善根は、自身住持の楽を求めず。一切衆生の苦を抜かんと欲《おぼ》すが故に、作願して一切衆生を摂取して、共に同じく彼の安楽仏国に生ぜしむ。是を菩薩の巧方便回向成就と名づく」とのたまえり。……凡そ回向の名義を釈せば、謂わく己が所集の一切の功徳を以て、一切衆生に施与して、共に仏道に向かえしめたまうなりと。……此の中に方便と言うは、謂わく作願して一切衆生を摂取して、共に同じく彼の安楽仏国に生ぜしむ。彼の仏国は、即ち是畢竟成仏の道路、無上の方便なり。

（「善巧摂化章」『定親全』一、二一三～二一五頁）

「障菩提門」は、「菩薩、是の如き、善く回向成就したまえるを知れば、即ち能く三種の菩提門相違の法を遠離するなり。

（「障菩提門章」『定親全』一、二一五～二一六頁）

「願事成就」は、「是の如き菩薩は智慧心・方便心・無障心・勝真心をもって、能く清浄仏国土に生ぜしめたまえりと、知る応し」とのたまえり。「応知」は、謂わく此の四種の清浄の功徳、能く彼の清浄仏国土に生ずることを得しむ。是他縁をして生ずるには非ずと知る応しとなり。

（「願事成就章」『定親全』一、二一九～二二〇頁。以上、傍点筆者）

これらの文はいずれも因位法蔵の永劫修行の内実を語っており、それらはいずれも「作願して一切衆生を摂取して、共に同じく彼の安楽仏国に生ぜしむ」「己が所集の一切の功徳を以て、一切衆生に施与して、共に仏道に向かえしめたまう」という無上菩提心に基づいている。殊に「願事成就章」の、

「是を菩薩摩訶薩、五種の法門に随順して、所作意に随いて自在に成就したまえりと名づく。向《さき》の所説の如き身業・口業・意業・智業・方便智業、法門に随順せるが故に」とのたまえり。随意自在は、言うこころは、此の五種の功徳力、能く清浄仏土に生ぜしめて、出没自在なるなり。身業とは礼拝なり。口業とは讃嘆なり。意業とは作願なり。智業とは観察なり。方便智業とは回向なり。此の五種の業和合せり、則ち是往生浄土の法門に随順して、自在の業成就したまえり、と言えりと。

（傍点筆者、『定親全』一、二二〇頁）

の文は五念門の功徳がすべて衆生を「能く清浄仏土に生ぜしめて」、しかも菩薩自身が「出没自在」「自在の業成就」、すなわち自在に「法身の中にして常に三昧にましまして、種種の身・種種の神通・種種の説法を現じたまう」ことを示しているものと思われる。

これらと比較してみると、加点本の当該箇所は、

善巧摂化は、是の如く菩薩、奢摩他・毘婆舎那、広略に修行して、柔軟心を成就すと。……是の如く巧方便回向を成就す。……何者か菩薩の巧方便回向と。菩薩の巧方便回向というは、謂わく説礼拝等の五種の修行をして、集むる所の一切の功徳善根をして、自身の住持の楽を求めず、一切衆生の苦を抜かんと欲うが故に、一切衆生を摂取して共に同じく彼の安楽仏国に生ぜんと作願せり。是を菩薩の巧方便回向成就と名づくと。……此の中に方便と言うは、謂わく一切衆生を摂取して共に同じく彼の安楽仏国に生ぜんと作願す、彼の仏国は即ち是畢竟成仏の道路、無上の方便なり。

（『定親全』八、加点篇⑵、一三〇～一三三頁）

障菩提門というは、菩薩是の如く善く回向成就を知りて、即ち能く三種の菩提門相違の法を遠離すべし。

（『定親全』八、加点篇⑵、一三三～一三四頁。以上、傍点筆者）

と、菩薩の無上菩提心（柔軟心・智慧心・方便心・無障心・妙楽勝真心）をもって「一切衆生を摂取して共に同じ

く彼の安楽仏国に生ぜん」と作願する心ではあってもいずれも菩薩自らが「生まれる」という自身の願生が前面に出た訓点になっていることが知られるし、「願事成就章」の「能生清浄仏土出没自在」の文は、

　願事成就というは、是の如く菩薩智慧心・方便心・無障心・勝真心をして能く清浄の仏国土に生ずと、知る応し。……「随意自在」というは、言うこころは、此の五種の功徳力をして能く清浄仏土に生じて出没自在なるなり。

（傍点筆者、『定親全』八、加点篇(2)、一四〇～一四一頁）

とあるように、菩薩自らが浄土に能く生じて（往相）、出没自在となる（還相）と読める訓点になっている。

これら、「証巻」「還相回向釈」所引の『論註』の文の記述を踏まえて、親鸞は『二門偈』に、

　無碍光仏、因地の時、斯の弘誓を発し、此の願を建てたまいき。
　菩薩已に智慧心を成じ、方便心・無障心を成じ、
　妙楽勝真心を成就して、速やかに無上道を成就することを得たまえり。
　自利利他の功徳を成じたまう、則ち是を名づけて入出門とすとのたまえり。

（『定親全』二、漢文篇、一一九～一二〇頁）

と記したのであろう。

親鸞は『大経』「勝行段」の文、

　是を以て『大経』に言わく。欲覚・瞋覚・害覚を生ぜず。欲想・瞋想・害想を起こさず。色・声・香・味の法に著せず。忍力成就して衆苦を計らず。少欲知足にして、染・恚・痴無し。三昧常寂にして、智慧無碍なり。虚偽諂曲の心有ること無し。和顔愛語にして、意を先にして承問す。勇猛精進にして、志願倦《ものう》きこと無し。専ら清白の法を求めて、以て群生を恵利しき。三宝を恭敬し師長に奉事しき。大荘厳を以て衆行を具足して、諸

の衆生をして功徳成就せしむ、とのたまえりと。已上

（傍点筆者、「信巻」『定親全』一、一一七～一一八頁）

を「信巻」「三一問答・至心釈」に引いているが、前掲の「自ら六波羅蜜を行じ」の一文は引用していない。

安田理深師はこの文の「以大荘厳　具足衆行　令諸衆生　功徳成就」について次のように語っている。

普通は、法蔵菩薩が六波羅蜜の行を行じたという具合に書いてある。しかしそれを『浄土論』に合わせてみると、法蔵菩薩は不可思議兆載永劫に五念門の行を行じられたと。五念門の行を通して五功徳門を成ぜられたと。なお貴重なのは、五念門の最後に回向門がある。これが一番大事であって、如来廻向もここから出てくる。それで、『大経』の不可思議兆載永劫の経文にはこう言っている。「阿難よ、時に彼の比丘……この願を建て已りて、一向に専志して、妙土を荘厳した」と。「所修の仏国、恢廓広大にして、超勝独妙なり。建立常然にして、無衰無変なり」と。それから「不可思議兆載永劫において、菩薩の無量の徳行を積植して、欲覚・瞋覚・害覚を生ぜず。欲想・瞋想・害想を起こさず。色・声・香・味・触・法に着せず。忍力成就して衆苦を計らず」と。それからずっといって最後は、「大荘厳を以て衆行を具足し、諸の衆生をして功徳成就せしめたもう」と。こういうことが言ってある。しかし『無量寿経』では、「大荘厳を以て衆行を具足す」というときの衆行とは何なのかということがよく分からない。それは波羅蜜だと言ってもよいかもしれないけど、『浄土論』からみれば衆行というのは五念門である。それから「諸の衆生をして功徳成就せしむ」というときの功徳というのは五功徳門である。つまり法蔵菩薩は五念門の行を行じ、それによってかちとられた功徳は衆生の上に成就すると、自らは五念門を行じ、しかもその結果は衆生の上に成就すると。すなわちこれが回向である。こういうことで、『無量寿経』から照らしてみて初めて五念門の深い意義というものが理解できるのではないかと思う。

（『願生偈聴記・解義分（三）』『安田選』一四上、一五七～一五八頁）

安田師に拠れば、親鸞は「大荘厳を以て衆行を具足す」の「衆行」を法蔵菩薩の五念門行、「功徳」を衆生に成就する五功徳門と理解したのである。このような親鸞の『大経』「勝行段」理解、五念門・五功徳門理解を端的に表したものが『二門偈』「世親章」の文である。

親鸞は『二門偈』において前掲のように、法蔵因位の行が礼拝・讃嘆・作願・観察・回向の五念門であることをまず抑え、以下、次のように記している。

云何が礼拝する、身業に礼したまいき。阿弥陀仏正遍知、
諸の群生を善巧方便して、安楽国に生ぜん意を為さしめたまうが故なり。
即ち是を第一門に入ると名づく、亦是を名づけて近門に入るとす。
云何が讃嘆する、口業をして讃じたまいき。名義に随順して仏名を称せしむ。
如来の光明智相に依って、実の如く修し相応せしめんと欲すが故に。
則ち是無碍光如来の、摂取・選択の本願なるが故に。
是を名づけて第二門に入るとす。即ち大会衆の数に入ることを獲るなり。
云何が作願する、心に常に願じたまいき。一心に専念して彼に生まれんと願ぜしむ。
蓮華蔵世界に入ることを得。実の如く奢摩他を修せしめんと欲すなり。
是を名づけて第三門に入るとす。亦是を名づけて宅門に入るとす。
云何が観察する、智慧をして観じたまいき。
正念に彼を観ぜしむるは、実の如く毘婆舎那を修行せしめんと欲すが故なり。
彼の所に到ることを得れば、則ち種種無量の法味の楽を受用す。

即ち是を第四門に入ると名づく、亦是を名づけて屋門に入るとす。
菩薩の修行成就というは、四種は入の功徳を成就したまう、
自利の行成就したまうと、知る応し。
（傍点筆者、『定親全』二、漢文篇、一一五～一一八頁）

これらの文から見て、菩薩の入の功徳とは、従来考えられてきたような衆生が念仏往生を遂げた後の未来の利益（浄土の菩薩）として成就する功徳、すなわち衆生が浄土に入る功徳ではなくて、如来が衆生をして浄土に入らしむる功徳《はたらき》と考えるべきであろう。

因位法蔵菩薩が「身業に礼したま」う所以は、衆生をして「阿弥陀仏を礼拝して、彼の国に生ぜしめんが為にするを以ての故に、安楽世界に生まるることを得しむ[50]」（『証巻』）るためであり、それゆえに「初めの功徳の相[51]」（『証巻』）として衆生に「仏を礼して仏国に生まれんと願ずる[52]」（『証巻』）ことが成り立つのである。

「口業をして讃じたま」う所以は、衆生をして「阿弥陀仏を讃嘆し、名義に随順して、如来の名を称せしめ、如来の光明智相に依て修行せるを以ての故に、大会衆の数に入ることを得しむ[53]」（『証巻』）るためであり、それゆえに「第二の功徳相[54]」（『証巻』）として衆生は「如来の名義に依て讃嘆する[55]」（『証巻』）ことを得る。

「心に常に願じたま」う所以は、衆生をして「一心に専念し作願して、彼《かしこ》に生じて奢摩他寂静三昧の行を修するを以ての故に、蓮華蔵世界に入ることを得しむ[56]」（『証巻』）るためであり、それゆえ「第三の功徳相[57]」（『証巻』）として衆生は「寂静止を修せん為の故に、一心に彼の国に生まれんと願ずる[58]」（『証巻』）ことを得る。

「智慧をして観じたま」う所以は、衆生をして「彼の妙荘厳を専念し観察して、毘婆舎那を修せしむるを以ての故に、彼の所に到ることを得て、種種の法味の楽［筆者注・「観仏国土清浄味・摂受衆生大乗味・畢竟住持不虚作味・類事起行願取仏土味[59]」（『証巻』）］を受用せしむ[60]」（『証巻』）るためであり、それゆえ「第四の功徳相[61]」（『証巻』）とし

て衆生は「実の如く毘婆舎那を修行せんと欲」[62]（『論註』）うて「正念に彼を観」（『二門偈』）じて、「彼の所に到ることを得れば、則ち種種無量の法味の楽を受用す」（『二門偈』）ることができるのである。

『大経』上巻の「勝因段」において「十方の衆生よ、至心信楽して我が国に生まれんと欲うて乃至十念せよ」と衆生を招喚する勅命として表現された法蔵菩薩因位の願心が、「勝行段」の兆載永劫の修行においては「諸の群生を善巧方便して、安楽国に生ぜん意を為さしめ」ん（礼拝）、「名義に随順して仏名を称せし」めて「如来の光明智相に依って、実の如く修し相応せしめんと欲す」る（讃嘆）、「一心に専念して彼に生まれんと願ぜし」め「蓮華蔵世界に入ることを得し」（証巻）め、「実のごとく奢摩他を修せしめんと欲す」る（作願）、「正念に彼を観ぜし」め「実のごとく毘婆舎那を修行せしめんと欲す」る（観察）願心として具体的に表現されていると、親鸞は了解したのである。

そしてまた、『二門偈』は、

第五に出の功徳を成就したまう。菩薩の出第五門というは、
云何が回向したまう、心に作願したまいき。苦悩の一切衆を捨てたまわざれば、
回向を首として、大悲心を成就することを得たまえるが故に、功徳を施したまう。
彼の土に生じ已りて速疾に、奢摩他毘婆舎那
巧方便力成就を得已りて、生死園煩悩林に入りて、
応化身を示し神通に遊びて、教化地に至りて群生を利したまう。
本願力の回向を以ての故に、利他の行成就したまえり、知る応し。

（傍点筆者、『定親全』二、漢文篇、一一八～一一九頁）

という如来の往還二種相の回向をもって、菩薩の「出の功徳」を語っている。

「苦悩の一切衆を捨てたまわ」ずして「回向を首として大悲心を成就することを得たまえるが故に」、「本願力の回向を以て」、如来は一切衆生に「功徳を施したま」うのであり、「苦悩の一切衆を捨てたまわ」ずして「回向を首として、大悲心を成就することを得たまえるが故に」、「本願力の回向を以て」、如来は「彼の土に生じ已りて速疾に、奢摩他毘婆舎那巧方便力成就を得已りて、生死園煩悩林に入りて、応化身を示し神通に遊びて、教化地に至りて群生を利したまう」のである。

　このような如来因位の欲生の願心、五念門の行、往還二種の本願力回向を背景として成就する衆生の「一心」であるが故に、「世尊よ、我一心に……」と天親が「己心を申《の》ぶ」[63]（『論註』）――「わが信念」を表白す――る「願生偈」を註釈する際、曇鸞は、

　偈の中に分ちて五念門と為す、下の長行に釈する所の如し。第一行の四句に相含みて三念門有り、上の三句は是礼拝・讃嘆門なり、下の一句は是作願門なり。第二行は論主自ら我仏経に依って論を造りて仏教と相応す。服する所宗有ることを述ぶ。何が故ぞ云うとならば、此れ優婆提舎の名を成ぜん為の故なり。亦是上の三門を成じて下の二門を起す、所以《このゆえ》に之に次で説けり。第三行より廿一行尽きるまで是観察門なり。末後の一行は是回向門なり。偈の章門を分ち竟りぬ。

（『定親全』八、加点篇(2)、五頁）

と「五念配釈」を施し、親鸞もまた「行巻」に、

「我一心」は、天親菩薩の自督の詞なり。言うこころは、無碍光如来を念じて安楽に生まれんと願ず。心心相続して他想間雑無し。乃至「帰命尽十方無碍光如来」は、「帰命」は即ち是礼拝門なり、「尽十方無碍光如来」は即ち是讃嘆門なり。何を以てか知らん、帰命は是礼拝なりとは……此の『論』の長行の中に、亦「五念門を修

す」と言えり。五念門の中に、礼拝は是一なり。天親菩薩既に往生を願ず。豈礼せざるべけんや。故に知りぬ、帰命は即ち是礼拝なりと。（礼拝門、『定親全』一、三四～三五頁）

何を以てか知らん、「尽十方無碍光如来は是讃嘆門なり」とは……天親今「尽十方無碍光如来」と言えり。即ち是、彼の如来の名に依って、彼の如来の光明智相の如く讃嘆するが故に、知りぬ、此の句は是讃嘆門なりとは。（讃嘆門、『定親全』一、三五頁）

「願生安楽国」は、此の一句は是作願門なり、天親菩薩帰命の言なり。

（作願門、『定親全』一、三五頁。以上、傍点筆者）

と『論註』上巻の三念門釈の文を引いて、これらを天親自身の三念門行と抑えている。

また、観察門に関しては親鸞は直接その文は引かないものの、上巻・成上起下の文の、

「真実功徳相」は、二種の功徳有り。一つには、有漏の心より生じて法性に順ぜず。所謂凡夫人天の諸善・人天の果報、若しは因・若しは果、皆是顛倒す、皆是虚偽なり。是の故に不実の功徳と名づく。二つには、菩薩の智慧・清浄の業より起こりて仏事を荘厳す。法性に依って清浄の相に入れり。是の法顛倒せず、虚偽ならず、真実の功徳相と名づく。云何が顛倒せざる、法性に依り二諦に順ずるが故に。云何が虚偽ならざる、衆生を摂して畢竟浄に入るが故なり。（『定親全』一、三七頁）

を引いて、「真実功徳相」の「二種の功徳」、すなわち、

彼の世界の相を観ずるに　三界の道に勝過せり……

仏本《もと》此の荘厳清浄功徳を起こしたまう所以は、三界は是虚偽の相、是輪転の相、是無窮の相にして、蚇蠖修環するが如く、蚕繭の自ら縛《まつわ》る如くなり。哀れなるかな、衆生、此の三界顛倒の不浄に締《まつわ》るを見そなわして、衆

生を不虚偽の処に、不輪転の処に、不無窮の処に置いて、畢竟安楽の大清浄処を得しめむと欲《おぼし》めす。是の故に此の清浄荘厳功徳を起したもうなり。……「観」は観察なり。「彼」は彼の安楽国なり。「世界相」は彼の安楽世界の清浄の相なり。（『定親全』八、加点篇(2)、一三〜一四頁）

という因位法蔵の発願の契機としての衆生の虚偽・輪転・無窮の相、すなわち「不実の功徳」とそれゆえの如来の大悲発願、そして、

荘厳清浄功徳成就は、偈に「観彼世界相・勝過三界道」の故に、と言えり。此れ云何が不思議なるや。凡夫人の煩悩成就せる有って、亦彼の浄土に生ずることを得れば、三界の繫業畢竟じて牽かず。則ち是煩悩を断ぜずして涅槃分を得。焉《いずく》んぞ思議す可きや。（「証巻」所引、『定親全』一、一九八〜一九九頁）

という浄土の荘厳功徳不可思議力の成就、すなわち浄土の「真実功徳」こそが「観察」の対象、信心の内観において覚知される内容であるとする。

『浄土論』の説く浄土の二十九種荘厳功徳に対する曇鸞の註釈は、『論註』上巻においては一貫して「仏本何が故ぞ此の荘厳（願）を興したまうと。有る国土を見そなはすに……是の故に……」と、阿弥陀仏の発願・荘厳の因としての「有」の国土の相を説き、下巻においては一貫して「荘厳……功徳成就とは、偈に……と言えるが故に。此れ云何が不思議なるや。……焉んぞ思議す可きや」として浄土の功徳成就の不可思議なることを説いている。

曇鸞のこの「二種の功徳」の教説は、やがて善導において、

「一者深心」。「深心」と言うは、即ち是深信の心なり。亦二種有り。一つには決定して深く、「自身は現に是罪悪生死の凡夫、曠劫より已来、常に没し常に流転して、出離の縁有ること無し」と信ず。二つには決定して深く、「彼の阿弥陀仏の四十八願をもって衆生を摂受したまうこと、疑い無し、慮り無し、彼の願力に乗じて、

定めて往生を得」と信ず。

（『観経疏』「散善義」『定親全』九、加点篇(3)、一七二頁）

といういわゆる機法二種深信における信心の自覚内容として明確に抑えられ、それを承けて親鸞は「観」を浄土の相の観察行としてではなく信知、信心における自覚と抑えている。

親鸞は『浄土論』不虚作住持功徳の文、「仏の本願力を観ずるに、遇《もうあ》うて空しく過ぐる者無し。能く速やかに功徳の大宝海を満足せしむ(64)」を解説して、

この文のこゝろは、仏の本願力を観ずるに、まうあふてむなしくすぐるひとなし、よくすみやかに功徳の大宝海を満足せしむとのたまへり。「観」は願力をこゝろにうかべみるとまふす、またしるといふこゝろなり。「遇」はまうあふという。まうあふとまふすは本願力を信ずるなり。

（『一念多念文意』『定親全』三、和文篇、一四七頁）

また、善導『往生礼讃』の「今、弥陀の本弘誓願は、名号を称すること、下至十声・一声等に及ぶまで、定んで往生を得と信知して、乃至一念も疑心有ること無し(65)」の文を解説して、

「今信知、弥陀本弘誓願、及称名号」といふは、如来のちかひを信知すとまふすこゝろなり。「信」といふは金剛心なり、「知」といふはしるといふ、煩悩悪業の衆生をみちびきたまふとしるなり。また「知」といふは観なり、こゝろにうかべおもふを、観といふ。こゝろにうかべしるを知といふなり。

（『一念多念文意』『定親全』三、和文篇、一五〇〜一五一頁。以上、傍点筆者）

としている。

最後の回向門に関して親鸞は、天親自身の回向門を語る『論註』上巻の、

次に下の四句は是回向門なり。

我論を作り偈を説きて　願わくは弥陀仏を見たてまつり　普く諸の衆生と共に　安楽国に往生せんと

此の四句は、是論主の回向門なり。（傍点筆者、『定親全』八、加点篇(2)、五九～六〇頁）

という文を「行巻」に引用せず、ただ如来の二種回向を示す下巻「起観生信章」の回向門の文、

「云何が回向する。一切苦悩の衆生を捨てずして、心に常に作願すらく、回向を首として大悲心を成就することを得たまえるが故に」とのたまえり。回向に二種の相有り、一つには往相、二つには還相なり。往相は、己が功徳を以て一切衆生に回施して、作願して共に阿弥陀如来の安楽浄土に往生せしめたまえるなり、と。抄出

（『定親全』一、三七～三八頁）

のみを引くのである。

以上の『二門偈』「証巻」「行巻」の文から、衆生の願力成就の信心に五念門の義が自然に具足することが知られ、『二門偈』に親鸞が、

婆藪槃豆菩薩の論、本師曇鸞和尚、註したまえり。

願力成就を五念と名づく、

（『定親全』二、漢文篇、一二〇頁）

と記した真意はここにある、と筆者は考えるのである。

第三項　「回向」をめぐる親鸞の試行錯誤

一、真蹟坂東本『教行信証』における改訂・書改等

もちろん親鸞は、以上のような『論』『論註』理解に一朝一夕でたどり着いたわけではない。

重見一行氏に拠れば、坂東本『教行信証』は、「大部分（約八割）を占める一面八行の、ほぼ同一時期［筆者注・六十歳頃］の染筆部分」から「この［筆者注・前期］筆跡によって最初一貫して、相対的に短期間に全巻が書写され」、「一種の『完成本』として『清書』されたものであることが推定される[66]」が、現行「坂東本」からはその後多くの改訂、書改、追補等がなされたことが窺われ、その中には如来回向に関する親鸞の思想的格闘の跡が多数見受けられるのである。

まず、「行巻」には、『論註』の往相回向の文、

「云何が回向する。一切苦悩の衆生を捨てずして、心に常に作願すらく、回向を首として大悲心を成就することを得たまえるが故に」とのたまえり。回向に二種の相有り、一つには往相、二つには還相なり。往相は、己が功徳を以て一切衆生に回施して、作願して共に阿弥陀如来の安楽浄土に往生せしめたまえるなり、と。抄出

（『定親全』一、三七～三八頁）

を含む、両面に四行ずつ記された雁皮紙・切り紙一葉（親鸞直筆。「相応は、持は不散不失に名づく。（相応者ハ　持ハ

名《ク》二不散不失《ニ》一）……父の王を勧めて念仏三昧を行ぜしめたまう。父の王（令《シメタマフ》下勧《テ》二父《ノ》王《ヲ》一行《セ》中念仏三昧《ヲ》上父《ノ》王）」）が挿入（書改）されているし、(67)「他力釈」には『論註』「利行満足章」の文「第五門に出でて回向利益他の行成就したまえりと（出《テ》二第五門《ニ》一回向利益他《ノ》行成就《シタマヘリト》）……無碍は、謂わく、□□□知るなり（無碍者《ハ》謂《ク》知《ルナリ》二）」（楮紙・袋綴じ一葉・八行書き(68)）が別人の筆で、「他力釈」・『論註』の文から「一乗釈」・『涅槃経』「師子吼品」の文「転輪王の行くに従えば、便ち（従《シタカヘハ》二転輪王《ノ》行《クニ》一便）……一つには世間畢竟、二つには（一者《ハ》世間畢竟　二者）」にかけては雁皮紙一葉を折り目綴じした四頁二十四行分（親鸞直筆(69)）が書改されている。これらはいずれも親鸞八十三歳頃の後期筆跡の跡を残している。

次に「信巻」に「至心信楽の本願文」として『大経』第十八願文とともに異訳『如来会』の文、『無量寿如来会』に言わく。若し我無上覚を証得せん時、余仏の刹の中《うち》の諸の有情類、我が名を聞き已りて、所有の善根心心に回向せしむ。我が国に生まれんと願じて、乃至十念せん。若し生まれずは菩提を取らじと。唯無間悪業を造り、正法及び諸の聖人を誹謗せんをば除く、と。已上（傍線筆者、『定親全』一、九七頁）

が引かれているが、この「所有ノ善根心心ニ回向セシム」は当初、「回向セム」と訓読していたものが訂正されている。(70)この箇所は親鸞の後期筆跡による一頁七行書き部分であるので、少なくとも八十三歳以降の訂正であると思われる。ただし、八十三歳時の専信臨写本の再写本であるとされる「専修寺本」の当該箇所では「回向セシム」とあるので、(71)単に「セム」と誤写したのを後に訂正した可能性も否定はできない。

続く『大経』本願成就の文を親鸞は、

本願成就の文、『経』に言わく。諸有衆生《あらゆるしゅじょう》、其の名号を聞きて、信心歓喜せんこと、乃至一念せん。至心に回向せしめたまえり。彼の国に生まれんと願ぜば、即ち往生を得、不退転に住せん。唯五逆と誹謗正法とをば除

く、と。已上

（傍線筆者、『定親全』一、九七～九八頁）

と訓んでいるが、いったん「至心回向シタマヘリ」と送りがなを施した後に「回向セシメタマヘリ」と修正し、さらに朱筆で「セシメタマヘリ」と上書きして、「回向」と「願生」の間に朱で中点を打っている。[72]

また、「三一問答・仏意釈」の「欲生釈」の御自釈から『論註』下巻「浄入願心章」の文にかけての箇所（「他真実の欲生心を（他真実ノ欲生心ヲ）……又向に荘厳仏土功徳成就・荘厳□□□説きつ（又向《サキニ》説《キツ》二荘厳仏土功徳成就荘厳）」）には宿紙による書改（一葉差し替え）があり、[73] 後期筆跡（八十三歳頃）による八行書きとなっているが、この一葉（二頁）は前頁の「欲生釈」の、

是の故に如来、一切苦悩の群生海を矜哀して、菩薩の行を行じたまいし時、三業の所修、乃至一念一刹那も、回向心を首として、大悲心を成就することを得たまえるが故に。利他真実の欲生心を以て諸有海に回施したまえり。

（傍点筆者、『定親全』一、一二七～一二八頁）

の文を承けて、「本願欲生心成就の文」として「至心回向したまえり」[74] の文を持つ『大経』の文、「所有の善根回向したまえる」[75] の文を持つ『如来会』の文、さらには『論註』の如来の二種回向の文、

『浄土論』に曰わく。「云何が回向したまえる。一切苦悩の衆生を捨てずして、心に常に作願すらく、回向を首として大悲心を成就することを得たまえるが故に」とのたまえり。回向に二種の相有り。一つには往相、二つには還相なり。……是の故に「回向為首得成就大悲心故」と言えり、と。已上

（傍点筆者、『定親全』一、一二八～一二九頁）

が記されるという重要な個所である。

また、その後の善導「散善義」の「回向発願心釈」の文は、現行「坂東本」では、

又回向発願して生まるる者は、必ず決定真実心の中に回向したまえる願を須いて、得生の想を作す。（又回向発願《シテ》生《ルヽ》者《モノハ》必須《スモチヰテ》㆘決定真実心中《ノカニ》回向《シタマヘル》願《ヲ》㆖作《ス》㆓得生想《ノヲ》㆒）（傍線筆者、『定親全』一、一三〇頁）

となっているが、当初は、

又回向発願して生まるる者は、必ず決定真実心の中に回向したまえるをば須いて、願わくば得生の想を作せ。（又回向発願《シテ》生《ルヽ》者《モノハ》必須《スモチヰテ》㆓決定真実心中《ノカニ》回向《シタマヘルヲ(?)》㆒願《ハ》作《セ》㆓得生想《ノヲ》㆒）（傍線筆者）

と読めるよう訓点が施されていたが、「須」の左下の返り点「二」に「下」を上書き訂正し、「回向」の「向」の字の左側にあった返り点「一」を抹消して「願」の左下に返り点「上」を打ち、「作」の送りがな「セ」に「ス」を上書き訂正する等の修正を加えて[76]、当初の「如来が回向したまえる（行）を（衆生が）須いて……」という意の文を「如来の（行を）回向したまえる願を（衆生が）須いる」という如来の発願・回向の意を徹底した文意に訂正したことが窺える[77]。

これらのうち、「行巻」の三箇所、「信巻」の一箇所の「書改」の理由について重見一行氏はいずれも「前期筆跡時・親鸞によって行われた切り継ぎの不体裁を整頓するためのもの[78]」「前期筆跡時・親鸞によって切り継ぎ改訂が行われた錯雑したままの状態で放置されていたのを、……自筆著書としての体裁を整えるため[79]」であったとされており、前期筆跡による執筆以降八十三歳後半頃の書改時期まで、当該箇所に錯雑・不体裁が生じるほど「親鸞によって切り継ぎ改訂が行われた」ことが推定される。ちなみに「専修寺本」の当該箇所では、上記四例はいずれも推敲後の記述となっている。

また、「行巻」「他力釈」、「証巻」「還相回向釈」に引かれる『論註』下巻「利行満足章」の文、「本願力」と言うは、大菩薩、法身の中にして常に三昧に在《まし》まして、種種の身・種種の神通・種種の説法を現じたまうことを示す。皆本願力より起こるを以てなり。（言二本願力《ト》一者《ハ》　示《メス》下大菩薩於《シテ》二法身中《ノニ》一常在《ニマシテ》二三昧《ニ》一而《テ》現《シタマフコトヲ》中種種《ノ》身種種《ノ》神通種種《ノ》説法《ヲ》上　皆以《テナリ》二　本願力《ヨリ》　起《ヲ》一）

（傍線筆者、「行巻」『定親全』一、七一頁）

であるが、『論註』加点本では、

「本願力」と言うは、大菩薩、法身の中にして常に三昧に在して種種の身・種種の神通・種種の説法を現ずることを示す。皆本願力を以て起すなり。（言《イフ》二本願力《ト》一者《ハ》　示《ス》下大菩薩於《シテ》二法身中《ノニ》一常在《ニマシ》二　三昧《ニ》一而《テ》現《スルコトヲ》中　種種《ノ》身・種種神通《ノ》・種種説法《ヲ》上　皆・以《テ》二本願力《ヲ》一起《スナリ》　）

（傍線筆者、『定親全』八、加点篇(2)、一四六頁）

と、浄土の大菩薩が、「本願力を以て起す」、すなわち自身の本願力をもって三昧の中で種々の応化身・神通・説法を現ずることを表す文と読める訓点であるのに対して、「行巻」「証巻」では「皆本願力より起こ（れ）るを以てなり」[80]と、大菩薩の応化・神通・説法が如来の本願力を根拠として起こる、さらにその示現も如来自身のそれ（「現じたまう」）、すなわち如来の還相回向であると読める訓点が施されている。

「行巻」「証巻」の当該箇所はいずれも前期筆跡による八行書き部分、つまり親鸞六十歳頃の執筆であるが、現行の「坂東本」からは、以下のような訓点の推敲痕が見られる。

「行巻」では、「種種ノ身・種種ノ神通・種種ノ説法ヲ現シタマフコトヲ」の「シタマフコトヲ」が当初「シタマフ」の墨色と「コト」の墨色が異なっていたが、「マフコト」の上を朱でなぞり書きをし、また、「皆本願力ヨリ起ヲ以テナリ」の「テナリ」も当初の墨書の上にさらに朱で上書きして、それぞれ注意を喚起している。[81]

「証巻」では、「皆本願力ヨリ起レルヲ以テナリ」[82]の「力」の左下にあった返り点を抹消し、「（本願）力」の当初の送りがな「ヨリ」（墨書）に「ヲ」（墨書）と上書きし、さらにそれを朱筆で「ヨリ」に改めている。この「ヲ」

(墨書)の墨色は「以」の送りがな「テナリ」と同じ墨色であると言う。また、「起」は当初の送りがな「レリ」(墨書)の「レ」を「力」の送りがな「ヨリ」(朱筆)の「リ」を重ねて抹消し、「リ」の上に朱筆で「ルヲ」と上書き訂正して現行の「起ルヲ」とし、「起」の左下にこれも朱筆で返り点「一」を記入している。(83)

親鸞は六十歳頃の執筆以降、これらの試行錯誤の末に現行の訓読「皆本願力ヨリ起(レル)ヲ以テナリ」にたどり着いたことが知られる。

二、和文聖教に見る書写・改訂

現行の「真蹟坂東本」に見られる多くの改訂、書改、追補箇所と「専修寺本」の当該箇所を見る限り、親鸞は六十歳頃に『教行信証』を一旦完成し清書した後、建長七年(一二五五年、八十三歳)六月に専信に書写させるまでの間、如来回向、二種回向に関する種々の思索的試行錯誤を行っていたことが窺われる。

また、専信による書写以降、親鸞は今度は、二種回向に関する多くの和語聖教を著述し、さらにそれらの改訂・書写を行っている。

筆者は、これらの著述や改訂にいわゆる「善鸞事件」との関連を見るのである。

今試みに、息男善鸞の言動に起因する東国門弟集団内の混乱が顕在化した建長七年(一二五五年・八十三歳)以降、事件との関連および影響によって著述および改訂・書写されたと見做し得る親鸞の著述・書簡を列挙してみる。

〔建長七年・一二五五年、親鸞八十三歳〕
六月二日　『尊号真像銘文』（略本）を撰述。（法雲寺旧蔵奥書）
六月二十二日　門弟専信、『顕浄土真実教行証文類』を書写。（専修寺蔵旧奥書）
八月六日　『浄土三経往生文類』（略本）を撰述。（西本願寺蔵奥書）
九月二日（推定）　書状を送り、阿弥陀仏以外の余仏・余菩薩・神祇を軽侮することを戒め、念仏者は念仏を妨げる領家・地頭・名主にもあわれみの心をもって念仏せよとさとす。（『御消息集』（広本）第九通）
九月二日（推定）　慈信（善鸞）に書状を送り、遠江の尼御前と「くげどの」への謝意を伝達し、また弟子が「凡夫なれば悪事を好むべし」との異義を立てたのを難じ、この書状を入信・真浄・法信以下の門弟に読み聞かすよう命じる。（『御消息集』（広本）第十通）
十一月九日（推定）　善鸞に書状を送り、「おほぶの中太郎」の門徒九十余人が善鸞の唱える異義に走ったという風聞ある由を記し、善鸞に教導をたのむ。（『御消息集』（広本）第十一通）
十一月三十日　『皇太子聖徳奉讃』を撰述。（専修寺蔵奥書）

〔建長八年。改元して康元元年・一二五六年、八十四歳〕
正月九日（推定）　迫害を訴えてきた真浄にいずれの地へでも移るようさとし、善鸞の異義に惑わされた常陸国奥郡の人々に『唯信鈔』や『後世物語』等の熟読をすすめる。（『御消息集』（広本）第十二通）
三月二十三日　門弟真仏、『入出二門偈頌』を書写。（専修寺蔵奥書）
五月二十九日　善鸞に書状（義絶状）を送り、聖人より夜秘事を伝授せられたと偽り異義をたてて常陸・下野の門徒をまどわしたとして父子の義を絶つ。また同日、性信に書状を送り、これをつげ、門徒に回覧させるよう命じる。（専修寺蔵書状、『血脈文集』第二通）

六月二十七日　性信、善鸞義絶状を入手。（専修寺蔵書状）

七月九日（推定）　鎌倉での念仏訴訟についての六月一日付性信の書状に対し返書を送る。（『御消息集』（広本）第七通）

七月二十五日　版本『浄土論註』二帖に加点し、奥書に曇鸞の事績を記す。（西本願寺蔵奥書）

七、八月（推定）　性信に書状を送り、念仏訴訟についての解決をよろこび、念仏を誹謗する人々のために念仏するようすすめ、このことを入西に伝えることを請う。（『御消息集』（広本）第十三通）

十月十三日　『西方指南抄』上巻末を書く。（専修寺蔵奥書）

十月十四日　『西方指南抄』中巻末を書く。（専修寺蔵奥書）

十月三十日　『西方指南抄』下巻本を書く。（専修寺蔵奥書）

十一月八日　『西方指南抄』下巻末を書く。（専修寺蔵奥書）

十一月二十九日　『往相還相回向文類』を撰述。（上宮寺蔵奥書）

〔康元二年。改元して正嘉元年・一二五七年、八十五歳〕

正月一日　『西方指南抄』上巻末を校合する。（専修寺蔵奥書）

正月二日　『西方指南抄』上巻本を書く。同日、中巻本を校合する。（専修寺蔵奥書）

二月九日　夜寅の時、「夢告」を感得。（専修寺蔵『正像末和讃』草稿本）

二月三十日　『大日本国粟散王聖徳太子奉讃』を撰述。
三月二日　『浄土三経往生文類』（広本）を書写。（興正寺蔵書）
閏三月一日　執筆中の『正像末和讃』に二月九日の夢告讃を記す。（専修寺蔵『正像末和讃』草稿本）
閏三月二十一日　真仏、『如来二種回向文』を書写。（専修寺蔵奥書）
五月十一日　『上宮太子御記』を書写。（西本願寺蔵奥書）
九月七日（推定）　性信に書状を送り、京都大番役に上洛した「しむしの入道」と正念房にあったことをよろこび、人々に念仏をすすめるように命じる。（『血脈文集』第四通）

〔正嘉二年・一二五八年、八十六歳〕

六月二十八日　『尊号真像銘文』（広本）を撰述。（専修寺蔵奥書）
九月二十四日　『正像末和讃』を再治。（専修寺蔵顕智本奥書）

《　は事件の推移を示す書簡。――は「夢告」とそれに関連する事績・著述》

この中でまず注目すべきは、建長八年（一二五六年）七月二十五日に終了した版本『論註』への加点であろう。本明義樹氏は、同年五月二十九日の善鸞義絶の後、最初に筆を執ったのが『論註』の加点であり、その二か月後には法然の言行録である『指南抄』の書写に取り掛かり、約三か月余りを費やしていることを指摘している(84)。本明氏に拠れば、これらの加点や書写からは「これまで自身の立脚地として反芻し続けてきた師法然の本願念仏の教え、さらに思想形成の根幹となる曇鸞の教えにひたすらに向き合い、その身に引き当てて聞思する姿勢が見て取れ[85]」、「実子の義絶という苦悩と教団の危機的状況に直面する親鸞にとって、法然と曇鸞の教言こそが自らを導き照らす帰依処となっていたこと[86]」が知られるという。

また、本明氏は同年十一月二十九日撰述の『往相還相回向文類』を「撰述年次からも『論註』の加点によって曇鸞の思想教義が確かめられ、さらに『西方指南抄』の書写により法然の教言が顧みられる中で著わされた文類[87]」と抑えておられる。

これらの点は筆者も同感であるが、筆者はこれに加えて翌康元二年二月九日の夜寅の時の「夢告」、二月三十日の『大日本国粟散王聖徳太子奉讃』の撰述、三月二日の『三経往生文類』（広本）の書写、閏三月二十一日の真仏による『如来二種回向文』の書写、翌々年正嘉二年六月二十八日の『尊号真像銘文』（広本）の撰述にも着目する。

まず、康元二年三月書写の『三経往生文類』（広本）であるが、建長七年（一二五五年）八月成立の『三経往生文類』（略本）にはない還相回向に関する記述が付け加えられている。

『三経往生文類』（略本）では親鸞は冒頭、

大経往生といふは、如来選択の本願、不可思議の願海、これを他力とまふす。これすなわち念仏往生の願因によりて、必至滅度の願果をうるなり。現生に正定聚のくらゐに住して、かならず真実報土にいたる。これは阿弥陀如来の往相回向の真因なるがゆへに、無上涅槃のさとりをひらく、これを『大経』の宗とす。このゆへに大経往生とまふす、また難思議往生とまふすなり。

（『定親全』三、和文篇、三頁）

と記した後、

〈至心信楽の本願の文。『大経』に言わく。……至心信楽本願文　『無量寿如来会』に言わく。……

必至滅度の願文。『大経』に言わく。……　必至滅度願文　『無量寿如来会』に言わく。……
本願成就の文。『経』に言わく。……　本願成就文　『無量寿如来会』に言わく。……
必至滅度の願成就の文。『如来会』に言わく。……『浄土論』に曰わく。……已上抄要〉
（『定親全』三、和文篇、三～七頁）

として正依の『大経』、異訳の『如来会』の願文・願成就の文をそれぞれ引いた後、『論註』下巻「観行体相章」の妙声・眷属・大義門・清浄功徳の文を引き、

いまこの真文をよく〳〵こゝろえて、難思議往生の義をしるべしとなり。（『定親全』三、和文篇、七頁）

として大経往生（難思議往生）の記述を終えるのに続いて、

観経往生といふは、修諸功徳の願により、至心発願のちかいにいりて、……（『定親全』三、和文篇、七頁）

とすぐさま観経往生（双樹林下往生）の論述に入っていく。

それに対して『三経往生文類』（広本）冒頭では、『三経往生文類』（略本）の「大経往生といふは……また難思議往生とまふすなり」の文をほぼ踏襲（二箇所改訂あり）した後、

この如来の往相回向につきて、真実の行業あり。すなわち、諸仏称名の悲願にあらわれたり。称名の悲願は、『大無量寿経』にのたまはく、〈……称名信楽の悲願成就の文。『経』に言わく、……〉文
また真実信心あり、すなわち念仏往生の悲願にあらわれたり。信楽の悲願は、『大経』にのたまはく、〈……同本異訳の『無量寿如来会』に言わく。……〉文

また真実証果あり。すなわち、必至滅度の悲願に、あらわれたり。証果の悲願、『大経』に、のたまはく、〈……同本異訳の『無量寿如来会』に言わく。……『無量寿如来会』に言わく。……必至滅度・証大涅槃の願成就の文。『大経』に言わく。……又『如来会』に言わく。……已上抄要〉この真実の称名と、真実の信楽をえたる人は、すなわち正定聚のくらゐに住せしめむと、ちかひたまへるなり。この正定聚に住するを等正覚をなるとものたまへるなり。等正覚とまふすは、すなわち補処の弥勒菩薩とおなじくらゐとなると、ときたまへり。しかれば、『大経』には「次如弥勒」とのたまへり。〈『浄土論』に曰わく。……又言わく。……又『論』に曰わく。……已上抄要〉この阿弥陀如来の往相回向の選択本願を、みたてまつるなり。これを難思議往生とまふす。これをこゝろえて他力には義なきを義とすとしるべし。

（『定親全』三、和文篇、二一～二七頁）

という如来の往相回向の一段として改訂し、さらに、

二に還相回向といふは、〈『浄土論』に曰わく。「本願力の回向を以ての故に、是を出第五門と名づくといえり。」〉これは還相の回向なり、一生補処の悲願にあらわれたり。大慈大悲の願。『大経』にのたまはく、〈「設い我仏を得たらんに、他方仏土の諸の菩薩衆、我が国に来生すれば、究竟して必ず一生補処に至る。其の本願の自在の所化、衆生の為の故に、弘誓の鎧《き》を被て、徳本を積累し、一切を度脱し、諸仏の国に遊びて、菩薩の行を修し、十方の諸仏如来を供養し、恒沙無量の衆生を開化して、無上正真の道を立せしめんをば除かんと。常倫に超出し、諸地の行現前し、普賢の徳を修習せん。若し爾らずば、正覚を取らじと。」〉文　この悲願は、如来の還相回向の御ちかひなり。

（『定親全』三、和文篇、二七～二八頁）

という還相回向の一段が挿入されている。

そしてその後、さらに、

如来の二種の回向によりて、真実の信楽をうる人は、かならず正定聚のくらゐに住するがゆへに、他力とまふすなり。しかれば、〈『無量寿経優婆提舎願生の偈』に曰わく。「云何が回向したまえる。一切苦悩の衆生を捨てずして、心に常に作願すらく、回向を首として大悲心を成就することを得たまえるが故にとのたまえり」。〉これは『大無量寿経』の宗致としたまへり。これを難思議往生とまふすなり。

（『定親全』三、和文篇、一八頁。以上、傍点筆者）

の文が新たに加えられ、他力とはすなわち如来の二種の回向であり、如来の二種回向が真実の信楽、さらには難思議往生を成立せしめる不可欠の要件であると抑えた後、観経往生（双樹林下往生）の論述が始められている。

康元元年（一二五六年）十一月撰述の『往相還相回向文類』の還相回向の記述、

二には還相回向といふは。〈『浄土論』に曰わく、「本願力の回向を以ての故に、是を出第五門と名づく」〉といへり。〈又曰はく、「彼の国に生じ已りて、還りて大悲を起こして、生死に回入して、衆生を教化する、亦回向と名づくるなり」〉といへり。これは還相の回向ときこえたり。このこころは一生補処の大願にあらわれたり。大慈大悲の誓願は。〈大経に言わく。［筆者注・第二十二願文］〉文　この悲願は如来の還相回向の御ちかひなり。これらを如来の二種の回向とまふすなり。他力の往相還相の回向なれは。自利利他ともに行者の願楽にあらす。大願より自然にうるなり。しかれは他力には義なきをもて義とすと。大師聖人はおほせことありき。よくよくこの選択悲願をこころえたまふへしと。

（『大正蔵』八三、六七八頁c～六七九頁a）

に対して、翌正嘉元年閏三月二十一日付、真仏書写の専修寺蔵『如来二種回向文』では、

二つに、還相回向といふは、〈『浄土論』に曰わく。「本願力の回向を以ての故に、是を出第五門と名づく」〉

と、これはこれ還相の回向なり。このこゝろは一生補処の大願にあらわれたり。大慈大悲誓願は『大経』にのたまはく、〈〔筆者注・第二十二願文〕〉文　これは如来の還相回向の御ちかひなり。これは他力の還相の回向なれば、自利・利他ともに行者の願楽にあらず。法蔵菩薩の誓願なり。他力には義なきをもて義とすと大師聖人はおほせごとありき。よくよくこの選択悲願をこゝろえたまふべし。

（『定親全』三、和文篇、二一九〜二二〇頁。以上、傍線筆者）

と改訂している。

『往相還相回向文類』に比べて『如来二種回向文』では、行者の往生の後の還相と理解されがちな善導「散善義」の「回向発願心釈」の一文が取り除かれ、これも如来の大願他力によって行者の上に自然に成就する二相――往相（自利）・還相（利他）と受け取られかねない「他力の往相還相の回向なれば、自利・利他ともに行者の願楽にあらず。大願より自然にうるなり。」の文が、「これは他力の還相の回向なれば、自利・利他ともに行者の願楽にあらず。法蔵菩薩の誓願なり」と書き改められて、還相回向はあくまで法蔵菩薩の自利利他によって成就する如来の他力回向であるとの意を強調すべく配慮がなされているように思われる。

そしてその如来の還相回向の論述を締めくくり、往還二回向の考察の書を終えるに当たって親鸞が提示したのは、師法然から授かり、親鸞がその晩年特に強調した「他力には義なきをもって義とす」との法語（「大師聖人」の「おおせごと」）であった。

そしてまた親鸞は、建長七年（一二五五年）六月撰述の『尊号真像銘文』（略本）を正嘉二年（一二五八年）六月『尊号真像銘文』（広本）に改訂書写しているが、『広本』では、『略本』には載せられていなかった漢文の銘文を付加した他、龍樹『十住毘婆沙論』の文とその解説、そして、

大勢至菩薩御銘文

〈『首楞厳経』に言わく。「勢至念仏円通を獲たり、……我本因地にして、念仏の心を以て無生忍に入る、今此の界に於て、念仏の人を摂して浄土に帰せしむ。」（『首楞厳経』言。勢至獲㆓念仏円通㆒、……我本因地、以念仏心入無生忍、今於此界、摂念仏人帰於浄土。）已上略出〉……

「勢至獲念仏円通」といふは、勢至菩薩念仏をえたまふとまふすことなり。獲といふはうるといふことばなり、うるといふはすなわち因位のときさとりをうるといふ。念仏を勢至菩薩さとりうるとまふすなり。……かるがゆへに勢至菩薩のたまはく、「我本因地以念仏心入無生忍今於此界摂念仏人帰於浄土」といへり。我本因地といふは、われもと因地にしてといへり。以念仏心といふは、念仏の心をもてといふ。入無生忍といふは無生忍にいるとなり。今於此界といふはいまこの娑婆界にしてといふ也。摂念仏人といふは念仏の人を摂取してといふ。帰於浄土といふは念仏の人おさめとりて、浄土に帰せしむとのたまへるなりと。

（『定親全』三、和文篇、八〇～八四頁）

として法然の本地である大勢至菩薩の徳を讃える『首楞厳経』の文とその解説、

〈斉朝曇鸞和尚の真像の銘文

「釈の曇鸞法師は、……梁国の天子蕭王、恒に北に向って鸞菩薩と礼す。『往生論』を註解して両巻に裁《ことわ》り成す。事、釈の迦才の三巻の『浄土論』に出でたるなり。」（釈曇鸞法師者、……梁国天子蕭王、恒向㆓北㆒礼㆓鸞菩薩㆒。註㆓解『往生論』㆒裁㆓成両巻㆒。事出㆓釈迦才三巻『浄土論』㆒也。）〉文……

「梁国の天子」といふは梁の世の王といふ也。蕭王のなゝり。「恒向北礼」といふは、梁の王つねに曇鸞の北のかたにましましけるを菩薩と礼したてまつりたまひける也。「註解往生論」といふは、この『浄土論』をくわしふ釈したまふを『註論』とまふす論をつくりたまへる也。「裁成両巻」といふは『註論』は二巻になしたまふ也。「釈の迦才の三巻の浄土論」といふは、釈の迦才とまふすは、……迦才は浄土宗の祖師也、智者にておはせし人也。かの聖人の三巻の『浄土論』をつくりたまへるに、この曇鸞の御ことばあらはせりとなり。

（『定親全』三、和文篇、八九～九一頁）

と曇鸞の行実を伝える迦才『浄土論』の文とその解説、そして、

〈皇太子聖徳御銘文

『御縁起』に曰はく。「百済国聖明王太子阿佐、礼して曰さく。救世大慈観音菩薩、妙教を東方日本国に流通し、四十九歳まで伝灯演説したまえる、に敬礼したてまつる。」（『御縁起』曰。百済国聖明王太子阿佐礼曰、敬礼救世大慈観音菩薩、妙教流通東方日本国、四十九歳伝灯演説。）文

「新羅国の聖人日羅、礼して曰さく、救世観音大菩薩、東方に伝灯せる粟散王に敬礼したてまつる。」（新羅国聖人日羅礼曰、敬礼救世観音大菩薩、伝灯東方粟散王。）〉文……

又新羅国より上宮太子をこひしたひまいらせて、日羅とまふす聖人きたりて、聖徳太子を礼したてまつりてまふさく、「敬礼救世観音大菩薩」とまふすは、聖徳太子は救世観音にておはしますと礼しまいらせけり。「伝灯東方」とまふすは、仏法をともしびにたとえて、東方とまふすはこの和国に仏法のともしびをつたえおはしますと日羅まふしけり。

（『定親全』三、和文篇、九九～一〇一頁）

といった聖徳太子の遺徳を顕彰する銘文とその解説を付け加えている。

筆者はこれら『三経往生文類』『往相還相回向文類』『尊号真像銘文』の改訂が、いずれも康元二年（一二五七年）二月九日の「夢告」の後になされていることに注目する。

これらは、いずれも善鸞事件の影響のもと、曇鸞、法然、さらには聖徳太子の思想と行実を尋ね直す中で思索され著述され、さらには改訂・書写されたものであると考えざるを得ない。

筆者は、これらの思索を通して親鸞は、太子・法然をあらためて菩薩出第五門の還相応化身と仰ぐこととなったと考えるのである。

また、本節中、幾度も引用した注目すべき訓点をもつ建長八年（一二五六年）三月真仏書写の『二門偈』であるが、真仏がこれを書写したのは同年五月の義絶、翌康元二年二月の「夢告」より前ではあるものの、同年一月の真浄宛「書簡」の内容から見て、善鸞への疑義が親鸞の中でほぼ確定した時期であることが窺え、この『二門偈』もまた、善鸞事件の影響下での親鸞の思索の成果であると考えられる。

『正像末和讃』草稿本は、

　　康元二歳丁巳二月九日の夜寅時夢告にいはく
　弥陀の本願信ずべし　本願信ずるひとはみな
　　摂取不捨の利益にて　無上覚おばさとるなり
　　　この和讃をゆめにおほせをかふりてうれしさにかきつけまいらせたるなり
　　正嘉元年丁巳壬三月一日　愚禿親鸞八十五歳　之を書す
　　　　　　　　　　　　　　　　（『定親全』二、和讃篇、一五一〜一五二頁）

として、康元二年二月の「夢告」の記録を載せている。

この「夢告」によって親鸞は、自身が徹頭徹尾「弥陀の本願信ずべし」と発遣されるべき存在、還相の菩薩によって利他教化されるべき一衆生でしかないことを再確認させられたのではないだろうか。

自身は煩悩海・生死海に流転・漂没して、真実・清浄の回向心なき「微塵界の有情」であり、そのゆえに如来の回向の成就（本願の信の獲得）においてしか流転輪回を超克する可能性のない「一切苦悩の群生海」以外の何者でもない[88]。この真実清浄の回向心なき身において、自力の回向をもって有情利益を図ること自体がまさしく「如来の仕事を盗む」（清沢満之）ことに他ならないと、善鸞事件とその後の「夢告」を通して親鸞は再確認したのではなかろうか。

親鸞は、『善導和尚言』に、

南無阿弥陀仏ととなふるに　衆善海水のごとくなり
かの清浄の善みにえたり　ひとしく衆生に回向せむ

……清浄の善みにえたりといふは、弥陀の御名をとなふれば、かのめでたき功徳善根をわがみにたまはるなり。このくどくをよろづの衆生にあたえて、おなじこゝろに極楽へまいらむとねがはせむとなり。

（傍点筆者、『定親全』三、和文篇、二三八～二三九頁）

と記し、建長六年（一二五四年、八十二歳）十二月に「祖本」が成立したと推定される文明版『高僧和讃』の巻尾に、

南無阿弥陀仏をとけるには　衆善海水のごとくなり
かの清浄の善身にえたり　ひとしく衆生に回向せん

（『定親全』二、和讃篇、一三九頁）

と挿入し、建長七年（一二五五年、八十三歳）四月に親鸞自身がその「祖本」を制作した顕智書写本『浄土和讃』巻尾の別和讃二首目に、

南無阿弥陀仏をとなふるに　衆善海水のごとくなり
かの清浄の善身にえたり　ひとしく衆生に回向せむ

（『影高古』二、一四七頁）

を記し、康元二年（一二五七年、八十五歳）二月九日の「夢告」以前に、草稿本『正像末和讃』の第四首目に、

南無阿弥陀仏をとなふれば　衆善海水のごとくなり
かの清浄の善身にえたり　ひとしく衆生に回向せむ
（『定親全』二、和讃篇、一四三頁）

という、その三句目に「なもわあみたふち（南無阿弥陀仏）ととな（称）ふれは　みやうかう（名号）におさまれるくとくせんこん（功徳善根）を　みなたまはるとし（知）るへし」、四句目に「みやうかう（名号）のくとくせんこん（功徳善根）を　よろつ（万）のしゆしやう（衆生）にあた（与）うへしとなり」との左訓を施した和讃を収めている。

これほどに繰り返して記した、この「南無阿弥陀仏を称える（あるいは「説く」）衆生の身にたまわる清浄の善根功徳を、他の衆生に回向して、共に彼の安楽浄土に生まれよう」という和讃を、親鸞は、翌正嘉二年（一二五八年、八十六歳）九月に完成させた『正像末和讃』（顕智書写本の「祖本」）には収録していない。

そしてその代わりに、顕智本系「祖本」に新たに付け加えた和讃において、

往相還相の回向に　まうあはぬみとなりにせば
流転輪回もきわもなし　苦海の沈淪いかゞせん
（「正像末法讃」『定親全』二、和讃篇、一八一頁）

あるいは、善導「散善義」の、

外に賢善精進の相を現ずることを得ざれ、内に虚仮を懐いて、貪瞋邪偽、奸詐百端《ももはし》にして、悪性侵《や》め難し、事、蛇蝎に同じ。三業を起こすと雖も、名づけて「雑毒の善」とす、亦「虚仮の行」と名づく、「真実の業」と名づけざるなり。若し此の如き安心・起行を作すは、縦使《たとい》身心を苦励して、日夜十二時、急に走《もと》め急に作して頭燃を灸《はら》うが如くするもの、衆《すべ》て「雑毒の善」と名づく。此の雑毒の行を回して、彼の仏の浄土に求生せんと欲

するは、此れ必ず不可なり。

（「信巻」所引、『定親全』一、一〇二頁）

の文等を典拠として制作した「悲歎述懐讃」において、

浄土真宗に帰すれども　真実の心はありがたし
　虚仮不実のこのみにて　清浄の心もさらになし
外儀のすがたはひとごとに　賢善精進現ぜしむ
　貪瞋邪偽おほきゆへ　奸詐もゝはし身にみてり
悪性さらにやめがたし　こゝろは蛇蝎のごとくなり
　修善も雑毒なるゆへに　虚仮の行とぞなづけたる

（『定親全』二、和讃篇、二〇八〜二〇九頁）

と、自身の機の事実を痛切に懺悔している。

そしてまた、親鸞はそれと同時に、聖覚が法然の中陰・六七日法要の導師を勤めた際に自ら法然の遺徳を讃嘆して制作した「表白文」の一節、

〈誠に知りぬ、無明長夜の大燈炬なり。何ぞ智眼闇きを悲しまんや。生死大海の大船筏なり。豈に業障重しと煩わんや。〉

（『尊号真像銘文』（広本）、『定親全』三、和文篇、一一〇頁）

に拠った、

無明長夜の燈炬なり　智眼くらしとかなしむな
　生死大海の船筏なり　罪障おもしとなげかざれ

（『定親全』二、和讃篇、一七六頁。「草稿本」第二十七首にもあり）

同じく聖覚の『唯信鈔』の、

たゞ信心のてをのべて、誓願のつなをとるべし。仏力無窮なり、罪障深重のみをおもしとせず。仏智無辺なり、散乱放逸のものをもすつることなし。信心を要とす。そのほかおばかへりみざるなり。

（『定親全』六、写伝篇(2)、五九頁）

に拠った、

願力無窮にましませば　罪業深重もおもからず
仏智無辺にましませば　散乱放逸もすてられず

（『定親全』二、和讃篇、一七六頁。「草稿本」第二十八首では一句目が「仏力無窮」、二句目が「罪障深重」）

さらには、

無始流転の苦をすて、　無上涅槃を期すること
如来二種の回向の　恩徳まことに謝しがたし

（「正像末法讃」『定親全』二、和讃篇、一八二頁）

小慈小悲もなき身にて　有情利益はおもふまじ
如来の願船いまさずば　苦海をいかでかわたるべき
蛇蝎奸詐のこゝろにて　自力修善はかなふまじ
如来の回向をたのまでは　無慚無愧にてはてぞせむ

（「悲歎述懐讃」『定親全』二、和讃篇、二一〇頁）

等によって、「それほどの業をもちける身にてありけるを、たすけんとおぼしめしたちける本願のかたじけなさ」(89)（『歎異抄』後序）と如来回向の恩徳を、翻って讃嘆している。

前掲の「悲歎述懐讃」で親鸞は、「小慈小悲もなき身にて　有情利益はおもうまじ」と記し、「文明版」巻末和讃においては、

是非しらず邪正もわかぬこのみなり
小慈小悲もなけれども　名利に人師をこのむなり
（『定親全』二、和讃篇、二二四頁）

とも記しているが、筆者はこれらの文言から、「有情利益」、すなわち本願念仏の自信教人信という課題と格闘する中ではからずも明らかになった自身の内面——共に如来の本願に救われていくべき専修念仏の同朋を「わが弟子ひとの弟子」(90)（『歎異抄』第六章）と見、人師として賞賛されることを望む名利心——への親鸞の痛切な内観反省の表白を読む思いがする。

また、「是非しらず邪正もわかぬ」の文言から、息男善鸞を自身の名代として東国に派遣した判断の誤りを、「小慈小悲もなき身」（衆生縁の小悲——狭く限られた人間関係の中での慈悲心——すら貫徹できない身）からは、善鸞一人をも教化できずに義絶していかなければなかった自身の無力さへの哀しみを読み取ることすら可能ではないだろうか。

まさしく「自力の回向をすてはて」(91)、（『正像末和讃』）「わがはからひにて、ひとに念仏をまふさせさふら」(92)（『歎異抄』第六章）うことを徹頭徹尾断念して、

「〈倩《つらく》　教授の恩徳を思うに実《まこと》に弥陀の悲願に等しき者（倩思教授恩徳実等弥陀悲願者）〉」といふは、師主のおしえをおもふに、弥陀の悲願にひとしと也。大師聖人の御おしえの恩おもくふかきことをおもひしるべしと也。
「〈骨を粉にしても之に報ず可し、身を摧《くだ》きても之に謝す可し（粉骨可報之摧身可謝之）〉」といふは、大師聖人の御おしえの恩徳のおもきことをしりて、ほねをこにしても報ずべしとなり、身をくだきても恩徳をむくうべしと也。
（『尊号真像銘文』（広本）、『定親全』三、和文篇、一一四〜一一五頁）

如来大悲の恩徳は　身を粉にしても報ずべし

師主知識の恩徳も　骨を砕《くだきて》も謝すべし
（「正像末法讃」『定親全』二、和讃篇、一八七頁）

という報恩謝徳の想いとともにひたすらに念仏を勧める中において、はからずも「ひとえに弥陀の御もよほしにあづかて念仏まふしさふらうひと」[93]（『歎異抄』第六章）が誕生してくる、「有情利益はおもうまじ」き身の教化の「分際」を超えて名号の功徳が十方に広がっていく、と如来回向の自然《じねん》の働きをこそ親鸞は讃嘆しているのである。

如来の回向に帰入して　願作仏心をうる人は
自力の回向をすてはてゝ　利益有情はきわもなし
（『定親全』二、和讃篇、一六九頁）

無慚無愧のこのみにて　まことのこゝろはなけれども
弥陀の回向の御名なれば　功徳は十方にみちたまふ
（「悲歎述懐讃」『定親全』二、和讃篇、二〇九頁）

これらの事実から知られるように、親鸞は師法然の選択本願念仏の真実を開顕せんと、終生如来の回向について思索し著述し続けていたのである。

親鸞は、終生法然を「よき人」（師）と仰いでその教化の恩徳を讃嘆し続け、あくまでその「門徒」の「一」《ひとり》[94]（以上、「後序」）、すなわち「親鸞」として、師から託された「使命」と格闘し続けたのであろう。

これらの点から考えても、越後流罪中、『論註』を自家薬籠中のものとし得たからこそ自ら「親鸞」と改名した、あるいは、文応元年（一二六〇年、親鸞八十八歳）頃に『正像末和讃』に「愚禿善信」と記名した、といった従来の説に、筆者は到底首肯し得ないのである。

註

（1）『論註』親鸞加点本、『定親全』八、加点篇(2)、六頁。

（2）「督」の字は「本義はよく察し見る義。……転じて監督・スブ・正ス・率イル・統率者等の義」（『大字典』、講談社、一九一七年初版）であり、『論註』親鸞加点本の頭注には「督字《あきらかなり》　勧なり、率なり、正なり」（『親真集』七、一七〇頁）との字訓がある。この字訓に基づき、従来「我一心は、天親菩薩自督の詞なり」は、多く「我一心とは、天親菩薩が自らをすすめ、ひきい、正されたことばである」（蓑輪秀邦編『解読浄土論註』、真宗大谷派、一九八七年、上巻、一五頁）と了解されてきたが、「督」本来の字義から見て筆者は他者（衆生）に対する「発遣」の意味で了解した。本明義樹「親鸞における本願力廻向開顕の意義――坂東本『教行信証』を精読して――」『真宗教学研究』三三（二〇一二年）、九八～一〇〇頁参照。

（3）以上、梯信暁『奈良・平安期浄土教展開論』（法藏館、二〇〇八年）、一九三～一九四頁参照。

（4）以上、梯信暁『奈良・平安期浄土教展開論』一八九～一九〇頁参照。

（5）『定親全』一、二〇二頁。

（6）『定親全』八、加点篇(2)、五五頁。

（7）『真聖全』一、四〇五頁。

（8）『定親全』一、九六頁。

（9）『定親全』一、一三七頁。

（10）法然の「まことに十念・一念までも、仏の大悲本願なほかならず引接したまふ無上の功徳なりと信じて、一期不退に行ずべき也」（『指南抄』巻下本、『定親全』五、転録篇、一七〇頁）、「上は念仏申さんと思ひはしめたらんより、いのちおはるまても申也。中は七日一日も申し、下は十声一声まても弥陀の願力なれは、かならす往生すへしと信して、いくら程こそ本願なれとさためす、一念までも定めて往生すと思ひて、退転なくいのちおはらんまて申すへき也」（『浄土宗略抄』『昭法全』五九六頁）等の法語による。

（11）『浄聖全』一、一二六三頁。

（12）『定親全』五、転録篇、二九六頁。

(13)『定親全』一、一三六～一三七頁。
(14)『定親全』三、和文篇、七三～七四頁。
(15)親鸞と同時代の『論註』の訓点を伝える古写本としては、「建保本」「高野山宝珠院（あるいは宝寿院）蔵本」「河内長野金剛寺蔵本」がある。「建保本」の訓点は、建保二年（一二一四年）に書写された原本が、その後最低二人（慧暁・恵周〈釈僧霽の兄〉）による転写を経た後、享保十六年（一七三一年）、釈僧霽が刊本に校合加点したものを、明治三十七年（一九〇四年）、真宗高倉大学寮の名において刊本に模写した大谷大学所蔵本によって知ることができるが、原本自体は存否不明である。真宗勧学寮編『浄土論註校異』（興教書院、一九二五年）によれば、「宝珠院本」は、字体から鎌倉初期の写本とされ、上巻のみ現存しているとあるが、仏教大学総合研究所編『浄土教典籍目録』（二〇一一年）の「往生論註／浄土論註」の項目によれば、「宝寿院本」は「平安期、書写者不明」とされ、奥書には「永正第十天［筆者注・一五一三年］、伝与信順房」とある。『浄土教典籍目録』はまた「金剛寺本」について、「巻下のみ、一一三八（保延四）、書写者不明」とし、「保延四歳［■］戊十二月」の奥書の存在を指摘している。
(16)建保四年（一二一六年）二月成立の隆寛『具三心義』でも当該箇所は「菩薩私に云わく、法蔵比丘を指すなり。の智慧清浄の業より起れる荘厳仏事は」（『隆寛律師全集』一、二七頁）、元禄十年（一六九七年）刊行の「義山校訂本」でも「……より起こせる荘厳仏事は」（『浄宗全』一、二二三頁上段）となっている。
(17)『定親全』一、三七頁。
(18)『論註』親鸞加点本も同じく「……より起りて仏事を荘厳す」（『定親全』八、加点篇(2)、一二頁）の訓み。
(19)『定親全』八、加点篇(2)、一二五頁。「建保本」でも「一法句に入ることを説くが故なり」（下巻、三七帖左。「建保本」は「略」の字が欠字）。ただし、「義山本」では「略して入一法句を説くがゆえに」（『浄宗全』一、二五〇頁上段）とある。
(20)蓑輪秀邦編『解読浄土論註』（真宗大谷派、一九八七年）、下巻、一一八頁。
(21)真宗大谷派教学研究所編『解読教行信証・上巻』（真宗大谷派、二〇一二年）、四四九頁。
(22)『定親全』一、二一一頁。

(23)『定親全』一、一八七～一八八頁。
(24)蓑輪秀邦編『解読浄土論註』（真宗大谷派）、上巻、九頁。
(25)『定親全』一、一七頁。
(26)『定親全』二、漢文篇、一三二頁。
(27)『定親全』一、九六頁。『定親全』二、漢文篇、一三四頁。
(28)『定親全』二、漢文篇、一三五頁。
(29)『定親全』一、二〇一頁。『定親全』二、漢文篇、一三七頁。
(30)『定親全』一、一四二頁。
(31)『定親全』三、和文篇、一五六頁。
(32)『定親全』三、和文篇、一五七頁。
(33)『定親全』三、和文篇、一五七頁。
(34)『定親全』三、和文篇、一六二頁。
(35)『定親全』一、一七頁。
(36)『定親全』一、二四九～二五〇頁。
(37)『定親全』三、和文篇、二四～二五頁。
(38)『定親全』三、和文篇、二一八頁。
(39)『定親全』一、一九五頁。
(40)『定親全』三、和文篇、一二九頁。
(41)『定親全』一、一九五頁。
(42)『定親全』一、一四四頁。
(43)『定親全』一、一三〇頁。
(44)『定親全』一、九頁。
(45)『定親全』四、言行篇(1)、一六頁。

(46) 初稿本『浄土和讃』第二首「智慧の光明はかりなし……」の四句目、「真実」の左訓。『定親全』二、和讃篇、八頁。

(47) 『親真集』一、一四六頁。『顕浄土真実教行証文類　翻刻篇』（真宗大谷派、二〇一二年）、一三八頁参照。

(48) 「行巻」引用の元照『弥陀経義疏』の「万行の円修、最勝を独り果号に推《ゆず》る。……悲智六度、摂化して、以て遺すこと無し」（『定親全』一、六一頁）の文、「真仏土巻」引用の『論註』上巻・性功徳の「又言うこころは、積習して性を成ず。法蔵菩薩を指す。諸の波羅蜜を集めて、積習して成ぜる所なり」（『定親全』一、二五〇頁）の文、『略論安楽浄土義』の「時に法蔵菩薩、即ち仏前に於て弘誓の大願を発し、諸仏の土を取りて、無量阿僧祇劫に於て所発の願の如く諸波羅蜜を行じ、万行円満して無上道を成ず、と」（『浄聖全』一、五五五頁）の文（以上、傍点筆者）等参照。

(49) 『定親全』一、二三三頁。

(50) 『定親全』一、二三一頁。

(51) 『定親全』一、二三一頁。

(52) 『定親全』一、二三一頁。

(53) 『定親全』一、二三一頁。

(54) 『定親全』一、二三一頁。

(55) 『定親全』一、二三一頁。

(56) 『定親全』一、二三一頁。

(57) 『定親全』一、二三二頁。

(58) 『定親全』一、二三二頁。

(59) 『定親全』一、二三二頁。

(60) 『定親全』一、二三二頁。

(61) 『定親全』一、二三二頁。

(62) 『定親全』八、加点篇(2)、七七～七八頁。

(63)『定親全』八、加点篇(2)、八頁。
(64)『定親全』八、加点篇(2)、五二頁。
(65)『定親全』九、加点篇(3)、一五六頁。
(66)以上、重見一行『教行信証の研究――その成立過程の文献学的考察――』（法蔵館、一九八一年）、六五頁。
(67)『親真集』一、六五～六六頁。
(68)『親真集』一、一二一～一二二頁。
(69)『親真集』一、一二七～一三〇頁。
(70)『親真集』一、一六二頁。『顕浄土真実教行証文類　翻刻篇』一五四頁参照。
(71)『専修寺本　顕浄土真実教行証文類』上、一七四頁。
(72)『親真集』一、一六三頁。『顕浄土真実教行証文類　翻刻篇』一五五頁参照。
(73)『親真集』一、二一七～二一八頁。
(74)『定親全』一、二二八頁。
(75)『定親全』一、二二八頁。
(76)『親真集』一、二二〇頁。『顕浄土真実教行証文類　翻刻篇』二二二頁・「補注」七〇五頁上段参照。
(77)以上、本明義樹「親鸞における本願力回向の開顕――坂東本『教行信証』所引の『浄土論註』の文を精読して――」『印度学仏教学研究』五八―二（日本印度学仏教学会、二〇一〇年）、二一二～二一五頁。本明義樹「親鸞における曇鸞浄土教の受容と課題」『親鸞教学』九七（二〇一一年）、四九～五〇頁参照。
(78)重見一行『教行信証の研究――その成立過程の文献学的考察――』二三二頁。
(79)重見一行『教行信証の研究――その成立過程の文献学的考察――』二三五頁。
(80)坂東本「行巻」は「起ヲ」（『親真集』一、一二〇頁）とあるが、「証巻」では「起レルヲ」（『親真集』一、三九〇頁）、専修寺本「行巻」では「起《オコル》ヲ」（『専修寺本　顕浄土真実教行証文類』上、一三〇頁）と、「証巻」では「起ルヲ」（『専修寺本　顕浄土真実教行証文類』下、四三五頁）と送りがなが付されている。
(81)『親真集』一、一二〇頁。『顕浄土真実教行証文類　翻刻篇』一一二頁・「補注」六九五頁上段参照。

(82)『定親全』一、一二三頁。
(83)以上、『親真集』一、三九〇頁。『顕浄土真実教行証文類　翻刻篇』三八二頁・「補注」七一五頁下段参照。
(84)本明義樹「親鸞における曇鸞教学の受容と課題」(『親鸞教学』九七、二〇一一年)四三〜四四頁参照。
(85)本明義樹「親鸞における曇鸞教学の受容と課題」四四頁。
(86)本明義樹「親鸞における曇鸞教学の受容と課題」四四頁。
(87)本明義樹「親鸞における曇鸞教学の受容と課題」四四頁。
(88)「信巻」「欲生釈」『定親全』一、一二七頁参照。
(89)『定親全』四、言行篇(1)、三七頁。
(90)『定親全』四、言行篇(1)、九頁。
(91)『定親全』二、和讃篇、一六九頁。
(92)『定親全』四、言行篇(1)、九頁。
(93)『定親全』四、言行篇(1)、九〜一〇頁。
(94)『定親全』一、三八〇〜三八一頁。

おわりに――師資相承の名としての「親鸞」――

本書において筆者は、元久二年（一二〇五年）閏七月二十九日に親鸞は、通説にあるような「善信」に、ではなく「親鸞」に改名したとするいわゆる〝「親鸞」改名説〟を提唱してきたが、考究に当たっては「親鸞に、である」ことの論証以前に、「善信に、ではない」ことの論証に多くの時間と労力を費やさざるを得なかった。

筆者は第二章において、親鸞著述中に見られる「善信」の用例について逐一検討してきたが、「善信」が実名であり、元久二年に「善信」に改名したとする通説を確かに裏付けるものを何一つ発見できなかった。

ただ、今回の考察を通して、〝実名敬避俗〟という当時の「常識」に照らせば、房号であるとしか考えられない「善信」を、なお、「善信」は実名だと執拗に言い募らなければならない現代の〝「善信」実名説〟論者の背景にある、当人もそれと意識することの無い本願寺教団の重い「教権」の歴史、すなわち覚如、存覚、蓮如、あるいは江戸期宗学の教説を永く不可侵の聖域として、親鸞本人の教言に立ち帰ることを妨げすらしてきた歴史の桎梏を、些かなりとも洗い出すことができたという自負もないではない。

そして、これらの検証を通して見えてきたことの第一は、『選択集』の書写・法然真影の図画という師資相承の場において新しい名を名のることの思想的必然性が、「善信」改名説では説明がつかないということであった。

第三章で見たように、従来「善信」への改名は、若干の例外を除き、ほとんどが「妻帯」の文脈で語られてきている。

つまりは、六角堂における「行者宿報にて設い女犯すとも、我玉女の身と成りて犯せられん。一生の間能く荘厳して、臨終に引導して極楽に生ぜしめん」との救世観音菩薩の「夢告」は——それが建仁元年であるか建仁三年であるかを問わず——いわゆる「女犯偈」、すなわち妻帯を認可したものであるとのみ捉えられてきており、元久二年閏七月の改名はあくまでそれを承けたものであると見て、師法然の選択本願念仏の思想を継承し、さらにはそれを深化展開することとさえも託されたこの時点で改名することの意義、思想的必然性についてはほとんど検討がなされていないのである。

わずかに『本願寺聖人親鸞伝絵私記』に、「夢告」以来「善信」と私称しており、法然も内々には知っていたものの、「真影」に銘文を書き入れるこの時に初めて「師の出言」があったことによる、という記述を見出だせたのみである。(1)

そして第二に見えてきたものは、親鸞は改名以来、生涯一貫して「親鸞」として発言し著述してきたという事実であった。

「後序」の「夢の告に依って綽空の字を改めて」の記述からは改名を発案したのが親鸞であったのか法然であったのか判然としない——ただし、瑜伽唯識教学の大成者であり「千部の論師」と呼ばれた天親と、多くの庶民から崇敬され、梁の武帝（蕭衍）からは「曇鸞菩薩」(2)、東魏の孝静帝からは「神鸞」(3)と拝礼された曇鸞を、親鸞自らがその名と選んだとは考え難い——が、注目すべきは「御筆を以て名の字を書かしめたまい畢りぬ」——法然によってその「名の字」が記された、つまり最終的には法然が「釈の親鸞」の名を認め、それを授けた——という事実である。

元久二年四月十四日の『選択集』の付嘱に際して、法然が「釈の綽空」と記したことには、定散両門を説きつつも仏の本願に順じて衆生をして一向に専ら弥陀仏の名を称せしむることを本意とした『観無量寿経』、「当今は末法にして、現に是五濁悪世なり。唯浄土の一門有りて通入す可き路なり」(4)（『安楽集』巻上）と捨聖帰浄を勧めた道綽、偏えに善導一師に依って諸行を廃して称名念仏を唯一の往生浄土の業と立てた自分（源空）の意を正しく継承せよ、という意図があったものかと思われる。

それに対して、閏七月二十九日に自身の真影に法然が「釈の親鸞」と記したことには、自分が『選択集』で明らかにした「浄土宗」を、汝は『大無量寿経』・天親・曇鸞の教説に基づいて新たに展開・深化させよ、と命ずる意図があったのではないだろうか。

当時すでに、法然とその門下に対する批難は高まる一方であり、前年の「元久の法難」の折に提出された『送山門起請文』に拠れば、『七箇条制誡』提出以前にもすでに法然はたびたび比叡山に起請文を提出している(5)。また、この年の九月には『興福寺奏状』が提出されるなど、近い将来、弟子たちの行状（一念義、造悪無碍）のみならず自らの思想そのものが徹底的な糾弾に曝されることを法然は充分に予期していたと思われる。

建久九年（一一九八年）に著された『選択集』末尾に法然は、

> 庶幾《こひねが》わくは一たび高覧を経ての後に、壁の底に埋みて、窓の前に遺すこと莫《なか》れ。恐らくは破法の人をして、悪道に堕せしめざらんが為なり。（『浄聖全』一、一三二九頁）

という戒めの一文を載せているし、元久元年（一二〇四年）三月に九条兼実の別邸小松殿において隆寛に『選択集』を付嘱した際にも、

> たゝし源空か存生の間は披露あるへからす、死後の流行はなむのことかあらむと。（『明義進行集』巻二、『明進集』一二二頁）

との言葉を添えている。

そしてその法然の予感は現実のものとなり、建永二年（承元元年・一二〇七年）には「承元の法難」が、没後の嘉禄三年（一二二七年）には『選択集』の版木を焼却しその墳墓を暴こうとまでした「嘉禄の法難」が惹起した。このような切迫した状況下で行われたのが『選択集』の付嘱であり、真影の図画であり、「親鸞」への改名であった。

大胆に言えば、法然は「釈の親鸞」と真影に記することを通して、「お前は『釈の親鸞』の名で『教行信証』を書け」と親鸞に命じた――少なくとも親鸞はそう了解した――のではないだろうか。（もちろんこの時点では『顕浄土真実教行証文類』の題名も六巻の構成も未定ではあるが）。

だからこそ親鸞は、法然から授けられた「(愚禿)釈の親鸞」の名で『教行信証』を書き、「後序」の改名の記事を通して「自分は法然に命ぜられてこの書を書いた」と、その制作の「由来の縁」[6]を語ったのではないだろうか。

親鸞は法然から命ぜられたからこそ、

つねの御持言には、「われはこれ賀古の教信沙弥この沙弥の様、禅林の永観の『十因』にみえたりの定なり」と云々。

（『改邪鈔』第三条、『定親全』四、言行篇(1)、一三三～一三四頁）

本師聖人の仰に云く、「某親鸞閉眼せば、賀茂河にいれて魚にあたふべし」と云々。

（『改邪鈔』第十六条、『定親全』四、言行篇(1)、一五九頁）

と一面では市井に埋没し切った信仰生活（沙弥）への憧憬を抱きながら、あくまで法然の遺弟としてその「真宗興隆」の仏事を復興すべく、教化と著述とに生涯奮闘したのである。

そしてその著述も、『選択集』を逐語的に註釈するのでも、教義上の優劣論争を通して弁護するのでもなく、称名念仏に依る往生道をより根源的に無上涅槃道――「浄土真宗」[7]「大乗のなかの至極」[8]（以上、『末灯鈔』第一通）

——として開顕すべく、仏教の思想探究の歴史に尋ね入って要文を類聚するという困難な方法論を採らざるを得なかったのではないだろうか。

この「大乗のなかの至極」の言からは、法然興隆の選択本願の仏道において仏教教理史、殊に大乗仏教の歴史において問題とされてきた求道の課題——出世本懐、歓喜地、一乗、不退転、一闡提、悉有仏性等——がすべて解決されている、という親鸞の確信すら窺われる。

法然から授かったこの「釈の親鸞」の名が、その後の彼の歩みを決定づけたのではなかろうか。

もし、そうだとすれば、親鸞の後半生で動機が不明な建保二年（一二一四年）の関東移住や六十歳代前半での帰洛もまた、『教行信証』の撰述と完成とにその主たる動機があったと考えるべきではないだろうか。関東移住は、おそらくは一切経の閲覧機会を求めてのことであり、帰洛は『教行信証』の最終的な完成と公開がその主目的であったのではなかろうか。

筆者は、『口伝鈔』第八条、あるいは仏光寺本『善信聖人伝絵』に記された一切経校合への参加は、史実を反映していると考えている(9)し、あくまで想像ではあるが、六十歳頃に一旦完成がなった『教行信証』(10)を師法然の墓前に捧げること、さらには出版・公開することが帰洛の目的の一つではなかったかと考えている。

親鸞は当然『教行信証』を広く公開し、その内容を世に問うことを熱望していたと思われる。

「顕浄土真実教行証文類」——浄土宗が真実の仏道（教・行・証）であることを顕らかにした要文の類聚(11)——というその題号自体、および全体が漢文で記されていること等からも、「南都北嶺」の「ゆゝしき学生たち」をその対告衆と見做していたことが知られるし、「別序」の、

誠に仏恩の深重なるを念じて、人倫の哢言を恥じず。浄邦を欣う徒衆、穢域を厭う庶類、取捨を加うと雖も、

（『定親全』一、九五頁）

毀謗を生ずること莫れ、と。

との文、あるいは「後序」の、

唯仏恩の深きことを念じて、人倫の嘲を恥じず。若し斯の書を見聞せん者、信順を因とし疑謗を縁として、信楽を願力に彰し、妙果を安養に顕わさん、と。（『定親全』一、三八三頁。以上、傍点筆者）

との文に現れる「人倫の哢言」「毀謗」「人倫の嘲」「疑謗」といった、公開の際の反響を予期した文言からもそれは明らかであろう。

しかし、親鸞の生前にそれは実現しなかった。

そしてその親鸞の悲願は、入滅二十九年後の正応四年（一二九一年）、高弟性信の弟子性海（坂東本「行巻」「化身土巻（末）」末尾の識語では「釈明性」[12]）による『教行信証』の開版によって実現される。

親鸞真蹟の『教行信証』（「坂東本」）は、寛元五年（一二四七年、親鸞七十五歳）二月五日、尊蓮によって、建長七年（一二五五年、八十三歳）六月二十二日には専信房専海によってそれぞれ書写され[13]、親鸞の晩年には門弟蓮位に付嘱され[14]、その後は性信に託された[15]。

親鸞入滅十三年後の文永十二年（一二七五年）には「坂東本」を底本とした臨写本（「西本願寺本」）が書写された[16]。

同年（四月二十五日に改元して建治元年）七月十七日に性信が亡くなった後[17]、弘安六年（一二八三年）二月二日に「彼の親鸞自筆本一部六巻、先師性信法師の所より相伝」された性海は、北条得宗家内管領であり執権北条貞時の「乳父」（乳母の夫）である「平左金吾禅門法名杲円」（平頼綱）の庇護の元にこれを開版したという[18]。

この開版に性海の師である性信、さらには親鸞の遺志がはたらいていたと見るのはうがち過ぎであろうか。

元久二年（一二〇五年）閏七月二十九日に師法然から親鸞に託された「使命」は、実に八十六年後にその孫弟子の手によって実現されたと見ることもできよう。

既に指摘したことであるが、親鸞は自身の生涯についてほとんど語っていない。その具体的事績を伝える数少ない例外が、『教行信証』「後序」に記された法然との値遇（吉水入門、選択付嘱・真影図画）と別離（承元の法難、法然の入滅）の記録であり、法然から「如来よりたまはりたる信心」の教言を授かったことを伝える『歎異抄』「後序」の「信心一異の諍論」の記事である。

親鸞にとって、自身の人生において語るべき事柄は、法然の教導によって弥陀の本願に帰して念仏する身となったというその一事のみであり、親鸞はまさしく法然の「門徒」[19]（「後序」）としてその生涯を生き切ったのだと言える。

『歎異抄』第二章が伝える、

> 親鸞におきては、たゞ念仏して、弥陀にたすけられまひらすべしと、よきひとのおほせをかふりて信ずるほかに、別の子細なきなり。……弥陀の本願まことにおはしまさば、釈尊の説教虚言なるべからず。仏説まことにおはしまさば、善導の御釈虚言したまふべからず。善導の御釈まことならば、法然のおほせそらごとならんや。法然のおほせまことならば、親鸞がまふすむね、またもてむなしかるべからずさふらう歟《か》。詮ずるところ、愚身の信心におきてはかくのごとし。
>
> （『定親全』四、言行編(1)、五～六頁）

との述懐がそれを象徴している。

親鸞における法然の存在の「大きさ」と「重さ」、深く強く結ばれた師弟の絆に筆者は思いを致さずにはいられない。

註

(1)『真史集』七、一五八頁下段〜一五九頁上段参照。
(2)迦才『浄土論』『大正蔵』四七、九七頁c参照。
(3)道宣『続高僧伝』『大正蔵』五〇、四七〇頁c参照。
(4)『真聖全』一、四一〇頁。
(5)『漢語灯録』巻十、『真聖全』四、五三五〜五三七頁参照。
(6)「後序」『定親全』一、三八三頁。
(7)『定親全』三、書簡篇、六二頁。
(8)『定親全』三、書簡篇、六二頁。
(9)津田徹英「親鸞聖人の鎌倉滞在と一切経校合をめぐって」『真宗研究』五六(二〇一二年)参照。
(10)「真蹟坂東本」の一頁八行書き部分、初期筆跡に拠る。
(11)以上、『定親全』四、言行篇(1)、五頁。
(12)『定親全』一、九二頁、三八四頁。
(13)現在は削除されている専修寺本「化身土巻」末尾の識語に拠る。
(14)坂東本「証巻」「真仏土巻」表紙に「釈蓮位」の袖書あり。『親真集』一、三三五頁、『親真集』二、三九五頁参照。
(15)坂東本「化身土巻(末)」巻末署名「沙門性信(花押)」『親真集』二、六八〇頁参照。
(16)現在は削除されている西本願寺本「化身土巻」末尾の識語に拠る。
(17)報恩寺性信荼毘塔銘に拠る。
(18)三重県中山寺蔵本、専修寺蔵室町末期書写本二本の識語(出版奥書)に拠る。宮崎圓遵『親鸞の研究〈下〉』『宮崎圓遵著作集』二(思文閣、一九八六年)、一四一〜一四四頁参照。重見一行『教行信証の研究――その成立過程の文献学的考察――』(法藏館、一九八一年)八一〜八五頁参照。
(19)『定親全』一、三八〇頁。

あとがき

一九八二年（昭和五十七年）秋、大谷大学大学院修士課程に在学中であった筆者は、指導教授であった寺川俊昭師のゼミで『教行信証』「後序」を読んでいた。

この修士寺川ゼミにおいて、文学部仏教学科卒業の筆者は、初めて本格的に『教行信証』の本文に触れることとなったのであるが、ゼミが「後序」の、

又夢の告に依って、綽空の字を改めて、同じき日、御筆を以て名の字を書かしめたまい畢りぬ。

（『定親全』一、三八二頁）

の文に至った折、筆者は、「綽空から改められた新しい『名』が通説の通り『善信』であるならば、なぜ親鸞はそれを明記しなかったのか」という疑問を抱いた。また、改名を促した「夢告」についても、「なぜ『夢告』の後、かなりの時間――六角堂夢告（女犯偈）であるなら四年後ないし二年後、磯長太子廟夢告であるならば十四年後――を経てから改名したのか」という疑問を抱いたことを記憶している。

しかし、駆け出しの青二才であった当時の筆者は、疑問を抱くことはあっても、その疑問をいかにして掘り下げていくのかという方法論にすら思い至らず、当然納得のいく解答を得ることもないまま、ゼミの考究対象はそれ以降に移っていった。

その後、本願成就の文、往還二種回向等をテーマに十数編の論文を発表した筆者は、一九九八年（平成十年）の秋頃であったか、法然から親鸞へと至る思想的展開についてあれこれと思いを巡らせていた。

①『選択集』を著した法然が、如来の本願を因願の「選択」の観点から捉えて専修念仏の「行」を強調したのに対して、親鸞は成就の「回向」の観点から捉えて「信」を強調した。

②親鸞の『教行信証』は、法然が明らかにした選択本願の念仏による往生浄土の仏道を、本願力回向の行信に成就する大般涅槃道として明らかにするべく著された書である。

ちなみにこれが、筆者が寺川師から懇切にご教授いただいた、親鸞思想を考える上での、いわば基本的な視座であった。

筆者の思考が、

◎「親鸞」とは、天親、曇鸞の教説を手掛かりとして如来回向を明らかにするべく、両師から採られた名である。

◎『教行信証』は、その「親鸞」の名で書かれている。

◎『教行信証』の「後序」は、その制作の「事由」を語る箇所である。

と、取り留めもなく展開していったその最中、筆者の脳裡に忽然と閃いたのが、

「『後序』の語る新しい『名』とは、通説の言う『善信』ではなく、実は『親鸞』ではないのか」

であった。

「天啓」のごとく筆者の脳裡に宿ったこの「仮説」に、当時は現在ほどの確信があったわけではなく、自身戸惑いつつも一本の論文に書き上げ、翌年初夏、『親鸞教学』に投稿したのが、

（1）「『善信』と『親鸞』――元久二年の改名について――（上）」（『親鸞教学』七五、大谷大学真宗学会、二〇〇〇年三月）

（2）「『善信』と『親鸞』――元久二年の改名について――（下）」（『親鸞教学』七六、大谷大学真宗学会、二〇〇

〇年十二月）であった。

幸い、危惧したほどの悪評・酷評もなく、ほぼ同時期に本多弘之師が同じ見解を発表されたこともあって、筆者自身はこれ以上この主題を考究する必要を感じていなかった。つまり、筆者の中では、元久二年の「親鸞」への改名が、既に（1）（2）以上の論証を必要としない、自明の事柄と考えられていたのである。

しかしその後、井上円氏、鶴見晃氏の二人から、「善信」改名説（「善信」実名説）が提示されたこともあって、それへの応答・反論として、（1）（2）では深く掘り下げることのなかった「夢告」への考察も含めて、以下の八篇を発表することとなった。

（3）「『善信』実名説を問う（上）」（『親鸞教学』九五、大谷大学真宗学会、二〇一〇年三月）

（4）「『善信』実名説を問う（下）」（『親鸞教学』九六、大谷大学真宗学会、二〇一一年二月）

（5）「『三夢記』考」（『宗教研究』三六六、日本宗教学会、二〇一〇年十二月）

（6）「『六角堂夢告』考――親鸞の生涯を貫いた課題――（上）」（『大谷学報』九〇―二、大谷大学大谷学会、二〇一一年三月）

（7）「『六角堂夢告』考――親鸞の生涯を貫いた課題――（下）」（『大谷学報』九一―一、大谷大学大谷学会、二〇一一年十月）

（8）「『釈善信』考――蓮光寺旧蔵本『血脈文集』の「親鸞自筆文書」をめぐって――」（『宗教研究』三七六、日本宗教学会、二〇一三年六月）

（9）「『文明版』系『正像末和讃』祖本の成立に関する一考察――」（『大谷学報』九六―二、大谷大学大谷学会、

二〇一七年四月）

(10)「『愚禿善信』考――文明版『正像末和讃』の撰号をめぐって――」（『親鸞教学』一〇九、大谷大学真宗学会、二〇一八年三月）

本書は、これら十編の既発表分を母胎とした部分と、未検討の課題について新たに書き下ろした部分とから成り立っている。ただしこれらの発表から既に長時間が経過しており、その間の研究の進捗もあって、筆者自身においては「公文書への署名には必ず実名が用いられる」といった当初の思い込みが事実誤認であることが判明したり、「第三章『夢告』について・第三節　六角堂夢告について」で紹介したような新たな発見、自説の展開があったり、学界においては、(1)(2)発表の時点では覚信の書写と見られていた専修寺所蔵『西方指南抄』写本が真仏による書写であると判明する等もあって、大幅な改訂を余儀なくされている。

また今回の書籍化に当たって、(1)を本書「第一章・第一節　房号『善信』と実名『親鸞』」、「第二章『善信』史料の検討・第一節　親鸞著作に登場する『善信』」に、(2)を「第四章『愚禿釈の親鸞』・第一節『禿の字を以て姓とす』」に配当するなど、段落単位ともいえるほどの構成の見直しを行っており、本書全編がほぼ書き下ろしであるといっても過言ではない。

畏友、畑辺初代氏の勧めを機に著作化の意志を固め、二〇一二年（平成二十四年）春頃より作業を開始したものの、書き進めるほどに新たな課題が陸続と出現してくる有様に執筆は遅々として進まず、二〇一七年（平成二十九年）初夏、漸く脱稿するに至った。

叔従父《いとこおじ》、上場顕雄氏の仲介により、今回法藏館から本書を刊行していただける運びとなったが、在野の無名の一学究の著作を出版してくださる法藏館のご厚意と、種々ご配慮ご尽力いただいた編集長戸城三千代氏、編集顧問和田真雄氏、編集部大山靖子氏には衷心より御礼を申し上げる次第である。

最後に、恩師寺川俊昭師をはじめとし、筆者を親鸞研究の道へと発遣してくださったすべての人々、すべてのご縁に甚深の謝意を表しつつ、筆を擱くこととする。

二〇一九年（平成三十一年）一月二十八日

筆者記す

瀧　弘信（ながたに　ひろのぶ）

1959（昭和34）年、鳥取県米子市に生まれる。

1987（昭和62）年、大谷大学大学院文学研究科博士後期課程満期退学。

真宗大谷派擬講。

現在、真宗大谷派西念寺住職。

論文に「信仰的実存」「親鸞の宿業観」「本願の機阿難」（以上、『親鸞教学』）、「真実証」「大行とその源泉」（以上、『大谷学報』）、「清沢満之の分限の自覚について」「親鸞の還相回向観」（以上、『真宗教学研究』）ほか。

親鸞改名の研究

二〇一九年六月一五日　初版第一刷発行

著　者　瀧　弘信
発行者　西村明高
発行所　株式会社　法藏館
京都市下京区正面通烏丸東入
郵便番号　六〇〇-八一五三
電話　〇七五-三四三-〇〇三〇（編集）
〇七五-三四三-五六五六（営業）

印刷・製本　中村印刷株式会社

ISBN 978-4-8318-8769-6 C3015